International Relations

Relations

- 國際關係的研究範圍，及近代國際政治的歷史背景
- 國家在國際關係當中扮演的角色
- 國際制度，包括國際法與國際組織
- 哪些力量介入國際爭端的解決過程
- 預測未來（二十一世紀）可能的國際秩序

Frederic S. Pearson / J. Martin Rochester◆著

胡祖慶◆譯

國際關係

U0142472

美商麥格羅‧希爾
ion 政治學 系列叢書

國家圖書館出版品預行編目資料

國際關係 / Frederic S. Pearson, J. Martin
　　Rochester 著　；胡祖慶 譯. -- 二版. -- 臺
　　北市　：　麥格羅希爾出版　：　五南發行,
　　2006[民 95]
　　　　面；　公分
　　譯自：International Relations: The Global
　　Condition in the Twenty-first Century, 4
　　th ed
　　ISBN 978-986-157-240-6 (平裝)

　　　1 . 國際關係

578.1　　　　　　　　　　　　94024857

國際關係

作　　者　Frederic S. Pearson, J. Martin Rochester

譯　　者　胡祖慶

合作出版　美商麥格羅希爾國際股份有限公司台灣分公司
暨發行所　台北市中正區 10044 博愛路 53 號 7 樓
　　　　　TEL: (02) 2383-6000　　FAX: (02) 2388-8822
　　　　　http://www.mcgraw-hill.com.tw

　　　　　五南圖書出版股份有限公司
　　　　　台北市大安區 106 和平東路二段 339 號 4 樓
　　　　　TEL: (02) 2705-5066　　FAX: (02) 2706-6100
　　　　　http://www.wunan.com.tw
　　　　　E-mail：wunan@wunan.com.tw

總 代 理　五南圖書出版股份有限公司

出版日期　西元 2014 年 7 月 二版三刷

定　　價　新台幣 520 元

ISBN：978-986-157-240-6

謹以本書中文版的問世獻給

我的父親

胡鍾民先生

本書第二版翻譯工作完成於一九八九年。當時我在成功嶺服役。六年後，我從法國負笈返國，針對第三版做出若干修正。二〇〇四年，由於五南圖書公司殷殷囑託，我利用半年時間將全書做出徹底修正。同一本書，由同位譯者在十五年後進行幾乎可說是重譯的修訂工作，這種情形在國內尚屬罕見。因此，我相當珍惜如此難得機緣。

在翻譯過程當中，個人有許多感觸。首先，他讓我見證自己的成長。舊的譯本存在若干錯誤與缺漏。個人能夠利用這次機會加以補正，內心喜悅難以言喻。新的譯本談不上盡善盡美，但是相信能夠提供讀者更好、更新的服務。

其次，一本書能夠在臺灣這個不算大的學術市場存活下來必然有其道理。作者深入淺出，同時兼具廣度及深度的說明應當是主要原因。十五年來，國際關係發生若干重大變化，其中包括冷戰結束、德國統一、蘇聯解體，以及歐盟東擴等等。從福山《歷史終結》（the end of history）到杭廷頓《文明衝突》（clash of civilizations）分析架構，作者都能快步跟上，凡此可望增加第四版的可讀性。

再者，儘管世事多變，然而國際政治仍舊存在現實的一面。國家間基本上根據國家利益的邏輯進行互動。無論民族自決或民主和平（democratic peace）概念都還具備高度的實驗性。若干國內政治領袖或出於有心，或出於無意忽視這點，使得我國面臨愈來愈凶險的外交困境。即使與國際友人間，我國也經常出現難同鴨講的場面。

例如，此次個人先後參加美國民主與共和黨黨代表大會。透過駐外單位安排，觀察團員得以和智庫及媒體廣泛進行意見交換。我方代表請求美國友人「保衛臺灣民主」，對方往往以「避免東亞地區發生衝突」做為回應重點。在對話過程中，「我以尊重態度表達不同於你的看法」（I re-

spectfully disagree with you.）是最常聽到的遣詞用句之一。證諸本書作者對於「民主和平」原則的評論（見第五章），感慨良深。

　　我首次嘗試翻譯本書的時候，才剛剛完成碩士學業。如今，個人很高興能夠擁有許多青出於藍的碩博士班學生。其中郭政樺與郭誌雄同學協助完成初稿的繕打工作，特此致謝。愛女修恩及修真日漸長大且乖巧懂事，使得我能無後顧之憂地悠遊於文章學問之間。當然，全心照顧家庭的世敏更是功不可沒。如同先前，個人要以本書第四版中文譯本問世紀念我的父親胡鍾民先生。沒有他替我打好文字基礎，個人當無從事翻譯及寫作的可能。最後，譯者才疏學淺，尚祈師長先進不吝指正為感。

胡祖慶　謹識

93 年 8 月於紐約旅次

　　《國際關係》二版中文版的問世已有六年。在這六年當中，國際關係經歷天翻地覆的改變。其中包括東西冷戰的結束、德國統一與蘇聯帝國的瓦解。面對這樣的變局，多數國際關係學者有著難以適應的感受。在這方面，皮爾森與羅徹斯特兩位教授可說是少數例外。在《國際關係》第三版修訂過程當中，原有的撰述架構得到完整保留。

　　本書第三版中文版的順利問世，首先要感謝五南圖書公司楊董事長榮川對於翻譯授權理念的一貫堅持，這在國內出版界是不多見的。其次，在洽談翻譯授權過程當中，原出版公司麥格羅·希爾的陳總經理錦煌與五南圖書公司的陳總編輯念祖，都以認真負責的態度給予譯者協助與指教，特別在此致謝。最後，譯者要感謝內人世敏這六年的相伴與協助，希望本書新版付梓能夠令她感到喜悅。

　　譯者才疏學淺，筆下誤漏之處在所難免，敬祈師長先進不吝賜正為感。

胡祖慶　謹識

84 年中秋於木柵寓所

譯　序

國際關係可說是社會科學當中範圍最廣、內容最龐雜的一門學科。不論是初學者，或是對他感到興趣的人往往不免有「狗啃月亮，無從下嘴」的感受。《國際關係》中文版的問世，可以有助於解決這項問題。做為「過來人」，譯者發現除了兼顧理論和實際之外，深入淺出是本書最大優點。

時下有關國際關係的著作多已有十年以上歷史，在知識爆炸的今天難以滿足學習者需求，本書正好可以彌補這項缺憾。

預測是社會科學夢寐以求的理想。以國際關係變數之多與變化之快，少有學者敢向這個境界挑戰。然而，皮爾森與羅徹斯特一方面檢視過去與現在的國際情勢，另一方面據以推論二十一世紀國際關係的面貌。其中容有值得商榷地方，仍然不失參考價值。

如同先前翻譯的幾本書，本書每一個字背後都有世敏默默付出的努力及心血，在此致上由衷的謝意。至於臥病多年，卻時時不忘策勵在我求學過程中奮力精進的父親胡鍾民先生，我謹以本書中文版的問世獻給他做為永久紀念。

胡祖慶　謹識
78 年元宵節於成功嶺

原 序

當 我們著手寫這本書的時候,立刻面臨一項問題。今天,討論國際關係的書籍可說汗牛充棟,如此,是否有必要撰寫一本新的教科書?由於相信本書會有獨特的風格及內涵,所以我們還是毅然決然地投入這項工作。作者格外希望本書能夠同時切合初學者,以及已經略具基礎的學生需要。再者,我們試圖兼顧傳統與科學的研究途徑。雖然我們自認做到這點,但是仍舊期待得到讀者的肯定。第二版的研究架構與頭版大同小異,只不過加入更新的資料,同時做出若干局部修正及組合,這些都是為了讓讀者能夠更容易吸收國際關係的知識。

就內容而言,本書試圖涵括所有國際關係當中的主要課題。我們想讓學者、決策者及一般民眾了解今天的國際關係是多麼複雜。全球目前有五十億人口、一百六十個國家,以及三千個國際組織。雖然民族國家仍舊是國際舞臺的主角,但是其他成員的重要性也不容低估,他們可能加強人與人之間合作或衝突的程度,本書所要反映的就是這個主題。第一部分將介紹國際關係的研究範圍,以及近代國際政治的歷史背景。第二部分著重討論國家在國際關係當中扮演的角色,哪些因素會影響他們的外交決策?各國如何從事國際談判、戰爭及外交?第三部分的研究重點是國際制度,其中包括國際法與國際組織在內。第四部分要討論的是哪些力量介入國際爭端的解決過程,其中包括軍備競賽、恐怖主義、國際經濟合作、經濟發展,以及再生性與消耗性資源的管理等等。第五部分除做出結論,同時試圖預測未來(二十一世紀)可能的國際秩序。

就風格而言,我們一方面希望維持本書的學術水準,另一方面試圖提高讀者的學習興趣。質言之,我們期盼以生動易懂的方式討論最新的理論概念與研究發現。因此,全書附上若干照片、漫畫、統計圖表及個案分析。我們認為,這些「輔助性資料」不會降低本書的學術水準,相反地,可望替國際政治研究開拓新的視野。

　　目前，全世界有數以百萬計的人缺乏飲用水。核子武器不斷增加，使得每個人頭上分得十噸黃色炸藥。作者承認，我們很難對國際關係表示樂觀，也因此，作者是以嚴肅的心情討論國際關係。事關二十一世紀人類生死存亡，我們希望本書能夠對於人類生存做出些許貢獻。

皮爾森　　謹識

羅徹斯特

Contents

第五部分　總　結

Contents

表次

第一部分

緒　言

當代國際關係的研究歷程其實就是人類求生存的藝術與
科學。

—— 陶意志

本書試圖探討當代國際體系。從陶意志話中，我們可以了解到研究國際國係的重要，以及這項工程是多麼浩大。有人問愛因斯坦說：「人類頭腦已經進步到能夠發現原子結構。為什麼我們找不出一種方式來澈底防止原子毀滅我們呢？」愛因斯坦回答：「我的朋友，這個問題的答案非常簡單。因為政治要比物理難念得多。」

　　當然，這個故事的真正意思不是說大學裡的物理導論很好，是指了解並進一步控制國際關係現象有些時候比研究物理來得複雜與困難。藉由探討國際關係，我們不僅要告訴讀者今天的世界有多麼複雜，同時試圖提出以簡馭繁的方式。

　　在我們開始討論當代國際關係之前，必須先扼要介紹這門學科的發展過程。在第一部分當中，我們要介紹國際關係的範圍；多年來，學者運用的研究途徑，以及學者、決策者及一般人不同的著眼點（第一章）。此外，我們要回顧過去三個世紀國際關係的演進過程（第二章）。再者，我們試圖對地球做個宏觀的探索，進而比較當前國際關係與過去的異同（第三章）。

第一章
國際關係研究

在世人歡慶聲中，二十世紀宣告落幕。回顧起來，兩次世界大戰是上個世紀前半期的頭條大事。到了後半期，東西冷戰（Cold War）成為國際關係的主軸。現在，人人都想知道二十一世紀的局勢會是何等模樣。[1]

羅馬尼亞有句俗語說：「世事難料。」用這句話形容一九八〇年代末期以來的國際關係發展是再貼切也不過，很少有人預測到冷戰會如此突然且平和落幕。美國總統雷根也承認，他沒有料到蘇聯及東歐國家會出現民主化的契機。然而，更加戲劇化的發展還在後頭。一九八九年，象徵東西陣營意識形態衝突的柏林圍牆開始倒下。東德政府一方面准許人民越過邊境進入西德；另一方面，與西德展開統一談判，德國因此重新成為統一的國家。與此同時，蘇聯外長謝瓦納澤首度訪問北約組織總部所在地布魯塞爾。他宣示蘇聯將尋求成為「歐洲大家庭」的成員。布希總統則表示「新國際秩序」（New World Order）正在成形。事實上，當他卸任的時候，蘇聯已不復存在。代之而起的是獨立國協。

一九九三年九月，美國總統柯林頓在聯合國大會致詞內容某種程度反應世人對於千禧年來臨的樂觀情緒：

「毫無疑問，我等處於人類歷史的分水嶺上。我們似乎時時刻刻都在經歷巨大且令人鼓舞的轉變。冷戰已經結束。世界不再分成兩個怒目相視的敵對陣營。十多個民主國家宣告誕生。

眼前的世界充滿奇蹟：南非首次舉行不分種族都有權參與的選舉；

---

1 譯按：不到兩年，世人便得到初步答案。恐怖主義（terrorism）及反恐戰爭，吸引多數人的目光焦點。

俄國總統葉爾欽帶領他的國家在民主道路上勇往邁進；幾十年來陷入僵局的中東和平露出曙光；以色列總理與巴解組織領袖成功克服以往的敵意與猜忌，向彼此伸出友誼之手。」

　　儘管人道主義在過去十年有長足進展，然而，國際社會距離世界大同的理想還很遙遠。以往也有不少人提出過分樂觀的預測，但是都一一落空。例如，就在一次大戰前夕，安吉爾（Norman Angell）認為戰爭將不再發生。他的理由是代價高昂，即使能夠成為戰勝國也無利可圖。二戰前夕，英國首相張伯倫與希特勒簽署「慕尼黑協定」。當時，他信誓旦旦藉此替世人換得「一個世代和平」。同樣地，我們有理由相信，一九九〇年代初期，部分人士樂觀情緒的立論基礎薄弱。雖然美、蘇冷戰落幕，但是國際秩序卻可能變得更不穩定。最明顯的例子是一九九〇年八月伊拉克入侵科威特，結果導致美國派遣五十萬大軍前往中東地區。在那裡，美國及其盟邦一方面懲罰伊拉克「赤裸裸的侵略行為」；另一方面則確保自身石油利益。與此同時，愈來愈多中小規模的衝突成為媒體報導焦點。在這當中，許多涉及種族問題，他們分別發生在前南斯拉夫及世界其他角落。隨著時間過去，若干觀察家認為「新的無秩序狀態」已經取代新國際秩序。

　　相對於民主化等令人鼓舞的發展，國際社會存在並出現若干不祥徵兆。首先，世界各國的軍費開支居高不下，每年得耗費一兆美元。也因此，人們對於核生化大規模毀滅性武器擴散抱持的憂慮有增無減。其次，恐怖活動與毒品走私日益猖獗，對於國際社會的安全構成嚴重威脅。此外，低度開發國家持續苦於貧窮問題，尤有甚者，他們往往背負「債務炸彈」（debt bomb）及「人口炸彈」（population bomb）重擔，使得相關國家的經濟處境雪上加霜。就前者而言，一九八〇年代初期以來，債權國陸續採取各種手段減輕債務國負擔。儘管如此，債務國累計欠下的外債仍然高達兩兆美元。就後者而言，貧窮國家平均每天給國際社會帶來二十萬嗷嗷待哺的小

生命。但富國之間的關係也非全然順遂。例如，美國及日本等已開發國家相繼出現經濟民族主義浪潮，發生貿易戰爭的危險不容小覷。

與此同時，國際金融市場連番受到衝擊。一九九〇年，美國證券市場經歷有史以來最大跌幅。道瓊工業指數在一天當中下跌五百零八點。緊接著，東京股市也出現史無前例重挫。一九九五年，霸菱兄弟投顧（Baring Bros）的新加坡分公司出現營運危機，原因是一位年僅二十八歲的營業員挪用公款操作日經指數，慘賠十億美元。結果不僅一手造成這家擁有兩百三十二年歷史的英國公司宣告倒閉，同時替全球金融營運體系敲響警鐘。

除此之外，愛滋病毒的傳播與蔓延也是個問題。在非洲，每四位男性就有一位受到感染，它可能成為威脅全人類身家性命的「世紀黑死病」。最後，各項環境生態的保育問題日益受到重視。例如，全球暖化可能帶來洪水肆虐等嚴重後果。二十世紀當中最熱的十年全都集中在一九八〇年以後。這並非是個好兆頭。

綜上所述，國際關係的發展仍然令人憂喜參半，同時充滿各項不確定因素。儘管如此，有件事情倒是可以確定。無論結果是好是壞，國際社會成員間的互賴程度穩定上升。雖然每個國家都想保有主體性，但是橫亙在彼此間的地理、文化及其他鴻溝，正不斷縮減。

國際關係的關連性

今天，電子媒體的發展一日千里。與此同時，全球有半數人口能夠收看電視。因此，在同一天、同一個時刻，柏林、東京及紐約市民可能正在收看相同新聞報導。以CNN為例，它的觀眾遍及一百四十多個國家。一九九〇年波灣戰爭爆發。透過衛星傳送，CNN的收視戶得以隨時掌握戰事最新發展。

當然，各地人民因為所處環境不同，關心的問題也有差異。然而，我們仍舊可以從彼等日常生活中找出若干共同點。此外，不同地區的新聞報

導非但彼此相關，同時可能對我們產生影響。例如，就聖路易市的新聞而言，大抵可以分成國際新聞和國內新聞兩類。不過，事實上幾乎每條新聞都同時具備這兩種成分。

互賴的世界

　　從新聞報導中，我們可以看出國內事件與國際新聞間的關係。例如，犯罪率節節升高是美國最重要的內政議題之一。在聖路易這類大都市，許多犯罪事件涉及違禁藥品。目前，美國人平均每年「消費」價值三百億美元的古柯鹼與海洛因。若深入探討，毒品來源往往是跨國的走私集團。其中海洛因多數來自中東（包括伊朗和阿富汗）及東南亞（包括緬甸、寮國和泰國）地區。位於拉丁美洲的墨西哥及哥倫比亞，則提供美國大量的大麻煙與古柯鹼。

　　又例如，一九九五年五月八日，聖路易當地電視臺報導一百七十個國家代表在紐約舉行談判，討論如何防止核子武器擴散。對此，總部位於聖路易的麥克唐納—道格拉斯公司（McDonnell-Douglas）保持密切注意。他生產的 F15 鷹式戰機曾經是全球最先進機種。直到最近，沙烏地阿拉伯還以九十億美元價格訂購七十二架這型戰機。部分仰賴麥克唐納公司傲人業績，美國於一九九〇年代超越俄國成為全球最大武器供應國。一九九五年，美國武器在軍火市場上的占有率達到 50%。

　　除此之外，麥克唐納公司曾經是密蘇里州雇用員工數目最多的企業，對於當地經濟榮枯有著舉足輕重的影響。單是在聖路易一帶，他便雇用兩萬三千名員工。隨著東西冷戰落幕，包括美國在內的許多國家開始縮減軍費開支。短期內，聖路易地區的經濟景氣勢將受到衝擊，工作機會的減少在所難免。一九八〇年代末期以來，全美軍火業者裁員數目超過百萬，其中以密蘇里州受創最深。

　　事實上，聖路易經濟情況原本容易受到國際局勢影響。相關因素包括戰爭頻率快慢多寡，以及關稅壁壘高低等等。一九八〇年代末期，外國（尤

其是日本）汽車在美國市場占有率達到 25%，對於美國國內汽車工業造成極大衝擊。底特律及聖路易是美國排名前兩名的汽車工業城，而外國汽車登陸造成汽車工廠倒閉和裁員風潮。

一九九〇年代，美國業者開始扳回一城。首先，進口汽車的市場占有率下滑。到一九九五年，這項數字降到 20%。其中部分原因是本田及豐田等日本公司決定在俄亥俄州等地設廠生產。此外，美國汽車製造商在海外市場大有斬獲。在英國、澳洲、墨西哥與阿根廷，福特汽車成為領導品牌。而在西歐，通用公司站穩第二大汽車製造商寶座。與當地業者達成程度不等的策略同盟（strategic alliance）是成功關鍵。

在新聞當中，連地方性和全國性氣象報告都有國際性的一面。一九九五年，聖路易及美國其他都市經歷反常的暖冬現象，這和近年來全球氣溫的急遽升降有著密切關係。若干學者認為，造成氣候反常的主要兇手是所謂溫室效應與落塵效應。雖然他們無法確定空氣污染就長期而言會造成怎樣結果，但是相關問題必須仰賴國際間的合作才能得到解決，光靠一、兩個國家是無能為力的。在這種情況下，一九九五年四月二十二日，一百四十個國家的三億人民共同慶祝「地球日」（Earth Day），由此可見，「綠色運動」（Green Movement）對於國際政治的影響力持續增強。

上述案例不僅顯示國際與國內事件的關係，同時告訴我們個人與社團逐漸進入決策者、外交官或軍人的管轄範圍。目前，我們活在一個互賴的世界。「互賴」（interdependence）這項概念雖說已經是老生常談，但是仍然能夠說明一項客觀事實。我們可以對這個名詞有不同見解，也可以懷疑麥克魯漢（Marshall McLuhan）「世界村」與伍爾德女士（Barbara Ward）「地球號太空船」的說法是否言過其實。然而，我們很難推翻下述觀察，「俄國農產品欠收可能使非洲的饑餓問題惡化；東歐國家經濟頹勢可能加深西歐人民的排外心態。與此同時，北方國家調整工業生產結構可能有助於南方國家擺脫貧窮，從而提供前者更大市場。」當然，最極端的例證是

熱核武器可以在幾分鐘之內毀滅全人類。

使一般人更具有國際觀

　　民意調查顯示，一般美國人不太了解他們與外面世界的關聯。例如，一九七〇年代末期，美國國內曾經針對能源決策有過激烈辯論。當時美國所需的原油 50% 從國外進口。然而，半數美國人民不知道有進口原油這回事。九〇年代以後，美國對於進口原油的依賴再度攀升，不過，知情者仍然不多；八〇年代，半數以上美國人無法確定美國或蘇聯是北約盟國。一九九五年，蓋洛普民調顯示，25% 美國人無法正確指出五十年前受到該國投下第一枚核子武器的國家。

　　美國人對於國際事務缺乏了解的事例還有很多。雖然西歐國家情況要好一些，但是仍舊有相當比例人口對於國際事務不感興趣。當學者問道：「你認為哪種情況比較糟？無知還是冷漠？」他們的回答通常是：「我不知道，我也不在乎。」

　　即使那些對國際事務感到興趣，並且積極追求這方面資訊的人也會發現，他們無法處理每天千頭萬緒的資料，同時將他們納入完整的分析架構當中。例如，許多總部設在美國的跨國企業前往中國大陸投資經營，他們的營運會對兩國關係產生何種影響？假設美國因為某種原因與俄國展開核武戰爭，他是否可能在殺了每個俄國人 27 次之後仍然成為「輸家」？

　　本書基本目的除了要提高讀者對於國際事務的興趣之外，也希望能夠增加他們這方面的知識。質言之，我們希望從過去的慘痛經驗當中汲取若干教訓。

國際關係的定義

　　要想研究國際關係這門學問，首先必須弄清楚他的定義。字典告訴我們：

「國際關係是政治科學的一支，主要探討國家之間的關係，尤其側重在研究外交政策。準此，重點包括相關政府機構、功能與組織型態，以及其他影響外交政策的因素。」

定義的困難

上述定義光從表面來看算是差強人意，然而，我們馬上會面臨三項問題。第一，在這當中，哥倫比亞的販毒集團無法找到定位。事實上，這和跨國的毒品犯罪組織有著密切關係。跨國企業與回教抵抗運動（簡稱哈瑪斯，HAMAS）也會碰到類似情形。他們稱不上是國家或政府，但是與國際關係的發展息息相關。第二，在一個互賴的世界中，我們懷疑相關國家的外交政策能否與內政截然分開。美國政府批准某些藥品上市看來純屬國內事件，然而，可能改變美國有關麻醉藥品管制的外交政策。同樣地，武器管制原本屬於外交範疇，但卻可能對內政產生重大影響，這種情形在能源、經濟及農業政策方面更加明顯。第三，字典上說國際關係是政治科學的一部分，不過，一定涵括經濟社會各項層面，從而涉及科際整合的問題。

這不意味國際關係的研究範圍無遠弗屆，只是說他比其他學科難以界定。若干學者認為，要想確定國際關係的研究範圍「不是流於武斷，就是徒勞無功」，然而，我們仍舊得從事這項工作。多年來，學者對於這項問題爭辯的激烈程度不亞於國家間的衝突。我們無意淌這趟渾水，只是想讓讀者了解國際關係到底是在說些什麼。

在這方面，我們可以將字典當中的定義加以擴張。國際關係是研究全球人類的互動情形，以及影響互動的因素。圖 1-1 提出幾種可能的互動情形。

第一類是國家間的互動。例如，中共警告美國不得干預該國內政。此外，他包括美、日兩國談判日本銷往美國汽車的關稅及配額。基本上，這類互動的主角是民族國家（nation-state）及其政府。

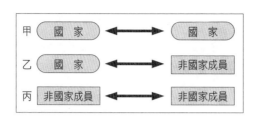

圖 1-1　國際互動的幾種型態

第二類是國家和非國家成員間的互動。這類例子包括沙烏地阿拉伯石油部長與跨國石油公司代表舉行會談，以色列部隊對於黎巴嫩境內的哈瑪斯基地進行攻擊，以及大通銀行總裁飛抵巴西，與巴西財政部長談判後者延遲繳付貸款的問題。非國家成員在國際關係中扮演的角色可以是主動，也可以是被動的。

第三類是非國家成員彼此間的互動。其中包括各國商會代表的齊聚一堂，以及美、加兩國職業棒球隊的同場較技。這類活動多數無法引起政府注意，但是有些也可能對於國際關係產生重大影響。就後者而言，一九七一年，中共和美國間的乒乓外交是項明顯例證。

廣義而言，上述互動加總起來構成國際關係的全貌。不過，顯而易見這些互動的重要性差異很大，所得到的待遇也各不相同。我們可以說，一般人心目中的國際關係就是字典裡頭的意思，亦即前述第一類互動。我們不能怪他們有這樣先入為主的觀念。只有政府才有權制定外交政策，並且擁有規範國家間互動行為的法律權限。準此，本書主要內容同樣在於探討國家間的關係。然而，我們也會討論另外兩種類型的國際互動，並且介紹非國家成員扮演的角色。我們注意的是他們對於國際關係及事務產生何種影響。

國際關係的實質部分

本書對於國際關係所下的定義源自政治學概念。這顯示，作者格外重

視國際關係的政治層面。以下我們將國際政治與國際關係視為同一件事，並且從政治角度研究經濟與其他層面的國際關係。如果政治學研究的是「誰得到什麼，在什麼時候得到，如何得到」，那麼國際政治可說是研究在國際競技場中，「誰得到什麼，在什麼時候得到，如何得到」。這項定義雖然稍嫌狹隘，但是比較能夠說到重點。

就這個定義而言，政治是指生活在一起的人們如何管理彼此之間的事務。從國際政治角度來看，我們想要知道五十多億人口如何辦到這點。如果我們將整個地球看做一個政治實體，最基本的特徵是權力高度分散，分成一百八十多個民族國家，這些國家認為在政府之上不存在更高權威。前文提及，儘管目前國際社會也有非國家成員，但國家仍然是主要的政治組織型態與權力中心。質言之，沒有一個世界政府來規範國家行為，聯合國只能說是初步嘗試。

由於國際社會的權力分散，許多觀察家認為這必定造成混亂。每個國家都有很深的不安全感，因此藉由擴充軍備來保護自己。各國有時會為內戰所苦。一九九〇年代，許多人注意到索馬利亞及盧安達等國因為內戰而「國不成國」。然而，類似情況無法和國際社會的戰爭頻率相提並論。無論如何，國際社會也不是天天處於戰爭狀態。即使缺乏共同信服的權威，人類經常能夠克服困難，維持和平與秩序。質言之，國家間存在部分衝突與部分合作現象。如同史托辛格（John Stoessinger）指出，在國際關係領域當中，「追求權力與秩序間的矛盾造就持久的緊張狀態。」各國都想分配到更多資源，但是為了維持相當程度的穩定必須盡量克制自己野心。

這不是個新的現象，自有國家以來便是如此。不過，今天我們的感受與需求更加強烈。因為人類不僅取得毀滅全世界的能力，同時塑造出真正的「國際社會」。國家間的互動快速增加，必須加以規範。有些人認為，人與人的距離拉近，顯示人類正朝世界一家的理想邁進。然而，也有些人認為，這播下更多衝突的種子。從紐約到倫敦，搭乘協和式客機只需要三

個半小時。與此同時，從紐約發射洲際飛彈，只需三十分鐘就到達莫斯科。

目前，人類一方面具有無盡的合作潛能；另一方面，國際間可能爆發史無前例的衝突，這看來相當矛盾。一九四五年後，簽訂的國際協定數目超過二〇〇〇年來總和。近年來，國際組織數目不斷增加，試圖就核子武器擴散、海洋生態保育，以及國際經濟運作等問題制定「遊戲規則」。質言之，國際社會試圖在世界政府出現之前實現自古以來人類希望達成的目標。不僅要維持國際秩序，同時想進一步建立「符合正義」的秩序，亦即針對現有資源做更公平的分配。多數國家希望透過「政治制度」解決世界性的問題。只不過，權力分散仍是制度運作的主要原則。

此外，我們可以從若干不同層次分析國際關係。以下我們將一再提到各種角色與複雜的關係脈絡。只有將這些事物考慮進去，我們才能深入了解當代國際政治。

如何研究國際關係

如同學者間對於什麼是國際關係有著不同看法，對於如何研究國際關係也是意見分歧。事實上，這兩者很難截然劃分。以下我們將就各種典範與研究方法進行探討，促使讀者能夠充分理解。

不同的典範

典範（paradigm）賦予研究者一個「框架」，讓他們思考框框裡面的現象。典範能夠幫助我們將無數事件組織起來。不同典範提供我們不同的世界觀，使我們將研究重點放在某些事物上，將其他事物暫且置之度外。本世紀當中，國際關係有四個主要典範，分別是：1.理想主義典範。2.現實主義典範。3.全球主義典範。以及4.馬克斯主義典範。

理想主義（idealism）起源可以追溯到十四世紀的義大利詩人但丁。他提出四海一家與世界政府的構想。到了二十世紀，美國總統威爾遜持續提倡這項概念。當時，國際關係在美國成為獨立學科。兩次大戰之間（一九

一八到一九三九年），理想主義成為研究國際關係的主流。目前，仍然有人主張建立世界聯邦。如同其他國際事務觀察家，理想主義試圖減少國家之間衝突，擴大彼此合作。不同的是，他們將研究重點放在國際法、國際組織，以及人權等比較抽象的一面。理想主義學派宣稱他們從一次大戰的廢墟中學到若干寶貴經驗，因此了解如何防止類似災難再度發生。他們認為必須在尊重法治、服膺共同價值與發展國際組織（如國際聯盟）基礎上建構公平正義的國際秩序。

理想主義研究著重在這個世界「應該」如何，而非事實是何種面貌。當然，他認為當前實際情況並非唯一的可能。因此，當威爾遜總統顧問問他國際聯盟構想是否切合實際的時候，他回答：「就算無法有效運作，我們也得盡人事才是。」

由於理想主義未能預判並防止二次世界大戰的發生，現實主義（realism）便在一九四五年以後再度興起。理想主義認為他們的理論沒有被完全採納才招致失敗。現實主義學者卡爾（E. H. Carr）則指出，他們的理論已經付諸實現，只是禁不起侵略者鐵蹄踐踏。摩根索（Hans Morgenthau）因為《論國際政治》這本著作被尊為當代現實主義之父。事實上，卡爾早些年便提出類似論述。十六世紀馬基維利的《君王論》更可說是現實主義的老祖宗。無論現實主義或理想主義都對處理衝突感到興趣。然而，現實主義非但質疑國際法與國際組織的功能，同時對於國際合作的可能性不表樂觀。現實主義認為，國際關係幾乎全是國家間爭權奪利的事。他們認為，國家的最高目標是在充滿敵意的無政府狀態下求取自身安全。因此，他們制定政策的時候，權力永遠放在第一順位。對於目前處境感到滿意的國家，外交政策目標通常是要維持現狀。相對地，如果對於現狀感到不滿，往往就會採取向外擴張的外交政策。在這種情況下，國家是依據「現實政治」（realpolitik）考量進行合縱連橫。

由於現實主義非常重視國家安全，因此研究重點不外乎軍事戰略、國

力構成要素、外交與政治手腕，以及國家利益（national interest）本質等幾項。這和理想主義的重視國際法與國際組織大異其趣。現實主義從二次大戰汲取寶貴教訓。道德與法律無法防止戰爭發生。只有在「權力平衡」（balance of power）或「大國協商」（concert of powers）情況下，侵略者才會知難而退。戰後三十年間，現實主義研究主宰國際關係的脈動。學者、從政者及一般人莫不服膺。截至目前，其勢仍然不衰。由於目前現實主義學者將經濟因素納入考量，因此通常被稱為「新現實主義」（neorealism）。

　　全球主義（globalism，也稱為多元主義）典範晚近受到國際關係學者重視。一九七一年，基歐漢（Robert Keohane）及奈伊（Joseph Nye）合編《跨國關係與國際政治》一書，開啟全球主義先河。全球主義對現實主義提出強烈批判。他認為，現實主義對於實際情況的了解有些偏差，特別忽略二十世紀是互賴世紀。多數全球主義學者並不主張澈底否定現實主義典範，而是試圖加以改良。他們指出，政府間來往只是人類互動當中的一小部分。現實主義主張所謂國際關係就是各國政府基於維護國家安全，因而展開權力競逐。全球主義則認為，事情並不如此單純。除了各國政府，非國家成員及個人也具有相當份量。他們不僅注意戰爭與和平這類重大問題，同時注意到若干細微爭執。在現實主義描繪的世界中，居民似乎全部是軍人、外交官及外交決策者。相對地，全球主義的世界裡包括跨國公司總裁與國際勞工組織領袖。質言之，全球主義的研究對象與範圍都比現實主義來得廣泛。

　　馬克思主義（Marxism）典範的出現與全球主義有些關聯。然而，兩者間卻也存在顯著差異。馬克思主義的創始者是十九世紀德國哲學家馬克思。馬克思認為，資本主義經濟制度強調私有財產，鼓勵個人累積財富，於是資產階級成為統治階級，從而剝削無產階級。在這種情況下，工人階級終將醒悟，並且發動世界革命。果真如此，私有財產和階級差異將被一筆勾

消，民族國家則會失去存在價值。全世界將共同組成和睦的共產主義社會。在這裡，人人各盡所能、各取所需，再沒有特權欺壓情事。

由於資本主義生命力比馬克思的預測要強，因此，晚近馬克思主義學者替他的理論加入若干新的觀點。尤其重要的是，他們指出，資本主義國家之所以能夠化解國內的緊張關係，乃是因為他們去剝削別的國家，如開發中國家。他們利用開發中國家的廉價勞力製造商品，再打進該國市場，如此便能夠避免本國經濟崩潰。馬克思主義與全球主義都意識到跨國企業日益重要，只不過，馬克思主義看到的多半是他們醜陋一面。他們認為，已開發與開發中國家的軍事及企業領袖已經勾結在一起，共同剝削開發中國家勞工，已開發國家勞工則是失去他們的階級意識，競相購買開發中國家勞工製造的廉價商品、剝削他們勞力。因此，馬克思主義認為，國家間衝突並非國際關係的研究重點。重點在於貧富階級間的矛盾。如果要化解這項矛盾，各國領袖應該以計畫經濟取代自由經濟，以便在國內與國際間創造更為和諧的社會關係。

在本書當中，上述四種典範都將不斷被提到。他們代表學者觀察國際事務的幾種角度。很少人是純粹的現實主義或理想主義者。然而，輕重取捨之間可能差異很大。除了典範會影響當事人的世界觀之外，不同民族，基於不同的歷史文化通常也會對國際關係有不同看法。例如，亞洲與非洲若干國家的人民受過殖民統治，他們的世界觀往往不同於美國人民。美國人通常採取現實主義或理想主義觀點，亞非國家人民則容易接受馬克思主義典範。

不同的研究方法

除了不同典範之外，國際關係學者的研究方法也不盡相同。雖然有人認為典範與研究方法沒有什麼差別，事實上兩者重點是不太一樣。就研究方法而言，「傳統學派」（traditionalists）與「行為學派」（behavioralists）是爭執重點。六〇年代以前，傳統學派占盡優勢。知名國際關係著作

全都以一手或二手資料做為寫作基礎，其中包括外交史、外交工作者的回憶錄、條約彙編以及哲學著作。

到了六○年代，傳統學派逐漸受到行為學派挑戰。當時行為學派的大將包括陶意志、辛格（J. David Singer）和羅森諾（James Rosenau）等人。他們試圖讓國際關係這門學科更加科學化。因此，他們借用生物學與物理學方法研究國際關係，讓知識得以累積。相關重點包括建立資料庫、從事量化分析，以及廣泛運用電腦等等。行為學派側重有系統地發展及驗證理論，從而提出解釋國際關係演進的變數與常數。

國際關係能否達到生物學及物理學水準？截至目前，兩派學者仍然爭論不休。與此同時，他們針對彼此的研究方法提出批判。他們有興趣研究的問題不算太多。其中包括：在何種情況下戰爭比較容易發生？內政對於外交具有哪些影響？嚇阻策略要想成功必須滿足哪些前提？外援與援助國的影響力之間存在哪些關係？國家間互賴程度提高對於彼此互動會有哪些影響？行為學派相信透過他們的研究方法，學者能夠得到明確答案，甚至足以預測未來。傳統學派則認為，國際環境非常複雜，大大降低量化的可行性，因此，我們最多只能做到合理猜測。事實上，行為學派試圖預測事件可能的發展方向。誠如麥克蘭（Charles McClelland）指出，「我們不想妄自揣測二○○二年中國大陸會發生哪些事情。相對地，我們試圖了解在不同情況下中國大陸情勢可能出現哪些變化。」

雖然傳統學派與行為學派至今仍然存在若干歧見，但是近年來他們已經達成「停火協議」。國際關係正式邁入後行為主義時代。他們承認對方說法不無道理。國際關係這門學科確實還處在萌芽階段。基於相同理由，本書將同時採用這兩種研究方法。

決策者、學者和一般人的關切事項

每個人都需要了解國際事務，只不過程度並不相同。學者想要明瞭每

件事情的來龍去脈。決策者希望保有政權。而一般人只想得到充分資訊，判斷主政者的成績。以下，我們先探討學者和決策者間的關係，再將彼等關切事項和一般人做個比較。

學者及決策者考慮的問題

從柏拉圖到馬基維利再到當代思想家，他們一直想要影響決策者的作為。有些人甚至能夠進入決策圈。在這方面，季辛吉與寇派翠克女士是兩個很好的例子。不過，一般而言，學者影響力與他們的期望有段差距。

學術界和走實務路線的人多少有些不同。學者比較關心理論通則與事件的長期發展。相對地，實務工作者多半得處理個案及當前情勢。雖然實務工作者也可能對理論性問題發生興趣，但是他們的工作重點畢竟是處理具體事件。例如，美國決策當局必須評估出售沙烏地阿拉伯精密戰機是否會加深中東地區的敵對情勢。學者也可能研究類似問題，不過這通常只是他們研究對象的一小部分。

然而，學者與決策者也會設定共同目標。他們都想知道國際關係運作的基本原則。柏拉圖認為，每個國家都可以對別的國家有所貢獻。理想的統治者應該兼具哲學家與實行家特質，如此方能成就所謂「哲君」。好的理論可以讓決策者了解現實情況，進而預測各種決策可能產生的影響，在這方面，沒有任何事物比理論更切合實際。

一般人關心的問題

如同決策者，一般人比較關心實際問題。與此同時，他們受惠於理論研究。儘管一般人和決策者都不承認理論的重要性，但是他們在評估國際關係及政府外交政策的時候，仍然不免以某些理論做為基礎。為了顯示學者、決策者和一般人關心的事情有哪些重疊地方，以下我們將介紹幾種分析技巧。

分析技巧

　　我們可以找出四種分析技巧。其中包括：1.描述；2.解釋；3.規範性分析；4.提出解決方案。描述是最基本的方式，觀察者只須將他觀察所得陳述出來即可。不過，他的觀察可能是正確，也可能是錯誤的。解釋是以描述做為基礎，除了陳述事實之外還須找出發生原因。如果一個人具有解釋能力，或將具備預測未來的本事。規範性分析則是針對已經或可能發生的事實做成價值判斷。他在意的不是真偽問題，而是得失利弊的考量。最後，解決方案指的是對未來行動與政策提出建議，從而達成某種目標。以上四種分析技巧不盡相同，但卻彼此相關。

　　我們可以舉出一個例子加以說明。如果讀者注意到世界財富分配情形，便可以做出以下陳述。全世界有半數人口年平均所得不到五百美元；四分之一人口國民所得在五百到兩千美元之間；其他四分之一人口國民所得超過兩千美元。接著我們要探究為什麼會有這種情形存在。這可能肇因於氣候差異（大多數貧窮國家位於南半球）或種族因素（大多數貧窮國家是黑種人或黃種人國家）。如果我們提出類似說法，那就超出描述範圍，進入解釋的境界。質言之，理論的追求於焉展開。假設我們認為財富分配不均是不道德的，那就是種規範性分析。倘若我們想要改變這種情形，建議開發中國家採取某種經濟發展策略，改變世界財富分配狀況，那就是提出解決方案。

　　讀者可能發現，有些人會同時應用上述四項分析技巧。然而，多數人比較喜歡沈浸於後兩種分析技巧。畢竟提出規範性分析及解決方案要比製作圖表有趣得多。

　　問題是，除非當事人對於國際關係具備充分了解和深厚學養，否則不可能提出有意義的價值判斷和解決方案。歷史上，決策者根據殘缺知識所做的錯誤判斷往往造成災難性後果。

　　我們之所以要在本書開頭花費篇幅說明前述抽象事物，乃是要提醒讀者，如果想在本書中找到解決中東問題的辦法，那肯定是要失望的。本書重點在於基本的陳述和解釋，然後拿一個典範來消化得到的重要資訊。如此，讀者可望對於國際關係具備初步認識，從而產生研究興趣。當然，我們也希望增進讀者分析問題的能力，甚至進一步提出解決方案。不過，假設要對國際社會進行針砭，必須先了解他的「病情」。

本書研究計畫

　　在第一部分其餘各章當中，我們將扼要說明國際關係的發展過程。在第二部分，我們將以國家做為主要研究對象。重點包括外交政策作為以及政府間的互動等等，一般人認為這是國際關係的「真正內涵」，比較強調國家間的衝突面。第三部分，要討論國際制度的發展。其中包括國際法及國際組織，比較強調國家間的合作面。第四部分，做的是綜合工作。第五部分，則要預測二十一世紀的國際社會是何等模樣。

第二章
國際體系的歷史發展

學者在研究國際關係演進的時候，有些人驚訝於變化之大，有些人則驚訝於沒有什麼改變。前者認為沒有兩件事是一樣的，後者則相信歷史一再重演。

　　歷史學者塔克曼女士（Barbara Tuchman）及未來學家托福勒（Alvin Toffler）各有一段話足以代表第一派主張。塔克曼女士在比較一九七九年蘇聯入侵阿富汗，及一九一四年一次大戰前夕時寫道：

> 「我敢大膽斷言歷史事件不會、也不能重演。由於物換星移的結果，他們甚至無法按照原來方式重來一遍。時間過的愈久，愈多因素被注入環境當中。特別是在二十世紀當中，改變步調可能快的驚人。」

　　同樣地，托福勒認為，拿現在和過去相比是徒勞無功的，不論是國際關係或其他現象都是如此。他說：

> 「大多數人忽略現在與過去生活在質的方面有多大變化。我們不僅僅放大改變範圍，甚至改變變化的步調。」

　　相對地，我們來看看主張歷史重演論的學者是怎麼說的。瓦茨（Kenneth Waltz）表示：

> 「有些人認為國際政治盡是一些意外和暴動，他的變化既快又令人無法捉摸。雖然變化是難免的，但是若干持久不變的事物更令人印象深刻。例如，在本世紀發生的兩次世界大戰中，打來打去就那幾個國家。

歷史是一再重演的，他的型態及性質很少有重大改變。」

此外，哲學家聖塔雅那（George Santayana）說過一句名言：「無法記取歷史教訓的人肯定要重蹈覆轍。」

歷史是否重演？

國際關係究竟以變動居多，還是經常保持一定型態？我們在第一章中已經提及他是兼而有之。

歷史不重演

嚴格來說，任何事件都不可能絲毫不差加以複製。正如希臘哲學家赫拉克里塔斯（Heraclitus）指出：「你不可能接觸同樣的溪水兩次。」至少每個事件的主人翁與他的個性不會相同。更重要的是，國際關係的外在環境會發生變化。十八、十九世紀政治家絕對料想不到今天世界會是如此模樣。

歷史重演

另一方面，雖然國際環境與政治家都隨著時光流逝有所改變，但是就人類歷史來看仍有不少相通之處。事件與事件之間不可能完全相同，但總有其相似之處。正因為如此，我們才能累積國際關係知識。否則，我們就沒有研究必要。

雖然武器性能有了驚人進步，但是戰爭依舊進行。人類進入外太空，但是外交官仍然不愁沒有飯吃。雖然目前已經有又快又準的方法取得資訊，但是國家間仍舊經常發生誤解。新的國際組織不斷出現，但是民族國家依然沒有過時。

簡言之，國際關係有些特色很容易改變，有些特色則是不容易改變。他的變化不如歷史不重演論想像中那麼大，但仍比歷史重演論主張的要有

彈性。

國際體系的演進過程

　　本章要討論國際體系的歷史演進。我們目的不在於做一套完整的編年史，而是要在短短幾頁當中看清楚國際體系的變與常，這有助於我們了解當前國際局勢。

　　為了在短短一章當中說明幾百年歷史，我們必須借助國際體系（international system）概念。所謂國際體系範圍很廣，包括政治、經濟、社會、地理以及科技等對於國際事務發生影響的一般性因素。更簡單地說，國際體系是國際關係運作的一個框架。當國際關係的基本因素出現巨大改變，國際體系也就被重新改造。至於國際體系怎樣才算發生變化，學者看法並不一致。

　　為了討論方便起見，作者打算將過去幾百年的國際關係分成四個時期：1.傳統型態國際體系（一六四八到一七八九）；2.過渡時期國際體系（一七八九到一九四五）；3.二次戰後國際體系（一九四五到一九八九）；4.當代，也就是後冷戰時期的國際體系。若干學者有不同意見，不過，這種分期方式原本相當粗略，目的在於讓我們針對現在及過去做個比較，從而提供討論基礎。本章討論的是前三個時期，第四種國際體系留待下章討論。

　　要比較不同時期的國際體系，我們必須挑出最值得比較的項目。根據多位學者著作顯示，這類變數包括：1.成員本質（民族國家及非國家成員）；2.權力分配情形；3.財富分配狀況；4.極化程度；5.成員目標；6.成員達成目標的手段；7.互賴程度。以下我們將根據這些標準看看國際關係如何發生變化，變化的幅度又有多大。

傳統型態的國際體系（一六四八到一七八九）

　　大多數學者認為，近代國際關係起源於一六四八年。當時，三十年戰爭剛剛落幕，歐洲各國在西發里亞訂立和約（Peace of Westphalia）。和約

簽訂後，國際體系主要成員——民族國家才正式出現。民族國家大致具備以下特徵：1.行使主權（sovereignty）的政府；2.一定數目人口；3.明確劃分的領土。[1]

民族國家的誕生

就人類歷史而言，民族國家誕生日期相當的晚，有文字稽考的人類歷史約五千年。民族國家發源至今不過四百年，在這以前，人類的政治組織包括部落、城邦以及帝國等等。人類不斷尋求最好的政治組織，因此走極端是必然結果。他們創造出來的不是大一統帝國，就是分崩離析的城邦。

例如，一六〇〇年以前，歐洲有據地稱雄的王國及封建諸侯，也有自稱至高無上的神聖羅馬帝國與教皇國。簡言之，當時歐洲的政治單位包含公國、自由市、封建諸侯、王國以及教皇統治地等等。雖然英國與法國已經有國王總攬大權，但是內受封建諸侯挑戰，外受羅馬教皇節制，這種情形到了一六四八年產生很大改變。火藥摧毀封建諸侯賴以割據的城堡，中產階級興起使得王權逐漸得到伸張，神聖羅馬帝國皇帝與教皇權威日趨勢微，封建制度名存實亡。

一六四八年，西發里亞和約正式簽字，確立民族國家主權平等原則。各國王室主張他們擁有的主權對內最高，對外獨立，自此，民族國家成為國際體系的主要成員。

傳統國際體系的成員

十七、十八世紀國際體系稱為傳統的國際體系，當時國際體系的成員不多，大抵是英、法等民族國家以及他們的統治者。法王路易十四曾說「朕即國家」，這項觀念的起源是所謂君權神授說，其他國家的君主大多服膺這種說法。直到十八世紀末期，民族主義內涵才由民權取代君權的地位。

1　譯按：就後兩者而言，馬志尼提出所謂「門檻原則」。然而，這項原則早已被事實推翻。

不過，當時一般人的國族意識不很強烈。以路易十四而言，他的皇后是西班牙人，首席顧問是義大利人，軍隊則是徵自各國傭兵，因此，愛國主義並非影響國際事務的主要因素。

權力與財富

當時，除了歐洲國家之外還有中國、日本乃至後來的美國等國家。然而，實際上那個年頭的國際政治幾乎和歐洲政治是同義詞。在歐洲，幾個主要國家的國力相差無幾，包括英國、法國、奧國、瑞典、西班牙、普魯士和俄國。此外，他們擁有的財富大致相當，這是因為工業革命尚未開始的緣故。

在這段期間，總有些國家對他分配到的權力及財富感到不滿，甚至試圖建立帝國，這就對其他國家產生威脅，同時破壞國際間的權力平衡。在缺乏中央政府的情況下，國際秩序需要靠權力平衡來維持。因此，當某個國家試圖侵略另個國家的時候，其他國家在嚇阻無效之後就會聯合起來逐退侵略者。當時法國被視為國際體系及其穩定的主要威脅，英國則大多扮演「平衡者」（balancer）的角色。不過，許多國家也會懷疑英國有稱霸野心。

極化程度

為了維持權力平衡狀態，極化程度（polarization）必然很低，這是著眼於保持每個國家自由結盟的彈性。任何國家可以任意改變他的結盟對象，以便應付侵略者威脅。國際體系變得很有彈性，壁壘分明、相互對立的情形並不存在。各國都是根據情勢需要締結或廢棄盟約，雖然這裡頭有不少陰謀與陷阱，但是權力平衡在維持體系穩定的功能還算差強人意，這並非國家有意造成的結果，而是他們基於安全考量採取行動的總和。

當時，權力平衡狀態能夠順暢運作有兩個主要因素：1.決策權力集中在少數統治者手中，他們在締結或廢棄盟約的時候毋須得到人民同意。2.主要

國家間缺乏嚴重的意識形態衝突，不致影響他們的結盟彈性。各國統治者都是思想保守的君主，他們不僅具備類似的文化傳統，同時通常彼此間存在姻親關係。

目標與手段

在許多方面，歐洲各國君主都是說「相同語言」。他們同意從事國際政治必須遵循一定的遊戲規則。其中包括：1.不得干預其他國家內政，或是推翻他們的君主制度。2.除了自己，不允許任何國家稱霸。當時，所謂國家目標就是君主個人的目標，著眼點在於增加君主的財富、權力及威望。

雖然各國王室具有相同血緣與價值觀念，但是也會發生利害衝突。各國統治者在追求國家安全的時候都會遇到兩難抉擇。他們想要得到更多權力，從而保障國家安全。然而，這麼做不可避免會升高其他成員的不安全感。某些統治者有稱霸野心。然而，他們手頭資本有限，所以設定的國家目標不會太高。他們發動戰爭，目的往往是為了取得特定領土（如亞爾薩斯和洛林）。有些時候，這些領土換手速度太快。當地居民來不及發展出對於某個國家的忠誠，這個時期談不上是太平盛世，只是所有的國際衝突幾乎全都肇因於統治者個人恩怨。他們與爾後的總體戰爭大異其趣，反倒有點紳士決鬥的味道。

雖然每個君主都想除掉敵手，但是有限的軍事力量使得他們必須安於現狀。就武力而言，各國王室倚靠人數有限但代價高昂的傭兵部隊。他們不僅忠誠有問題，同時開小差的比例很高。他們使用武器的殺傷力和十九、二十世紀相比時差得太遠。一般人民在戰爭期間只能任人宰割，誰勝誰敗對他們而言沒有什麼意義，誰來當他們的國王都差不多。

互賴程度

這段期間的歐洲人是地域主義及世界主義的混合體。就貴族和上流仕紳而言，他們可以自由自在周遊列國。相對地，一般人民往往終其一生未

能離開家鄉半步。一方面，各國君主必須從海外進口金銀維持他的傭兵部隊。另一方面，各國經濟大抵能夠自給自足，對於國際貿易的依賴程度幾近於零。疾病很容易傳染到鄰國。然而，文化交流的速度非常緩慢。由於傳播科技落後，訊息傳遞非常不便。因此，革命或恐怖行動不太可能如同今天，很快成為轟動世界的消息。各國基於維持權力平衡，必須進行軍事合作。但是，由於武器技術落後，使得協同訓練的可行性大為降低。質言之，國家間的互賴程度很低。

　　到了十八世紀末葉，許多情形出現重大變化。一七八九年發生的法國大革命不僅推翻法國王室，同時替國際政治開創新的紀元。

過渡時期國際體系（一七八九到一九四五）

　　雖然美國獨立革命比法國大革命早發生十年，但是他的震撼力以及對國際體系的影響遠不如法國大革命。原因很簡單，當時歐洲是國際政治的主要舞臺，而法國是歐洲的一部分。相對地，美國處於國際舞臺的邊緣。從一七八九到一九四五年，這段時期的國際體系可說處於承先啟後的地位。他像是一個鏡片，將過去若干影像更清晰地投射在布幕上。

成員

　　法國大革命最終是由拿破崙取得政權。自此，國際關係便進入民族主義（nationalism）時代。民族主義基礎在於形塑人民和政府間更為緊密的關係，他們之間出現更深的情感聯繫。與此同時，人民參與政治的程度隨之提高，這使得拿破崙得以動員一支由法國青年組成的部隊，對外採取軍事行動。無意間，法國民族主義激起其他國家的民族主義。此外，民主政治興起一方面代表主政者制定外交政策的時候必須顧及民意反應；另一方面，政府也可以拿國內軍事和經濟力量做為參與國際政治的籌碼。雖然真正實行民主政治的國家數目不多，但是各國領袖紛紛以人民代表自居。

　　民族主義興起使得新的國家相繼獨立。有些國家是從殖民地獨立而來，

有些則是將文化相近的政治單位合併產生。值得注意的是，雖然民族主義將某些國家從殖民統治中解放出來，卻也帶來歐洲國家的帝國主義。許多亞洲和非洲國家因此失去自由。國際間「民族自決」（national self-determi-nation）呼聲日益高漲。特別是在一次戰後，波蘭及匈牙利等國相繼獲得獨立，掀起另一波民族主義高潮。在這段轉型期間，國際舞臺出現五十多個國家。然而，這只是更多國家獲得獨立的前奏。（見圖 2-1）

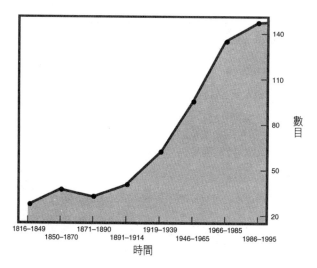

圖 2-1　國際體系中民族國家數目的成長情形

　　除了民族國家數目增加之外，國際體系成員也變得比較多樣化。一八三〇年，全球人口達到十億。一百年之後，這項數字增加到二十億。全球人口之所以快速成長，大部分是因為歐洲和北美地區的死亡率降低。死亡率降低則是工業化和醫藥發達的結果。一九四五年以後，新興國家不斷出現。由於醫療設施普及，世界人口急遽增加。一九五七年，全球人口達到四十億，十年後更增加到五十億。（見圖 2-2）

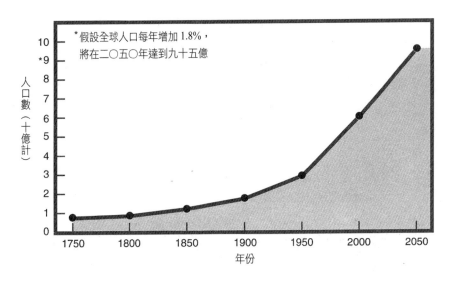

圖 2-2　世界人口成長情形

財富與權力

　　十九世紀和二十世紀初期，歐美地區工業化程度提高使得南北半球貧富不均的現象日趨嚴重，甚至達到史無前例地步。在過去，每個國家工人與農民日子過得差不多。工業革命最先起源於歐洲，再傳到其他地區。不過，南半球實際受惠的程度很低。因此，有些國家生活水準大幅提高，有些國家則停滯不前。一八五〇年，貧富國家國民所得的差距是一與二之比。這項差距到了二次戰後日漸擴大，一九八〇年代末期甚至來到一比五百。

　　工業化國家不僅得到更多財富，同時得到更多權力，新式經濟技術很快變成軍事上的優勢。十九世紀和二十世紀上半葉，強國的軍事與經濟實力大抵相當平均（見表 2-1），英國似乎是其中比較突出的國家。

表 2-1　國際體系中的強國：一七○○至一九四五年

	1700	1800	1875	1910	1935	1945
土耳其	×					
瑞典	×					
葡萄牙	×					
西班牙	×					
奧匈帝國	×	×	×	×		
法國	×	×	×	×	×	
英國（大不列顛）	×	×	×	×	×	
普魯士王國（德國）		×	×	×	×	
俄羅斯（蘇聯）		×	×	×	×	×
義大利			×	×	×	
日本				×	×	
美國				×	×	×

　　二十世紀初期，美、日這兩個歐洲以外的國家開始躋身強國之林。一八九八年，美國擊敗西班牙，日本則在一九○五年擊敗俄國。十九世紀的俄國始終徘徊在歐亞和強弱國家之間。一九一七年布爾什維克革命之後，蘇聯在國際政治中的地位逐漸提高。當時，國際體系最顯著的特徵是國際政治主要舞臺由歐洲移轉到歐洲以外的國家。歷史學者貝拉考夫（Geoffrey Barraclough）指出，一九○○年是歐洲國家的全盛時期，但也是沒落的開始。一九四五年以後，不僅美、蘇國力超越歐洲國家，連中國大陸也開始迎頭趕上。

極化程度

　　在這段轉型期當中，歐洲不僅將歐洲以外國家引進國際舞臺，同時也為國際政治注入意識形態衝突的因素。準此，二次戰後的國際體系呈現兩

極化趨勢。十九世紀中葉，馬克思呼籲全世界的工人階級聯合起來，在共產主義旗幟下打倒資產階級的統治者。他預言未來世界沒有政府和階級存在。然而，歷史否定他的說法。意識形態與民族主義力量加深國家間的敵對衝突。一開始，拿破崙輸出革命訴求與各國君主尋求自保間形成尖銳的對立關係。之後又有資本主義、共產主義及法西斯主義之爭。

　　不過，大部分時間各國結盟的彈性還是很大。雖然許多國家內部存在君主和民主之爭，但是這類爭執對於國際政治的影響有限，各國並未完全根據意識形態路線決定敵我關係。因此，美、俄、英、法才有可能在一次大戰中聯手對抗德、奧。一九一四年大戰爆發前夕，各國制定外交政策的時候大抵還是基於權力平衡考量。只不過民主政治興起及現代軍事科技多少限制主政者的決策彈性。

目標和手段

　　許多學者認為，從一八一五年維也納和會到一九一四年一次大戰爆發這段期間，國際關係大致上還算和平。在這一百年當中，只發生幾次中等規模的國際戰爭。雖然民族主義狂潮經常威脅到世界和平，但是強國通常能夠藉由在亞、非各地的侵略行動避免彼此間發生直接衝突。十九世紀末期，強國採取帝國主義擴張行動，一方面是要安撫國內民眾情緒，另方面則是著眼於取得海外原料及市場，從而符合國內工業發展需要，強國設定的目標和前個時期差別不大。他們仍舊以奪取領土為第一要務，只是以「為國為民」口號取代增添王室光榮。當可供侵略的土地還能充分「供應」的時候，強國間還能相安無事。不過，這種情形到了一九一四年發生變化。

　　當時，歐洲國家似乎已經忘記拿破崙戰爭的慘痛教訓，普魯士成為年輕世代嚮往對象。一八六六年，普魯士僅僅用七個禮拜時間便將奧國擺平。歐洲人在享受一個世紀和平之後，忘記他們手中據以執行外交政策的武器殺傷力愈來愈大。隨著大規模部隊動員，以及新式科技應用，終於造成史無前例的世界大戰。德皇威廉二世誇口他的部隊會在「落葉以前回到家

鄉」，事實上，這場戰爭拖了四年之久。

一次大戰是名副其實的總體戰。派上用場的武器包括毒氣、機槍、潛艇，以及步槍和刺刀。這些與二次大戰相比又是小巫見大巫。因此，二次大戰可說給全世界政治領袖好好上了一課，而戰爭史也從步兵進步到原子時代。（見圖2-3）

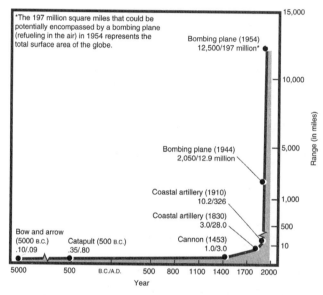

圖2-3　武器射程和殺傷力的發展趨勢

互賴程度

除了戰爭型態改變之外，國家間的互賴程度也日漸加深。在這方面，經濟互賴趨勢尤其明顯。雖然這種現象一度被兩次大戰打斷，但是到了二次大戰結束後又重新恢復。總體戰爭與經濟互賴看來並不相容。事實上，他們卻能同時存在。十九世紀末期，歐洲已經存在很高程度的貿易互賴。許多觀察家因此認為，國家間發生戰爭的可能性微乎其微，否則參戰國都會元氣大傷。一次大戰爆發證明這種看法並不正確，也顯示政治考量往往

能夠壓倒經濟動機。一九一五到一九三九年間，各國經濟互賴程度依然很深，所以有全球性經濟大恐慌的發生。這成為二次大戰爆發的導火線之一。

　　我們必須強調，互賴並非昨天才發生的事。他早在本世紀初就開始形成，同時對國際秩序產生不可測的影響。在某些方面，正如瓦茨指出，「各國目前的經濟互賴程度不如一次大戰以前。」如果我們以強國間的經貿關係以及進出口商品在國民總生產占的比例做為衡量標準更是如此。若干學者認為，十九世紀末和二十世紀初是互賴的黃金時代。此外，有些學者發現，互賴是種利弊互見的現象：「世界變成一個整體。成員相互接觸，相互影響，同時也相互衝突。」

　　雖然國際互賴在十九世紀出現成長趨勢，但是我們無法確定他在一次大戰前夕達到顛峰，此後便每下愈況；相反地，十九世紀的國際互賴可說是種暖身活動。例如，進出口貨物總值占各國國民生產的比例在一次戰後呈現下滑趨勢。然而，國際貿易總額卻直線上升，從一八八〇年的一百五十六億美元增加到一九九〇年的三兆美元。此外，人口遷徙和信件往返在二次戰後持續增加。再就軍事及生態層面而言，國家間相互危害的可能性大為提高。過渡時期的國際體系不過是開其端而已。

非國家成員的出現：國際組織

　　最後，還有一項與互賴概念密切相關的事物開始發展，同時在二次大戰結束後得到發揚光大。這就是國際組織（international organizations）。首先，政府間國際組織（IGO）陸續成立。其中包括一八一五年掛牌的萊茵河航運管理委員會，十九世紀中期出現的萬國郵政同盟（Universal Postal Union）與國際電信聯盟（International Telegraph Union）以及二十世紀的國際聯盟（League of Nations）與聯合國（United Nations）。透過會員國的一致同意，區域性及全球性國際組織如雨後春筍般出現，解決不是一兩個國家能夠應付的問題。

　　與此同時，非政府間國際組織（NGO）數目也不斷增加。雖然有些非

政府間國際組織的歷史和現代民族國家同樣悠久，但多數是在過渡時期出現。例如，國際紅十字會及救世軍成立於一八六〇年代。二次大戰結束後，他的成長速度與政府間國際組織同樣驚人。被列入非政府間國際組織一支的跨國公司在國際事務中扮演非常重要的角色。（有關政府間國際組織和非政府間國際組織的成長情形，見圖 2-4 與 2-5）如同國際戰爭與國際互賴能夠同時存在，民族主義與跨國主義也能並行不悖。

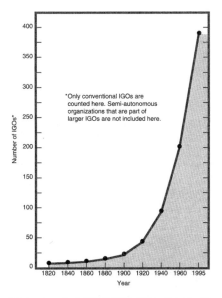

圖 2-4　政府間國際組織的成長趨勢

　　簡言之，國際關係在一七八九和一九四五年間發生革命性的變化。當前國際體系的雛型陸續浮現。最重要的是，歐洲國家利用這段時間取得國際間的主導地位。當時，世界上四分之三的主權國家位於歐洲或西半球。此外，互賴模式及國際組織的會員分布也很不平均，富國遠比窮國財大氣粗，這種現象延續到二次大戰以後，同時可能維持到本世紀末。

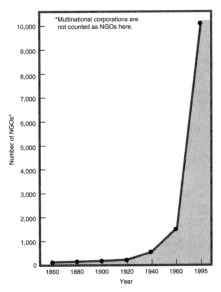

圖 2-5　民間國際組織的成長趨勢

二次戰後國際體系（一九四五到一九八九）

　　一九四五年，美國在廣島和長崎投下兩顆原子彈。自此，國際政治便進入一個新的紀元。新的國際體系雖然有部分和過去雷同，但也具有不少屬於自己的特色。再者，若干學者認為當前國際體系與戰後有很大差別。有些學者則不以為然。我們採取比較折衷的看法。戰後國際體系的若干特色到了一九七〇和八〇年代逐漸瓦解。因此，我們只能介紹其中幾項主要變數。

戰後國際體系的主要特徵：超強出現和兩極對峙

　　一九四五年，原子彈出現對於國際政治有著深遠影響。他賦予戰後國際體系兩項主要特色，呈現不同於過去的風貌。第一，國際體系出現美、蘇兩個超級強國（superpowers）。他們和其他國家最大差異在於擁有為數可觀的核子武器，其中又以美國較占優勢。當時，美國的國防預算及國庫

結餘各占全世界 50%，而工業產品更占全球的三分之二。

與上述發展息息相關的是國際體系的兩極化（bipolarity）。在美、蘇領導下，東西陣營基於意識形態差異展開長期冷戰（Cold War）。「第一世界」成員包括美國與西歐已開發國家、日本、加拿大、澳洲及紐西蘭等國。「第二世界」則以蘇聯為首，包括東歐及中共等共產國家。美、蘇相互指控對方有稱霸世界的野心，因此造成兩大集團對立。同個集團國家在軍事與經濟方面有著密切聯繫，由於他們非常需要領袖國家的軍事和經濟援助，所以至少一開始的時候以美、蘇馬首是瞻。其他國家則有「非楊即墨」的困擾，必須選擇一方加入。無論就權力或同盟結構而言，這樣的國際體系都應視為「兩極體系」。

戰後國際體系的整合力量

戰後初期，很少國家能夠超然獨立於兩大集團之外。大部分亞非地區在戰後十年仍然是西方國家控制的殖民地。拉丁美洲國家則被納入美國同盟體系。蘇聯爭取到幾個歐洲以外的國家加入共產陣營。因此，在一九四〇及五〇年代，只有南斯拉夫和印度等少數國家能夠採取中立。儘管如此，國際體系逐漸從兩極化過渡到「三極化」結構。亞非國家相繼獨立使得中立國家數目急遽增加。他們大多採取不結盟立場。嚴格說來，這些國家並不具備鼎足而三的實力。其次，他們之間不存在同盟關係。不過，他們在國際政治當中扮演「第三者」角色，因此被稱為「第三世界」（Third World）。其中包括許多位於南半球的開發中國家。第三世界需要相當時日才能成為一股不可忽視的力量。一九五五年四月，亞非國家舉行萬隆會議（Bandung Conference），呼籲取消殖民制度。當時，他們已經表現出獨樹一幟的風格。

殖民主義瓦解（decolonialization）使得國際社會出現前所未見的多元化趨勢。這也是戰後國際體系的一項主要發展。從一九四五到一九七五年，民族國家數目增加一倍有餘，由六十個變成一百三十多個。一九四五年，

全世界約有四分之一人口與領土受到殖民統治。到了一九七五年，這個比例降到1%以下。短短三十年間，十億人口與八十個國家獲得獨立。這的確是一項革命性的發展。

　　雖然美、蘇都極力爭取這些新興國家加入他們的集團，但是成效有限。這一方面是因為美、蘇使出的力氣經常相互抵銷，另方面則是因為新興國家的民族主義從中作梗。他們對於外人的控制早已深惡痛絕。美、蘇則無法像過去強國一樣以武力占領解決所有問題。為了因應這種情況，他們設定的主要目標不是占領別國領土，而是在於影響第三世界國家的外交政策。各國仍然在玩權力平衡的遊戲，不過方式與過去有些不同。第三世界國家逐漸學會如何利用一個超強對付另一個超強。

戰後國際體系勢微的主要原因

　　一九五〇年代末期和六〇年代初期出現的第三世界是以獨立和「不結盟」（nonalignment）自我標榜。當時，世人並未完全認識到他的重要性。第三世界出現使得戰後國際體系的權力與同盟結構更趨多元化。先前核子武器是維持兩極體系的主要工具。隨著大規模毀滅性武器的擴散，權力也更加分散。

　　此外，東西兩大集團有逐漸瓦解的趨勢。他們內部的一些小爭執逐漸演變成為重大事件。在西方陣營方面，一九五六年的蘇伊士運河危機是項明證。當時，美國首次站在蘇聯這一邊對付自己的盟國。他不僅阻止英、法對埃及採取軍事行動，同時迫使他們從埃及撤軍。雖然「大西洋聯盟」仍舊得以維持，但是雙方都有受傷感覺。英、法更對美國的承諾表示懷疑。在共產陣營當中，幾乎在同個時間匈牙利發生革命。蘇聯險些失去對於一個衛星國的控制。雖然匈牙利革命以失敗做為收場，但是其他共黨國家已經對蘇聯的「手足之情」產生戒心。同年，蘇聯領袖基於避免核武戰爭，提出「和平共存」（peaceful coexistence）的建議。

　　一九六〇年代，許多學者開始預測「同盟時代即將結束」。一方面是

因為洲際彈道飛彈問世使得各國對於美、蘇早先給予的防衛承諾產生懷疑；另一方面，由於冷戰趨於緩和，同盟的緊密性隨之降低。特別是歐洲國家一則不相信會受到軍事侵略，二則認為即使受到侵略，美、蘇也未必會伸出援手。這使得集團的團結程度開始降低。法國總統戴高樂、羅馬尼亞共黨領袖齊奧塞古（Nicolai Ceausescu）以及中國大陸的毛澤東相繼標榜獨立外交路線。戴高樂表示：「法國沒有永久朋友，只有永久利益。」齊奧塞古及若干共黨領袖則大談路線的多元化。一九六〇年代末期到七〇年代初期，希臘與土耳其因為塞浦勒斯問題大動干戈。當時，集團內部的爭吵聲音要比集團之間來得大。

同盟體系瓦解與權力分散幾乎是同時發生。一九七〇年代初期，「核子俱樂部」會員國增加到五個。雖然核子武器一度賦予美、蘇超強地位，但愈來愈像是無法使用。特別是他無法用來處理日常國際關係，由於美、蘇雙方擔心緊張情勢升高，因此反而不敢輕言動武。他們不像過去強國說動手就動手。美國曾經在越南及北韓這兩個亞洲國家手中吃到苦頭，蘇聯派駐埃及的顧問則在一九七二年遭到驅逐。雖然美、蘇具有超強地位，但是經濟實力的重要性逐漸能夠與武力並駕齊驅。一九七一年，美國被迫放棄美元和黃金間的固定匯率。相對地，德國、日本以及若干開發中國家開始學會以經濟資源做為推動外交政策的工具。

一九七三年，石油禁運引發的嚴重後果充分顯示戰後國際體系日趨複雜。時至一九七〇年代，各主要工業國家非常仰賴原油進口。因此，由十三個開發中國家組成的石油輸出國家組織（OPEC）得以對世局發揮影響力。畢竟，他們占全球原油出口數額的85%。一九七三年，以色列與三個阿拉伯國家之間發生齋戒日戰爭。於是利比亞、沙烏地阿拉伯及其他石油輸出國家組織的阿拉伯會員國發動石油禁運，試圖阻止美國及西歐國家繼續支持以色列。結果不僅連美國都得重新思考他的中東政策，石油輸出國家組織更史無前例將原油價格提高三倍。之後，該組織的影響力時大時小。

關鍵在於會員國能否維持團結，以及能否和其他產油國協調採取一致行動。

幾點重要的歷史事實

1. 公元元年全世界的人口數目：大約兩億五千萬人。

2. 歐洲統治期間最長的大國國王：法國的路易十四，他在他四歲的時候（一六四三年）登基，一七一五年駕崩前後統治法國七十二年。

3. 民選政府中執政最久的最高首長：瑞典總理艾蘭德（Tage Erlander），他從一九四六到一九六九執掌瑞典政權二十三年。

4. 最早在國外設立的大使館：一四五○年米蘭大公派駐在佛羅倫斯的大使館，當時佛羅倫斯的執政者是麥迪西（Cosimo de Medici）。

5. 第一個政府間國際組織：一八一五年設立的萊茵河航運管理委員會。

6. 發明炸藥的人：是諾貝爾（Alfred Nobel）在一八六六年發明。

7. 第一輛用於作戰的坦克：英國生產的「慈母型」坦克，於第一次世界大戰中的弗列（Flers）之役首次登場。

8. 第一支空軍武力：一七九四年由當時法國政府成立，這支武力在拿破崙戰爭期間利用熱汽球從事偵察任務。

戰後國際體系的崩潰

一九七○年代末期，美、蘇超強地位開始發生動搖。一九七九年，蘇聯派遣十萬大軍入侵阿富汗，卻陷入類似「越南」的泥淖。蘇聯不僅未能達成扶植馬克思主義傀儡政權的原始目標，同時招致國內政局不安的結果。稍後蘇聯政權垮臺，咸信和入侵阿富汗的錯誤決定脫不了關係。

與此同時，美國也遇上大麻煩。一九七九年，回教革命人士取得伊朗政權。美國派駐德黑蘭的五十二名外交人員被扣做人質。伊朗政府向華府方面提出多項要求，包括將逃亡海外的前國王巴勒維引渡回國。雖然美國並未屈服，但是使館人質事件及其帶給美國的屈辱卻持續一整年。上述兩起事件顯示傳統武力在若干地方使不上力。與此同時，國際間反西方與反

現代化的勢力已經大到無法忽視。

　　在財富分配方面，原油價格下滑使得石油輸出國家組織會員國和工業國家間的貧富差距再度拉大。對於若干貧窮國家而言，情形更是如同「王小二過年，一年不如一年」。他們被列入所謂「第四世界」（Fourth World），前景黯淡。只有東亞地區的新興工業國家（NIC）力爭上游，獲致快速的經濟成長。

　　部分基於前述發展，國家的結盟考量愈趨複雜。東西陣營對峙已經無法完全主導國際舞臺的戲碼。若干學者認為，「兩極多元化」（bimultipolar）國際體系的輪廓開始浮現。南北衝突（North-South confrontation）的重要性日漸提高。一九七〇年代，由開發中國家組成的「七七集團」（Group of 77）不斷要求建立「新國際經濟秩序」（New International Economic Order）。

　　此外，西方陣營內部開始出現裂痕。美國要求西歐盟國降低對於蘇聯能源的依賴，遭到拒絕。即使是美國最可信賴的盟邦英國也決定提供莫斯科低利貸款與新型技術，打造從西伯利亞油田通往西歐心臟地帶的天然氣管線。當時，美國與西歐間還存在許多貿易與其他方面的歧見。相對地，一九八九年東歐出現民主化浪潮。脫離蘇聯控制的東歐國家趕忙申請成為歐洲共同體會員國。[2] 甚至蘇聯也表示希望成為「歐洲大家庭」的一份子。稍後，華約組織正式解散。北約組織則在尋求新的定位，戰後國際體系隨之畫下句點。

2　譯按：經過十多年努力，若干東歐國家如願以償。二〇〇四年，歐盟會員國從十五個增加到二十五個，其中包括波蘭、捷克、匈牙利及斯洛維尼亞等東歐國家。

小結

　　以上我們談到在過去幾個世紀當中國際體系出現哪些巨大改變。不過，若干特徵仍然獲得保留，這種變與常並行的現象一直持續到今天。

　　隨著東歐的民主化與冷戰結束，若干學者拿一九八九和一七八九年相提並論，有人認為，他的重要性不亞於十六世紀的宗教改革：

> 「我們可以確定，一九八九年是前所未見的一年。他的重要性只有宗教改革差堪比擬。一夕間，許多國家與人民朝著同個方向做出改變，替世人帶來無窮希望。」

　　與此同時，有人提出「歷史終結」（the end of history）論調。他們認為，西方社會強調的價值，如自由民主及資本主義已經在世界各個角落得到全面勝利。

　　無論如何，歷史學者或許應該等上幾年再做判斷。回顧起來，一九八九年似乎並非歷史終點，而是歷史新頁的起點。二十一世紀的新國際秩序可能因此更加和平與繁榮。然而，他也可能倒退。國際政治可能回復到一九四五年，甚至西發里亞和約以前模樣。「新封建主義」（new feudalism）出現的可能性依舊存在。若干學者甚至認為，國際秩序動盪不安可能令我們「懷念起冷戰那段日子」。的確，後冷戰時期的國際體系千頭萬緒，非常複雜。我們將在下一章當中加以討論。

第三章
當前國際體系

目前，世人像是坐在一艘大船上，即將通過我們並不熟悉且暗藏危機的峽灣。我們試圖建構新的國際體系。然而，這當中存在許多不確定的事物。

就某種程度而言，國際社會永遠處在過渡階段。不過，我們仍然能夠找到足以和過去劃分開來的分水嶺。在這方面，一九八九年是個承先啟後的時間點。因此，到了一九九〇年代，學者不斷提醒世人「汲取冷戰時期教訓」，從而建立新的國際秩序。

時至今日，後冷戰時期國際體系的輪廓大致浮現。前文提及，冷戰末期的國際社會日漸複雜。相關趨勢刻正加速發展：1.權力分布愈趨模糊和分散。2.結盟的彈性增加。3.國家間的互賴不僅程度提高，包含生態保育在內的議題範圍也愈來愈廣泛。所謂「國家安全」已經超越軍事層面的考量。4.雖然民族國家仍舊是國際舞臺的主角，非國家成員的重要性持續增加。

基本問題在於當前國際體系究竟只是朝一六四八到一九四五年的多極體系轉型，還是體系本身出現變化。若干學者根據前兩項趨勢抱持「歷史重演」的見解，他們多半是權力政治與現實主義的信徒。其中有人預測當前國際體系要比前個階段來得凶險。有些學者則根據後兩項趨勢抱持相反看法，他們認為新的成員與議題不斷出現。由於國家主權受到削弱，彼此間的關係出現基本變化。雖然當前國際體系必須面對更多棘手問題，但不見得更加危險。這種情形早在冷戰時期便初現端倪。當時美、蘇兩國經常處在劍拔弩張的敵對狀態，卻不曾有過直接衝突。有人指出這種「長期和平」（long peace）是西發里亞和約簽訂以來絕無僅有的美好事物。

面對新的國際秩序，我們有理由滿懷希望，也有理由抱持悲觀態度。

即使有所謂長期和平的說法，沒人敢保證強國間不再發生大規模戰爭。畢竟，一次大戰前夕也曾經有過類似的樂觀論調。如同第一章指出，國際關係當中存在整合動力，也有分裂因素。本章試圖據此探討當前國際體系的特質。首先，我們要從南斯拉夫解體說起。從這個個案當中，讀者不難了解國際政治的複雜程度。

一九九〇年代南斯拉夫解體

一九九〇年代，南斯拉夫分裂成五個國家（見圖 3-1）。下文將扼要說明這起備受國際社會矚目的重要事件。[1]

圖 3-1　前南斯拉夫聯邦成員

1　譯按：可參見胡祖慶，《後冷戰時期的東歐》，（臺北：五南，民八十九年），頁八七至一一八。

歷史背景

　　一九一八年，一次大戰結束。與此同時，南斯拉夫宣告成立。先前該國人民分別居住塞爾維亞、奧匈帝國及鄂圖曼（土耳其）帝國境內。他們非但屬於不同種族，同時擁有不同宗教信仰。因此，南斯拉夫從來不是個真正的「民族」。相反地，他像是張「百衲被」，主要成員包括塞爾維亞、克羅埃西亞及斯洛維尼亞。雖然他們都說斯拉夫語，但是文化差異頗大。此外，南斯拉夫境內尚有為數不少的匈牙利人、阿爾巴尼亞人、土耳其人，以及吉普賽人。也因此，儘管位在貝爾格勒的王室努力促進彼此認同，然而成效有限。

　　直到二次大戰爆發，南斯拉夫是由塞爾維亞主導的單一國。後者原本是該國境內人數最多的種族。不過，也因此其他種族，特別是克羅埃西亞自認受到塞爾維亞宰制。種族間的敵意與衝突逐漸升高。一九三四年，南斯拉夫國王亞歷山大遇刺殞命。刺客出自克羅埃西亞極端民族主義份子。他們希望藉此建立屬於自己的國家。二戰期間，克羅埃西亞選擇支持納粹德國。在德國占領南斯拉夫之後，克羅埃西亞成為德國的附庸國，並且對境內的塞爾維亞人犯下許多暴行。同時受害的包括猶太人與吉普賽人。一九九〇年代，塞爾維亞與克羅埃西亞間衝突再起，根源之一就是這段過節。[2]

　　一九四五年，本身是克羅埃西亞人的狄托（Josip Broz Tito）控制南斯拉夫政權。在他的領導下，南斯拉夫得以恢復並維持統一局面。此外，雖然他是共產黨員，卻反對蘇聯宰制東歐。與此同時，他拒絕介入東西冷戰，因而和印度等國共同發起不結盟運動。狄托政權不僅替南斯拉夫帶來政治

2　譯按：根據美國前國務卿歐爾布萊特女士說法，二戰期間她的父親是斯洛伐克派駐塞爾維亞大使。因此，她對塞爾維亞人民有份好感。然而，她也指責九〇年代塞爾維亞對其他種族犯下屠滅暴行。

秩序,同時藉由經濟現代化改善全體人民的生活水準。

在這方面,狄托建立的聯邦制度功不可沒。南斯拉夫被分成六個加盟共和國,分別是塞爾維亞、克羅埃西亞、波士尼亞、斯洛維尼亞、蒙特內哥羅及馬其頓。為了避免讓塞爾維亞重新取得宰制地位,狄托採取若干方法稀釋他的權力。首先,狄托在塞爾維亞境內畫出兩個自治省,分別是科索夫及弗依弗丁納(Vojvodina)。其中科索夫雖被稱為「塞爾維亞的民族搖籃」,但是到了一九七〇年代阿爾巴尼亞裔居民占當地人口比例高達80%。同樣地,弗依弗丁納擁有許多匈牙利裔居民。

在波士尼亞,狄托鼓勵當地居民保有回教徒的文化認同。因此,到了一九七〇年代,回教徒成為波士尼亞境內人數最多的種族。然而,他也擁有不少信奉東正教的塞爾維亞人及信奉天主教的克羅埃西亞人。任何單一種族占總人口比例都未能超過50%。由於塞爾維亞人比較分散在農村地區,因此儘管他的人數略少於回教徒,卻控制60%領土。

克羅埃西亞人占該國人口80%。然而,他也擁有不容忽視的塞爾維亞少數民族。後者集中在卡吉納(Krajina)地區。在當地,他們反而處於多數地位。斯洛維尼亞的人口組成比較單純,90%屬於斯洛維尼亞人。馬其頓境內有些塞爾維亞人。馬其頓人則占總人口的三分之二。此外,20%的人口是阿爾巴尼亞人。蒙特內哥羅幾乎全由塞爾維亞人組成。一九七〇年代中期以後,中央政府握有的權力陸續下放到各個加盟共和國。與此同時,各國的民族認同開始發生變化。居於主導地位的種族試圖脫離南斯拉夫,建立自己的國家。相反地,少數民族尋求與鄰國同胞建立更為緊密連繫。

一九八〇年狄托去世。南斯拉夫的聯邦體質變得更加脆弱。儘管如此,他繼續維持十年之久。這段期間,一九八四年冬季奧運在塞拉耶佛舉行好比是南斯拉夫臨死前的迴光返照。誰都沒有料到,這樣一個高度發展的社會即將發生種族屠滅(ethnic cleansing)慘劇。例如,儘管種族間的仇恨逐漸升高,伍華德女士(Susan Woodward)仍然認為南斯拉夫能夠維持統一。

　　不過，除了狄托去世之外，其他發展也不利於南斯拉夫統一。1.隨著冷戰結束，南斯拉夫等東歐國家陸續走向市場經濟轉型。然而，這個過程困難重重，通常會給當事國帶來高失業率及政治動亂。2.南斯拉夫失去蘇聯及其他經濟互助會（CMEA）會員國等傳統貿易夥伴。這對他的經濟困境而言無異雪上加霜。3.各加盟共和國領導人試圖就上述現象找出代罪羔羊。4.一九九〇年代初期，立陶宛、愛沙尼亞及拉脫維亞等波羅的海三小國創下民族自決的成功先例。國際社會很快便承認他們脫離蘇聯獨立的事實。5.蘇聯各加盟共和國也先後得到獨立。6.繼蘇聯解體之後，南斯拉夫各加盟共和國失去一個共同敵人，以及維持統一的誘因。

　　南斯拉夫解體前夕，聯邦總統是由各加盟共和國輪流推派代表擔任。當時該國人口比例如下：塞爾維亞人占 36%、克羅埃西亞人占 20%、波士尼亞的回教徒占 10%、斯洛維尼亞人占 8%、馬其頓人占 6%、其他族裔人口占 20%。而在波士尼亞，回教徒占總人口 44%、塞爾維亞人占 31%、克羅埃西亞人占 18%。如此複雜的文化背景替稍後的種族戰爭提供充足柴火。當悲劇發生的時候，國際社會幾乎是束手無策。

事件發展

　　一九八〇年代末期，南斯拉夫各加盟共和國都面臨程度不等的經濟問題。在他們當中，塞爾維亞處境尤其艱困。除了失業率居全國之冠，年通貨膨脹率更高達 1200%。東西冷戰落幕進一步加深他的經濟危機。為了從共產主義過渡到資本主義，該國必須採納西方顧問及國際貨幣基金提供的「震撼治療」（shock therapy）處方。這意味政府不能再像以往那樣補貼缺乏效率的國營事業。在這種情況下，米洛塞維奇（Slobodan Milosevic）利用人民不滿心理取得塞爾維亞政權。接著，他開始煽動塞爾維亞、克羅埃西亞及波士尼亞等國境內塞爾維亞人的民族主義情緒。首當其衝則是爭取自決權利的科索夫。

　　當米洛塞維奇主張建立強大中央政府同時，克羅埃西亞與斯洛維尼亞

提議將南斯拉夫改組成邦聯。如此他們便可享有更多的主權及自治權利。經濟富庶，同時與西方國家關係密切的斯洛維尼亞態度尤其積極。[3]他自認有足夠條件尋求獨立，進而加入歐洲共同體。試圖跟進的還有克羅埃西亞及波士尼亞。

一九九〇年年中，事情演變到攤牌階段。七月，米洛塞維奇決定取消科索夫自治省地位。基於恐懼步上科索夫後塵，斯洛維尼亞議會宣布該國法律位階高於聯邦法律。該國外長進一步指出「南斯拉夫聯邦不復存在」。與此同時，克羅埃西亞也公開宣示主權，並且恢復二戰期間採用的國旗。克羅埃西亞及斯洛維尼亞主張將南斯拉夫改組成邦聯。會員國可以擁有自己的軍隊及駐外使館。從人口組成角度來看，米洛塞維奇或許可以容忍斯洛維尼亞獨立。克羅埃西亞情形則完全不同。他的境內有五十萬塞爾維亞人，其中二十萬分布在卡吉納地區。克羅埃西亞議會一方面要求當地公務員宣誓效忠，另方面撤換塞爾維亞裔的警務人員。相對地，米洛塞維奇宣布將卡吉納列入直屬於貝爾格勒的自治區。如同一位西方國家外交官指出，當事者主要考量都是避免自陷於少數民族的不利處境。

一九九一年六月，試圖維持聯邦體制的談判破裂。克羅埃西亞與斯洛維尼亞正式宣布獨立。塞爾維亞派遣聯邦軍隊進行鎮壓。南斯拉夫陷入內戰。差不多同個時間，馬其頓也宣布獨立。當時，克羅埃西亞境內的戰事最為慘烈。塞爾維亞部隊占領該國三分之一領土。同年九月，聯合國安理會發布禁令，禁止武器軍火流入南斯拉夫各加盟共和國。一九九二年一月，交戰各方勉強達成停火協議。負責堅督執行的是一萬四千名聯合國維和部隊。

就這場危機而言，國際社會的反應非常遲緩。冷戰結束使得南斯拉夫

3　一九八九年，柏林圍牆倒塌。奧國業者隨即前往斯洛維尼亞首都盧布亞那開設四家銀行辦事處。

的戰略重要性下降。此外，自身好比泥菩薩過江的蘇聯即使想要介入也是有心無力。飽受國內預算赤字困擾的美國試圖在新國際秩序當中重新自我定位。他傾向認定南斯拉夫是歐洲地區性問題，應當交給北約盟國負責處理。然而，事實證明北約組織、歐安會議及歐洲共同體等國際組織缺乏應付巴爾幹半島大型內戰的本錢。再者，當時全球目光都集中在波灣戰爭上頭。最後，美國及其他國際社會成員並不認為南斯拉夫內戰有可能變得無法收拾，需要他們立即群策群力地尋求解決方案。西方國家相信，整體而言，國際安全受到的威脅逐漸減少。未來國際秩序重點在於經濟利益，以及和平帶給世人的好處。

職是之故，等到聯合國在一九九一到九二年間決定介入南斯拉夫內戰的時候，情形已經失控。在德國敦促下，歐洲共同體於一九九一年十二月承認克羅埃西亞及斯洛維尼亞主權國家的地位。至此，南斯拉夫聯邦的解體成為定局。直到今天，許多人認為德國操之過急。稍後，美國及其他國家陸續承認克羅埃西亞、斯洛維尼亞及馬其頓獨立。聯合國則接納他們成為新會員國。塞爾維亞與蒙特內哥羅決定合併，共同成為南斯拉夫的國家繼承者。不過，由於他們對塞爾維亞以外的種族犯下諸多戰爭罪行，聯合國大會決議終止南斯拉夫會籍。與此同時，種族分布錯綜複雜的波士尼亞戰況最為慘烈。他原本希望留在南斯拉夫聯邦。然而，隨著其他加盟共和國相繼獨立，這項期望成為泡影。波士尼亞政府決定舉行獨立公投。當地塞爾維亞人則杯葛這項公投。無論如何，相關公投得到通過。一九九二年四月，波士尼亞宣布獨立，並且成為聯合國會員國。

當聯合國部隊忙於克羅埃西亞維和工作同時，波士尼亞境內的塞爾維亞人展開軍事行動。他們從米洛塞維奇政府取得各型輕重武器，聲言將先建立自己的國家，再與塞爾維亞合併。波國境內的克羅埃西亞人也提出類似訴求。各個城鎮相繼受到砲火摧殘。種族屠滅慘劇則是經由媒體報導呈現世人面前。於是，聯合國派遣更多維和部隊到波士尼亞進行人道干預

（humanitarian intervention）。例如，他們畫出安全區提供平民保護。其次，經由北約組織協助，聯合國在當地畫出禁止戰機進入的禁航區。此外，聯合國對塞爾維亞實施經濟禁運，試圖迫使後者結束戰事。再者，他成立戰犯法庭，準備將犯下違反人道罪行的塞爾維亞將領繩之以法。[4]然而，南斯拉夫內戰仍然如火如荼地持續進行。到了一九九五年，維和部隊的數目已經超過四萬人，每年需要耗費十億美元。

一九九二到九五年間，國際社會多次試圖經由外交努力結束波士尼亞境內的軍事衝突。有人提議依照種族差異將他分成三個國家，然後組成邦聯。這項方案的盲點在於當地種族分布是犬牙交錯，難以釐清。與此同時，強國間的意見並不一致。受到回教國家組織影響，美國傾向支持回教徒。俄國則比較偏袒塞爾維亞。做為維和部隊主幹，英法兩國希望維持聯合國武器禁運決議，避免戰事擴大。

一九九四年，塞爾維亞部隊使用迫擊砲攻擊塞拉耶佛市場。結果造成兩百多人死傷。其中許多是老弱婦孺。至此，美國加緊參與和平進程。他拉高譴責塞爾維亞的聲調，試圖迫使後者坐上談判桌。柯林頓總統表示將投入兩萬五千名美軍，協助聯合國執行「促和」行動。對此，若干國會議員擔心美國或將陷入另一個越戰泥淖。一九九五年，克羅埃西亞戰事再起。外交斡旋過程出現新的變數。克羅埃西亞成功逐走原本占領卡吉納地區的塞爾維亞部隊。當地塞爾維亞人紛紛逃離克羅埃西亞。貝爾格勒政府決定拿科索夫地區阿爾巴尼亞人的家園來安置這些同胞。若干觀察家認為，塞爾維亞勢微是造成南斯拉夫及波士尼亞悲劇的主因。

一九九五年十一月，當事國在美國斡旋下就波士尼亞問題獲致達頓協定（Dayton agreement）。塞爾維亞、克羅埃西亞及波士尼亞三國總統親自出席，並且加以簽署。達頓協定主要內容包括：1.波士尼亞將成為一個邦聯

4　譯按：最終米洛塞維奇本人也被送往設在海牙的國際刑事法庭受審。

國家。其中由回教徒及克羅埃西亞人合組的分子邦控制 51%領土。塞爾維亞人的分子邦則控制其餘領土。2.設在塞拉耶佛的中央政府享有下述權限。其中包括交通運輸、外交政策、對外貿易、金融政策，以及關稅與移民事項。剩餘權限則歸分子邦行使。3.以美軍及北約組織為主幹的數千名部隊將監督執行停火協議。雖然波士尼亞戰火稍戢，但是已經造成重大傷亡。

　　新國際秩序是波士尼亞內戰的另一個受害者。他的威信受到嚴重打擊。直到今天，後冷戰時期的國際社會仍然必須思考和回答下述問題。首先，聯合國憲章列舉的各項原則能夠容忍多大程度的破壞？種族屠滅（genocide）與侵略行為能否再被容忍？加害者能否從中獲利，同時不受懲罰？美國及其盟國能否透過聯合國與歐洲共同體等全球性和區域性國際組織促進國際社會的和平、民主與繁榮？在國際關係當中，傳統的軍事安全利益是否仍須列為第一考量，同時仍然重於經濟利益。在何種情況下，當事國可以透過人道干預介入其他主權國家的內政？國際社會如何在維護領土完整及尊重自決權力間做出取捨？如果克羅埃西亞有權獨立，為什麼卡吉納地區的塞爾維亞人及科索夫的阿爾巴尼亞人不能起而效尤？雖然領土不大、人口不多，但是像蘇格蘭與加泰隆尼亞等地區應當被賦予何種地位？在可見將來，學者及外交官仍將因為前述問題而頭痛不已。儘管如此，只要我們仔細思考當前國際體系特質，或將得到若干初步解答。

當前國際體系特質

　　南斯拉夫解體象徵國際政治一個新的時代來臨。不過，所謂新的時代並非樣樣皆新。若干特質來自長時間的累積。諸如互賴等特質更只是以往趨勢的加速度演進。無論如何，當前國際體系運作方式確實有別於二戰以後的情形。例如，尖銳的兩極化不復存在。相對地，一方面地區性種族衝突無所不在，另方面各國都在注意如何從全球化（globalization）過程中汲取經濟利益。

權力分布情形

稍早第二章曾就阿拉伯國家石油禁運以及石油輸出國家組織抬高油價進行討論。當時，我們已經感受到超級強國影響力的下滑。在那些與西方國家討價還價的國家當中，許多是小國寡民的低度開發國家。例如，卡達及阿拉伯聯合大公國人口不到一百萬。他們不具備傳統的權力基礎。由此可見，當前國際體系的權力分布比較分散，也比較難以界定。一九九〇年代，南斯拉夫內戰更加令人質疑國力排名有何意義。無論美國、俄國或是其他歐洲國家都無法迅速化解這項衝突。就蘇聯而言，他可說是自身難保。一九九二年，十多個國家脫離蘇聯獨立。期待他維持南斯拉夫聯邦的完整不切實際。在美國方面，他欠缺的不是資源，而是決心。一位評論家批評柯林頓的優柔寡斷使得美國「從超級強國變成二流國家」。然而，也有些人認為美國必須效法俄國接受後超強時代的來臨。

早在一九八〇年代，許多國際關係學者就開始將「美國霸權衰落」這項主題掛在嘴邊。一九五〇到八〇年間，美國軍費開支占全球比例從 50% 降到 25%。他外匯存底占全球比例由 50% 減至 7%。而他工業產值占全球比例由三分之二減至三分之一弱。然而，到了一九八〇與九〇年代，美國軍費開支與經濟生產占全球比例已經穩定下來，甚至略有成長。有些學者認為美國國力減弱的說法是誇大其詞。原因是二戰結束後西歐及日本百廢待舉。當時美國占到絕對優勢原本是例外情形。等到他們完成重建，美國的領先幅度自然大為減少。事實上，當前美國的國際地位要高於冷戰時期。一方面主要對手蘇聯已經解體，另方面沒有任何國家足以挑戰他的龍頭寶座。不過，所謂「三大赤字」是會妨礙美國在二十一世紀有效行使權力。首先，美國聯邦政府赤字每年高達兩千億美元。其次，他的貿易入超每年也有一千億美元。再者，他還欠下一兆美元外債。

今天，美國的軍費開支仍然占到全球三分之一。儘管國力大不如前，俄國仍然擁有能夠和美國匹敵的強大火力與自然資源。不過，由於害怕戰

爭升高以及核武戰爭的嚴重後果，美俄不像傳統強國那樣隨時準備動用武力。一九九七年，全球擁有三萬六千件核子武器。其中 95% 控制在美、俄兩國手中。只要這些武器存在一天，全人類就難以安枕。聊可自慰的是，相關國家要想動用核子武器將受到層層限制。

與此同時，若干國家刻正研發這類致命武器。至少十多個國家已經成為「核子俱樂部」的準會員。其中有些還是低度開發國家。再者，一方面中共、英國與法國持續做為中等核武國家，另方面烏克蘭、哈薩克和白俄羅斯同意將境內核子武器移往俄國。據信印度、以色列及巴基斯坦已經擁有核武。若干中小國家則是取得殺傷力強大的傳統武器，以及生物和化學武器。一九九五年，美國派駐聯合國大使在國會作證表示，「伊拉克擁有足以殺害全人類的生物戰劑」。

更重要的是，若干國家擁有的資源以往無助於增強國力，現在卻發現可以做為參與國際政治運作的重要資源。當然，如同一九九〇年波灣戰爭顯示，我們無法低估軍事力量的重要性。瓦茨等人相信，即使到了後冷戰時期，軍事力量仍然最為重要。[5] 他認為「在軍力上無法和強國抗衡的國家永遠無法擠進列強之林」。然而，隨著時間過去，要靠武力宰制國際體系難度是愈來愈高。石油、穀物及資金成為重要的權力工具。相對地，傳統軍力的價值呈現下跌走勢。另一位現實主義學派健將季辛吉也承認，「能夠透過武力解決的議題愈來愈少。在可見將來，愈來愈多國際危機必須藉由軍事以外的手段得到解決」。

例如，有人認為除了傳統軍力以外，科技國力（technopower）逐漸展現他的重要性。若干國家握有其他國際社會成員高度依賴的創新知識及生產模式。一九三〇到四〇年代，日本曾經試圖藉由武力占領馬來西亞等亞洲國家。現在，透過貿易與投資，他以和平手段得到後者對他產生依賴的

5　譯按：詳見胡祖慶譯，《國際政治體系理論解析》，臺北：五南，民八十六年。

結果。在這個過程中,日本取得勞力、資源與市場。未來或許日本會以加強軍力(包括發展核子武器在內)做為發展經濟後盾,但至少目前情形並非如此。[6]新的技術與專利也是科技國力的一部分。在這方面,美國仍然保持領先地位,但是日本與西歐國家逐漸縮小他們和美國之間的差距。

儘管界定國力的難度不斷上升,許多國際關係學者仍然不改替國家排名的嗜好。若干觀察家繼續給美國冠上超強封號,並且以「單極」做為當前國際體系的標籤。然而,美國或許能夠透過片面行動應付國際秩序受到的威脅,但卻不足以承擔「世界警察」的角色。其次,若干學者認為當前國際體系有五個重心。此外,還有些學者指出,巴西等中等國家地位愈趨重要。

如前所述,列舉國家屬性是替國力排名的先決條件。傳統上,學者認為大小是項重要因素。他涉及的層面包括人口多寡、領土面積、軍事資源以及國民生產毛額等等。如果這是唯一的重要因素,就不難替各國國力正確排序。的確,國家間的實力有著天壤之別。特別是迷你國家數目愈來愈多。他們的國力遠不如傳統國家。目前,全球五分之一,也就是三十五個國家的人口不到一百萬。其中半數人口更少於三十萬。雖說國家主權平等,但如同表 3-1 顯示,他們在領土人口各方面存在明顯差異。

表 3-1　若干國家的有形條件比較

國家	人口數 (百萬計)	土地面積 (平方英里)	國民生產毛額 (百萬美元)	軍隊員額
孟加拉	116.7	55,598	25,882	107,000
巴貝多	0.3	166	1,620	1,000

6　譯按:事實上,晚近以來日本軍國主義有再度興起跡象。一方面,右派人士質疑維持非戰憲法的必要性;另一方面,日本刪改二戰期間向外侵略歷史,以及政府首長參拜靖國神社引起東亞國家強烈反應。日本果真試圖發展軍備,或將再一次帶給鄰近國家及自身傷害。

巴西	156.4	3,286,487	471,978	296,000
加拿大	27.8	3,830,840	574,884	76,000
中國大陸	1,175.4	3,696,100	581,109	3,031,000
克羅埃西亞	4.8	21,829	26,300	103,000
埃及	55.7	386,900	36,679	424,000
甘比亞	1.0	4,125	372	1,000
海地	6.8	10,700	2,200	8,000
印尼	187.2	741,098	136,991	271,000
以色列	5.3	8,017	72,662	181,000
日本	124.8	142,705	3,926,660	242,000
科威特	1.5	6,880	34,120	12,000
馬爾他	0.4	122	1,940	1,500
奈及利亞	104.9	356,669	32,988	76,000
巴基斯坦	122.8	307,293	53,520	580,000
俄國	148.5	6,582,811	348,413	2,250,000
沙烏地阿拉伯	17.4	848,400	95,830	172,000
塞昔爾	0.07	175	440	1,000
斯里蘭卡	17.6	325	10,658	22,000
瑞典	8.7	173,620	216,294	44,000
瑞士	7.0	15,943	254,066	31,000
塔吉克	5.7	55,240	2,686	3,000
土耳其	59.5	300,947	126,330	686,000
英國	58.0	94,475	1,042,700	271,000
美國	258.1	3,614,170	6,387,686	1,815,000

　　與此同時，我們認識到單以有形條件評估國力沒有多大意義。孟加拉與巴基斯坦的人口分別居世界第七和第九位。然而，他們對於國際政治的影響似乎不如若干人口不足百萬，但卻油產豐富的阿拉伯國家（如科威特和阿拉伯聯合大公國）。有些學者了解光從「量」的角度評估國力是不夠的，因此開始從「質」的方面加以分析。他們拿經濟與科技等因素做為指標，使得以色列這類國家排名提高。有位學者在他最近著作當中列舉國力指標。其中包括地理位置、政治組織、政權正當性、領袖能力和物質能力等等。而物質能力又可區分為教育素質、軍事力量和工業力量。

　　雖然前述指標可以量化，也能夠據以評估國家的國力。不過，給國家列出個排行榜是否具有意義仍然值得懷疑。最大困難在於無法得到一套公認的評估標準，更不用說每項標準應該具有怎樣的份量。例如，有些學者認為今天日本具備的高科技力量重要性超過煤鐵產量這類傳統因素。其次，某些力量是無形的。有的時候，個人意志力可以敵得過好幾桿槍。槍枝數目可能比較容易計算，但是不見得比較重要。雖然意志很難彌補資源的不足，但是沒有意志力，一切資源都將毫無意義。

　　以一九七〇年代初期為例，美國便吝於使用他一小部分的軍事力量來打敗北越。而北越雖然在每一方面都不如美國，但是卻積極想要打贏越戰。在南斯拉夫內戰當中，美國再度遇到類似困難。因此，某些人認為美國具有「弱國情結」（weak state syndrome）。關於這點，奈伊不表同意。他指出美國堅持的多元民主逐漸成為國際社會主流價值。類此「柔性國力」（soft power）不容忽視。

　　即使克服分析技術的困難，但是我們仍然無法確定當事國能夠順利動員全國力量。因此，我們應該將國力視為甲國與乙國相互影響的成功機率。質言之，國力是相對，而非絕對的。在這方面，我們應該考慮以下因素：1.一個國家是否擁有適當的資源處理各種特殊情況。2.兩個國家對於同起事件的重視程度是否相同。3.在同個時間，國家資源是否還有其他用途。基本

上，權力是用來處理情況或問題。

截至目前，油國組織仍然對於國際能源問題擁有舉足輕重的影響力。不過，他對其他問題的影響力就差上許多。日本是國際經濟舞臺上的主角之一，但是因為他的軍隊規模比印尼還小，所以在武器管制和其他軍事戰略問題方面只能充當配角。人口與領土面積不成比例的加拿大因為擁有豐富資源，所以在礦物原料供應上具有重要地位。馬爾他雖然只有八百多名部隊，但是在研究與草擬海洋法方面扮演關鍵性角色。然而，馬爾他在其他國際問題上就無所用力。梵諦岡是世界上最小的國家，只有一千位人民和零點一七平方英里領土。他沒有任何軍隊，但是對於國際政治的影響力超過許多國家。不過，除了節育少數問題，沒有國家接受他的「神諭」。

我們不是說每個國家擁有同等權力，也不主張所謂的權力無用論。當前國際體系仍然是以國力替國家區分等級。只不過我們很難如同過去根據國家擁有的力量預先判定誰是贏家或輸家。我們不應低估美國國力，但也不應過分誇大。

財富分配

當前的國際體系不僅權力分成好幾級，財富也分成好幾級。隨著知識經濟與全球化時代來臨，貧富差距到了二十一世紀可能只會擴大，不會減少。

今天的「開發中國家」（LDC）包含幾類國家。一類是因為石油收入成為暴發戶的油國組織會員國（如科威特與沙烏地阿拉伯）。另一類是所謂「新興工業國家」，包括巴西、南韓、新加坡、臺灣、墨西哥和阿根廷等等。還有一類是所謂「第四世界國家」。在這方面，孟加拉與衣索匹亞是典型代表。有些開發中國家很難納入上述三類中的任何一類。至於已開發國家包括最富有的美國、日本以及大多數歐盟會員國。相對地，刻正面臨經濟轉型問題的東歐國家比較接近第三世界水準。

我們在第一章提到，目前全世界有半數人口生活在國民所得低於五百

美元的五十個國家當中。30%人口生活在國民所得介於五百到五千美元的九十三個國家當中。20%人口生活在國民所得高於五千美元的四十六個國家當中。表3-2顯示全球人口、財富及貧富國家的分布情形。

　　如同本表顯示，貧窮國家大都集中在南半球。除了澳洲、新加坡及少數產油國家之外，二十二個國民所得超過一萬五千美元的國家全部位於北半球。第四世界國家的國民所得約為三百八十美元，其中大部分是位於撒哈拉沙漠以南的非洲國家以及南亞國家。已開發國家的國民所得大抵超過兩萬美元。瑞士國民所得足足有莫三比克的四百零八倍。

　　如果我們仔細檢討某些國家的發展特徵，更可以看出他們與其他國家間的差異。表3-3顯示，國民所得偏低國家通常文盲率與嬰兒夭折率偏高。

表 3-2　全球各地區人口、財富及貧富國家分配情形

地區	人口（百萬）	國民所得低於五百美元的國家數目	國民所得介於五百到五千美元的國家數目	國民所得高於五千美元的國家數目
撒哈拉以南沙漠	640	30	14	1
中東與北非	291	1	12	8
東亞與南亞	2,963	12	7	5
拉丁美洲	458	6	26	4
大洋區	26	1	7	3
西歐	451	0	1	22
東歐與中亞（包括前蘇聯加盟共和國）	495	0	26	1
北美	286	0	0	2
總計	5,610	50	93	46

表 3-3　某些國家間的貧富差距

國家	國民所得 （美元）	識字率	嬰兒夭折率 （每千名嬰兒）	平均壽命 （年）
孟加拉	220	35	91	55
巴貝多	6,240	99	10	75
巴西	3,020	81	58	66
加拿大	20,670	99	7	78
中國大陸	490	73	31	69
克羅埃西亞	5,600	93	12	73
埃及	660	48	57	62
甘比亞	360	27	132	45
海地	370	53	93	55
印尼	730	77	66	60
以色列	13,760	95	9	76
日本	31,450	99	5	79
科威特	23,350	73	14	75
馬爾他	7,630	84	9	76
奈及利亞	310	51	84	52
巴基斯坦	430	35	95	59
俄羅斯	2,350	99	20	69
沙烏地阿拉伯	7,780	62	32	69
塞席爾	6,370	58	16	71
斯里蘭卡	600	88	18	72
瑞典	24,830	99	5	78
瑞士	36,410	99	6	78
塔吉克	470	90	49	69
土耳其	2,120	81	54	67
英國	17,970	99	7	76
美國	24,750	99	9	77

相對地,他們人民的平均壽命普遍偏低,不過,例外情形也所在多有。例如,因為石油一夕致富的阿拉伯國家經濟發展趕不上國民所得水準。某些國民所得較低的國家因為政府計畫得宜,生活水準並不差。

例如,沙烏地阿拉伯是世界上最富有的國家之一。然而,該國人民的識字率僅約 62%,平均壽命則為六十九歲。與此同時,他的嬰兒夭折率偏高。斯里蘭卡是世界上最貧窮的國家之一。不過,該國人民識字率是 88%,平均壽命達到七十二歲。造成這種現象的因素有好幾個。其中特別重要的是,即使像阿拉伯這類富有國家也很難在一夜之間完全現代化,進而享受現代化的所有好處,包括便利的交通、衛生保健及教育制度。因此,有些學者認為以國民所得做為衡量國家財富的指標並不恰當。他們寧可用生活品質指數(PQLI)做為衡量標準。生活品質指數包括識字率,嬰兒夭折率及平均壽命。

無論我們使用何種指標,當前國際體系可以明確地分為富國與窮國。有些國家幾乎在各項指標都居於領先地位,有些國家則處於落後。還有些國家呈現相當不均衡的發展。即使像奈及利亞與印尼這樣的大產油國,他們在發展經濟與改善生活品質方面進行得不很順利。這一方面是因為他們人口太多,財富分配很不平均。此外,出口石油的收入並不穩定。由於開發中國家已經能夠取得先進的醫療技術,因此國民的平均壽命大幅提高。然而,經濟發展腳步也就更難跟上人口成長速度。

極化程度

前文提及,後冷戰時期國際體系的結盟模式日趨複雜。一方面,南北衝突的重要性逐漸超過東西對峙。另一方面,前以色列外長道出許多人的心聲:「儘管冷戰有千般壞處,但卻提供某種程度的穩定。敵我分別相對明確。盟友的忠誠不會受到質疑。更重要的是,許多事情被放回那只潘朵拉盒子。其中包括民族仇恨、宗教狂熱和領土爭端等等。這一切到了後冷戰時期全都重新得到揮灑空間。」

再一次地，南斯拉夫提供信而有徵的例證。隨著冷戰結束，美、俄兩國都不認為他們在當地具有重大利益。因此，至少在內戰初期，他們袖手旁觀，希望南斯拉夫能夠自己解決問題。在西歐方面，德國基於經濟利益考量決定給予克羅埃西亞及斯洛維尼亞外交承認。他的外長表示，即使其他歐盟會員國全都採取反對立場，德國也會堅持到底。這顯示後冷戰時期的結盟模式要比前個階段複雜許多。

當然，冷戰及東西衝突仍有可能回到國際舞臺。在古巴等地，共黨領袖繼續控制政權。名義上，中國大陸仍然是個共產國家。在俄國、東歐及獨立國協，許多國家的資本主義轉型過程並不成功。因此，前共黨領袖不時能夠贏得選舉。不過，隨著越南及敘利亞等國尋求和西方國家建立政治與經濟關係，東西對峙情勢再度出現的可能性微乎其微。

儘管如此，「歷史終結」說法仍屬言之過早。同樣是西方國家，美、法兩國對於規範經濟互動（特別是農產品貿易）的原則存在很深歧見。美國強調市場及自由貿易的重要性。法國則持續採行政府干預與補貼措施。與此同時，中、俄等國宣示採行混合經濟（mixed economy）。其中中國大陸自稱推行的是「符合社會主義精神的市場經濟」。

隨著東西衝突逐漸淡化，南北衝突的強度也有減弱跡象。同樣地，他也可能再度加溫。特別是西方國家將若干原本拿來援助南方國家的款項挪去支持波蘭等東歐國家。這可能導致非白種人國家的不滿與種族主義情緒。一九九二年，不結盟運動（NAM）的一百零八個會員國在萬隆召開會議，試圖找出這項運動繼續存在的價值與意義。

與此同時，北方國家間的經濟競爭日趨白熱化。一九九〇年五月，法國《快訊》雜誌報導該國情報部門試圖竊取美國企業的技術機密。相對地，美國中情局也採取各種手段遏阻北約盟國從事這類活動。

一位評論家指出，東西與南北衝突是二十世紀後半葉「兩條主要的鬥爭路線」。果真如此，我們要問哪些事情將取代他們成為二十一世紀國際

舞臺的主要戲碼？冷戰時期，三個世界是多數人朗朗上口的名詞。到了後冷戰時期，什麼才是區分國家的適當標準？若干學者認為經貿集團是個不錯選擇。以日本為首的亞太地區刻正和北美及西歐形成鼎足而三態勢。有些人則指出基督教、回教以及具備儒家傳統國家間的「文明衝突」（clash of civilizations）。還有些學者認為諸如南斯拉夫這類孤立的地區性衝突會愈來愈多。他們不見得會和國際衝突的主軸接軌。

基本上，作者認為我們必然能夠透過全球性框架分析國家間的互動。然而，了解地區性的次級系統也有其必要。否則，我們將無法掌握國際政治複雜且多樣性的內涵。每個地區有他自己特色。中東、西歐、亞洲及拉丁美洲都是如此。如果再加細分，亞洲又可以分成東亞、西亞及南亞地區。以中東地區而言，當地情勢發展會對全球能源供應產生重大影響。不過，他也存在許多只涉及當地國家的地區性問題。準此，硬要時時將國際體系視為一個整體有其困難。

隨著超強地位的重要性降低，東西與南北衝突淡化，未來地區性政治可望在國際舞臺上扮演吃重角色。質言之，各國會試圖將地區性議題排入國際體系議題當中。不過，就經濟全球化、核子武器擴散及臭氧層變薄等問題而言，很難想像他們在地區層次得到解決。當前國際政治體系存在許多重要問題。愈來愈多國家視問題差異採取不同結盟立場。準此，一位學者認為我們刻正邁入「同盟解組」的年代。

目標及手段 ▊▊▊▊➡

就當前國際體系而言，「國家安全」的意涵不如以往明確。他不再侷限於軍事議題，同時延伸到經濟及生態環境各個層面。

如同摩根（Patrick Morgan）指出，我們不該將國際體系看成一張「牌桌」，而是應該將他視為好幾張賭桌。各個國家選擇玩不同遊戲，下不同賭注。與此同時，許多遊戲是相互依賴，相互影響的。霍夫曼（Stanley Ho-ffman）則表示：

「全世界已經從一盤棋（外交戰略的棋）變成好幾盤棋。這一方面是核子僵局造成的結果，另一方面則是社會經濟和科技文明的產物。」

摩根與霍夫曼說的是同一件事實。過去國家間的競爭著重在軍事方面。各國大玩「權力平衡」遊戲。然而，這已經不能適用於當前國際體系。即使像季辛吉這類現實主義學者也得承認新的問題不斷出現。相關問題包括能源、人口、生態環境，以及外太空與海洋的開發等等。「他們的重要性已經和軍事安全及領土爭奪等傳統議題不相上下。」

顯而易見，做為一項國家目標，經濟繁榮與福祉在後冷戰時期的重要性愈來愈高。經濟問題不斷和軍事議題爭奪世人目光。相關案例包括經濟影響力的運用，市場在福利國家中地位的正反爭議，以及經貿集團的對抗等等。當然，不是每位學者都同意經濟福祉議題已經能夠和軍事問題分庭抗禮。然而，若干學者指出，各國財政部長登上報紙頭條的頻率日漸增加。在過去，這些版面通常會保留給外交及國防部長。有些人甚至認為，經濟是「戰爭的另類延伸」。鑑於核子武器毀滅力過於強大，工業高度發展國家不太可能兵戎相見。不過，他們在經濟與科技方面競爭的激烈程度有增無已。若干學者指出，上述國家共同形成「和平地帶」。這個地帶終將擴及非洲及其他開發中國家。戰爭現象也將隨之終結。今天，軍事戰略議題的影響程度逐漸降低。大多數人的生活好壞取決於貿易、移民及衛生條件等非軍事議題。

然而，也有些學者的態度保留。南斯拉夫內戰顯示，即使是發展程度小康的國家仍舊難以避免戰火蹂躪。內戰爆發之前，南斯拉夫國民所得約三千美元，人民平均壽命超過七十歲，識字率更高達 90%。經濟問題基本上升高，而非降低加盟共和國間的緊張關係。因此，羅德曼（Peter Rodman）認為，不僅波士尼亞這類戰爭將層出不窮，強國間發生戰爭的可能性也無法排除。

「一旦強國間關係出現裂痕，國際社會追求遠大目標的動力將消失無蹤。今天，如果我們將強國間大致友好的關係視為理所當然，這樣的關係勢必無法持久。顯而易見，經濟合作的基調應該能夠維持。然而，強國間仍舊可能因為經貿問題發生衝突。國際秩序也可能因而受到衝擊。」

我們將在第八章深入探討「持久和平」及戰爭趨勢的相關問題。

與此同時，「安全困境」與領土爭端等老問題持續存在。例如，晚近中共積極擴充軍備。日本及東南亞國家感受到很大壓力。中共宣稱對南沙群島擁有主權。不過，這項宣示受到其他五個國家挑戰。問題癥結在於當地蘊藏價值一兆美元的石油與天然氣。雖然這類爭端不像一個世紀以前那樣容易引發戰爭，但是仍舊值得關注。特別是儘管近年來國家訴諸武力的頻率下降，然而各國的國防經費卻居高不下。許多學者相信除非人類能夠以「國際安全」取代國家安全概念，否則世界將永無寧日。

圖 3-2　中國大陸海軍持續擴充軍備
©US Department of Defense. Department of the Navy. Navy Visual News Service

互賴程度

一九七三年的石油禁運提醒世人生活在一個互賴的世界。殷格里斯（Alex Inkeles）指出：

「儘管學者採用的指標略有出入，但是我們研究過去幾十年來的情況發現，國際間的互動每十年增加一倍。」

一九七〇年代以後，上述情形有加速趨勢。例如，目前可口可樂與芝麻街影集行銷一百六十多國。雖然若干國家試圖利用關稅及配額等手段限制貨物流通，透過移民和旅遊規範限制人口流動，以及利用電波干擾阻止思想概念的傳播，但是現代的傳播技術很容易「穿透」國境。

不過，我們應該從正確角度觀察互賴現象。例如，近年來各國大學程度以上留學生每年增加 10%。然而，全球有 98%的學生待在國內受教育。國與國間交往也只占全人類互動當中的一小部分。大多數人一輩子只和自己同胞打交道。再以航空業的發展為例，一九八〇年美國搭乘國際航線的旅客是一九三〇年當時的六百倍。然而，國內航線負載量的增加速度更快。沒有證據顯示國際互動的頻率超過國內互動。

此外，國際互動增加只是互賴現象的一小部分。許許多多國際互動無法影響另一種型態的互賴，亦即透過片面行動影響或傷害對方。雖然世界上有愈來愈多的人喝可口可樂，看芝麻街影集，但是這和國際政治關係不大。國際貿易對各國可能造成的傷害明顯要比筆友通信來得大。

互賴是種非常不均衡的現象。就國家間關係而言，商品、勞務、人口和資訊的流通顯然很不平均。大部分國際貿易發生在工業先進的資本主義國家之間。例如，工業先進國家出口金額占全球總值的 70%。其中美國、日本及德國三個國家便占到總額三分之一。加拿大與日本是美國第一和第二大貿易夥伴。不過，近年來美國與中國大陸和東歐國家間的貿易呈現快

速成長。

此外，在外商投資、觀光及通訊方面也有類似情形。例如，目前全球約有一萬多個民間國際組織。工業先進的民主國家在其中半數組織擁有會籍。抑有甚者，這類組織總部絕大多數設在工業化的民主國家。政府間國際組織的情形大抵相仿。

除了互動模式分布不均之外，各國受到影響或傷害的可能性也有很大差異。在這方面，敏感度（sensitivity）與易毀度（vulnerability）是兩項有用的指標。例如，環境污染與通貨膨脹不僅具有蔓延性，同時不是任何國家能夠獨力解決。準此，所有國家都可說是相互依賴。不過，在經濟方面，某些國家比較不容易受到影響及傷害。

因此，許多互賴其實是一面倒的依賴。目前美國是自給自足程度最高的國家。其他國家對他的依賴程度通常遠超過他對這些國家的依賴程度。例如，薩伊生產美國需要的鉻。鉻是製造飛機引擎不可或缺的原料。如果美國找不到代替品，又無法從別國得到供應，而薩伊卻能擺脫對於美國的依賴，那麼相對於薩伊而言，美國不僅具備敏感度，同時存在易毀度。然而，事實並非如此。也因此，薩伊需要美國遠超過美國需要薩伊的程度。

國家可以建立各種壁壘，從而減少對於其他國家的依賴。不過，這可能得付出昂貴代價，同時不見得成功。近年來，曾經做過這種努力並且獲致少許成果的國家包括緬甸、伊朗、加拿大及坦尚尼亞。其中加拿大雖然不喜歡受到美國的經濟支配，卻仍舊在一九九二年加入北美自由貿易協定。我們可以說互賴是種非常真實，但也相當複雜的現象。

未來變數：非國家成員扮演的角色

如果讀者認為當前國際體系還不夠複雜，我們可以再加入一項變數。先前的討論側重在國家本身（state-centric）。準此，我們提到權力與財富分配、極化程度，以及互賴現象。不過，這樣的敘述還嫌不夠完整。接下來，我們試圖探討非國家成員在國際政治中扮演的角色。

　　國家並非國際體系的唯一成員。非國家成員，如國際組織與跨國企業也會對國際關係產生影響。前文提及，這些成員很早就已經出現，但卻到了二十世紀，特別是二次大戰後數目才急遽增加。現在我們要分析他在國際關係中具備的重要地位。首先，值得注意的是只有自主的非國家成員才有討論價值。然而，怎樣才算自主？我們認為他必須有自己的目標，同時主動積極地加以追求，因而對國際政治產生影響。

　　例如，一九九二年聯合國在里約熱內盧召開「環境保育及發展會議」。這項會議俗稱「地球高峰會」（Earth Summit，詳見第十五章）。除了北方與南方國家的參與之外，許多非國家成員也都積極介入，從而促成這樁美事。相關成員包括聯合國秘書處、世界銀行等政府間國際組織、科學研究機構，生態保育團體，以及和環保議題有利益牽扯的跨國企業等等。當然，某些學者認為政府間國際組織不過是國家間的鬆散組合。民間國際組織的力量則無法和國家匹敵。然而，重要的是經由非國家成員參與，若干新的協定得到簽署。

　　非國家成員影響國際政治的事例還有很多。他們有的是跨國性組織，有的則是國內次級團體。目前，國際政治可以切割成不同的議題範圍。在不同議題上，國家與非國家成員擁有程度不等的影響力。即使是戰爭與和平這類傳統上純屬國家間的問題，也已經有非國家成員參與。我們或許能夠對聯合國及國際紅十字會視而不見，卻無法忽視愛爾蘭共和軍及巴解組織對於國際體系的殺傷力。先前討論南斯拉夫內戰的時候，許多非國家成員屢被提及，包括歐洲共同體、北約組織、聯合國、國際貨幣基金，以及該國內部各個種族團體等等。

　　許多觀察家認為，非國家成員出現使得民族國家在政治、經濟及社會各方面的重要性降低。有位學者見識到跨國企業的快速成長，因而指出「國家已經快要不是個經濟單位」。另一位政學兩棲的觀察家則表示：「民族國家是項老舊觀念。加上改造失敗，使得他根本無法滿足當前複雜世局的

需要。」還有一位學者認為：

> 「今天，國家主權的概念依然適用。然而，若干國際層次因素逐漸
> 打入傳統上屬於內政的範疇，從而影響政府施政的優先順序。一方面，
> 國際貿易，金融與通訊往來數量快速增加。另一方面，科技產生的影響
> 愈來愈大。沒有任何國家能夠免於現代化（modernization）議題帶來的龐
> 大壓力。」

　　如前所述，多數人同意民族國家有土崩瓦解之虞。然而，何者構成民族國家的主要威脅？學者間的意見並不一致。有人認為，國際間的整合趨勢（integrative tendencies）是主要威脅。有些人則認為，各國國內（如前南斯拉夫）種族衝突及分離主義帶來的解體力量（disintegrative tendencies）才是主要威脅。還有些人認為兩者皆是。若干學者提出「新封建主義」（new feudalism）概念。也有人認為「世界村」（global village）時代已經來臨。無論如何，國際體系刻正面臨四百年來最大變局。

　　雖然許多學者認為，民族國家已經搖搖欲墜，但是也有人指出，民族國家仍然「活得很好」。他們表示二十世紀是「國家的世紀」。無論民主或非民主國家，政府權力都愈來愈大，對於人民生活的干預程度也愈來愈高。目前世界上有半數人口生活在非民主國家。他們在國內與國外作為受到政府嚴格控制。晚近，東歐與拉丁美洲相繼出現戲劇性的民主化過程。愈來愈多國家接受民主政治及市場經濟原則。在若干西歐國家，「政府鬆綁」與「民營化」的聲浪此起彼落。儘管如此，國家安全與福利國家的觀念仍然深植人心。因此，說民族國家已經式微未免言之過早。

　　如同羅森諾（James Rosenau）指出，當前國際體系存在兩條主軸。「國家中心體系」與「多中心成員體系」並行不悖。一方面，「全球政治過程」的輪廓已然浮現。另一方面，民族國家仍舊是這個過程的核心。雖

然各種向心力與離心力使得國家對於國際事件的控制程度降低，同時就長期來看可能會威脅到國家的生存，但國家仍舊是國際政治的主角。非國家成員可能增進人類合作，但也可能升高人類衝突。在本書後半部，我們將進一步探討非國家成員與民族國家間的關係。

小結

　　後冷戰時期國際體系仍然是個權力分散的體系。然而，如同若干學者指出，他對「中央管制機構」的需求程度超過以往任何時代。無論就形式或法律而言，民族國家都是主權獨立的單位。不過，他們彼此間的互賴程度逐漸提高。民族主義與國際主義，地域主義和全球主義平行發展。各國政府力量愈來愈大，但是處理國際問題的能力反而降低。此外，他們不僅得保障國家安全，同時愈來愈重視福利問題。國際體系持續根據權力與財富替國家分級。然而，超強也有擺不平「迷你國家」的時候。某些沙漠中的王國因為石油收入比工業先進國家還要富有。東西與南北衝突持續存在，但是集團內部的爭端也令人無法忽視。交通與通訊技術進步使得世界不斷「縮小」。然而，各國人民比以往更加了解彼此間的差異。

　　本章替二十一世紀開端的國際體系描繪出個輪廓。當前國際體系確實是錯綜複雜且變化多端。在了解他一般特徵之後，我們可以進一步研究他動態的一面。我們將討論六十億人口，一百九十個民族國家以及一萬個國際組織以怎樣的互動方式決定「誰得到什麼，何時得到及如何得到。」

第二部分

國家成員與國際互動

唯一遺憾的是，我只有一條性命奉獻給我的國家。

——哈爾，一七七六年

民族主義是種幼稚病。對於人類而言，他就像出麻疹般令人困擾。

——愛因斯坦

不論是好是歹，民族主義曾經是國際關係當中一股很大的力量。今天，雖然他的鋒頭受到其他力量抑制，但是仍舊舉足輕重。除了公海及外太空，地球的每個角落都存在於國家主權管轄範圍。即使是強調「全球化」的學者也不能不承認，只有當主權獨立的國家相繼出現，國際關係才有存在的可能。

國家是第二部分的探討重點。我們試圖了解各國政府如何制定及執行外交政策。這是他們互動過程當中動態的一面。截至目前，我們無法得出一份世界各國普遍承認的國家名單。由此可見，國際體系的權力結構仍然相當鬆散。例如，有些國家及學者承認梵諦岡、波多黎各及臺灣是主權國家。有些則否。原因是他們採取不同的標準。無論如何，全球民族國家的數目已經超過一百八十個。

第四章試圖介紹一般國家，以及美國、俄國、中共與日本的外交政策作為。第五章探討影響外交政策的因素。第六章探討外交決策過程。準此，我們在討論外交政策的時候是敘述與解釋並重。第七章試圖研究國家間的互動，以及國家採取哪些手段影響別的國家。最後，我們將在第八章當中討論國際關係的破裂及暴力的使用。

第四章
國家的外交政策作為

一九九一年，蘇聯宣告瓦解。這再度引起學界對於各國外交政策，特別是所謂「變與常」問題的熱烈討論。國家是否會無視內外環境變遷，堅持某種外交政策路線？亦或他們會依照時空環境變化做出調整。質言之，許多學者想要知道，俄國究竟將延續蘇聯的外交政策，還是會另起爐灶。例如，資本主義取代共產主義地位可能對俄國外交政策造成何種影響。

本章要討論民族國家的外交政策作為。研究重點則是放在美國、俄國、中共及日本等四個國家。選擇考量在於他們領土廣大，人口眾多。與此同時，他們各自擁有不同的歷史經驗，能使我們更加深入了解國家如何制定與執行外交政策。其他國家能夠採取手段大抵不超過他們的範疇。

外交政策的本質

歷史上，蘇聯並非第一個經歷激底解組與重組的國家。許多國家曾經面臨類似的疆界調整。一九四七年，巴基斯坦獨立建國。然而，除了領土被印度隔開之外，東巴（孟加拉）與西巴間齟齬不斷。一九七一年，孟加拉公然與巴基斯坦政府決裂。由於得到印度援手，孟加拉成功脫離巴基斯坦獨立。

失去孟加拉的巴基斯坦持續與印度為敵。一方面，他和印度爭奪對於喀什米爾的主權。另一方面，他試圖阻止印度成為南亞的地區性霸權。為了尋求外援，巴基斯坦與美國組成安全同盟，並且與中共維持友好關係。隨著冷戰結束，美巴兩國關係出現裂痕。[1]華府停止提供巴基斯坦軍事與經

1　譯按：然而，經歷九一一事件，阿富汗戰事及攻伊戰爭，巴基斯坦對於美國的重要性再度提高。

濟援助，從而促使他和印度放棄發展核子武器。儘管如此，巴基斯坦外交政策仍然展現某種程度的延續性。

在這裡，我們必須將外交政策與外交政策作為（foreign policy behavior）加以區隔。後者意指國家相互採取的行動。例如，結盟是種外交政策作為。此外，他還包括建立或終止外交關係，使用或威脅使用武力，以及給予或撤消對外援助等等。值得注意的是，相關行動本身往往不是目的，而是達成目的的手段。相對地，外交政策是指各國領袖排定處理方式與優先順序，從而做為因應國際事務的方針。準此，他們採取不同作為，達成不同目標。

政策與作為間往往出現落差。畢竟，各國政府必須同時處理許多不同的議題。因此，他們會制定不同政策，顧及安全與經濟相關層面的利益。然而，當事國貿易政策有可能和保衛民主或促進人權的目標背道而馳。這時候，當事國必須做出取捨。[2]

本書將在第五章檢討影響國家外交政策的內外環境因素。在此之前，我們先要觀察國家的實際作為。

外交政策作為類型

從各國外交實踐來看，多少都有前後矛盾與雙重標準的現象。這就是外交政策的本質。因此，諸如「愛好和平」或「好戰成性」的分類方式並不恰當。無論如何，我們可以找出若干外交政策作為的類型。在這方面，伍爾佛斯（Arnold Wolfers）認為，外交政策作為大致可以分為三類。1.自保（維持現狀）；2.擴張（改變現狀以爭取利益）；3.退卻（接受對自己不

---

2 譯按：目前的美臺關係也是如此。「避免與中共衝突」及「保衛臺灣民主制度」都是美國的政策目標。然而，一旦這兩項目標發生衝突，美國勢將根據他的國家利益做出取捨。此外，在與我國打交道的時候，美國國務院與國防部的態度並不一致。

利的改變）。雖然這樣的分類大致無誤，但是仍有不足之處。我們認為可以從若干層面替國家外交政策作為分類。此外，我們不應忘記隨著時空環境改變與政權更迭，相關國家的外交政策作為也會發生變化。

結盟（alignment）

國家可以和其他國家結盟，也可以維持中立。本節要討論各國在結盟事務方面的決策情形。相關國家往往因為時空環境不同改變他的結盟政策，從而影響他的存活機率。例如，一九四〇年荷蘭宣布採取中立。然而，他並未因此躲過納粹德國的攻擊和占領。部分基於上述經驗，荷蘭在二次戰後加入北約組織。此外，國家間的結盟態勢變化無常。目前，日本、德國與義大利是美國盟邦。先前在二次大戰期間，美國是和蘇聯、中國、英國及法國聯手同他們作戰。

同盟（alliance）是指國家間相互提供軍事支援的正式協定。同盟可以帶給締約國若干利益，但也可能給他們帶來風險。結盟國家可以得到較多軍事資源及海外基地。此外，他的假想敵知道如果要侵略結盟國領土，將會受到激烈反抗。不過，締約國可能捲入其他國家內部政爭。與此同時，當事國內政可能受到盟國干預。再者，如果戰爭發生，當事國可能遭到盟國出賣。表 4-1 顯示，出賣盟邦的情形仍屬少見。不過，隨著核子時代來臨，許多學者認為國家遵守同盟義務的可能性將會降低。

中立（neutrality）亦即表明置身事外的立場。中立國家大抵採取低姿態，並且試圖避免結盟可能遇到的麻煩。特別是他們不想樹立假想敵和敵對同盟。不過，中立國家必須了解當戰雲密布的時候，他們仍得自求多福。過分奢望其他國家的保護不切實際。在這方面，瑞士是個典型案例。長期以來，他甚至拒絕加入聯合國，避免負擔集體安全或制裁義務。[3]

----

3 譯按：目前瑞士已經成為聯合國會員國。不過，他尚未決定加入歐盟。

表 4-1　同盟情勢分析

十九世紀的同盟主要是國家間共同防衛的軍事條約。而到了二十世紀,各國較常締結互不侵犯協定,大戰爆發前夕通常都有共同防衛協定的訂定,而在承平時期盟約的內容就比較富有變化。在十九和二十世紀當中,盟約通常是會被遵守的。而大戰迫在眉睫時所締結的盟約被遵守的機率不見得會比較高。

	歷史分期		在和平或戰爭期間締結	
盟約種類	1815-1919	1919-1945	**戰爭**	**和平**
軍事同盟[a]	38 (60%)	18 (27%)	32 (54%)	24 (34%)
互不侵犯條約[b]	8 (13%)	37 (56%)	20 (34%)	26 (37%)
協約[c]	17 (27%)	11 (17%)	7 (12%)	21 (30%)
盟約的效力	1815-1919	1919-1945	**戰爭**	**和平**
援引並被遵守	33 (89%)	9 (82%)	24 (92%)	18 (82%)
援引但不被遵守	4 (11%)	2 (18%)	2 (8%)	4 (18%)

a.軍事同盟:當盟國受到攻擊的時候武力干預。
b.互不侵犯條約:承諾不以武力加諸締約國。
c.協約:承諾在締約國受到威脅的時候舉行諮商。

　　同盟除了是種正式協定,同時也可說是種好感。國家往往會在重要問題上支持「看得順眼」的國家,即使他們之間沒有正式的同盟關係。此外,前文提及冷戰期間有些第三世界國家採取不結盟(nonalignment)立場。他們在某些問題上支持美國,在其他問題上支持蘇聯。然而,他們拒絕在東西衝突中固定選邊。冷戰結束後,相關國家左右逢源可能性降低。因此,不結盟運動開始勢微。

　　以當前國際體系而言,各國往往就一項以上的衝突軸線做出結盟決定。例如,如同瑞士,瑞典是個傳統的中立國家。然而,基於經濟利益考量,他在一九九〇年代中期加入歐盟。與此同時,該國國內因為應否將同盟關係帶入軍事安全領域而爭論不休。

活動範圍

其次，我們可以從當事國活動範圍觀察他的外交政策。有些國家活動範圍很大。有些國家的活動範圍相當有限。活動範圍大小能夠左右爭端或危機的結局。一九九一年的波灣戰爭是項明證。美國因此得以組成強大的反伊同盟。強國往往表示他們具有「全球利益」，並且據此和世界上每個角落進行互動。能否在遙遠地區維護自身利益是分別強國與超強國的重要標準。

多數國家扮演地區性角色（regional actor）。除了和美國等大國進行經貿往來，他們通常只和鄰近國家發生接觸。例如，地處拉丁美洲的瓜地馬拉很少和位於非洲的馬拉威來往。我們承認，某些國家的外交活動範圍很難界定。即使是窮國、弱國也可能從事大型海外活動。例如，一九七○到八○年代，古巴多次派兵前往非洲保衛當地共黨政權。荷蘭則透過蜆殼石油公司與世界各國打交道。事實上，在這互賴時代當中，各國多少會和鄰國及其他遙遠地區國家扯上關係。不過，美俄兩國仍然比其他國家更稱得上是全球性角色。例如，他們幾乎在所有國家設有大使館。大部分國家只在少數國家設立大使館，同時依靠聯合國等國際組織從事外交工作。目前，全世界三分之二國家的駐外使領館不到六十個。大部分外交活動頻繁的國家位於北美及歐洲。

歷史上，某些國家因為國力積弱或地處偏遠而抱持孤立主義（isolationism）立場。六○及七○年代的緬甸就是如此。有的國家甚至一度與外界隔絕。然而，時至九○年代，即使是緬甸也開始加入經濟全球化的進程。一方面，當地生產的海洛因流入美國市場。另一方面，由於該國勞動成本低廉，天然資源豐富，因此被稱為投資者的最後一塊樂土。準此，孤立主義在當前互賴時代是愈來愈不可行。

行為模式

除了結盟傾向與活動範圍之外,我們可以透過行為模式(modus operandi)觀察當事國外交政策。在國內,警察經常利用罪犯慣用手法鎖定嫌犯。基於相同道理,國家追求國家目標也有他偏好的行為模式。雖然有些學者認為,國際關係本身是種犯罪行為,但是我們寧可不這麼想。無論如何,就行為模式而言,兩者具有若干共同特徵。行為模式可能因為領導階層的劇烈變動而發生變化。我們可以從以下角度觀察國家的外交行為模式:1.對於多邊解決問題的偏好程度;2.積極程度。

一個國家如果喜歡利用多邊會談解決外交爭端,便會常常用到聯合國等國際組織。相對地,他會儘可能捨棄雙邊會談方式。冷戰期間,美蘇試圖同時透過多邊主義(multilateralist)與雙邊(bilateral)談判解決武器管制的相關問題。前者可以四十國裁軍委員會做為代表。美蘇戰略武器裁減談判(START)則是沿襲雙邊會談模式。一九九五年,關稅暨貿易總協定(GATT)改組為世界貿易組織(下文簡稱世貿組織,WTO)。與此同時,美國與日本持續舉行雙邊貿易談判。

幾乎所有國家都是雙邊及多邊手段並用。然而,的確有些國家將較多資源投注在國際組織及多邊行動。表 4-2 列出一九九○年代初期參與政府間國際組織最多的國家。其中北歐國家占了前四名當中三個。而在開發中國家當中,印度排名第一。

特別在外援方面,加拿大及北歐國家提供的外援約有半數是透過世界銀行等國際組織加以分配。因此,他們對於分配對象可說喪失部分的控制權。相反地,美法等國經常就援助附加若干條件。與此同時,他們通常透過本國政府機構,以雙邊談判方式決定是否提供外援。雖然美國透過聯合國提供為數可觀的對外援助,但是就比例而言不如北歐等國。一九八八年,日本試圖挑戰美國在援外金額方面的龍頭地位。不過,美國隨即在九○年代拿回領先優勢。

表 4-2　參加政府間國際組織最多的國家

排名順序	國家	擁有完整會籍或準會員資格的政府間國際組織數
1	丹麥	164
2	法國	155
3	挪威	154
4	瑞典	153
5	英國	140
6	芬蘭	139
7	西德	135
8	荷蘭	131
9	比利時	127
10	義大利	124
11	美國	122
12	西班牙	113
13	加拿大	110
14	日本	106
15	冰島	105
16.5	澳洲	104
16.5	蘇聯	104
18	印度	102
19	巴西	100
20	波蘭	99
21	阿爾及利亞	76
22.5	奧國	95
22.5	南斯拉夫	95
25	埃及	94
25	墨西哥	94
25	瑞士	94

當事國態度愈是積極，愈有可能在國際體系中發起行動，或是拒絕接受其他國家提出建議。他所能採取的反抗行動包括抗議、威脅、警告或使用武力。這個層面與活動範圍及結盟傾向具有連帶關係。例如，若干領導人宣示他們國家在國際事務中扮演「革命基地」、「真理守護者」、「地區領袖」或「積極獨立」的角色。有些國家則認為，他們是「被保護者」或「忠實盟邦」。我們不認為各國領袖必然會依據這些概念採取行動，只是說有些國家確實比其他國家來得積極主動。例如，經歷一九七九年的回教革命，伊朗在保衛信仰方面做出更大努力。

我們可以從一個國家干預（intervention）他國內政的傾向判斷他的積極程度。干預內政通常被認為是對主權的侵犯，並不符合國際規範。然而，許多時候干預行動是對當事國國內反抗團體訴求的回應。干預大致包括軍事干預、經濟干預及外交干預。

在外交史上，干預不是件新鮮事。早在拿破崙戰爭時期，拿破崙便試圖透過武力輸出革命。稍後，歐洲各國君主聯合起來鎮壓希臘及西班牙等地的自由民主風潮。不過，干預在二次戰後，特別是冷戰期間格外盛行。一九四〇、六〇及七〇年代中期是軍事干預的高峰。這項趨勢到了八〇年代稍見緩和。大多數受到干預的國家位於第三世界。在這段期間，美英法名列對外軍事干預頻率最高國家。相較之下，以色列也不遑多讓。蘇聯、中共及南非各自擁有 20 次以上記錄。緊追在後的國家包括伊拉克、敘利亞、埃及、印度、利比亞、越南、摩洛哥及約旦。

雖然國家持續透過干預保障利益，但是隨著時代改變，涉及的利益種類與怎樣的干預才算正當逐漸出現變化。

「以往國家經常透過軍事干預收回外債。現在，幾乎沒有國家這麼做。與此同時，國家進行人道干預已經有好幾百年歷史。然而，值得對哪些人伸出援手？在哪些情況下人道援助才有正當性？上述問題的答案

經常改變。一九九二年，國際社會前往索馬利亞從事人道干預。假設事情發生在十九世紀，他或許根本不會成為受到討論的政治議題。相對地，十九世紀各國不時因為王室聯姻進行軍事干預。這種情形不復見於今日。」[4]

一九九〇年代，隨著冷戰落幕，美國等國家介入他國危機的意願似乎稍見降低。儘管如此，這段期間美國軍事干預對象包括索馬利亞、波士尼亞與海地。他所受到的批評包括虎頭蛇尾，以及將資源浪擲在重要性不高的國家。至於俄國與法國等向具干預國際事務傳統的國家則因為內政考量而舉棋不定。在這方面，俄國干預喬治亞及法國干預盧安達是明顯例證。

晚近以來，內戰及種族衝突是國際社會進行干預的主要對象。此外，如同海地及波士尼亞經驗顯示，相關干預行動通常具備多邊主義色彩。除了聯合國之外，美洲國家組織及非洲團結組織也都插上一腳。由於多邊干預，因此驟驟然有取代片面干預的趨勢。他的好處包括賦予軍事行動較大正當性，由參與國家分攤成本，以及向當事人保證不是要追求某個國家的利益。儘管如此，單方面干預也有他的優點。對此，控制局面是主要考量。例如，進行干預的國家可以自行決定去留時間。可以預見的是，一旦全球性與地區性國際組織力量在「新國際秩序」旗幟下得到增強，新的人道干預規範獲得確立，片面干預的情形必定大幅減少。問題是，如何分別人道干預及干涉內政，至今缺乏明確標準。

四個個案研究

以上我們從若干不同角度觀察外交政策。我們注意到國家說的和做的之間往往有很大差距。以下我們將就美國、俄國、中共及日本的外交折衝

4　譯按：例如，一八七〇年普法戰爭爆發。導火線之一是所謂恩瑪電報事件。當時，俾斯麥披露法國要求普魯士霍亨佐倫家族成員永遠不得出任西班牙國王。

驗證這項事實，從而使得讀者對於國際政治有更深入的了解。

美國外交政策

若干學者將美國稱為世界上第一個「新的國家」。該國人民大多是來自「舊世界」的難民和冒險家。他們從立國之初便開始與外界，特別是歐洲國家進行抗爭。由於開國者對於國際貿易有著濃厚興趣，因此美國處理國際事務的手法也與眾不同。他們不想再建立一個戮力軍事征服的王國。相反地，他們只想全力開發美洲大陸。雖然這不免和當地印第安原住民及其他歐洲國家發生衝突，而黑奴又是南方經濟命脈，但是美國人民多半認為他們比歐洲國家高尚地多。

為了保護這個年輕國家，早年美國採取中立，並且主要扮演區域性的角色。與此同時，美國人或多或少有些孤立主義傾向。他們與歐洲隔著一個大西洋，所關切的是如何開疆闢土。獨立戰爭期間，美國與法國並肩作戰。嗣後直到太平洋戰爭爆發，他不曾和其他國家締結同盟，這段期間，美國遵照華盛頓在一七九六年告別演說中的叮嚀，沒有捲入「同盟的紛擾」。不過，即使在十九世紀初年，美國也並非完全遺世獨立。他的商人、傳教士及冒險家足跡遍及世界各地。此外，美國一方面不干預歐洲事務，另一方面也警告歐洲人不要到西半球搗亂。儘管他說的比做的多，「門羅主義」（Monroe Doctrine）使得美國成為區域性的保護者。當時美國軍事力量尚不足以和歐洲強國匹敵。

十九世紀中葉，美國經歷一場內戰。然而，這並未改變他向西推進到太平洋的決心。許多美國人相信這是他們「無可逃避的命運」（manifest destiny）。美國不想建立一個老式的帝國，只想在世界各地擁有影響力，同時藉以取得可觀財富。準此，中國也成為美國的目標。在美洲大陸方面，十九世紀中葉美國與墨西哥發生戰爭。戰後他「解放」加州和德州。這場戰爭可說是美國總統泰勒與波克一手導演。十九世紀末，美國又用同樣手

法從西班牙取得波多黎各及菲律賓等地。美國雖然沒有帝國的名義，但是卻擁有保護地、軍事基地、相當高的國際威望，以及日益增加的權力。

在十九世紀擴張過程當中，美國外交政策有兩條平行的主軸。一方面美國人自認是個新國家，沒有帝國主義的污點。因此，他們可以提出許多崇高原則。例如，美國在世界各地推銷民主政治，同時協助拉丁美洲及菲律賓革命份子推翻西班牙「暴政」。此外，美國抗議歐洲國家在亞洲地區劃分勢力範圍，並且推動所謂「門戶開放」（open door）政策。然而，在這些崇高原則背後，美國外交政策也照顧到國內利益團體的需要。正是因為某些美國人想要分享中國的對外貿易，因此才有一九○○年門戶開放政策的產生。老羅斯福總統一方面在亞洲地區推展砲艦外交（gunboat diplomacy），另一方面在拉丁美洲採取巨棒政策。與此同時，他派遣美國軍艦到世界各地宣揚國威。

在自利行動外表塗上道德糖衣是美國外交政策的特色。他的道德口號與其他國家略有不同，基本將國際關係視為好人與壞人間的鬥爭。雖然這能夠讓他不斷提出新的理想，但是當決策者因為現實利益而放棄道德執著的時候往往招來偽善之譏。

這種情形在美國參加一次大戰的時候顯現無遺。當戰爭開始的時候，美國一方面採取中立，另方面主張享有公海航行自由。等到英國和德國都試圖封鎖對方海上交通，美國發現在這種情況下想要採取中立並非易事。由於德國攻擊美國船隻，使得美國親英派逐漸占了上風。最後美國終於參戰。威爾遜總統表示，美國將「以戰止戰」，同時「替民主政治塑造安全的國際環境」。事實上，他也很擔心歐洲全部被納入德國控制之下。此外，當時歐洲各國王室並沒有那個是極權國家，但威爾遜為了爭取美國人民支持還是決定提出民主和民族自決口號，突顯美國的參戰理由不同於歐洲強國。

在一次戰後舉行的凡爾賽和會當中，威爾遜帶頭提倡成立國際聯盟，

並且主張在民主法治的基礎上建立新的國際秩序。雖然這有點像是在唱高調，但是許多歷史學者都不約而同指出他的外交政策恰巧符合當時美國的國家利益。威爾遜的著眼點之一在於擴張美國影響力，並且促進國際貿易的自由化。

到了二十世紀初期，美國已經擁有可觀的軍事和經濟力量。然而，他遲遲不肯負起強國的責任。美國人民仍然認為他們與眾不同。一次戰後，美國主張一切「恢復正常」，拒絕接受威爾遜加入國聯的主張。這使得歐洲的權力平衡開始動搖。一九二〇年代，美國政府領袖曾經試圖維持國際經濟秩序，同時減輕讓德國人喘不過氣來的財政負擔。但是等到世界經濟大恐慌來臨，胡佛（Herbert Hoover）及小羅斯福總統卻火上添油地採取保護主義政策。他們只想到如何保住美國工人的工作機會。一旦美國這個世界排名第一的貿易國退出市場，國際貿易金額隨之遽減。世界各國失業率直線上升，間接促成歐洲法西斯主義與日本軍國主義崛起。

我們從一九三〇年代美國對華及對日外交政策中再度看到兩條平行主軸。一九三一年，日本入侵中國東北，建立滿州國傀儡政權。當時美國國務卿史汀生擔心中國的獨立及菲律賓安全受到威脅，宣布美國將不會給予滿州國外交承認。不過，這種不痛不癢的不承認政策徒然加深美日間的齟齬。他既沒有解決美日對於太平洋地區權力安排的歧見，也無法讓日本退出中國東北。許多歷史學者認為，史汀生的不承認政策替爾後珍珠港事變留下伏筆。

一九三〇年代末期，德國再度顯現稱霸歐洲的野心。羅斯福總統試圖說服厭戰的美國人民支持英國。在承諾不會捲入戰爭的同時，他成功阻止國會通過中立法案。因此，開戰之初他得以提供英國與蘇聯大量援助。儘管如此，美國人民仍舊反對參戰。直到日本在一九四一年十二月七日偷襲珍珠港，美國才宣布參戰。這顯示出美國比較被動的一面。

有了二次大戰經驗，戰後三十年間，美國外交決策者逐漸具備成熟的

世界觀。這次戰爭確實對美國外交政策有著深遠影響。戰後美國成為世界上首屈一指的的軍事和經濟強國。只有蘇聯的力量差堪和他相比。美國再也不會讓「侵略者」有坐大機會。孤立主義證明是行不通的。美國成為聯合國主要的催生者和會員國。美國人民開始相信他們必須在國際政治當中扮演積極角色，以免威脅與危害美國國家利益的國家控制歐陸。

　　德國戰敗之後，美、蘇這兩個戰時的同盟國家開始相互猜忌。蘇聯認為他有權，也有必要在外敵入侵路線上扶植若干友好政權。特別是波蘭和捷克更應畫入他的勢力範圍。然而，許多美國人對於一九三八年慕尼黑協定（Munich Pact）記憶猶新。他們認為蘇聯向東歐及地中海沿岸擴張好比當年德國的侵略行動，是不能輕易姑息的。任何地區性爭端及內戰只要有共黨介入，美國決策者便認為是史達林搞的鬼，試圖與美國一較高下。事實上，以希臘為例，蘇聯就沒有給予當地共黨毫無保留的支持。這部分是基於他先前給予英國的承諾。

　　一九四六年三月，英國首相邱吉爾發表著名的「鐵幕」演說，警告世人東歐已經落入蘇聯控制。東西冷戰於焉展開。接著，美國在一九四七年宣布杜魯門主義（Truman Doctrine），警告蘇聯不得染指希臘及土耳其。與此同時，美國開始推動馬歇爾計畫（Marshall Plan），重建飽受戰火蹂躪的西歐。美國希望這個計畫能夠帶動西歐的經濟復興，使得共黨無法在法國與義大利等國贏得選舉勝利。再者，一旦西歐經濟復甦，美國商品又可以恢復過去擁有的廣大市場。這對美國本身經濟而言也有很大好處。一九四八年，蘇聯將捷克納入他的衛星國家。美國外交官肯楠（George Kennan）以X先生筆名在外交事務季刊發表專文，主張對共產主義採取圍堵政策（containment）。這項政策後來成為美國外交政策的重要支柱。一九四九年，美國破天荒加入北約組織這個軍事同盟，並且開始在西歐駐軍。他希望藉著上述行動，再加上核子武器方面的優勢阻止蘇聯集團進一步擴張。

　　一九五〇年韓戰爆發。基於因應新的挑戰，美國被迫取消原先的復員

計畫。稍早，美國並未將朝鮮半島畫入他的防衛圈。為了保護親西方的日本，美國認為有改弦更張的必要。由於美國認定北韓是蘇聯的馬前卒，他決定出兵保衛南韓。雖然杜魯門政府並不想和中共進行地面戰爭，但是韓戰卻使得他的軍隊來到中國大陸門口。由於毛澤東剛剛在一九四九年將國民政府趕到臺灣，並且建立中共政權，因此只要有反共勢力在邊界出現他便十分敏感。中共多次對美國提出警告都無功而返。因此他便以「抗美援朝」名義加入戰局。追擊北韓部隊到鴨綠江邊的美軍受到重大傷亡。也因此，美國決定與南韓及臺灣簽訂共同防禦條約。

此外，美國在德國和柏林問題上受到嚴厲考驗。蘇聯在受到希特勒攻擊後餘悸猶存，希望德國永遠不要再強大起來。西方盟國則希望德國經濟儘快復興，不再需要外國占領。一九四八年，西方國家不顧蘇聯反對在德國推動幣制改革。蘇聯則以封鎖柏林對外交通做為報復。不過，史達林也沒逼人太甚。因此杜魯門政府仍然可以利用空運方式接濟西柏林居民。這項空運行動整整持續一年。

一九五〇年代，美蘇再度因為德國問題出現齟齬。美國不顧蘇聯強烈反對，讓西德加入北約組織。赫魯雪夫則威脅說，如果西方國家不承認東德，就要請他們離開西柏林。一九六一年夏天，北約組織發現蘇聯和東德開始修築柏林圍牆，阻止東德難民和技術工人逃往西方。最終甘迺迪總統接受這項事實。十年之後，東西德相互承認對方為主權國家。一九八九年，柏林圍牆隨著東德共黨政權垮臺而倒塌。德國也隨之完成統一。

冷戰期間，美蘇競相爭取對於第三世界國家的影響力。愈來愈多的新興國家擺脫殖民統治，獲得獨立。美國在處理涉及他們民族主義問題的時候倍感吃力。杜勒斯國務卿希望爭取這些國家對抗共黨集團。然而，諸如印度尼赫魯等第三世界領袖認為，殖民統治及經濟落後是更加迫切需要解決的問題。因此，杜勒斯爭取盟邦的努力大多付諸流水。第三世界瀰漫一股中立主義的氣氛。

　　由於美國和蘇聯擁有數量龐大的傳統及核子武器，因此他們在第三世界從事競逐的時候必須遵守若干「遊戲規則」。其中很重要的一條是，雙方部隊絕對要避免發生正面衝突。他們競爭的目的不在於取得領土，而是要加強對於第三世界國家外交政策的影響力。當然，有些時候他們也會介入第三世界國家內政，扶植友好政府。

　　在這方面，直接訴諸武力的情形並不多見。一九五八年，美軍登陸黎巴嫩。類似案例包括一九六五年的多明尼加、一九六〇與七〇年代的東南亞、一九八三年的格瑞那達，以及一九八九年的巴拿馬。相對地，蘇聯於一九五六年鎮壓匈牙利革命，並且於一九六八年結束發生在捷克的布拉格之春。一九七七年，蘇聯出兵衣索匹亞。一九八〇年代，他在阿富汗從事曠日持久的戰爭。

　　除了直接的軍事行動之外，美蘇經常採取其他比較細緻的干預方式。其中包括軍售、宣傳，以及策動叛亂與暗殺行動等等。凡是美蘇一方想要推翻的政權，另一方便會給予支持。美蘇的干預行動有些成功，但也不乏失敗案例。

　　越戰使得美國在第三世界蒙受史無前例的挫折。一九六一年，甘迺迪就任美國總統。他敦促第三世界國家推動民主改革。然而，他也表示美國寧可支持右翼獨裁政權，也要打擊卡斯楚那類左派獨裁政權。甘迺迪的顧問發展出一套「建國模式」。他們認為美國應該一方面協助第三世界國家發展經濟，贏得農民的效忠和支持，另一方面則應派遣綠扁帽部隊等反顛覆武力鎮壓共黨叛亂。這套理論在越戰當中得到實驗機會。結果證明是行不通的。正如記者史東（I.E. Stone）指出，「在農民社會當中，你很難一方面站在地主這邊，另一方面獲得戰爭勝利。」美國原本只是派遣一支小規模的反顛覆武力，結果到了詹森總統時代卻增加成一支五十萬人的大軍。而到了尼克森時代仍然難逃失敗命運。

　　越戰給予尼克森與季辛吉的第一個教訓是，美國不可能再獨力擔負世

界警察任務。這使得七○年代的美國外交政策發生重大變化。根據所謂尼克森主義，美國仍須維持他在世界各地的影響力，只是方法有些不同。他強調第三世界國家必須「自助而後人助」。華府願意提供他們武器及顧問對付國內革命份子，維持地區安定。其中尤以中東地區因為石油這項重要資源成為美國援助重點。巴勒維統治下的伊朗是個典型案例。美國對於伊朗的軍售幾乎是有求必應。不過，雖然巴勒維擁有世界上最先進的武器，但是仍然敗在柯梅尼和伊朗人民手中。

此外，季辛吉試圖透過務實手段打造「和平架構」。結果美、蘇間的緊張關係確實得到緩和，從而開啟一段「低盪」（détente，或譯為和解）時期。低盪的基礎在於美、蘇核武力量大致相當。維持國際體系穩定符合雙方利益。在這種情況下，美、蘇達成一系列限武協定。其中最重要的是一九七二年美、蘇第一階段戰略武器限制協定（SALT I）。此外，華府開始與北京展開對話。「乒乓外交」則促成尼克森訪問中國大陸。儘管如此，強國間仍然存在許多歧見。

尼克森政府時代，美國的經濟霸權明顯勢微。越戰消耗、通貨膨脹、油價高漲，加上日本與歐洲的強力競爭在在使得美國陷於不利的貿易地位。一九七○年代，美國的進口持續成長，出口日漸減少。國內產業面臨一片倒風。在這種情況下，美國不得不重新考量自由貿易的一貫主張。如同三○年代，許多美國人民支持政府採取保護政策。這種壓力愈來愈高。一九九○年代，隨著北美自由貿易區及世貿組織出現，相關議題的辯論再度出現白熱化現象。

一九七七年，卡特出任美國總統。他試圖修正美國外交政策中的若干重點。例如，卡特標榜所謂人權外交。準此，他不太熱中和人權紀錄不良的友邦打交道。圍堵蘇聯的重要性隨之減低。此外，他主張削減對外軍售，停止核武競賽，同時以武力以外的方式解決國際爭端。他的最大成就可能是促成以埃間的大衛營協定。

　　如果卡特想同時兼顧國家利益和政治道德，就必須先調和現實主義與理想主義間的明顯衝突。卡特執政末期，他對蘇聯採取的立場轉趨強硬。一九七九年，蘇聯出兵占領阿富汗。為了抵制蘇聯擴張行動，卡特不得不撇開中共、南韓與巴基斯坦的人權記錄不談，致力改善和這些國家的關係。基於強化美國在中東地區的影響力，確保石油來源，以及增加美國對外貿易數額，美國又必須大量提高對以色列、埃及與沙烏地阿拉伯的軍售。再者，美國一方面建立海外快速反應部隊，另方面積極研發部署新式核子武器。

　　一九八一年，雷根出任美國總統。他一度威脅回復到早年的圍堵政策。雷根指控蘇聯從事恐怖活動，在中美洲與非洲等地煽風點火，並且企圖在軍備競賽中取得核武優勢。對此，雷根政府決定投入為數可觀的國防預算，重振美國在越南失落的軍威。

　　雷根的外交政策帶有濃厚干預色彩。他宣布所謂雷根主義，主張打擊蘇聯在第三世界的盟邦。其中包括安哥拉、利比亞、越南與尼加拉瓜等國。儘管如此，雷根政府只曾對利比亞及格瑞那達直接採取軍事行動。在黎巴嫩，美國干預受到挫折。這顯示美國行使國力仍然有其限制。

　　有些人批評雷根政府在世界各地採取單邊主義的外交政策作為。質言之，他們認為雷根刻意忽視國際法、聯合國及其他多邊國際組織的存在。無論如何，在他任期快要結束的時候，雷根決定與推動改革的蘇聯領袖戈巴契夫進行對話。透過一系列氣氛友好的高峰會議，美、蘇就裁減長程及中程核子武器達成若干重要協定。與此同時，一九八○年代末期，東歐民主化浪潮跟著水到渠成。東西冷戰也告一段落。到了後冷戰時期，布希一方面強調建立新國際秩序，另方面試圖重新強化聯合國扮演角色。一九九○年代初期，蘇聯宣告解體。美國外交決策者開始試著了解新的國際環境，從而做出調適。

　　隨著冷戰結束，美國國內出現削減巨額國防預算聲浪。相關人士主張，

美國應該利用得來不易的和平契機好好處理內政問題。一九九三年,柯林頓就任總統。他以重新發展經濟做為施政要項。然而,美國仍須時刻注意並處理接踵而至的國際危機。相關問題涵括巴爾幹半島、前蘇聯、中東、東亞、非洲及拉丁美洲。其中蘇聯勢微一方面利於地區性強國渾水摸魚,另方面使得美國驟然失去明確的抗衡對象。也因此,美國朝野陸續提出若干外交政策優先議題。他們包括推廣民主制度,保護取得重要資源管道,化解種族衝突,爭取有利貿易條件,以及阻止大規模毀滅性武器擴散。然而,要想同時達成上述目標並非易事。例如,聯合國應該扮演何種角色曾經在美國引起熱烈討論。一九九三年,美國派兵參與聯合國在索馬利亞進行的維和任務,結果卻以悲劇收場。因此,有人認為不應再積極投入聯合國相關行動。

令人憂慮的是,美國後冷戰時期的外交政策作為與冷戰初期呈現鮮明對比。二戰結束當時,姑不論美國制定政策是否明智,起碼他們具備下述優點。其中包括兩大政黨堅定支持,詳細規劃,以及明確的策略與目標。應運而生的手段有圍堵政策、馬歇爾計畫、杜魯門主義,以及北約組織等等。相對地,後冷戰時期的美國主政者一方面提不出具有說服力的方案,另方面對於民眾的吝於支持深感挫折。美國似乎不確定自己能否,以及應否持續在國際事務上扮演領導角色。對此,季辛吉一針見血指出,「當前美國外交政策的最大挑戰是,頭一次他既不能孤立於國際社會之外,但也沒有喊水結凍能耐」。[5]

俄國外交政策

一九九一年八月十九日,蘇聯總統戈巴契夫的顧問群召開記者會。他

------

5 譯按:因此,二○○四年民主黨總統候選人凱瑞及其外交團隊特別提到對話(conversation)與溝通(communication)重要性。

們宣布戈巴契夫因病無法視事，因此決定將所有權力移交給副總統雅納耶夫（Gennadi Yanayev）。事實上，這是紅軍與格別烏保守派發動的政變。一時間，這個全球排名第二的超級強國來到內戰邊緣。由於俄國領導人葉爾欽成功發起反制作為，因而化解內戰危機。不過，蘇聯隨即於十二月間宣告解體，改組成獨立國協（Commonwealth of Independent States, CIS）。做為獨立國協最大會員國，俄羅斯聯邦（俄國）的種族組成複雜，其中俄羅斯人約占 80%。

　　西元九世紀，俄羅斯在今天烏克蘭首都基輔建立國家。從那時候開始，他便持之以恆地追求若干外交政策目標。其中最重要的是保障及促進俄羅斯人民安全。隨之而來的擴張行動有時成功，有時失敗。如同美國、俄國也是在理想和現實間掙扎。在一連串危機當中，俄國有些肯退一步，有些則相當堅持。[6]

　　一次大戰期間，共黨透過「和平與麵包」的口號取得政權。在羽翼未豐的情況下，他避免和鄰近強國發生衝突。尤有甚者，共黨必須持續與外國支持的白俄部隊作戰。一九一八年，美國及日本等國在俄國北部進行軍事干預。由於無法凝聚足夠的反共力量，稍後他們撤離俄國。然而，這也埋下東西方彼此疏離及相互恐懼的種子。

　　一旦擊潰國內「反動勢力」，新成立的蘇聯政權便沿著沙俄時代路線向外擴張。喬治亞、亞美尼亞及亞塞拜然成為第一波受害者。先前鄰國大抵懂得配合俄國政策，否則很可能受到俄國干預或吞併。在這個配合與抗拒的過程當中，有些少數民族得以保留自治權利，有些則受到俄羅斯民族的直接宰制。

　　根據共黨教條，列寧自然希望輸出革命。然而，在這方面，他展現相當務實態度。首先，他致力鞏固對於俄羅斯及烏克蘭的控制。接著他與波

6　譯按：美國學者鄒嵐（Adam Ulam）認為，擴張與和平共存是俄國外交政策的兩條主軸。

蘭開戰。多數時候蘇聯採取「進兩步，退一步」的策略。如果與現實利益發生衝突，蘇聯大可將革命擱在一邊。

就某種角度來看，蘇聯替威爾遜的民族自決原則提供另外一個選擇。威爾遜讓若干歐洲國家脫離德、奧兩國統治獲得獨立。然而，他無法讓英、法海外殖民地得到相同待遇。其中越南是個明顯案例。一九一九年，越南在凡爾賽和會上提出獨立要求，卻被法國一口回絕。威爾遜不可能敦促盟邦解散他們的帝國。因此，基於民族主義情感的受挫，胡志明轉向蘇聯求助。

雖然胡志明並非二十世紀初期唯一投向蘇聯的共產黨員，但是當時蘇聯的態度仍舊相當謹慎保守。他不想為了其他國家使得自己剛剛建立的政權陷入危機。與此同時，蘇聯不敢完全信任亞洲及其他地區的民族解放領袖。蘇聯政權成立初期相當孤立。他起初並未加入國際聯盟，也沒有得到多少國家的外交承認。一九二二年，蘇聯與德國簽訂拉帕羅（Rapallo）條約，建立兩國商務和外交關係。自此，蘇聯逐步擺脫外交孤立。他與德國相互利用對抗英國及法國。這種情形一直延續到三〇年代。

如前所述，蘇聯領袖最重視權力這項因素，即使犧牲意識形態原則也在所不惜。史達林接替列寧出任共黨領袖之後，他首先致力於重建蘇聯的工業，同時籌組一支強大的軍隊。他表示為了後代子孫幸福，消除「資本主義圍堵」的威脅，俄國人民必須咬緊牙根做出最大犧牲。社會主義得先在一個國家生根發芽，然後推展到其他國家。全世界共黨應該以蘇聯的利益為利益，唯蘇聯之命是從。意識形態則須替當時的國家利益服務。如同列寧、史達林是現實主義加機會主義者。只是他更加狂熱。他整肅或處決六百萬的政治異己，並且將托洛斯基等人放逐。理由是托洛斯基主張將國際共黨運動利益置於蘇聯國家利益之上。

一九三〇年代，毛澤東企圖在中國發動共黨革命。從整起事件來看，意識形態在蘇聯外交政策中扮演的角色相當有限。蘇聯認為毛澤東既桀驁不馴，又缺乏足夠實力，所以決定承認蔣介石的政府。蘇聯這項舉動替中

蘇共衝突埋下伏筆。

　　一九三九年八月，史達林與希特勒簽訂互不侵犯條約。全球為之震動。表面上，他們承諾不兵戎相見。實際上，兩國是針對瓜分波蘭達成協議。歐美地區許多共黨黨員看清史達林與希特勒是一丘之貉，紛紛退出共黨。史達林則是看清既然英法可以坐視德國入侵捷克，假使德國入侵蘇聯，他們恐怕更是袖手旁觀。與希特勒訂立互不侵犯條約，從而換取準備時間似乎是最佳選擇。史達林相信英法會不惜和德國一戰，以免波蘭落入德國手中。此外，他高估英法作戰能力，以為德國部隊會打到波蘭就被迫停頓下來。果真如此，蘇聯可以好整以暇地消化他從波蘭及芬蘭手中奪取領土。

　　儘管史達林算盤撥得很精，但他終究沒有弄清楚希特勒貪得無厭的真面目。一九四一年六月，德軍閃電般入侵蘇聯。史達林沒有時間勸希特勒打消攻取莫斯科及史達林格勒的念頭。蘇聯軍隊在民族主義號召之下，利用英美提供裝備從事一場艱苦的後衛戰爭。在這場戰爭當中，蘇聯有兩千萬軍士及百姓死亡。這對戰後的蘇聯外交政策有著深遠影響。

　　從二次戰後到冷戰期間，蘇聯牢牢控制中東歐、南亞及東亞的邊境地區。由於蘇聯核子武力一時難以和美國匹敵，赫魯雪夫表示，共黨世界與資本主義國家終須一戰的說法不完全正確。「和平共存」的可能性確實存在。他主張以政治經濟競爭取代軍事衝突。事後證明，蘇聯以及他一手建立的經互會（COMECON）體制不足以承擔這項任務。

　　在他的勢力範圍（特別是東歐）當中，蘇聯不惜以武力維持影響力。一九五三年，蘇聯軍事干預東德。一九五六年，他出兵鎮壓匈牙利。一九六八年，蘇聯入侵捷克，就後者而言，蘇聯認為他是在盡一個華沙公約締約國的義務。

　　如同美國，蘇聯對於第三世界不結盟運動有著調適方面的困難。不過，他很快便樂於透過干預削弱西方國家的影響力。例如，二次大戰剛結束的時候，蘇聯認為阿拉伯國家領袖是「英國的棋子」。因此，一九四八年以

色列建國之初，蘇聯率先給予外交承認並提供武器。他認為可以利用以色列做為對付英國的籌碼。直到一九五〇年代中期，埃及總統納瑟起來反抗西方國家，特別是英國的干預，蘇聯才覺得可以利用第三世界扭轉東西衝突的均勢。雖然納瑟將埃及共產黨員一一打入大牢，蘇聯仍舊提供他相當數目的援助。

一九六二年，蘇聯與美國險些兵戎相見。一方面是想抵銷美國戰略核武的優勢，另一方面則是試圖化解美國對於卡斯楚政權的威脅，赫魯雪夫決定在距離美國海岸九十英里的古巴部署攻擊性核子武器，因而導致古巴危機。美國甘迺迪政府在發現之後立即對古巴採取封鎖行動，迫使蘇聯從古巴撤走核子彈頭。面對美國在加勒比海的海軍優勢，赫魯雪夫必須讓步。部分基於這項原因，一九六四年他失去俄共領袖寶座，由布里茲涅夫與柯錫金等人接替。

古巴危機對於美蘇關係有著重大影響。之後雙方達成一連串協定，包括建立美蘇「熱線」電話在內。此外，蘇聯發現他的核子與海軍武力仍然比不上美國，因而急起直追。一九七〇年代中期，他已經可以在許多方面與美國匹敵。

隨著軍力成長，蘇聯在中東與非洲等第三世界國家日趨活躍。他宣布所謂布里茲涅夫主義。在共黨政權受到「資本主義勢力」威脅的國家，蘇聯自認有權進行干預。一九七九年，蘇聯派遣十萬大軍入侵阿富汗。卡特表示這項舉動是「二次戰後對於世界和平的最大威脅」。儘管如此，蘇聯仍然認為有必要維持他在阿富汗的影響力。質言之，他不能坐視該國親蘇聯政權遭到回教勢力推翻。特別是後者得到來自美國、中共及巴基斯坦的援助。最終蘇聯陷入泥淖，結局與美國在越南的經驗十分相似。

一九八二年，布里茲涅夫去世。繼任者安德洛波夫與契爾年柯在位時間很短。鑑於領導階層老邁成為國內外人士的笑柄，因此蘇聯於一九八五年推舉年輕一輩的戈巴契夫出任領袖。由於戈巴契夫致力推動美蘇高峰會

及裁減軍備的構想，因此很快得到國際社會的注意及掌聲。在他主政期間，蘇聯減少對外干預，以便騰出手來從事迫切需要的政治及經濟改革。當時，蘇聯明顯無法在貿易及科技方面與美日等國一較長短。準此，莫斯科提出「政治開放」（glasnost）與「經濟重整」（perestroika）兩項改革原則。在探討市場誘因及人道共產主義的同時，蘇聯有意無意間以瑞典做為改革範本。

　　然而，戈巴契夫推動上述改革為時已晚。一九九一年，波羅的海三小國宣布脫離蘇聯獨立。不同於五〇年代的赫魯雪夫，他放棄透過大規模軍事干預將這些國家留在蘇聯的可能性。稍後，東歐各國紛紛民主化。各國國內出現許久未見的多元聲音。其中包括民主理念、宗教觀點，以及種族仇恨等等。

　　隨著蘇聯解體，葉爾欽成為俄國領袖。他試圖加強和美國以及西方國家關係。相對地，美國態度謹慎，以免葉爾欽被他的民族主義政敵貼上西方國家傀儡標籤。儘管如此，一九九〇年代初期，許多美國顧問相繼來到莫斯科，協助俄國從事市場經濟改革。透過國際貨幣基金等管道，俄國得到貸款與援助。事實證明，要想快速從共產主義過渡到資本主義是困難重重。他引發的副作用包括貪污橫行，犯罪率升高，以及種族間的關係惡化。加上葉爾欽健康情形欠佳，使得問題更加複雜難解。

　　與此同時，俄國與西方國家間經濟關係出現許多新的發展。例如，一九九四年俄國與歐盟簽訂自由貿易協定。此外，以往俄國只將武器賣給關係友好的第三世界國家。現在，基於資金需求，俄國軍火廣泛在市場上流通。雖然他在防止核子及化學武器擴散方面採取合作態度，但是仍舊不時與美國發生齟齬。例如，市場傳言伊朗向俄國洽購潛艦與核子武器零件，美國公開表達關切。無論如何，這並不妨礙兩國密切研商如何履行聯合國在南斯拉夫等地的維和行動。

　　一九九四年，俄國簽署柯林頓政府提出的「和平夥伴」協議。此外，

他繼其他東歐國家之後與北約組織建立鬆散的合作關係。這或可說是後冷戰時期國際關係最具象徵性的改變之一。由於波蘭、匈牙利、烏克蘭及波羅的海三小國擔心受到俄國復仇主義威脅，因此希望成為北約組織正式會員國。然而，顧慮到俄國反應，起初北約組織只應允給予他們觀察員地位。[7] 這是不得已的妥協方案。一方面，前述東歐國家可以參與北約組織聯合軍事演習，從而減低安全顧慮。另一方面，美國似乎沒有延伸他的防護傘，因此也顧全俄國面子。

無論何時，俄國外交政策保持時而強硬，時而委曲求全的特色。有些時候，他的作為似乎出於防衛本能。有些時候，他又表現出機會主義的一面。截至目前，俄國外交政策重點仍然放在週邊國家。他將這些地區稱為「鄰近外國」（near abroad）。[8] 事實上，若干民族主義者並不承認烏克蘭、哈薩克及白俄羅斯的分離與獨立。此外，俄國對於自己未能理所當然躋身七大工業國家耿耿於懷。雖然他經常受邀參與每年固定舉行的高峰會議，但滋味並不好受。對於七大工業國而言，俄國既是重要經濟夥伴，但也在要求援助方面製造若干難題。

一九九〇年代的俄國除了致力投入經濟改革之外，還須注意下述議題。首先，波羅的海三小國境內都有為數不少的俄羅斯人。針對他們受到待遇，俄國必須逐步化解和相關國家間的歧見。其次，俄國必須與烏克蘭談判，解決關於前蘇聯海軍、核子武器，以及克里米亞地區的管轄權問題。再者，他南方鄰國如哈薩克境內存在回教徒地位、石油來源及核子武器問題，需要俄國持續關注。與此同時，俄國還在設法合併白俄羅斯。他的軍隊多次介入鄰國境內，以及彼此之間的種族衝突。相關國家包括喬治亞、亞美尼亞及亞塞拜然。而在俄國境內，一九九五年俄國出兵鎮壓車臣獨立運動，

---

7 譯按：一九九九年，波蘭、捷克與匈牙利率先獲准加入北約組織。

8 譯按：根據法國學者雷塞吉（Michel Lesage）指出，鄰近外國指的是獨立國協會員國。他既不包括波羅的海三小國，更不包括前華約組織會員國。

避免進一步分裂。此外，俄國與日本間持續存在領土爭議，因而對兩國的經濟合作造成負面影響。做為一個廣土眾民的國家，俄國理應針對不同問題採取不同策略。

　　本章一開始，我們便問道未來俄國外交政策是否將有別於過去的蘇聯。從上述歷史回顧當中可以發現，答案包括「是」與「不是」。在與北約組織關係，以及融入全球經濟等方面，俄國明顯不同於以往的蘇聯與沙俄。然而，如同過去，他非常關切南斯拉夫境內斯拉夫人的利益及邊境安全。無論出於爭取南方暖水港，或是維持在安全範圍內影響力的考量，俄國領袖都將要求其他強國重視他的地位與關切事項。

中共外交政策

　　一九九〇年代，俄國經歷天翻地覆的政治與經濟改革。相對地，中國大陸的現代化努力集中在經濟層面。他們希望在滿足廣大人民經濟需求之後，能夠避開政治改革的敏感問題。特別是這可能危及共黨的一黨專政。中共領導人的算盤能否撥得通，目前尚難斷言。可以確定的是，中國大陸不僅人口數居全球之冠，同時擁有強大軍力。許多人預言他將是二十一世紀國際舞臺上的要角。

　　如同美俄兩國，中共外交政策也有兩條主軸。中國既是個古老國度，也是個新興國家。幾千年來，他不斷同化入侵者，從而成就燦爛的中華文化。傳統上，中國人自認位於世界中心，將外國人視為蠻夷。這種看法一直延續到今天。

　　中國的外交與內政一向很難區分開來。中國歷朝歷代都接受周遭國家的進貢與貿易。在這些朝貢的國家當中，英國及荷蘭一度榜上有名。中國希望他們接受華夏文化以及中國人的生活方式。韓國、日本及中南半島諸國基本上符合中華文化的標準。簡言之，中國能夠自給自足，不需要和外國人打交道。他雖然孤立，但是非常自信。

　　因此，當西人東來的時候，中國對於他們帶來的威脅反應遲鈍。他們認為這些蠻夷之邦也應該接受華夏文化洗禮。然而，等到他在一八四二年的鴉片戰爭失敗之後，中國的國際地位便一落千丈。包括美俄在內的西方強國相繼與中國訂立不平等條約，獲取領土及經貿利益。基於挫折感的驅使，一九○○年中國出現義和團之亂。義和團很快被八國聯軍打敗。中國這才認識到再不改革是不行的。

　　一九一一年，孫中山領導國民革命，成功推翻滿清王朝。不過，由於軍閥肆虐，中國仍然陷入一片混亂。這種情形招來日本侵略。等到二次大戰結束，蔣介石領導的國民黨與毛澤東領導的共產黨展開內戰。美國一度試圖扮演調停者的角色，但是歸於失敗。一九四九年，毛澤東統治中國大陸。蔣介石領導的國民政府則來到臺灣。

　　當時中國仍然是個農業社會。加上八年抗戰的消耗，重建工作相當困難。此外，由於中國長期受到西方強國欺凌，中共對於各國抱持著不信任的態度。中共所以加入第三世界國家，部分原因在於試圖和強國抗衡。一九五○年，中共與蘇聯簽訂友好同盟條約。不過，事實證明這個同盟是相當勉強的。

　　中共建政之後首先將怨氣發洩在十九世紀訂立的不平等條約上。雖然他無意從事海外軍事冒險，但卻樂意在邊界地區用兵，恢復中國「固有疆界」。一九五○年代，中共入侵並征服西藏。此外，他不顧美國使用核子武器的威脅介入韓戰，將美軍趕回北緯三十八度線。再者，中共擊敗印度邊防軍，使得印度不敢再提對於喜馬拉雅山區的領土主張。當蔣介石準備反攻大陸的時候，中共便出兵臺灣，藉以提醒美國「一個中國」的事實。

　　在對第三世界輸出革命方面，中共表現地相當謹慎。他通常只肯給予口頭或精神上的支援。一九六○年代，中共成功發展出核子武器。然而，無論就軍事或經濟方面而言，他都沒有辦法提供其他國家大量援助。中共曾經協助坦尚尼亞等非洲國家修築鐵路。不過，如同過去的中國人，他不

太喜歡介入國際事務。越戰期間，中共大肆抨擊美國是帝國主義者，並且呼籲農民起來推翻資本主義社會。儘管如此，當時毛澤東將大部分心力放在文化大革命上頭，因此沒有餘力在其他地區煽動革命。

　　文革期間，毛澤東試圖鼓動年輕人的革命狂熱。《毛語錄》成為中國社會的聖經。各級學校好幾年都不上課。青年學生起而逼迫中共高級幹部自我坦白過去的錯誤。科學家及其他專業人才被迫下放與農民一同工作。這對中國大陸經濟造成極大破壞。就國際關係而言，中共幾乎完全脫離國際舞臺，只保留設在埃及的大使館。

　　毛澤東所以發動文革，部分原因在於和蘇聯互別苗頭。他表示，如果按照蘇聯模式實行下去，馬克思消除階級的理想永遠無法實現。再者，蘇聯具備資產階級傾向。他在第三世界的作為與美國同樣沾染帝國主義色彩。因此，蘇聯不配繼續領導國際共黨運動。

　　表面看來，中、蘇共分裂直到一九六〇年代中期才告明朗化，同時似乎只是意識形態純度之爭。事實上，兩國老早因為安全及威望問題鬧得不太愉快。先前毛澤東基於領土爭端對蘇聯懷恨在心。史達林早年對於中共的漠視也令後者感到屈辱。同樣地，蘇聯對中共懷有很深敵意。他對所謂黃禍深具戒心。一九五八年，蘇聯拒絕提供中共製造核子武器的機密。三年後，他撤走派駐在中國大陸的顧問及設備。為了報復，毛澤東抨擊蘇聯在古巴危機中做出的讓步。自此，中蘇友好同盟條約形同廢紙。雖然雙方一度有修好意願，但是中蘇共間的關係仍然急遽惡化。

　　一九六四年，中共成功進行核子試爆。加上文革的暴力傾向及邊界衝突，六〇年代末期，蘇聯對中共提高戒備。莫斯科當局在中蘇邊界部署重兵。當時盛傳蘇聯將對中共設有核子武器發射場的新疆省發動核武攻擊。一九六八年，蘇聯入侵捷克。中共針對蘇聯提出的布里茲涅夫主義大加撻伐。與此同時，中共著手擴編他的邊防軍。

　　一九六九年，中蘇共在烏蘇里江發生兩次衝突。中共外交政策開始發

生變化。稍早，中共譴責美蘇兩個帝國主義國家企圖平分天下。美蘇簽訂的反核子擴散條約也被批評是基於兩國自身利益打算。七○年代以後，中共集中火力批評蘇聯。

隨著中蘇共衝突升高，中共開始改善與西方國家間的關係。一九七五及七六年間，周恩來與毛澤東相繼去世。鄧小平著手與美國改善關係。中共不僅希望得到美國軍事援助對抗蘇聯威脅，同時試圖取得先進科技，將文革弄得倒退十年的經濟現代化。中共認為他們必須和蘇聯一樣重視國際現實。在這方面，四個現代化是當務之急。

由於中國大陸擁有十億人口市場，美國業界高度支持改善與中共間的關係。許多歐美及亞洲業者紛紛與中國企業達成合資協議。從紡織品到鞋類，美國成為中國大陸製造商品的最大市場。然而，因為仿冒及智慧財產權受到侵犯的問題層出不窮，中共與美國間的貿易摩擦日益嚴重。更重要的是，相對於中國大陸，美國累積可觀的貿易赤字。

一九八○年代，無論在聯合國會場內外，中共的外交作為都更加積極（見表4-3）。國際觸角的增加則替中國大陸內政帶來重要影響。大城市裡的年輕人一方面得到許多外界資訊，另方面未能從中國大陸外貿增加過程中得到明顯好處。準此，他們期待分享政治權力，從而開創光明未來。一九八九年，北京發生天安門事件，結果遭到政府當局武力鎮壓。然而，也因為如此，一九九○年代，中共不時得承受西方國家的批評。批評重點包括武力鎮壓異議人士，利用犯人與兒童生產商品換取外匯，漠視婦女權益，以及其他人權議題。一九九七年，香港回歸中國大陸。雖然中共承諾維持當地資本主義制度運作，但是香港的民主政治能否延續尚難斷言。

表 4-3　中國大陸與國際體系的連繫日趨緊密

	1949-65	1966-77 （加入聯合國，1971）	1978-88
加入官方 國際組織的數目	1	21	37（包括世界銀行與國際貨幣基金等全球金融組織）
簽署多邊 國際條約數目	8	15	103（包括七項武器管制協定）
加入民間 國際組織數目	0	71	574（包括兩百五十個科技領域的組織）

　　在軍事方面，一九七九年中共發動懲越戰爭。先前泰國與新加坡等鄰國對於毛澤東輸出革命的理念感到憂慮。然而，晚近以來他們決定改善和中國大陸的經濟關係。至於印度及馬來西亞等國家仍然擔心中共透過東南亞為數可觀的華人社區擴張勢力。與此同時，他們與越南以及中共間存在南沙群島的主權爭議。由於當地蘊藏豐富石油，使得問題更加難以解決。此外，隨著中共軍事現代化，東亞地區國家普遍感到不安。其中以中共破天荒取得航空母艦與潛艇等長程打擊武器最具震撼力。事實上，蘇聯解體之後，中共便成為俄國出售武器的最大市場。

　　目前，中共期待躋身強國之林。然而，他也面臨從環境保育到政治接班等各種問題與挑戰。再者，臺灣問題仍然懸而未決。臺灣試圖得到世界各國承認，同時取得聯合國會員資格。無論如何，中共不時提醒世人他是代表全球五分之一人口發聲。

日本外交政策

　　本章最後要討論日本的外交政策。該國成為一等強國的時間很短。另外值得注意的是，二次戰後，他之所以能夠維持大國地位，經濟與科技是

主要憑藉。軍事力量的重要性相形失色。如同上述國家，日本外交政策展現相當程度的多樣性。二十世紀前半段，日本多數時間花在對外戰爭上頭。然而到了後半期，他卻嚴格遵守非戰憲法的規定。此外，一度採行鎖國政策的日本目前是全球貿易與金融樞紐。他一方面仰賴美國的安全保障，另方面不時與美國發生貿易磨擦。無論如何，挾著雄厚經濟實力，日本得以在國際政治舞臺上占有一席之地。

日本之所以採行非戰憲法，部分原因在於他是第一個，截至目前也是唯一曾經受到核子武器攻擊的國家。此外，他也明白東亞鄰國對於日軍在二戰期間犯下的戰爭罪行記憶猶新。再者，有了美國安全傘的保護，日本軍費占國民生產毛額比例約僅 1%。在這種情況下，日本的外銷競爭力大為提高。

二戰結束後，純就軍事力量而言，日本始終只能算是中等國家。然而，這並不妨礙他在外交方面採取積極進取的作為。日本了解美國需要一個穩定、強大，並且愛好和平的盟邦。他可以利用這點借力使力，甚至跑在美國前頭。例如，長期以來美國對於中國大陸採取貿易禁運的懲罰措施。不過，他卻允許日本與中國大陸從事商業活動。原因是日本說服美國，如此不僅可以促使中共採行比較溫和的政策路線，同時能夠削弱俄國在亞洲的影響力。此外，美國鼓勵日本加入關稅暨貿易總協定，促使日本接受自由貿易原則。然而，當日本針對外國商品設定許多非關稅壁壘，同時透過操作日元匯率以保護本國廠商的時候，美國卻保持沉默。

一九七○年後，日本外交受到一連串衝擊，因而被迫重新評估他消極被動的立場。一九七一年，鑑於美國貿易失衡情形日益嚴重，尼克森決定取消美元對黃金的固定匯率。質言之，美元價位將隨著市場供需情形浮動。一方面，美國外銷商品的價格可望減低。與此同時，日本無法靠低估日元的策略在市場上橫行無阻。此外，尼克森與季辛吉在與中共改善關係的時

候並未事先照會日本。日本震驚之餘決定在對中共政策上獨行其是。[9]最後，一九七三年石油危機對於日本經濟擴張構成重大衝擊。日本石油 90% 需要仰賴中東地區國家供應。他因此對於能源問題產生新的不安全感。

也因此，日本政府認為必須重新採取積極的外交政策作為，才能保有經濟繁榮與穩定。新的策略稱為「全面性安全舉措」。首先，日本分散原物料來源，從而降低自身易毀程度。此外，他致力開發比較合乎環保，同時供應量較為充分的工業能源。在這方面，核能占有重要地位。再者，日本試圖讓能源供應國更加依賴他的資金、商品、科技以及勞務。像印尼這種大型產油國成為日本對外援助的重點對象。雖然南非的人權記錄欠佳，但是因為礦產豐富，日本仍舊樂於做為他主要的貿易夥伴。與此同時，東京當局逐漸介入以阿及波斯灣地區衝突。例如，他開始批評以色列的若干作為。其次，他試圖調停伊拉克與伊朗間的戰爭，但卻徒勞無功。日本的著眼點在於確保中東油源。

一九九〇年代，經過國內激烈辯論，日本政府決定派遣部隊到海外執行純粹屬於人道救援與維持和平任務。相關行動大抵歸聯合國統籌。準此，日本自衛隊來到高棉。不過，基本上他們的責任區地處偏遠，以免重新挑起東南亞國家的反日情結。此外，日本決定繼續做為美國的忠實盟邦。在菲律賓關閉當地美軍基地之後，日本政府仍舊無償提供美國相關基地。日本期望透過駐紮該地的美軍維持朝鮮半島局勢穩定。再者，此舉有助於安撫東亞鄰國的不安情緒。他們將因此相信日本將維持多邊主義及具有民主傾向的外交傳統。儘管與俄國間存在領土爭端，一九九四年，日本與美、俄兩國就東北亞安全問題進行三邊的戰略諮商。

截至目前，日本在國際舞臺上扮演較前積極的角色。再者，他距離取

9　美國此舉對日本造成所謂「尼克森震撼」。也因此，日本隨即於一九七二年「搶搭巴士」，承認中共政權。

得聯合國安理會席位似乎又近了一步。無論如何，日本外交持續存在若干問題。他的經濟力量尚未大到足以取代美元在國際貿易中的地位。進入九○年代，日本經濟受到若干全球性因素衝擊。相關因素包括經濟不景氣，錯誤的海外投資策略，以及外幣匯率浮動。在這當中，美元走貶格外重要。與此同時，日本和以前一樣缺乏天然資源。此外，儘管和平與合作是日本外交政策基調，但是許多國家持續對他投以懷疑眼光。其中包括西方工業國家、俄國及若干亞洲國家。若干開發中國家對於日本消費商品的充斥感到不快。他一方面壓縮本土投資人的生存空間，另方面造成對日本的貿易依賴。

整體而言，日本最頭痛的是他和美國之間的貿易摩擦問題。諷刺的是，他們是關係親密的安全夥伴。九○年代以後，美、日兩國間貿易失衡的情況日益嚴重。美國因此每年蒙受數以十億美元計的貿易赤字。因此，柯林頓政府表示將對日本採取「強硬立場」。一九九五年，他威脅日本如果不增加採購美國汽車零件，將對日本進口的豪華轎車課徵懲罰性關稅。然而，日本不認為他需要替美國面臨的貿易問題負責。他指出日本是美國商品的主要市場。美國之所以累積可觀的貿易赤字，經濟結構脆弱是主要原因。最終美日兩國避免在汽車零件問題上頭攤牌。然而，面對美國政府要求，日本的抗拒力道轉強。他主張透過世貿組織這個新的多邊架構解決貿易爭端。

準此，日本根據國際環境改變大幅調整他的外交政策。目前，日本外交的指導原則包括：1.儘可能避免介入軍事議題；2.與主要的原料供應國及轉運國維持良好關係；3.開發新的貿易夥伴，避免在關鍵物料的供應方面產生依賴；4.維持重要原物料的安全存量；5.利用網際網路等新科技減少依賴，並且增加談判籌碼；6.推動成立跨國與合資企業，維持日本處在國際經濟體系的核心地位。

表 4-4　各國外交政策簡述

國家	結盟情形	活動範圍	活動方式
美國	一八〇〇到一九四五年間，美國大抵採取中立。在這方面，兩次世界大戰是例外情況。一九四五年以後，美國成為西方世界領袖。到了後冷戰時期，美國的霸權地位略見下滑。	十九世紀期間，美國基本上是地區性國家。稍後，他的活動範圍逐漸擴大。一九四五年至今，美國始終是全球性的大國。	基本上，美國偏好進行雙邊外交。然而，只要能夠達成目標，他也不排除運用多邊外交。他始終積極干預地區性事務。一九四五年以後，他更插手干預世界各地情勢發展。
俄國	一九一七年以前，俄國主要是在歐洲權力平衡體系當中進行合縱連橫。一九一七到四一年間，他嘗試非正式地加入不同結盟陣營。一九四五到九〇年間，俄國是共產陣營領袖。冷戰結束後，他大抵回復到一九四一年以前情形。	一九五五年以前，俄國主要以歐亞大陸做為活動範圍。嗣後，他的影響力逐漸遍及全球。不過，俄國有興趣的是政治與軍事議題，而非經濟議題。一九九〇年代，受限於經濟及其他因素，俄國的活動範圍略見縮小。	如同美國，俄國偏好從事雙邊外交。不過，隨著西方國家在國際組織中的影響力大不如前，俄國逐漸積極參與多邊組織。與此同時，他積極干預歐亞大陸地區性事務。
中國大陸	一九四九年後，中國大陸選擇與蘇聯結盟。五五年，中共非正式參與不結盟運動。他和蘇聯間的結盟關係漸趨冷淡。一九七〇年到八〇年代，中共倒向西方國家。九〇年代，他又採取不結盟立場。	中共的活動範圍基本上限於亞洲地區。一九五五年以後，他開始將觸角伸入第三世界。文革期間，中共幾乎完全斷絕和外界往來。一九七〇年代中期，他逐步恢復和世界各國的接觸。	一九七〇年末期以前，中共也偏好雙邊主義。此外，他不時干預亞洲地區事務，並且試圖成為開發中國家領袖。
日本	二十世紀初期，日本的結盟經驗大抵失敗。二戰期間，他是軸心國成員。一九四五年以後，日本始終是美國盟邦。	日本主要是在亞太地區活動。不過，他擁有全球性的經濟影響力。此外，他逐漸恢復以往的政治影響力。	二戰以前，日本主要採行雙邊外交。嗣後，他逐漸朝多邊主義發展。

小結

　　綜上所述，美、俄、中、日的外交有著相似歷程。例如，他們都曾抱持孤立主義，進而關注地區性事務，而後在國際舞臺上扮演要角。其次，他們有的時候和其他國家結盟，有些時候則保持中立。再者，他們曾經需要應付內戰局面，也曾對外遂行戰爭及干預。在外交方面，上述國家採取多種策略。其中包括貿易緊縮與特許，給予或拒絕給予外交承認，杯葛奧運或推動乒乓外交，在從事文化交流同時進行國際宣傳或情報活動，使用或威脅使用武力，以及推動和平解決爭端的構想。由於這四個國家地位重要，許多學者試圖預測他們雙邊關係的發展。例如，有人指出日本擔心中共國力在二十一世紀迎頭趕上。然而，也有些學者認為經濟成長是他們的共同關切。準此，相關國家會持續推動彼此間的合作。表 4-4 歸納四個國家外交政策的歷史發展。

　　根據先前分析，國家會採行何種外交政策，背後動機似乎相當單純。其中不外乎追求權力，以及保衛或擴張領土的考量。然而，決定國家外交政策的因素不只如此。這也是下一章的討論重點。隨著國家間互賴程度日漸提高，制定外交政策的難度有增無減。主事者必須納入諸多國內與跨國性因素考量。我們已經概略介紹若干國家從事外交的記錄。接下來，我們要說明為何他們要這麼做。

第五章
決定國家外交政策的因素

以上我們已經找出幾種不同的外交模式。質言之，各國的行為模式不盡相同。接著我們要問這是為什麼？為什麼有些國家千方百計試圖爭取地區性或全球性影響力，而有些國家則甘於孤立。

這類問題長久以來讓決策者、學者和一般人感到困擾。例如，英國首相邱吉爾曾經指出：「我無法告訴你俄國下一步會採取何種行動。這是個謎中謎。不過，我們或許可以找到謎底，那就是俄國的國家利益。」

我們不可能找出所有國際問題的答案。甚至各國領袖自己都不清楚是什麼力量讓他們採取某種外交政策。例如，美國最堅決反共的總統尼克森會和全世界最狂熱的共黨領袖毛澤東會面。類似事例已經超出科學家的研究範圍，很難找出圓滿解釋。

儘管如此，許多學者著實對於外交政策的制定過程下過功夫。他們採取所謂的比較分析法，讓我們更加了解決定外交政策的力量。以下我們將介紹若干比較外交政策的理論及研究發現。讀者可以發現影響國家外交政策的因素有些來自國內，有些來自國外。

決定外交政策的因素：分析架構

國家利益概念

許多人，特別是現實主義學派認為，國際關係不像我們想像地那麼複雜。他們認為，國家根據邱吉爾所謂的國家利益制定重大外交政策。根據這項理論，各國領袖在和其他國家打交道的時候都試圖利用種種手段爭取本國利益。由於彼等將國家利益看成一切外交政策作為背後的主要動機，因此我們有必要進一步探討這項概念。前一章的內容似乎證實這種看法。

美、俄、中、日的外交政策泰半出於自利動機，而非意識形態或道德原則的考量。不過，問題在於他能否算是完整答案。

所有國家至少具有三種基本利益。他們分別是 1.維護國家生存，包括人民的生命安全及領土完整。2.增進人民經濟福祉。3.維護國家獨立自主。這些可說是各國外交政策試圖達成的基本目標。

在行為上有很大差異的國家，實際上具有相同目標。不過，國家利益這個名詞背後存在不少問題。

1. 國家利益的含意相當籠統，很難提供決策者明確指引。例如，當某個國家試圖增進經濟利益的時候，是否應當提高自給自足的程度，並且從事領土擴張？或者，他應該採取保護主義政策？

2. 各國領袖在評估國防經費與經濟需求的時候，採用的標準並不一致。有的標準較低，有的要求較高。例如，上一章談到一九九〇年代美日貿易失衡的問題。雙方看法可說是南轅北轍。再以中東情勢為例。有些國家認為他所採取的政策是基於自衛考量。然而，另一個國家可能認為這項政策充滿侵略性。

3. 國防安全、經濟繁榮與獨立自主等三項政策目標往往魚與熊掌不可兼得。因此，有的人認為「大砲重於奶油」。有的人主張「寧赤勿死」。再者，各國領袖對於不同政策目標的重視程度存在差異。

4. 所謂國家利益的受惠者可能是全體國民，也可能是少數特權份子。即使全體國民都是受惠者，每個人獲利程度也不相同。例如，龐大國防預算固然可能澤及領取救濟金的低收入戶，但獲利最多的仍舊是麥克唐納・道格拉斯這類大型軍火製造商。

5. 有些國家並不以達成上述三項政策目標為滿足。例如，若干國家將取得國際威望視為重要的外交政策目標。與此同時，唯有民族國家持續做為國際體系主體，國家利益概念也才具有意義。近年來，跨國企業及非政府間國際組織地位日益重要。國家利益概念變得更加模糊。

最後，千百年來人類問著同樣問題。什麼地方才是國家利益的止境，以及國際利益的開始？國家利益與國際利益應如何區分？有些人認為，維護人民生命財產安全是各國政府的主要目標。果真如此，唯有打破民族國家間的藩籬，由世界政府取而代之，才能使人類免於核子戰爭的浩劫。當然，這種說法無法得到多數外交決策者的共鳴。與此同時，有些人反對國際社會與民族國家擴張權力版圖。他們主張由國內地區控制主權與權力。[1]

綜上所述，國家利益這項概念雖然解答不少問題，卻也帶來更多問題。國家通常依照他設定的國家利益行事。這替了解國家外交政策作為提供重要指引。各國政府確實在追求若干基本目標。然而，他涉及許多複雜現象，無法期待單靠一項因素便能解釋得通。因此，我們必須利用更有系統的研究方法，找出其他影響國家外交政策作為的因素。

分析架構

為了便於了解，我們一方面要提出若干影響國家外交政策作為的因素，另方面試圖將他們分門別類組織起來。我們將這些因素分成三大類：1.系統因素，亦即國家外在環境（國際系統）中的因素。2.國家屬性因素，亦即民族國家本身具備特質。3.個人偏好因素，亦即各國領袖及決策團體的性格特徵。

系統層次的因素

系統層次因素與國家利益概念間存在密切關係。各國領袖通常以存在國際系統當中的機會與困難界定國家利益。此外，國家對於外在環境的控制能力原則上不如對於國內環境的掌握。因此，外交決策者往往必須針對

1　譯按：一九八〇年代以後，歐盟對此進行大膽實驗。目前，歐盟補助經濟發展大抵是以地區（如亞爾薩斯），而非國家做為單位。

突發事件做出反應。此外，環境當中影響國家外交政策的因素包括：1.地理位置；2.國際互動；以及3.系統結構。

在第二和第三章當中，我們將國際系統界定為國家間廣泛的互動關係。他可以是個完整系統，也可以分成幾個地區性的系統。例如，南亞地區有幾個國家。他存在像印度這樣的大國，也有像斯里蘭卡的小國。地區以外的美國，俄國與中共相繼插足這個地區。其中如果任何國家採取行動，都可能引發牽一髮而動全身的結果。由此可見，系統因素會對結盟等外交政策作為產生影響。

地理位置

地理位置會影響國家的外交政策。其中包括邊界地形，以及和戰略要衝的距離。德國所以要搶先發動一次和二次大戰，部分原因是他處在西方的英法與東邊的俄國之間。兩次世界大戰當中，德國採取的戰略大致雷同。決策者認為必須從法國北部進攻，一舉將他打垮。一九一四年，德國試圖先解決法國，再回過頭來和數目龐大的俄軍進行持久戰。一九三九年，希特勒先和俄國達成互不侵犯協定，再以閃電戰術擊潰法國。

德國對於地理位置的認知以及「兩線作戰」的恐懼並非絕無僅有。以色列與俄國也有過相同憂慮。這類國家通常會採取先發制人的手段，避免陷入兩面作戰的不利處境。以色列在一九六七年中東戰爭中採取的戰略充分證明這點。基於相同考量，一九七八年以色列與埃及訂立大衛營協定。一九八一年，黎巴嫩危機發生。以色列總理比金在一次競選集會中表示：「如果不是和埃及訂約在先，那麼今天我們與敘利亞發生衝突肯定得動員預備部隊。」

一個國家的地理位置可能給他帶來有利或不利影響。就有利的方面而言，當事國可能控制水路交通的重要孔道（如土耳其控制達達尼爾海峽），也可能遠離交戰國和交戰地區（如早期美國）。就不利的方面而言，目前世界上約有三十個內陸國家。其中有些國家處於四戰之地（如近代的波蘭）。

　　值得注意的是，有些好處隔段時間反而成為負擔。控制海路要道的國家可能因此受到其他國家覬覦，甚至受到攻擊。此外，若干優勢可能被科技因素或環境變化抵消。例如，蘇伊士及巴拿馬運河的價值因為無法通行超級油輪與航空母艦而大為降低。

　　科技可以扭轉一個國家的地理優勢，也可以彌補他的地理缺陷。自漢尼拔以大象運載武器糧草越過阿爾卑斯山以後，各國領袖便一直絞盡腦汁試圖克服地理障礙。這種努力到了本世紀出現重大突破。例如，隨著洲際飛彈出現，扶植緩衝國阻擋敵國攻擊的戰略構想需要打個折扣。

　　邊界守衛仍然是民族國家最重視的事項之一。因此，當美軍抵達鴨綠江邊的時候，中共十分緊張。一九六二年，蘇聯在古巴部署攻擊性飛彈迫使美國做出強烈反應。一九八四年，韓航編號 007 客機誤闖蘇聯領空遭到擊落。這一切說明各國多麼重視他們的防務。不過，各國需要防衛的邊界數量並不相等。表 5-1 便是要說明這種情形。

　　單憑地理因素不足以判斷國家間究竟是會攜手合作，還是會兵戎相見。以往馬基維利等人認為鄰近國家不可避免產生對立現象。若干當代學者同意這項說法。不過，也有些學者指出鄰近國家因為接觸機會多，比較能夠在貿易、觀光與外交事務方面進行合作。事實上，這兩種可能性同時存在。一方面，在美國與加拿大五千五百英里長的邊界上沒有一兵一卒駐守。而在中、俄四千五百英里長邊界上曾經有百萬大軍相互對峙。

國際互動

　　若干學者認為，國家間交往是否密切不單單取決於地理上的接近或疏遠。他們在政治、經濟及文化各方面也存在無形的距離。這類距離的遠近往往可以決定國家間互動的多寡。在政治、經濟和文化等方面愈相似的國家互動愈是頻繁。[2]與此同時，研究顯示民主國家間兵戎相見的可能性微乎

2　譯按：例如，十九世紀當中，英、法兩國被稱為「自由同盟」。相對地，俄國、奧國與普魯士被稱為「北方朝廷」。

表 5-1　各國的鄰國數目

國　家	鄰國數目	國　家	鄰國數目
中國大陸	16	克羅埃西亞	5
俄國	14	秘魯	4
巴西	10	奈及利亞	4
德國	9	巴基斯坦	4
薩伊	8	亞美尼亞	4
蘇丹	8	塔吉克	4
土耳其	8	盧安達	3
沙烏地阿拉伯	7	墨西哥	3
匈牙利	7	埃及	3
塞爾維亞	7	越南	2
烏克蘭	7	孟加拉	2
伊朗	6	美國	2
伊拉克	6	加拿大	1
印度	6	英國	1
利比亞	6	澳洲	0
南非	5	菲律賓	0
寮國	5	日本	0
阿根廷	5		

其微。相形之下，他與非民主國家，以及非民主國家間發生衝突的機率要高得多。民主國家擁有相同價值信念。他們不願意浪擲性命與金錢在自相殘殺上頭。此外，他們崇尚法治，並且傾向尋求妥協方案。再者，民選議會通常是主政者發動戰爭的障礙。

　　隨著民主國家數目日漸增加，若干學者（特別是理想主義學派學者）預言國際社會將步入「民主和平」（democratic peace）時代。然而，我們

仍舊無法確定民主化趨勢能夠維持多久，以及他可能造成哪些影響。晚近以來，若干中歐、東亞、非洲及中美洲國家相繼採行民主制度。不過，他們多半缺乏西方國家根深蒂固的多元民主及憲政傳統。因此，所謂公民自由，言論自由及少數族群權益往往缺乏保障。再者，富裕且具有影響力的中產階級向被視為民主鞏固的必要條件。上述國家未必具備這項條件。準此，晚近民主化趨勢有他脆弱的一面。抑有甚者，即使民主和平法則能夠適用，我們也不該忘記貨真價實的民主國家出現是近百年的事。一旦民主國家充斥在國際社會，他們發生衝突的或然率將大為提高。若干研究顯示，儘管民主國家間不曾發生戰爭，但是他們不排除透過其他方式與彼此進行衝突。

我們都明白「物以類聚」的道理。然而，即使差別很大的國家彼此間也可能存在相當程度的互動。持續的互動迫使當事國投注許多精力。先前美、俄兩國相互敵對四十年。他們不敢疏忽對方的一舉一動。結果雙方的命運緊緊結合起來，顯示在衝突當中也有合作的一面。儘管如此，當事國可以擺脫這種困境。例如，印度與巴基斯坦在喀什米爾問題上存在嚴重歧見。然而，這不妨礙他們於一九九二年簽署協定，承諾不對對方可疑的核武設施發動攻擊。

前一章提到美、蘇、中之間的三角關係。一九七○年代，尼克森與毛澤東合力對付蘇聯符合彼此的國家利益。國際政治經常存在「同床異夢」的現象。各國領袖大多奉行「敵人的敵人就是朋友」這句格言。

互賴現象也會影響國家的外交政策。接受外援與外資可能增加，也可能減少當事國的政策選擇。這取決於援助與投資國提出多少附帶條件。外債沉重的國家往往無力從事重要建設，同時有被債權國催逼還款之虞。不過，債權國多少會受到債務關係的牽制。例如，一次戰後，法國積極協助沙俄奪回政權。部分原因在於後者積欠法國銀行巨款。然而，法國干預最終仍以失敗收場。

當德國或美國加入歐盟或北約組織的時候，他們便無可能坐視相關組織土崩瓦解。因此，他們將失去若干政策彈性。再者，德國也將更加關注其他會員國的發展。如果某個會員國宣布破產，發生內亂，或是向另一個會員國宣戰，理論上柏林方面可以坐視不理。然而，他必須為此付出代價。歐盟內部穩定將受到破壞。而戰後德國的安全與繁榮和歐盟息息相關。一旦政府間國際組織能夠提供會員國足夠利益，會員國可望做出某種程度犧牲換取他的生存。

國際系統結構

系統結構對於國家行為會有何種影響始終是學者間爭議不休的問題。傳統上，彼等研究重點在於極化程度與戰爭機率間的關連性。若干學者認為，當一個國家獨霸全球的時候，戰爭發生的可能性最低。有些學者則認為，兩極系統最能夠阻止世界大戰發生。儘管小國間的衝突在所難免，兩大強國缺乏見真章的誘因。還有些學者主張，多極系統可以分散強國的注意力。即使戰爭爆發也不會持續很久。這些理論不僅複雜，同時往往自相矛盾。許多學者針對上述理論進行檢證。然而，得出的共識相當有限。多數學者認為，兩極系統能夠減少世界大戰發生機率。地區性衝突數目則會相對增加。

晚近學者研究系統結構，大抵側重在他的轉變過程。他們研究全球系統「政治經濟的長期走勢」。合作與衝突則是彼等最感興趣的議題。根據所謂長程理論（long cycle theory），強國控制系統的能力會逐漸減弱。部分原因在於他們無法承受維持霸權需要付出的經濟成本。於是，其他國家將試圖取而代之。許多時候，系統戰爭因而爆發。例如，先前德國挑戰英國霸權，終於導致一次世界大戰。這類戰爭結束後，強國地位將出現升降。新的國際系統隨之誕生。新的霸權國家將替他制定新的規範。

未來國際系統將朝哪個方向發展？國際秩序與治理是否會更上軌道？學者間的看法莫衷一是。前文提及，傳統強國的霸權地位逐漸受到嚴厲挑

戰。他們處理全球性議題，甚至勢力範圍內部事務能力大不如前。今天，國家只須擁有一兩個強項，便足以對國際事務發揮影響力。例如，七大工業國家高峰會在國際經濟議題方面扮演舉足輕重的角色。準此，不僅權力平衡理論需要加以修正，系統結構會對國家外交政策作為產生何種影響也變得更加難以預測。若干學者指出，當前國際系統視議題不同出現若干權力核心。他的穩定程度不如以往兩極與多極系統。

我們可以從全球或地區性角度觀察國際系統對於各國外交政策的影響。以中東地區為例，巴格達、大馬士革與開羅三大中心間的對立可以追溯到阿拉伯文明的極盛時期。伊朗與土耳其等鄰近國家也不時介入這個系統。此種敵對關係延續到今天，只不過問題翻新而已。伊拉克、敘利亞與埃及仍在相互爭奪中東地區的主導權。與此同時、伊朗、土耳其與以色列也加入戰局。準此，戰爭、暗殺、陰謀、干預及高峰會議等各種手段相繼出現。而阿拉伯與回教國家也多次展現彼此間的團結。

考量到國際系統權力分配情形，以及地區性爭端，決策者往往感到無所適從。當某個地區被視為特定國家的勢力範圍，當事國必定不肯放棄對於該地區國家重大外交政策的核可權。儘管國力不如往昔，俄國對於若干國家外交政策仍然擁有不可忽視的影響。這些國家包括烏克蘭、喬治亞、哈薩克、亞塞拜然與亞美尼亞。美國對於拉丁美洲及加勒比海鄰國，如巴拿馬及海地也擁有類似控制力量。一九八九及九四年，美國分別對上述兩個國家進行軍事干預。不過，西歐盟邦對於美國就沒有那麼馴服。他們本身具備強大國力，因此能夠抵擋美國壓力。也因此，先前北約組織對於應該如何處理波士尼亞問題出現雜音。誠如俾斯麥所說，結盟好比騎馬，問題是誰去當那匹馬。

顯而易見，一個國家的外在環境會對他加入戰爭與從事貿易等政策作為發生影響。質言之，國際系統能夠影響貿易走向、通訊流暢、外交訪問頻率以及同盟分合等各種現象。

有關系統因素運作的假設及研究發現

學者針對系統因素運作的情形曾經提出以下假設：

1. 任何兩個國家如果在經濟或其他方面的互賴程度愈高，就愈能和平相處。

2. 人民之間的接觸愈頻繁，政府之間的交往就愈友善。

3. 國家之間的權力差距愈小就愈不容易兵戎相見。

4. 外來威脅愈嚴重，同盟內部就愈團結。

學者檢驗了以上假設之後得出以下的研究結果：

1. 國家間互動頻率與他們是否會經常發生衝突並沒有明顯的關係。即使兩者之間真的有關連，那麼國家的接觸愈頻繁，起衝突的機會也愈大。不過，有利的貿易機會可以減少衝突發生的或然率。

2. 國家間的距離愈近，互動的頻率和次數就愈高。雖然可能增加貿易與其他的合作活動，但也可能帶來戰爭。

3. 一個國家的邊界線愈長，和別國發生戰爭的機會也愈大。當危機發生的地點和某個國家的距離愈遠，該國干預的可能性就愈小。

4. 新興國家和她過去的殖民母國往往有較多的對外援助、商務往來和其他互動。

5. 國家間是否會發生戰爭與權力差距沒有明顯關係，有些學者認為權力差距的接近往往增加持久戰爭的機會。

6. 兩極系統雖然增加戰爭發生的可能性，但是卻會降低戰爭的激烈程度。

7. 外來威脅愈大，同盟內部的團結程度愈高。戰時同盟往往因為戰爭結束而解散。雖然意識型態也是要考慮的項目之一，但國家結盟主要還是基於安全的考慮。

國家屬性

國家屬性的有無會對國家的外交政策作為產生影響。其中以活動範圍與進行方式受到的影響程度最大。例如，一九三〇年代日本在缺乏自然資源的情況下邁入工業國家之林。為了持續發展工業，日本採取擴張主義外交政策，試圖奪取亞洲地區的市場和資源。一九四一年，美國決定懲罰日本侵略中國的行為。他不僅終止和日本間的貿易，並且阻止日本取得荷屬東印度群島生產的石油與橡膠。於是，日本政府將偷襲珍珠港的計畫付諸執行。當時日本只剩下幾個月的油料供應，所以只能設法將美國趕出西太平洋地區。他知道自己沒有辦法與美國進行持久戰。

若干學者將日本案例視為「膨脹壓力」對於外交政策的影響。他們指出，當一個民族國家成長的時候，會對工業原料及其他資源產生新的需求。其中只有一部分是國內能夠供應的。結果就像茶壺燒開水的時候，因為受到氣體膨脹壓力而採取擴張性的外交政策。當事國試圖從其他國家取得所需資源。如果能夠用和平手段達到目的固然最好，否則當事國將不惜訴諸武力。當其他國家從事反抗的時候，國家屬性便與國際系統間產生互動。

明顯地，如果日本本身擁有豐富的石油資源，就不會對美國在一九四一年施加的壓力那麼敏感，也不會因為一九七三年阿拉伯國家石油禁運措施感到震驚。不過，我們可以從兩起事件當中看出，當事國會有怎樣反應是難以預料。一九四一年，日本決定偷襲珍珠港。然而，一九七三年石油危機發生後，日本卻改變原先親以色列的立場，承認巴勒斯坦人的權利。

除了人口及資源多寡會影響國家外交政策之外，其他國家屬性也具備同樣能力。相關因素包括經濟及人口成長率、開發資源或替代資源的技術能力、國內政局穩定程度、種族或社會其他層面的分裂情形、戰備情形、政府制度本質，以及人民對於政府訴諸武力或其他外交政策工具抱持態度。基於介紹方便起見，我們將國家屬性分為1.人文屬性；2.經濟屬性；3.軍事

屬性;以及 4.政府屬性。

人文屬性 ⫸

　　一個國家人口多寡,教育程度,企圖心高低,以及種族的單純或複雜都會影響該國政府能夠運用的外交政策手段。人口多寡所以是國家權力的一個面向,乃是因為眾多人口能夠提供充足兵員與工業勞動力。政府可以利用軍隊以及工業生產獎賞或懲罰其他國家。在另一方面,雖然加拿大擁有廣大領土與豐富的自然資源,但是他的影響力無法與美日等國相提並論。其中部分原因在於他只有兩千五百萬人口。不過,人口眾多有時也會帶來負面影響。特別是某些國家缺乏足夠資源養活、教育及雇用他的人民。單就人口數量而言,印度應該算是強國。然而,因為他必須依靠有限資源養活眾多人民,並且得動用大部分生產力滿足人民基本需求,所以在發展上遭遇許多困難。

　　再者,如果一個國家的種族分裂情形嚴重,也會給外交決策者帶來壓力。敵國通常會支持他境內的分離團體,甚至試圖推翻政府。與此同時,上述團體肯定會反對政府採取不利於他們的外交政策。長久以來,伊拉克擔心伊朗利用他境內的庫德族人與什葉派信徒做為馬前卒。而在波士尼亞內戰當中,俄國傾向支持同文同種的塞爾維亞人。

　　除了種族問題,晚近學界注意到文化因素也會影響國家的外交政策作為。做為一種生活方式,文化通常表現在文學、哲學及藝術等各個層面。我們在第四章提到,美國與中國以及回教國家打交道的時候不斷遇到麻煩。若干學者認為這是因為他們的世界觀與美國迥然不同。在這方面,杭廷頓提出文明衝突理論。例如,回教與猶太教同時將若干地區視為聖城。他們能否認可對方主權主張攸關中東地區和平前景。

　　然而,現實主義學派對於這點有截然不同看法。他們認為與其浪費時間研究種族與文化問題,不如思索當事國的客觀利益與需求。若干學者預言,回教領袖將繼共黨國家之後在國家安全這類重要問題上採取務實立場。

例如，一九八〇年代伊朗與伊拉克進行殊死戰。為了取得美製軍事裝備，該國回教革命領袖決定與以色列及美國打交道。

　　話雖如此，各國領袖從事外交的時候難免受到文化背景制約。當戰爭與危機發生可能性很低的時候，這種情況便格外明顯。例如，中國與日本等國家重視「顧全顏面」。相對地，美國文化強調直率與坦白。一旦他們坐上談判桌討論貿易爭端等問題，文化背景差異往往構成雙方得出妥協方案的障礙。

經濟屬性

　　一個國家的人文地理與經濟條件息息相關。如果當事國國民擁有先進科技及生產技術，他便可能創造相當高的生活水平。此外，他能夠在國際市場享有競爭優勢，進而協助或控制其他國家。相對地，人口眾多但科技落後且資源缺乏的國家往往處在不利境地。他經濟與政府的穩定經常受到威脅。當事國不僅容易招致外國干預，同時不斷受到飢荒與貧窮侵襲。因此，他的外交政策必須積極尋求國外經濟援助和軍事保護。

　　基本上，三項經濟因素會對外交政策產生影響。他們分別是經濟力量，富裕程度，以及制度本質（如資本主義、社會主義或共產主義）。我們通常利用國民生產毛額（GNP）衡量國家的經濟力量。工業化往往能夠帶動國民生產毛額成長。然而，像印度這類農業國家同樣擁有可觀的國民生產毛額。經濟力量強大能夠增加當事國影響國際事件的意願和籌碼。不過，工業化國家也可能因為依賴原物料供應等弱點，使得他的外交政策受到限制。

　　除了經濟力量，富裕程度（國民所得）也會對外交政策產生影響。例如，富國比較負擔得起加入國際組織和設立駐外使館的費用。研究顯示，在加入政府間國際組織最多的二十個國家當中，十五個是富國（見前章表4-2）。窮國不僅較少參與政府間國際組織，同時缺乏經費設立駐外使館。因此，他們比富國更加依賴聯合國等國際組織提供的多邊外交管道。此外，

一個國家的富裕程度往往能夠決定他是經濟援助的贈與國或接受國。美國挾著強大經濟力量與高國民所得，因而在二次戰後扮演全球性角色。

再者，制度本質也會影響外交政策。資本主義國家內部通常存在若干強大的利益團體。其中許多團體積極尋求國際貿易及海外投資的機會。基於保護國民海外資產，資本主義國家經常試圖對抗或推翻主張沒收私有財產及推動財富重分配的外國政府。二十世紀初，列寧預言資本主義國家間終將因為爭奪開發中國家的資源和市場而發生戰爭。這項說法就一次大戰而言勉強說得通。至於二次大戰情形便大謬不然。當時蘇聯與資本主義國家聯手對抗德國與日本。此外，沒有證據顯示共產主義國家比資本主義國家愛好和平。

基本上，列寧觀察到的與其說是資本主義國家本質，不如說是國際互賴現象。如前所述，互賴程度與國家間出現合作及衝突的機率成正比。準此，中共與蘇聯，以及中共與越南等共黨國家間曾經有過激烈對抗。

隨著市場與計畫經濟概念出現交集，制度本質對於外交政策的影響程度逐漸減低。今天，採取形形色色制度的國家都很重視經濟議題。可以確定的是，經濟表現欠佳的國家不免在外交舞臺上矮人一截。他們面臨的問題包括貿易失衡、揹負巨額外債、通貨膨脹或經濟不景氣、生產力下滑，以及外資收手等等。

軍事屬性

一國建軍備戰能力往往與上述因素，特別是地理因素交互影響。一個國家可能對於國際現狀感到不滿。然而，如果他缺乏左右大局的軍事力量，通常只有甘於現狀。與此同時，當事國或須以外交手段取代使用武力的可能性。

評估各國軍事力量有助於預測國際關係的發展（見表5-2）。然而，我們在評估的時候必須格外謹慎。各國都有他的長處，也有其弱點。評估標準包括部隊人數、各型武器數量、技術水準、研究發展能力、國防預算規

模，以及軍費支出占國民生產毛額比例等等。例如，阿拉伯國家在武器及
部隊數量方面占得上風。不過，以色列的技術水準、動員能力及民心士氣
優於阿拉伯國家。此外，客觀環境能夠影響軍事力量的發揮。先前美軍在
伊拉克執行「沙漠風暴」任務，頗有摧枯拉朽味道。不過，他卻在波士尼
亞山區以及索馬利亞巷戰中吃足苦頭。

表 5-2　全球前二十名軍事強國

	軍費支出 （十億美元）	軍費支出占國民生產 毛額百分比	正規部隊員額
1.美國	297.6	4.7	1,837,000
2.俄國	113.8	14.6	2,250,000
3.中國大陸	56.2	2.7	3,031,000
4.法國	42.6	3.4	506,000
5.日本	41.7	1.0	242,000
6.德國	36.7	2.2	398,000
7.英國	34.7	3.6	273,000
8.義大利	20.6	2.1	450,000
9.沙烏地阿拍拉	20.5	15.8	172,000
10.南韓	11.9	23.6	750,000
11.臺灣	10.4	4.7	442,000
12.加拿大	10.3	2.0	80,000
13.印度	8.5	3.3	1,265,000
14.西班牙	8.3	1.8	199,00
15.澳洲	7.4	2.6	68,000
16.土耳其	7.1	5.8	811,000
17.荷蘭	7.1	2.4	86,000
18.以色列	6.3	9.1	181,000
19.巴西	5.9	1.1	296,000
20.瑞典	5.0	2.8	44,000

再者，國際政治經濟關係轉變往往會反應在軍力排行榜上。例如，表5-2顯示，一九九〇年代中期，中共軍力要比五年前強上許多。造成這種結果的主因是中共大幅增加國防預算。相對地，他的部隊員額不增反減。北京方面軍事現代化的成果包括汰換過時武器，以及建立新式國防工業。與此同時，美國與俄國也減少部隊人數。然而，他們的軍事力量仍舊領先其他國家。英國的排名有些下滑。臺灣及南韓的軍費開支則隨著經濟快速成長而大幅增加。雖然日本維持國防預算不得超過國民生產毛額 1%的限制，但是他的軍力排名仍舊居高不下。

就地區而言，假設共同防衛政策與歐洲聯軍構想能夠落實，歐盟的軍事潛力不容忽視。其中單是英國、法國、德國及義大利合計擁有一百五十萬名部隊。他們的軍費開支加起來超過俄國。由於東亞國際局勢持續緊張，中共、日本、南韓及臺灣的軍費支出短期間仍將處在很高水準。在中東，沙烏地阿拉伯、以色列與土耳其的國防預算頗具規模。

其次，各國會將國家或國家集團的戰備程度納入制定外交政策的參考事項。一九三〇年代末期，許多西歐小國正確察覺到英法缺乏作戰準備，因此無法提供盟國可靠的保護。不過，將當事國軍事力量與使用武力的意願畫上等號也可能造成錯誤。他或許戰備並不積極，但卻可能後來居上。例如，美國曾經在珍珠港事變後成為「民主國家的兵工廠」。

政府屬性

若干學者指出，所謂民主或獨裁不會對外交政策產生太大影響。原因是真正舉足輕重的是系統壓力或其他國家屬性。如果一國領袖發現他國大軍壓境，不論他是否具備民選基礎，都會採取敵對反應。相關學者認為，國家利益取決於少數決策者認知。內政與民意只扮演次要的角色。

不過，也有些學者認為制度本質會對外交決策產生影響。例如，一位著名觀察家指出：

　　「美國外交決策者總是改不掉一個毛病。他們採取的言語及行動並非真的要處理某個國際問題。相反地，他們著眼於爭取民意支持。」

　　質言之，決策者不時利用外交舉措鞏固國內的領袖地位。一九八九年，布希總統下令對巴拿馬進行軍事干預。他的顧問指出此舉有助於改善布希形象。

　　儘管爭議不斷，學界傾向認定制度本質會對外交決策產生影響。前文提及，民主國家未必比獨裁國家更愛好和平，只不過民主國家間鮮少發生戰爭。除了戰爭傾向之外，制度本質對於外交決策的影響包括政策彈性、明智程度以及效率等各個層面。

　　肯楠等人指出，民主國家很難從事曠日持久的有限戰爭。他們人民一定要看到結果，「不是勝利就是離開」。因此，若干學者認為民主國家的外交政策缺乏彈性，並且執著於「勝者全勝，敗者全敗」的原則。相對地，獨裁國家較少受到內政因素束縛，因而能夠見風使舵。不過，這種論調未必成立。一九六七年埃及在六日戰爭中遭到慘敗。即使如此，蘇聯並未重新檢討他支持埃及的政策。他立刻提供大量裝備重新武裝埃及。結果埃及卻在一九七三年中東戰爭後將蘇聯一腳踢開。

　　由此可見，獨裁國家也有一意孤行的時候。史達林、希特勒以及海珊曾經嚴厲懲罰忠言逆耳的部下。對於政府當中批評越戰的顧問，詹森總統也曾採取類似舉動，只是不到下獄或處決的地步。有些人認為民主國家的外交決策經過反覆辯論及思考，應該比獨裁國家周延。然而，以下將會談到，民主與獨裁國家領袖需要面對類似的決策壓力。

　　我們不是說制度差異與國際政治扯不上關係，而是說有些人誇大他的重要性。無論是民主或獨裁國家領袖，或多或少得將國內政治環境納入考量。的確，民主國家的政治參與比較普遍。政府因而受到較大壓力。有些人希望看緊人民荷包。有些人希望挖掘新聞題材。有些人為下次競選的選

舉策略絞盡腦汁。有些人則抱怨政府浪費納稅人血汗錢或徵召他的小孩服兵役。然而，即使在非民主國家，政府與民間也可能出現反對聲音。例如，先前許多俄國母親反對政府派兵到阿富汗及車臣作戰。

此外，無論是民主或獨裁國家都會受到來自政府內部不同部門的壓力。例如，美國陸海空三軍曾經因為國防預算分配問題起過激烈爭執。結果政府往往被迫根據政治壓力大小決定發展那些新的武器系統。戰場需求則居於次要地位。類似情形也出現在日本。即使政權更替，通產省在國際貿易談判方面通常能夠維持一言九鼎的影響力。

除了官僚體系，利益團體也會影響外交決策。這種情形在民主國家特別顯著。原因是利益團體的組織運作享有較多自由。他們與特定政府門間通常存在緊密的扈從關係。在美國這類廣土眾民的國家，各地區的經濟利益不盡相同。其中包括東西兩岸漁民的漁業利益，中西部農民的農業利益，以及南方各州居民對於移民問題的關注等等。某些種族團體相當重視美國特定外交政策的發展。他們或他們的祖先來自古巴、以色列、南非、海地、塞爾維亞、希臘、波蘭及愛爾蘭。[3] 相較於外交政策，利益團體顯然對於內政擁有較大影響力。即使在外交政策領域當中，他們較有可能影響經濟，而非軍事安全政策。然而，隨著互賴時代來臨，內政與外交、經濟與安全間的分別日漸模糊。因此，利益團體可望對於外交政策產生更大影響。

民意也可能會限制各國領袖執行外交政策的行動自由。這種情況在民主國家特別明顯。每逢選舉期間更是如此。不過，民主與獨裁國家都會利用一般民眾對於外交政策的不關心與不了解來操縱民意。但在民主國家當中，如果一項外交政策不能得到預期效果，後遺症往往比獨裁國家發生類似情事來得嚴重。準此，一九九〇年布希總統決定出兵保衛科威特的時候，他促使國會對此進行高度透明的辯論與表決。萬一戰事失利，可以有人和

3　例如，芝加哥號稱華沙以外波蘭人最多的城市。

他分攤責任。

在這方面，越戰是個典型案例。一九六四年，詹森承諾不會將美軍投入越南戰場。然而，在他四年任期當中，美軍介入越戰的規模愈來愈大。隨著傷亡人數增加，中產階級子弟參戰數目日眾，加上新聞媒體每晚將戰事失利畫面送到每個家庭的電視螢光幕，反戰團體壓力逐漸升高。[4]有些團體主張速戰速決。有些團體主張和北越妥協。還有些團體主張美軍立即撤出越南戰場。在這種情況下，詹森陷入進退維谷境地。因此，他嘗試採取各種手段擺脫困境。其中包括擴大轟炸目標、隱瞞真正傷亡數字，以及向北越表達求和意願。上述行動的著眼點部分在於取信美國人民，相信他知道如何替東南亞地區帶來和平。詹森與尼克森都曾表示，美國民意是河內手中最犀利的武器。因為美國內部意見紛歧，無異於鼓勵北越纏鬥下去。不過，我們要知道，民意並非造成美國在越戰當中失利的原因。他只反映出美國人民覺醒，提高決策者因為參戰所要付出的政治代價。

最後，國內政局動亂也會對外交政策行為產生影響。他不僅會降低當事國外交政策的可信度，同時會削弱他的活動力。就前者而言，其他國家必然會懷疑他償付貸款、維持良好投資環境、以及履行盟邦義務的能力。有些學者認為，飽受內亂之苦的國家很可能拿另一個國家做為「替罪羔羊」。如此，人民會暫時將國內問題放在一邊，團結起來抵抗外侮。他們舉出若干案例支持這項假設。例如，一九八三年，阿根廷因為國內政治經濟狀況逐漸惡化出兵福克蘭群島。當時，英國柴契爾政府也因為失業率攀升逐漸失去人民支持。為了挽回民心，柴契爾夫人採取強硬對策。雖然外交政策作為有時替決策者帶來內政方面的利益，但是證據顯示各國領袖很少因為國內需求而調整他的外交政策。特別是當人民與軍隊無法團結一致

---

4 晚近伊拉克戰事情形也很類似。因此，民主黨傾向學者謔稱美軍陣亡將士「運屍袋」的數目或將決定二〇〇四年總統選舉勝負。

的時候，很少有領袖願意在這個節骨眼與外國發生衝突。歷史證明，戰爭往往使一個國家陷入分崩離析境地。如果戰爭陷入曠日持久或師老無功局面，更有可能引發國內衝突。不過，假使其他國家試圖趁火打劫，當事國顧不得國內政局不穩，很可能起而反抗。

有關國家屬性的假設與研究結果

有關國家屬性對外交政策行為的影響，一般有下列假設：

1. 人口多的國家因為有較多的人力及經濟資源從事海外軍事行動，或為了掙得較多生存空間，因此比人口少的國家好戰。

2. 經濟發展先進的大國國際互動的層次和範圍都比發展落後的小國要高要廣。

3. 經濟已開發國家所加入的國際組織要比開發中國家多。

4. 一個國家的經濟發展程度和他在聯合國中的投票行為息息相關，其中尤以南北問題為然。

5. 獨裁政權要比民主國家好戰。

6. 內部混亂的國家特別容易和外國發生衝突，他們或是將別國當成「替罪羔羊」，或是招來外國的軍事干預。

學者根據以上假設所做的研究發現：

1. 大國確實比小國參加更多的戰爭，通常他們都是主動地發起衝突。

2. 雖然經濟發展先進的大國比開發中的小國介入更多的衝突行動，可是這至少有一部分是因為他所採取的行動比小國多得多，他們不僅介入較多的衝突行動；同時也從事較多的合作行動。經濟發展層次高的國家也略微比較傾向合作的活動。

3. 經濟發展先進的國家所參加的政府間國際組織數目是比落後國家要多。不過，他們對聯合國多持負面的看法，有事寧可訴諸國際法院。

4. 經濟發展層次確實和聯合國的投票行為息息相關，其中尤以南北問題為是。開發中國家通常都聯合起來支持多邊援助，反殖民主義和

其他問題。

5. 政府制度型態和好戰與否幾乎扯不上關係。獨裁政權只比民主國家略為好戰一點，不過近年來凡是朝向政治自由道路發展的國家是有比較不好戰的傾向。

6. 國內外衝突之間也是幾乎沒有什麼關係，即使有，這也是一種地區性或某種政府型態下的產物，當國內衝突情勢嚴重的時候，國家往往會採取「安內而後攘外」的策略，但這時候其他國家可能會趁火打劫。

偏見扮演的角色

　　以上是影響外交政策的客觀因素。在這節當中，我們要討論主觀因素對於外交政策的影響。所謂「環境決定論」（environmental determinism）認為，90%的外交決策是環境產物。無論是誰參與這個過程，結果都不會有什麼兩樣。特別是在重大事件發生的時候，客觀環境限制及歷史因素不是任何人所能抵擋。例如，一九一九年訂立的凡爾賽和約內容嚴苛。加上全球性經濟大恐慌發生使得德國復仇心切。在這種情況下，即使沒有希特勒的出現，二次大戰也將在所難免。

　　相對地，若干學者相信英雄造時勢，因而提出偉人理論（great man theory）。質言之，決策者及其主觀見解（idiosyncratic factors）能夠左右一個國家的外交政策。例如，戴高樂入主艾麗賽宮大幅改變法國外交政策面貌。誠如巴斯卡半開玩笑地說，如果埃及豔后的鼻子短一點，世界命運將澈底改變。這種論調相較於以權力平衡概念做為基礎的系統理論可說是南轅北轍。

　　事實上，如果我們想要對外交政策有比較完整的了解，必須將主客觀因素通通納入考量。這種研究途徑或可稱為環境制約論（environmental possibilism）。抑即國內外環境因素是會限制決策者的選擇範圍。然而，他仍舊享有若干自由裁量餘地，因此可能產生各種不同結果。或許只有希特勒

才能充分利用德國當時面臨的內憂外患。決策者偏見對於民主及獨裁國家的外交政策都會產生重大影響。如前所述,戈巴契夫大幅調整俄國的外交路線。而在民主國家當中,決策者偏見對於外交政策的影響通常大於內政。原因是一般人民在對外事務方面總是給予決策者較大的活動空間。

決策者偏見所以能夠影響外交政策作為,原因是每個人對於環境的認知並不相同。史普勞德夫婦(Harold and Margaret Sprout)是最先將客觀因素與心理情境分開的學者。包汀(Kenneth Boulding)則指出:

> 「我們必須了解,決策者並非根據客觀事實做出反應。更重要的是他對事實的認知(image)。質言之,決定我們行為的並非真實世界,而是活在我們思想當中的世界。」

每個人不僅世界觀不同,個性脾氣也有很大差異。決策者能否慎思明辨、察納雅言,往往會對外交政策產生影響。若干學者甚至試圖從兒時經驗當中挖掘各國領袖決策行為的蛛絲馬跡。例如,有人指出,美國威爾遜總統因為自幼生活在家教嚴格的家庭中,因此形成所謂威權型人格(authoritarian personality)。這影響到他和美國參議員以及各國領袖交往時的態度。也因此,一次戰後他無法得到參院同意讓美國加入國際聯盟。

除了兒時經驗之外,政治歷練也會對外交決策者產生影響。例如,一九六一年,甘迺迪剛當選美國總統便與赫魯雪夫在維也納舉行會談。多數學者認為,這次高峰會議對於甘迺迪日後的對蘇政策有著深遠影響。會後甘迺迪覺得他沒有給赫魯雪夫一個下馬威,後者必定認為他是個不堪一擊的年輕人。一位美國高級官員指出,加上他未能在柏林圍牆事件當中採取有力回應,甘迺迪開始試圖從越戰扳回顏面,讓俄國人明白他不是好相與的。

近年來,愈來愈多學者試圖了解性別差異對於外交政策作為的影響。

以往人們假設男性比較具有侵略性，因而提高戰爭及衝突發生頻率。例如，有人指出基於兩點，甘迺迪試圖改變赫魯雪夫認為他少不更事的想法。首先，他不希望赫魯雪夫因此倚老賣老，一副吃定他的模樣。其次，他不希望赫魯雪夫將他的理性自制視為軟弱。某些人認為如果有更多女性參與外交決策，國際衝突可望因此減少。根據他們的說法，女性比較關切貧窮、環保及兒童福祉等人道議題。相對地，男性重視控制領土與自然資源等安全議題。

由於檢證困難，我們不敢打包票說上述說法是否為真。歷史經驗顯示，女性領袖在國際政治舞臺上表現出來的作風差別很大。二十世紀當中，全球出現過八位女性總統及十六位總理。其中印度的甘地夫人、以色列的梅爾夫人及英國的柴契爾夫人可說是巾幗不讓鬚眉。碰到需要權力解決的問題，他們必然是「該出手時就出手」。由此可見，性別對於外交決策的影響並不顯著。

決策者偏見要對外交政策發生影響，人時地的配合相當重要。例如，中共與美國關係改善主要是因為越戰接近尾聲，以及雙方對於蘇聯的相同憂慮。然而，尼克森卻是改善雙方關係最適當的人選。當他訪問北京的時候，華府親臺灣的「中國遊說團」無法指控他對共黨讓步。從五〇年代麥卡錫主義籠罩美國政壇開始，尼克森堅定的反共立場不容置疑。同樣地，以色列人民不會指責鷹派總理比金在一九七九年將西奈半島歸還埃及。

小結

當決策者決定外交政策的時候，系統因素、國家屬性以及決策者偏見會相互激盪，從而影響結果。在同盟事務方面，系統因素似乎格外重要。至於外交政策涵蓋範圍則受到國家屬性相當程度制約。當外交政策進入實際運作過程，決策者偏見往往能夠左右全局。

無論如何，上述三類因素通常是同時發揮作用。例如，冷戰結束後蘇

聯大幅調整他對西方國家採取的外交政策。我們可以從幾個不同的分析層次看待這件事情。首先，一九九〇年時代雜誌選出戈巴契夫做為「過去十年當中世界頭號風雲人物」。這符合所謂偉人理論。其次，蘇聯是為了因應國內外環境壓力不得不採取改革與開放的政策路線。早在戈巴契夫執政以前，這些壓力便已存在。戈巴契夫或許是根據決策者偏見決定和西方國家改善關係，但也可能試圖藉此取得科技與資金等蘇聯缺乏的國家屬性。再者，系統因素也很重要。鑑於美國與中共致力整軍備戰，蘇聯領袖察覺自己在力量對比方面處於下風。

　　儘管各國外交部每天都在澄清或說明政府行動，但是通常我們很難弄清楚在某個節骨眼上哪一類因素是該國外交政策的真正動力。決策者把握分寸並非易事，遑論揣度他國政府動機。問題是，如果他們想要制定明智的外交政策就非這麼做不可。從客觀環境中汲取的資訊必須經過政府部門過濾，以及各種內政壓力衝擊才能送達決策者手中。他們是否正確會對決策者的判斷與行動產生重大影響。我們將在下一章當中說明這點。

第六章
外交決策過程：內部剖析

前一章介紹若干影響外交政策的因素。雖然系統因素與國家屬性會對國家行為產生制約，但是光靠他們不足以決定外交政策作為。決策者偏見也須納入考量。質言之，除了環境因素令國家感到束手縛腳，決策者還須在外交政策的手段與目的間做出抉擇。

　　本章將進一步探討外交決策過程，研究若干更細微的因素。明顯地，各國負責外交決策的機制與處理程序並不相同。然而，我們對於形式及法律方面的問題不感興趣。我們想要知道，哪些心理因素會影響到所有制度下的外交決策過程。以危機處理為例，任何國家都會受到時間限制，以及資訊不完整的困擾。

　　本章大部分內容可說是第五章「決策者偏見」一節的延續。我們試圖從政府內部觀察外交決策過程，看看各國官員如何在不同情況下做成決策。我們特別希望知道國家在選擇外交目標及手段（如使用核子武器）的時候是否如同一般人想像地謹慎與理性。誠如艾里森（Graham Allison）所說，這絕對不只是學者關切的事項：

　　「古巴飛彈危機是件值得大書特書的大事。在一九六二年十月的十三天當中，可能因此送命的人數或將比歷史上死去人類總和還多。如果美蘇真的大打出手，兩國將各有一億人立即死亡。數以百萬計歐洲人民跟著送命。這會使以往人類所遇到的天災人禍顯得微不足道。連甘迺迪總統都認為這場浩劫發生的機率是三分之一左右。如此看來我們的運氣實在相當地好。因為甘迺迪必須正視人類能否繼續生存的問題。」

每個國家都有他的外交政策？

雷根當選美國總統六個月之後，一家報紙出現如下標題，「雷根必須向大眾說明他的外交政策」。稍後，柯林頓當選總統。媒體的批判方向仍舊是「白宮倒底有沒有找出外交政策方向？」類似標題使我們必須思考，所謂外交政策究竟指的是什麼？他可能是全球性外交政策，但也可能是拉丁美洲政策、蘇聯政策、援外政策或軍售政策。

這裡所指的外交政策像是整套計畫與，其中包括若干目標與達成目標的策略，加上一些比較不重要的取捨。各國領袖都喜歡向人民保證他有一套計畫，指控其他國家領袖「陰謀不軌」。問題是這種看法有多少真實性。

季辛吉出任美國國務卿之前就懷疑各國政府，特別是大國政府是否真有這麼一套外交政策。從他論述當中可以看出，季辛吉認為將蘇聯每個小動作都看成是國際陰謀一部分乃是沒有根據的幻想：

「關心國際事務的美國人民看到政府沒有做成任何決策的時候總喜歡問，美國的政策是什麼。人們總喜歡賦予外交政策理性和一致性。事實上，外交政策並不具備這些特質。然而，任憑我說破了嘴，法國人也不肯相信美國沒有這樣的一套政策，而許多政策造成的結果是我始料未及。外國人總以為美國的一舉一動有很深玄機，或希望這是真的。但我不相信這是真的。事實上，我認為任何一個擁有龐大官僚體系的政府都無法辦到這點。蘇聯自然無法例外。」

季辛吉的看法可能稍嫌極端。例如，羅斯福曾經替二次戰後的世界秩序進行全盤規劃。這項計畫的核心是讓美國積極參與國際事務。稍後，歷任美國總統分別採用圍堵、和解或人權做為外交政策的指導原則。這至少使得他們在處理國際事務的時候有些方向感。事實上，每位總統循例在就

職演說或首次國情諮文中說明未來四年的外交政策。其他國家領袖通常也會做出同樣舉動。

　　各國領袖很想有套行動指南。如此他們在處理國際事務的時候就能輕鬆愉快。季辛吉的論點則是就算他們有這麼一套外交政策，仍須就更具體的事務做成決定。這些事項並不在他的計畫當中。希爾曼（Roger Hilsman）認為「通常政策只是一連串有著模糊關聯的行動。」

外交決策的種類

　　從現實角度來看，與其說外交政策是個全盤規劃，不如說他是數以百計決定的總和。他們可能一氣呵成，但是這種可能性不大。我們可以用幾種方式替外交決策分類。首先是根據問題範圍來分，將外交決策分成國家安全政策與經濟政策等等。其次是根據決策時機來分，如危機時刻與和平時期的外交決策。許多學者發現問題範圍及決策時機往往會對外交決策產生重大影響。例如，在國家安全或軍事策略範圍當中，特別是當危機發生的時候，各國領袖往往較能表現出政治家風範，擺脫內政束縛。以下我們將根據決策背景分別討論總體決策、個體決策以及危機決策。

總體決策

　　一個國家的外交決策當中總有些事項特別重要，其中包括國防經費多寡、給予或接受外國援助的種類及數量、武器管制以及國際貿易等等。像美國這類全球性霸權必然有他的中東政策、亞洲政策與拉丁美洲政策。如果我們將決策範圍縮小（事實上仍然相當廣泛），可以發現美國決策者必須決定是否要重新評估與中共的關係，以及如何將和平用途核子科技移轉給第三世界國家。我們可以將這類政策稱為總體政策。原因是他們涉及範圍相當廣泛，並且替因應爾後個別情況訂下處理原則。有些原則可以公諸於眾，有些則非如此。不過，有了這些處理原則，決策者碰到問題的時候就不會感到無從下手。總體政策意涵最為貼近一般人對於「政策」的了解。

通常國家是在某些情況下做成總體政策。1.政府目的不在於處理突發事件，而是預先察覺有做出決策的必要。2.政府有較長思考時間做成決策。3.朝野都有許多人介入決策過程，不過仍然由政府領袖做成最後決策。這類決策未必和具有高度威脅性的問題有關，並且通常經過幕僚人員反覆推敲。

個體政策

在外交決策當中，所謂個體政策占了絕大部分。有些學者將他稱為行政決策。個體政策所要處理的事件有可能是突發的，必須在極短時間內做出決定。無論如何，即使是望文生義也可以知道，個體政策通常具備以下特性：1.他涉及的範圍較小。2.威脅通常不大。3.可以由基層官員逕自處理。例如，給予外國遊客簽證屬於這類決策。

多數政策屬於個體政策。正如一位美國官員指出，「美國國務院每天要從派駐世界各地的使領館官員接到一萬三千封電報。內容包括提供情報、請求指示，以及尋求授權等不一而足。國務卿看到的只占2%。國務院每天也要發出一千封左右電報。其中由國務卿批示的大約是六封。只有一到兩封最重要的電文必須送請總統批閱。」

個體政策是根據總體政策而來。質言之，中級與基層官員是根據長官頒布的處理原則做成個別決定。例如，美國官員根據武器清單及軍售規定審核90%的軍火交易。然而，例外情形仍舊存在。個體政策有時會將總體政策擺在一邊，或是有所出入。這些決策本身不致造成嚴重後果，但是加起來可能影響一個國家的外交政策走向。

危機決策

某些外交政策介乎總體與個體政策之間。例如，赫曼（Charles Hermann）曾經提出八種不同的決策背景。他們各有特色，並且會對外交決策產生影響。其中一項不僅赫曼關心，其他學者也相當注意。那就是危機情勢。危機決策通常具備下述特色：1.有高度威脅性，可能造成嚴重後果。2.必須

在一定時限內做成決策。3.參與決策的通常只有少數高層官員。赫曼原本加上一項「突發」特色，後來又加以取消。雖然危機未必是突發狀況，但通常是在環境發生變化之後，決策者認為本國與其他國家間的關係已經來到臨界點。再不處理可能對國家安全造成不利影響。布列奇（Michael Brecher）將危機視為一種狀況。他令人感到「基本價值受到威脅，必須在一定時間內做成反應。因此，當事國可能發生軍事衝突。」雖然危機處理的時間通常很短，但是也有例外情形。一九七九年，在伊朗發生的美國人質危機前後長達四百四十四天。危機必須具備相當嚴重性才能持續得到政府領袖關注。在這方面，一九六二年的古巴飛彈危機是典型案例。

若干學者認為，外交政策事實上是一連串的「危機處理」。例如，當事國可能在星期二研究如何因應義大利政府垮臺，星期三研究如何面對黎巴嫩內戰情勢，星期四研究如何處理貝南的政變，以及星期五討論如何處理美國飛機遭到劫持。有些時候危機會同時發生。因此，政府官員必須決定處理的優先順序。例如，在一九八三年的同一個星期當中，美國派駐貝魯特的陸戰隊受到自殺卡車攻擊。與此同時，美軍登陸格瑞那達。不過，將外交政策視為一個又一個回合的危機處理並不正確。外交決策者花在危機處理方面的時間不比思考「大戰略」來得多。只不過當某些危機發生的時候，決策者會暫時拋開其他事物，全神貫注在這些可能決定他命運的事件上頭。

在實際外交決策過程當中，上述幾種決策形態往往交織在一起。一般人卻恍然未覺。例如，一九六一年，甘迺迪政府決定派遣一萬名美軍到越南擔任顧問。在往後十年當中，越戰成為美國主要外交課題。這是多數人始料未及的。

傳統觀念：國家是理性的

人們通常將外交政策視為國家或政府的產物。每天我們從電視新聞或

日常交談當中聽到，「美國」或「華府方面」決定採取哪些行動。這不僅僅是為了談話方便，同時突顯國家在人類生活當中的重要性。根據這類傳統說法，國家像是「球檯上的撞球」。他們彼此間的互動便構成國際關係，重點在於，國家是個根據國家利益產出外交政策與行為的「黑盒子」。他如何做成決策則是次要問題。

單用「黑盒子」模式就可以了解國際關係中的許多事物。因此，本書經常利用這種模式說明國家的外交政策行為。無庸置疑，各國政府是國際舞臺上的主角。此外，傳統上學者認為國家是理性的。準此，艾里森認為理性決策者模型（rational actor model）有一定程度的吸引力。

理性決策者模型

理性決策者模型（簡稱理性模型）提出若干假設。他認為當決策者碰到問題的時候，理應根據以下步驟處理：

1. 客觀評估事實，掌握狀況。

2. 找出試圖達成的目標。如果這些目標相互衝突，則須安排其優先順序。

3. 找出所有可以達成目標的方法。

4. 選擇一種能夠得到最大效果的方法。

5. 採取必要行動落實他的決定。

再者，我們可以加上第六個步驟，就是評估結果。決策者理應檢討他所採取的行動是否達成預期目標，以及今後能否透過類似行動達成類似目標。

前述步驟雖然有些抽象，但是聽起來相當簡單明瞭且易於採行。每個人都自認是理性的，然而只有極少數人真的按照這些步驟做成決策。理性模型只是種理想，無法落實到現實世界當中。有幾個人能夠完全客觀？更別說據此採取其他步驟。

雖然理性模型只是種理想，但是不容否認，某些決策者比其他人接近

這個理想。前文提及，理性決策者的行為應該符合國家利益。因此，我們要判斷一項決策是否理性，就得看他能否以合理代價促進國家利益，從而達成國家目標。有些人希望決策者在做最重要決策的時候能有最多理性，可惜事實並非如此。

另一種看法：國家可能是不理性的

近年來，隨著學者對於外交政策的研究日漸增加，我們了解到國家行為有他不理性的一面。決策者也是人，也會犯錯。這點並不因為他們代表國家的事實有所改變。因此，學者開始對於外交決策產生另外一種看法。他們不僅研究上一章所說的各項因素，同時將重點放在承受國內外環境壓力的決策者身上。這種看法可以用圖 6-1 來表示。

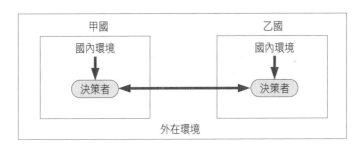

圖 6-1　對外交政策的另一種看法

雖然理性模型有助於我們了解國家行為，但是如果我們能夠釐清個人、團體及其他組織在外交決策過程中扮演的角色，就會得到更深入的體認。在這方面，艾里森研究古巴飛彈危機的著作是個明顯案例。他認為如果要說明美國為何決定採取海軍封鎖行動，最好是從幾個不同角度進行觀察。首先，他利用理性模型說明美國政府領袖在經過深思熟慮後認為這樣做最能保障美國國家安全。其次，他透過官僚模型（bureaucratic model，或 governmental politics model）提出解釋。政府各部門對於整起事件有不同看法。經過激烈的爭執和妥協，他們得出這項決定。再者，他利用「組織流程」

模型（organizational process model）進行說明。準此，情報蒐集分析與其他決策流程受到組織結構影響而產生最後結果。

　　稍早我們曾經指出，當政府必須決定一項外交政策並付諸執行的時候，相關部門不見得會完全動員起來。由於政策本質（如問題範圍和交涉情形等等）不同，參與其事的個人、團體及組織會有所改變。加上其他因素介入，參與者對於國家利益的認知經常出現歧見。以伊朗軍售醜聞為例，任何國家的外交政策部門都有可能發生「短路」現象。連最高決策機構都可能不知道自己人在做些什麼。下節當中，我們將說明哪些非理性因素可能介入外交決策過程，導致壞的決策。

外交決策中的非理性因素

　　外交決策過程分成不同階段。每個階段可能出現不同的非理性因素。其中包括 1.狀況掌握；2.目標與手段的選擇；3.政策執行和評估階段。

狀況掌握

　　因為發現必須處理的問題，所以才有制定外交政策必要。上一章提到，當事人所處的客觀環境（現實）與他的「心理」環境（印象）總是有段差距。如果差距很大，他可能嚴重扭曲問題真相，使得決策者一開始就陷入不理性境地。例如，一起事件究竟算不算是危機，不僅會影響由哪些人參與決策，也會影響決策者的時間限制。整個決策過程因而發生變化。

　　決策者之所以會無法掌握實際狀況，情報質量不足（情報失策）往往還在其次。主要原因有時出在他分析情報的方式（心態偏差）。為了使讀者明白這點，我們必須說明「印象」（image）本質。每個人都對現實世界有些印象。這些印象加起來便構成一個信仰或過濾系統，幫助我們分析日常碰到的許多事務。印象可以幫助我們了解事實，但也可能讓我們昧於事實，做出錯誤判斷。尤其是一般人通常會拒絕接受不符合我們印象的刺激。心理學家將這種現象稱為「選擇性的注意」。抑即我們只注意想要看見，

同時認為合理或習慣的事物。對於那些不可能看不到，卻和我們印象不符的事物我們通常是視而不見。

如同其他決策者，外交決策者也有扭曲事實的可能。學者傑維斯（Robert Jervis）指出，他們似乎天生會對環境產生某些錯覺。例如，決策者往往認為其他國家是「殘忍」、「邪惡」且充滿敵意。與此同時，這些國家也明白這點。他們沒想到其他國家也是如此看待他們。有些學者主張，美蘇冷戰與核武競賽大部分可以歸咎於彼此的不信任和誤解對方意圖。

近年來，學者就「威脅認知」（threat perception）這個領域做了不少研究。在一篇首開風氣的文章當中，學者辛格（J. David Singer）假設一個國家在評估另個國家採取行動對他產生威脅程度的時候，他的根據是後者對他加諸傷害的能力及意圖。因此，當敵國將國防經費加倍或動員好幾個師部隊，決策者便覺得必須儘快了解對方意圖。他必須了解敵國這麼做究竟是打算對他進行攻擊，或只是要加強本身防衛力量。不過，由於確定對方意圖是非常困難，外交決策者傾向做「最壞打算」。於是，他所關心的並非對方意圖，而是對方能力。這是各國軍事部門奉行不渝的信條。不過，即使是對能力所做的評估也可能產生很大誤差。例如，一九五〇年代末期，美國政府認為美、蘇間存在著相當大的「飛彈差距」。事實上，這個差距是存在的。只不過，居於領先的是美國而非蘇聯。

表面看來，針對任何不太可能發生的情況做好萬全準備似乎是理性的。然而，他往往使得雙方產生沒有根據的恐慌，導致彼此都不希望發生的衝突。值得注意的是，不見得所有決策者都是以灰色眼光觀察事物。也有些人過分樂觀，忽略確實存在的威脅。其中常被提到的例子是珍珠港事變。當時美國官員認為日本沒有能力，也並不企圖對美國海軍基地發動空襲。因此，他們忽略若干箭在弦上的蛛絲馬跡。其中包括一中隊被雷達偵測到的戰機。

由於印象會扭曲決策者對於現實的認知，進而影響他們掌握狀況的能

力，因此我們有必要知道印象如何形成。有些印象源自當事國的歷史經驗，決策者和一般人民都牢記在心。例如，稍早提到的「慕尼黑經驗」對於二次戰後三十年間的美國人民有著深遠影響。歷史經驗的壞處在於他可能並不適用於當前形勢。一九五〇年韓戰爆發。杜魯門首先想到的就是慕尼黑經驗。事實上，當時朝鮮半島情勢不過是場內戰或地區性衝突。然而，杜魯門與其他官員認為這是蘇聯在世界各地向美國挑釁的一個環節。美國必須給予正視。十年後，美國又將同樣經驗帶到越南戰場。他認為如果越南淪陷，將對其他東南亞國家產生骨牌效應（domino effect）。有些學者指出，正是因為美國誤用歷史經驗，所以對於狀況掌握發生基本錯誤，進而採取不智的政策。正如梅恩（Ernest May）所說：「歷史經驗要比算計更有說服力。」

包汀（Kenneth Boulding）指出，一個國家不只是根據「個別」歷史事件形塑對於自身及其他國家的印象，同時懂得如何「累積」歷史經驗而產生印象。其中包括廣為流傳的歷史故事，以及學校採用的教科書。有些民族因為在歷史上發生過多次衝突，因而對彼此產生根深蒂固的敵意。國家可能因為真正的利益衝突（如邊界問題）而產生對立，但也可能因為比較無形的因素而僵持不下。例如，法德世仇及中俄對立是兩項廣受討論的案例。與此同時，文化與意識形態扮演重要角色。諸如「自由貿易」考量往往勝過對於國家利益的計算。

前文提及，決策者與人民往往因為「民族記憶」擁有若干相同印象。不過，某些印象只是當事人基於個人經驗所擁有。在這方面，我們曾經提到甘迺迪在維也納高峰會議蒙受的挫折感影響他和赫魯雪夫對彼此的看法。他使得甘迺迪對於一九六一年柏林圍牆與豬灣事件採取相當自制的態度。同樣地，一九六二年十月赫魯雪夫因此認為甘迺迪不會反對他在古巴部署核子飛彈。維也納會議經驗也有可能使得甘迺迪認為，蘇聯在古巴部署飛彈造成危機情勢，嚴重威脅美國國家安全。其他美國官員如麥拉瑪拉（Robert McNamara）則認為情況並沒有那麼糟，不值得因此來到戰爭邊緣。有些學者指出，甘迺迪基於「主觀期望」認定赫魯雪夫不致為了在距離美國九十一英里地方部署飛彈而冒發生衝突的危險。準此，甘迺迪起初拒絕相信美國情報部門判斷。連十月以前 U-2 偵察機在古巴西部發現證據都無法改變他的看法。等到他的印象被蘇聯部署飛彈的事實粉碎，他又比任何人還感到憤怒。

　　決策者所處環境也可能影響他的世界觀，以及對於狀況的掌握。例如，某些學者指出，在特定時期的決策官僚體系當中，當事人代表單位往往決定他的認知及立場。在軍事部門當中，不同單位往往會有不同意見。「即以美國為例，轟炸機駕駛、戰鬥機維修員、飛彈部隊，以及航空母艦指揮官會對蘇聯作為提出不同詮釋，從而替自己爭取更多經費。」雖然這種看法有些言過其實，但是官僚體系的「盲點」確實存在，並能在潛意識中影響決策者看法。

　　所有決策者都是根據他對現實的認知處理問題。儘管如此，某些人的態度還是比其他人來得開放。他們比較能夠接受和印象抵觸的情報，甚至據此修正印象。有位學者對於美國國務卿杜勒斯做了番研究。結果發現杜勒斯的世界觀不僅受到「慕尼黑經驗」影響，同時受到出身長老教會與堅決反共立場的增強，因而相當封閉。一九五○年代，杜勒斯對於蘇聯所持的負面看法始終沒有改變。即使蘇聯打算裁軍百萬，他仍然不肯給予蘇聯任何正面評價。此外，決策者能否接受新的情報與情況本身存在密切關係。例如，有些學者假設在危機情況下，決策者覺得必須採取最開放的態度，以便全力發現真實。然而，由於情況緊急與時間不允許的緣故，他們又會回到對於敵人的刻板印象。

　　截至目前，決策者是我們的討論重點。或許有些人認為我們誇大問題和個人印象間的關係。原因在於只有極少數外交政策由個人單獨決定。組織與團體通常能夠直接間接地參與外交決策過程。在集思廣益的情況下，

應該可以提高發現真實的機率。

俗話說「三個臭皮匠勝過一個諸葛亮」。然而，事實並非如此。研究小團體決策的學者詹尼斯（Irving Janis）認為，在某種情況下團體也可能處於不理性的狀態。因此，決策者比在單獨決策的時候更不理性。他指出「團體思考」（group think）的現象。抑即團體成員為了得出一致看法，因此即使對團體共識有所質疑，也不敢表達。以珍珠港事變為例，由於美國駐夏威夷海軍將領普遍抱持樂觀態度，因此雖然少數人在日本發動攻擊前已經得到若干可靠情報，但都並未引起重視。詹尼斯和其他學者指出，特別是在危機情況下，小團體決策往往能夠左右大局。情況愈是危急，參與決策的人數也愈少。

目前，多數國家外交部門的組織規模龐大。決策者必須從他們那裡取得情報，從而掌握狀況。若干學者希望，這有助於減少個人與團體犯錯的可能性。其次，外交部門各單位都有一套「標準運作程序」，似乎能夠乾淨俐落地解決問題。不過，當幾個問題同時發生並且需要緊急處理的時候，整個溝通系統可能不堪負荷。於是，有些重要問題遭到擱置。再者，不同單位在傳遞情報的時候，有可能給人動了手腳。

與此同時，部屬往往會挑長官喜歡聽的事情呈報。美國國防情報局（DIA）官員麥加維（Patrick McGarvey）指出，越戰期間該局隨軍工作人員曾經為了配合參謀本部意圖撰寫不實報告。當時，美軍將領希望說服總統他們在一九六八年初發動的攻勢大獲全勝。因此，國防情報局誇大北越士兵傷亡數字。稍後，美軍將領希望白宮增派二十萬兵力到中南半島。於是，國防情報局又撰寫若干戰局不利的報告。華府方面解決這種困擾的方法是增加情報蒐集管道，以便掌握正確情報。例如，除了國防情報局，美國還有中央情報局等情蒐機構。可見組織有時會增加個人或團體困擾，對於掌握狀況未必有正面幫助。

目標與方法的選擇

　　扭曲的世界觀不僅會妨礙決策者掌握狀況，也可能影響決策過程當中的其他階段。其中包括目標和方法的選擇。雖然決策者試圖建立若干具體的政策目標，但是他們不時弄混國家利益與個人利益，以及國家目標和個人目標。當甘迺迪發現蘇聯在古巴部署飛彈的時候，他的第一個反應是「赫魯雪夫怎麼可以如此對我！」可見甘迺迪在一九六二年當時最重視的是「個人聲望」，而非美國的國家安全。

　　基於類似原因，詹森決定升高越戰，換取「有尊嚴的和平」。即使得犧牲成千上萬的美國士兵，詹森也要挽回美國人民及世界各國對他的敬意。質言之，維護國家榮譽和解除國家承受痛苦並非主要目標。當然，我們有時很難截然劃分政府領袖尊嚴與國家尊嚴。然而，我們必須這麼做才能避免外交決策墜入非理性的魔障。

　　前文提及，外交決策者必定將內政因素納入考量。特別在民主國家，競選連任問題往往能夠左右決策者的判斷。符合國際形勢要求的限武方案可能會結束決策者的政治生命。一般人民希望，當決策者碰到危機的時候能夠儘可能拋開這類內政因素影響，全力保障國家利益。然而，即使在古巴危機如此具有爆炸性的情況之下，這樣的期待仍屬不切實際。例如，一位國家安全會議成員指出：「如果我們坐視蘇聯在古巴部署飛彈，下屆眾議員改選將是共和黨天下。」

　　除了個人利益，團體目標也可能是決策官員最關切的事項。詹尼斯指出，維持共識本身可能成為一項目的，從而影響決策。準此，「週二午餐會」不多加思索便建議詹森加強對北越進行轟炸及其他攻擊行動。

　　艾里森等學者發現，官僚體系經常是為配合其他單位而制定外交政策。一位前美國國務卿曾說，「地球上最接近不朽的事物就是官僚機構。」由此可見，任何官僚機構對於他的生存與國家生存至少是等量齊觀。當卡特試圖裁併華府行政單位的時候，據說預算局長如此表達反對立場：「美國

歷史上，只有兩個聯邦單位遭到裁撤。一是不繼續在維京群島釀造蘭姆酒。另一個是不再替騎兵部隊飼養馬匹。」直到核子時代，美國國防部仍然表示有必要維持飼養戰馬的單位。該單位於一九五一年裁撤。最後一匹戰馬則是在一九五六年除役。凱山巴區（Edward Katzenbach）指出，歐洲各國也都存在類似「生命力」旺盛的單位。

同樣地，俄國也無法免於官僚政治（bureaucratic politics）影響。例如，有位學者發現：「蘇聯每一代飛彈都有四種。一九六○年代，蘇聯部署 SS-7-8-9-11。一九七○年代，他部署 SS-16-17-18-19。何以如此？美國專家表示，蘇聯的飛彈研發單位有四個部門，各自負責發展一種飛彈。」

前文提及，決策者鮮少為了達成一項目標而列出所有可行方案。多數情況下，特別是危機發生的時候，時間限制往往使得能夠提出討論的方案少之又少。此外，印象因素也會減少決策者認為可行的方案。決策者甚至會認為他們「別無選擇」。通常決策者會認為其他國家決策者的活動範圍較大。

再者，決策者往往會選擇第一個能夠讓他滿意的方案，而不是最好的方案。當組織在做決策的時候，他們通常會挑風險最小的方案。質言之，決策者普遍抱持不求有功，但求無過心態。他們未必擔心國家受到衝擊，卻害怕自己的組織蒙受傷害。雷瑞瓦（Joseph de Rivera）指出：「一位官員可能願意擔負相當大的風險。然而，經過組織的折衝協調，他們通常會採取溫和保守的政策。」這種心態在碰到非常情況的時候往往造成很大傷害。

不過，有些時候決策者也會甘冒奇險。在這方面，詹尼斯的假設與雷瑞瓦恰好相反。他認為在某些情況下團體會比個人更加激動，更不可理喻。他引用德國哲學家尼采的話說：「只有極少數個人是瘋狂的。相對地，絕大多數團體是瘋狂的。」這種冒險心態可能造成的傷害往往比過分謹慎要大。質言之，當危機發生的時候，決策者通常願意冒較大風險。

執行與考核 ⬛⬛⬛⬛⟩

官僚體系除了傳遞情報，也有執行決策的標準程序。有些工作是例行性作業，有些則非如此。特別當決策者制定總體政策的時候，通常只就原則性問題進行規劃。中級與基層官員往往在執行細節方面擁有程度不等的自由裁量空間。準此，負責執行的官員有時會誤解決策者原意。尤有甚者，如果他不同意決策者的看法可能會故意拖延或乾脆視而不見。

美國總統常被稱為「世界上權力最大的人」。原因在於他可以隨時下令，發動一場核子戰爭。然而，他不時發現要讓官僚體系就範並非易事。一九五二年，杜魯門卸任當時說過一段充滿挫折感的話：

> 「他（指新當選的艾森豪）將會坐在那裡說：『快點做這做那！』但卻沒人理會。可憐的艾克，他會發現軍隊那一套在這裡是行不通的。」

即使當危機發生的時候，決策與執行間也可能出現落差。古巴飛彈危機期間，甘迺迪的決定許多時候被刻意忽視或打折扣。是時，赫魯雪夫要求美國撤除部署在土耳其的裘比特飛彈（Jupiter），換取蘇聯從古巴撤除飛彈。對此，甘迺迪感到非常氣惱。原因是早在幾個月前他已經兩次下達命令，責成相關部門從土耳其撤除這型過時的飛彈。而當古巴危機到達顛峰的時候，卻還有一架美軍 U-2 偵察機闖入蘇聯領空，構成嚴重挑釁。甘迺迪無奈表示：「總是有些人對我的話有聽沒有懂。」此外，國防部長麥拉瑪拉親自走訪海軍特遣隊指揮官安德生上將。他希望能夠確定一旦國家安全會議做出封鎖決定，海軍能夠切實執行總統命令，不到最後關頭絕不開火。他問安德生說如果一位蘇聯艦長拒絕讓美國海軍搜查貨艙，後者將如何反應。安德生拿出一本《海上管制手冊》，表示會按照書中規定來做。麥拉瑪拉說：「我不管這本書說要怎麼做。我要知道你會怎麼做。」結果自然是不歡而散。安德生輕蔑的表示：「現在，部長先生你跟你的副手可

以回到辦公室享福。海軍自然會完成封鎖任務。」

我們所以舉出這些例子，並不是說官僚體系必定會「出狀況」。重點是他們可能發生，從而造成決策者意想不到的結果。當錯誤發生，有些學者認為決策者或官僚體系會採取某些行動做為彌補，同時避免再次發生類似錯誤。他們不斷提到「慕尼黑經驗」或「越戰教訓」，彷彿決策者總會有系統地評估政策效應。唯有如此，才能知道是否已經達成預定目標。

不過，由於個人、團體與組織因素交互影響，我們無法確定決策者會持續進行評估工作，或是從評估過程中汲取經驗。當一項政策造成重大災難的時候，決策者往往會舉辦一場大型「追悼會」。而在其他時候，決策者可能只是就結果做驚鴻一瞥而已。他們決策做得多，評估做得少。原因是如同一般人，決策者不喜歡花太多時間回顧過去，而是忙著處理眼前問題。他們往往等到事過境遷，撰寫回憶錄的時候才對過去的決策情形做出評估。問題是，基於確保他們的歷史地位，回憶錄的客觀性和真實性令人存疑。

即使決策者真的著手進行評估工作，有些時候他們會誤用得到的經驗。前文提及的「慕尼黑經驗」是個典型案例。此外，有些決策者不屑用到前人經驗。例如，二次大戰結束後，美國空軍發現戰略轟炸未能降低納粹德國的抵抗意願與能力。然而，美國在越戰期間仍舊試圖以戰略轟炸逼迫北越就範。本書一開始便指出許多「傳統智慧」已經被證實是有問題的，但決策者依然加以沿用。

為了評估政策的執行成效，我們必須釐清政策目標做為判斷成敗的依據。問題是，有些時候決策者制定的政策目標含混不清，無法給予適切評估。即使目標非常明確，決策者卻往往報喜不報憂。例如，美國官員始終不願承認參加越戰是項失策。

除了理性之外，道德也是人們用來評估外交決策的標準。以下我們將就這點進行討論。

道德與外交政策

以現實主義學派為首的若干學者不時表示：「外交決策方面沒有道德可言。」不過，他們並未明白指出這倒底是他們的主觀信念，還是客觀事實。因此，我們必須探討兩個問題。第一，道德是否會對外交決策發生影響。第二，道德應否對外交決策發生影響。

國家經常基於國家利益犧牲道德原則。然而，這是否表示道德從來不曾影響各國外交政策？恐怕只有最憤世嫉俗的人才會如此認為。事實上，我們可以舉出許多例子證明，決策者基於道德考量採取的行為對國家利益造成傷害。例如，一九七九年間美國每個月接受一萬五千名越南難民，因而加重若干地方政府的財政負擔。有些人認為美國這麼做是為了彌補他對越南人民的虧欠，同時引導國際輿論抨擊越共政府。其次，以美國的地大物博，養活這些人並非難事。再者，美國比較願意接受來自左翼獨裁政權的難民，卻不願意接納來自右翼獨裁政權的難民。無論如何，對於美國而言，這類人道援助行動缺乏迫切性。更何況，美國曾經多次參與國際救災行動。

有些時候，道德是掩飾自利動機的方式。然而，證據顯示即使在政治考量重於一切的危機情況下，決策者仍會認真思考道德因素。詹尼斯指出：

「古巴危機期間，國家安全會議成員相繼表明對於決策道德的關切。因此，美國排除採取欺敵與秘密行動的可能性。此外，危機發生的第二天，波爾（George Ball）極力反對採取空襲策略。他認為偷襲會破壞美國的優良傳統，同時降低他的道德水準。即使軍事行動克竟全功也是得不償失。令在場人士驚訝的是，羅勃甘迺迪支持波爾看法。他表示這麼做可能會犧牲許多無辜人民性命。此外，如果美國這麼做的話，與日本在一九四一年偷襲珍珠港又有什麼兩樣。」

從詹尼斯敘述當中，我們發現有些時候能夠將道德與利益區分開來。此外，兩者不見得必然發生衝突。羅勃甘迺迪認為，對古巴發動奇襲不僅是不道德，也不符合美國長程利益。道德在他心目中的份量不遜於利益考量。有些學者發現，決策者通常有如此自覺。他的政策必須能夠向人民交代。準此，若干難以自圓其說的政策不在考慮之列。

可以確定的是，外交決策者會將道德因素納入考量。然而，我們不應該誇大他的重要性。此外，我們必須了解「應否」將道德因素注入外交決策過程。有些學者認為，人與人相處的美德，如誠實和信賴等等不適用於國家間的交往。如果決策者試圖這麼做，可說是愚不可及。

的確，外交決策者如果想有番道德作為往往會碰到很大困難。首先，他會碰到「道德相對論」的問題。當我們採取符合道德標準的行為，並不能因此指望別人也如此看待我們。在文化與意識形態差異很大的國際體系當中，這種情形特別明顯。例如，卡特提出「人權外交」的用意值得稱許。問題是美國希望促進各國人民的政治權利，如言論及出版自由等等。然而，有些國家人民重視的是工作權等經濟權利。對於那些不重視政治民主與公民自由的國家而言，卡特的人權外交不啻將美國價值體系強加在他們頭上，因而是種不道德的行為。不過，像禁止謀殺等道德法則仍可說是放諸四海而皆準。

卡特的人權外交碰到另外一個問題。那就是自己行為符合道德不見得能夠讓別的國家見賢思齊。卡特發現，光靠一個人的力量想要改變全世界實屬不切實際。面對拉丁美洲及其他地區的專制政府，卡特決定取消經濟援助及核子科技轉移。然而，這些國家仍舊能夠從德法等國那裡取得替代品。德法等國業者可是在商言商。同樣地，卡特剛上臺的時候試圖減少美國對外軍售數量。結果他發現其他國家填補美國留下的空缺。於是，許多人認為「就算我們不賣軍火，別人也會賣。那為什麼要我們做如此犧牲？」這種情形在後冷戰時期變得更加尖銳。許多國家認為軍火外銷對於維持國

內經濟榮景而言非常重要。

　　這正是種積非成是的情形。每個人都這麼做，不做的人就是傻瓜。當跨國企業透過賄賂外國政府官員方式取得有利契約的時候，他們也是振振有詞。他們表示，國際貿易需要遵守的規則不同於國內貿易。這套說詞雖然不無道理，但很容易讓人自以為是。

　　再者，「為達目的，不擇手段」往往成為決策者的藉口。即使決策者做出再齷齪的決定，也會說他為的是追求崇高目標。由於外交政策目標通常涉及國家生存等重要問題，因此決策者往往會陷入「無所不為」的魔障。他們藉著維護國家安全與人民自由的名義，從事投擲原子彈、支持獨裁政權和刺殺外國官員等各種行為。前文提及，一九六二年古巴危機期間，羅勃甘迺迪認為基於道德考量對古巴實施空中奇襲是不可行的。然而，艾奇遜（Dean Acheson）等國家安全會議成員則認為基於國家安全，絕對有必要這麼做。一九四五年，美國在廣島與長崎投下原子彈。他的理由是除此以外再沒有其他方法能夠讓日本無條件投降，從而減少聯軍傷亡。事實上，美國決策者不如一般人想像在做這個決定之前有過良心方面的掙扎。稍早，美軍對德國德勒斯登、漢堡以及日本東京進行的轟炸造成更多無辜平民傷亡。晚近，雷根政府曾經以維護國家安全為由在尼加拉瓜港口布雷。這種手段與他所標榜的美國「模範生」形象似乎有段差距。雖然國家經常為達目的不擇手段，但是一個國家，特別是民主國家如果過分迷信這句話，很可能因此造成整個國家道德觀的崩潰。

　　不過，正如許多現實主義學派的決策者指出，過分重視道德往往會產生類似「宋襄公之仁」的政策。由此可見，道德也會給外交決策帶來不理性的因素。他在外交政策領域中扮演的角色確實相當微妙。

小結

　　一般人希望決策者的決定是理性的。然而，即使決策者完全按照「理

性」模式制定政策，也未必有「好的」結果。外交政策的成敗最終取決其他國家反應。如同詹尼斯等學者指出，雖然甘迺迪在古巴危機期間的決策過程符合理性要求，但是如果蘇聯決定對於美國的海上封鎖採取強硬立場，核子戰爭仍舊難以避免。

這就是中國人常說的「一個巴掌拍不響」。任何後果都是雙方決策互動所造成的。準此，我們將在下一章討論國際政治中的互動關係。

第七章
先禮後兵

國際關係與交際舞有些相似。光靠一個人是無法跳交際舞的。晚近一位美國總統曾說：「至少要兩個人才能跳首探戈。」

此外，有些人認為國際政治像是場遊戲（game）。許多選手（國家）在競賽當中爭取各種獎品。各國政府並非要找什麼「樂子」。他們的著眼點在於達成若干國家目標。能否如願以償，得看他們對於其他國家擁有多少影響力，能夠讓別的國家按照他們的意思去做。本章的討論重點是各國政府通常如何來「玩」這場遊戲，又怎樣相互影響。

對於許多人，特別是只看報紙標題的人而言，國際政治似乎充滿暴戾氣息。然而，儘管世界上總有些地方在進行戰爭，但是各國間日常交往有許多不含一絲敵意。一九五〇到八六年，在 16,322 次雙邊互動當中，15,830 件（97%）是和平的。另外一項研究顯示，一八一五到一九五〇年強國間發生 250 次嚴重衝突。其中只有 30 次（12%）導致戰爭。國際關係有「許多」衝突存在，但「大部分」是和平的。國家訴諸武力是影響國際政治的方法之一，並非國際政治常態。

特別是在核子時代，各國政府往往以外交手段取代使用武力，從而達成國家目標。「外交」這個名詞在國際關係當中具有多重意義。傳統上，外交是指各國運作對外關係的方法。其中包括互換使節、呈遞國書，以及面對面的談判等等。準此，以往學者研究外交重點在於使節的法律地位，使館功能，以及成功談判者必須具備的條件。近年來，學者擴大外交概念的意涵。他是指國家間相互溝通，相互影響，以及利用正式或非正式談判解決衝突的過程。有些學者甚至認為，有限而選擇性地使用武力也是一種外交手段，可以稱為「暴力外交」。

本書所說的外交不包括「暴力外交」。原因是以外交或武力做為談判工具，兩者間存在明顯差別。這項差別可說是國際關係當中最重要的分水嶺。轉瞬間國家投入的賭注提高許多。各國政府通常是在外交手段已經或即將失敗的時候才會使用武力。只有在少數情況下，他們才會不待外交手段用盡便使用武力。

外交是各國政府間的互動方式。他可以是公開，也可以是秘密的。可以是雙邊，也可以是多邊的。可以是正式，也可以是非正式的。他可以在會議桌上，也可以透過「熱線」進行。他可以由最高決策者主持，或是由中級與基層官員負責。他可以是利誘，也可以是威脅，從而取得其他國家讓步。看法相似的國家可以進行外交。立場敵對的國家也可以從事外交。除了武力相向之外，各國政府可以動用一切軍事或經濟資源支持他的外交作為。以下要討論各種外交工具與「贏的策略」，並且指出何者較為有效。

外交本質的改變

英國外交家尼古森爵士（Harold Nicolson）在《論外交》書中指出，傳統上人們賦予外交如下定義：「外交是透過談判處理國際關係。各國使節利用外交手段調整國家間的關係。」時至今日，雖然使節的談判藝術仍舊相當重要，但是隨著國際體系變遷，外交的本質也發生變化。當前的外交與傳統外交存在若干差異。其中包括：1.使館和使節扮演的角色；2.公開外交扮演的角色；3.多邊外交扮演的角色；4.靜默外交扮演的角色。

使館與大使扮演的角色

今天的大使（ambassador）其淵源可以追溯到史前時代。當時部落間已經認為有必要透過使節解決共同問題。儘管他們當中不乏有識之士，最早的使節並非因為專業訓練被膺以重任。尼古森以中世紀的外交為例：「路易十六派遣他的理髮師傅去見勃根第的瑪麗亞大公。佛羅倫斯派遣一位化學家出使拿不勒斯。出使英國近二十年的西班牙大使波布拉博士（Dr. de

Puebla）令人無法忍受。英王亨利七世曾經向他表示，希望他的繼任人選比較適合參與人類社會。」隨著民族國家相繼出現。各國開始設立專職的外交機構，培訓職業外交官。通常各國政府從職業外交官當中挑選大使，希望他們能夠帶著專業化態度與受人尊敬的形象代表國家出使四方。儘管如此，若干國家（包括美國在內）仍然存在以非職業外交官充任大使的情形。例如，雷根曾經任命西班牙裔電影明星蓋文（John Gavin）出任駐墨西哥大使。不過，職業外交官地位日漸重要是全世界共同發展趨勢。

雖然人類很早就派遣使節到其他國家，但常設使館這項制度卻是晚近才得到確立。十五世紀，義大利各個城邦相繼在外國建立常設機構，維護本國利益。稍後，英國與其他國家也陸續效法。他們體認到，透過制度化的外交互動維持主權國家間的關係日趨重要。一八一五年拿破崙戰爭結束後，歐洲各國舉行維也納會議。與會國試圖制定規則，規範大使任命與使館運作等事項。當時重點在於避免各國因為使節排名問題大動干戈。

打從一開始各國便賦予使館若干功能。其中包括持續蒐集駐在國情報、維持派遣國和駐在國間正常溝通管道、透過各種社交活動培養與駐在國的友好關係、維護僑民權益、爭取經貿利益，以及最重要的是適時與駐在國進行談判，解決兩國共同關切事項。隨著時間過去，使館日常業務逐漸增加。新增業務包括核發簽證，以及替僑民辦理出生與死亡登記。

十九世紀與二十世紀初期，各國使館規模通常相當有限。除了大使之外，就只有幾位秘書而已。大使彷彿無所不能，同時負責許多不同業務。今天，雖然大使及其他外交官仍舊是十八般武藝樣樣精通，但是使館人事卻大為擴張。例如，他增加負責宣傳的新聞官、處理法律及簽證事務的領事官、爭取經貿利益的商務領事、負責處理軍事與經濟事務的顧問，以及負責報告駐在國政情的情報官員等等。使館人員急遽擴充反映出二十世紀國際事務的複雜程度。不過，必須附帶說明的是，許多貧窮國家缺乏人力及財力維持如此現代化的使館。

　　值得注意的是，儘管外交人員日趨專業化，他們在談判當中扮演的角色往往不若以往重要。由於交通與通訊的發展一日千里，各國政府對於駐外使節的依賴逐漸降低。在飛鴿傳書的時代，許多時候大使必須在無法取得派遣國訓令的情況下與駐在國周旋。電信事業發達減少大使自由裁量的可能與需要。等到超音速客機與熱線電話問世，政府領袖乾脆撇開外交人員，逕自和他國領袖磋商。有些人喜歡派遣高級官員進行「穿梭外交」（如季辛吉在中東地區的作為）。有些人則直接和他國領袖舉行高峰會議（summitry）。

　　以老布希總統為例。他在上任的第一年會晤一百三十五位各國領袖。彼此間通電話的次數為 190 次。其中三分之一是布希與戈巴契夫間的通話。這創下美俄領袖間電話交談次數的記錄。一九九一年，波灣危機到達顛峰。他們透過電話進行九十分鐘會談，主旨是如何透過聯合國促成伊拉克與科威特間的停火協議。

　　高峰會議不是件新鮮事。過去歐洲各國君主便不時聚在一起，討論兩國共同關切問題。不過，直到現在高峰會議才變得比較普遍。對於高峰會議這項外交活動，論者褒貶不一。一方面，各國領袖舉行高峰會議有助於相互了解。與此同時，他們本身是最高決策者，無須再向他人請示，因而有助於談判的順利進行（在民主國家，行政部門決定需要得到立法部門批准才能生效）。另一方面，如同美國外交家波爾指出，這類高峰會議通常無法取得一般人期望的突破：

　　「即使是最具誠意，並且有重大問題需要討論的高峰會議可曾談出什麼名堂？在宴會桌上，與會者光說些言不及義的話。花在吃喝方面的時間倒是多的驚人。在遠東地區，吃飯的時候根本不准講話。其實在杯觥交錯之間，各國領袖已經累得講不出有意義的話，到了次日更是忘的一乾二淨。在一場為時十個鐘頭的高峰會議當中，至少有四個小時花在

吃喝上面，一到兩個鐘頭聊些客套話，兩個多小時花在翻譯上面。在剩下的兩三個鐘頭當中，雙方才來說明立場及交換意見。」

　　此外，各國領袖很少是處理國際事務的專家。在與他國官員進行談判的時候，他們不像職業外交官那麼了解外交程序及外國文化。雖然相關人員在高峰會前後多少能夠提供協助，波爾等人仍舊對於高峰會談的功能抱持悲觀看法。

公開與秘密外交

　　製造新聞的高峰會議次數增加反映另外一項外交趨勢，抑即公開外交逐漸取代秘密外交的地位。雖然許多外交活動迄今仍然屬於秘密外交範圍，但是民主國家卻受到愈來愈多的壓力，被迫公開外交活動過程及政府制定的政策。

　　我們不知道公開外交能否改善國際協定的品質。從美國總統威爾遜開始，許多人主張「內容公開的條約應以公開方式締結」。他們希望公開外交能夠消除國際關係中的誤解及猜忌。質言之，在談判過程中，「秘密」必然會導致不良後果。他不僅剝奪人民「知的權利」，同時造成國家間相互猜疑與缺乏安全感。然而，許多國際政治學者認為事實恰好相反。他們指出，在眾目睽睽之下，外交只會迫使當事人「故做姿態」。他們若非故示友善，就是怒目相對。為了爭取內政與外交方面的利益，他們不惜採取僵硬立場，彷彿不知道認真討論及妥協是談判的基本條件。特別是在討論敏感問題的時候，秘密外交確實有其必要。

多邊與雙邊外交

　　國家互換使節、互設使館的傳統反映出他們對於雙邊外交的重視。直到十九世紀末葉，多邊外交才逐漸成為普遍的外交模式。之前，只有當危機發生或大戰結束的時候才有多邊外交的用武之地。在這方面，一八一五

年的維也納和會是個典型案例。是時，戰勝國與戰敗國齊聚一堂，分配戰利品並解決其他問題。即使到了二十世紀初期，多邊外交仍舊不很普遍。

　　然而，基於若干因素多邊外交開始盛行起來。1.許多問題關係到好幾個國家，不是一兩個國家能夠解決。其中包括武器管制、經濟問題與環保問題。2.全球性和地區性政府間國際組織數目快速增加。聯合國與歐盟提供多邊外交的制度化架構。3.前文提及，許多貧窮國家因為缺乏人力物力，必須依賴聯合國等組織和其他國家維持官方接觸。準此，雖然傳統的雙邊關係繼續在國際政治當中占有重要份量，但是根據多項研究，「多邊外交已經成為大多數國家與外國接觸最常利用的管道。」

　　各國不僅透過聯合國等國際組織從事多邊外交，許多時候也會利用舉行國際會議（ad hoc conference）推動多邊外交。例如，一九九〇年代，相關國家曾經就人權、人口、環保以及核子武器擴散等問題多次舉行國際會議。高峰會議可以是雙邊會議，也可以是多邊會議。一九九二年，超過一百位政府領袖齊聚里約熱內盧，參加以生態發展與保育為主題的「地球高峰會」（Earth Summit）。與會者包括九千多名新聞記者，以及兩萬五千位來自各個非政府間國際組織代表。許多學者認為國際組織及多邊會議在國際關係中扮演建設性的角色。原因是他可以讓許多國家同時參與。不過，也有些學者認為他們大而無當。與會國立場相差甚遠。會談重點在於發表演說，以及進行會議形態的說服與表決。在這種情況下，各國代表不太可能認真進行談判。因此，問題更加難以解決。

　　冷戰結束後，調停（mediation）這類多邊外交吸引許多世人目光。翻開外交史，透過「第三人」（third party）解決爭端的情形出現得很早。在這方面，一九〇五年日俄戰爭是項著名案例。出面調停的老羅斯福總統因而獲頒諾貝爾和平獎。基本上，調停者應當保持中立，促使當事人自行找出解決方案。

靜默外交與官方外交

一般人經常將「外交」與「談判」（negotiation）視為同義詞。不過，我們應當了解，透過電報、面對面會談，或調停者居間協調進行談判只是外交活動當中的一部分。除了談判之外，各國政府經常從事所謂「靜默外交」（tacit diplomacy）。當事國運用文字（如在記者會發表的聲明）與行動（如命令部隊進入戰備狀況）等間接方式提醒別國政府他的意圖，以及對於特定問題的重視程度。事實上，各國政府通常是雙管齊下，同時採取靜默與官方外交手段。然而，靜默外交也可以單獨用來影響其他國家動向，特別是阻止他國從事某種行為。例如，六〇年代中期詹森總統下令舉行大規模空運演習，將數千名美軍送往西歐地區。他希望藉由這項行動讓「朋友和敵人」都知道，美軍可以在很短時間內完成防衛西歐的軍事部署。任何侵略都將無法得逞。

同樣地，靜默外交不是件新鮮事。國家很早運用他來配合官方外交的進行。不過，現代交通傳播事業的發達使得各國領袖能夠更加有效運用這項技巧。對於那些意識形態不同、缺乏正式外交關係、外交關係瀕於破裂，以及雙方不願展開正式會談的國家而言，靜默外交不失為良好的溝通方式。彼此間存在外交關係的國家也可以利用靜默外交解決衝突。

儘管如此，靜默外交也有他的問題存在。雖然動員軍隊這類舉動要比會議桌上的發言更撼動人心，但是他很容易讓人誤解當事國的原始意圖。前文提及，美國空運演習一方面試圖向西歐民眾展示盟邦間的團結，另方面則是向蘇聯展示美國實力。再者，詹森試圖藉此向美國人民證明他的效率。問題是，由於這類行動的訴求對象不只一個，因此他的內容可能不夠明確。很少有政府能夠確定，他所送出的訊息在跨越時空，並且受到各種干擾之後，還能一字不差地進入訴求對象腦海當中。

談判概念

　　不論是公開外交或秘密外交、多邊外交或雙邊外交、靜默外交或官方外交、大使磋商或高峰會談，談判（bargaining）是外交的本質。談判是種方法。在這個過程當中，當事國各自提出解決問題的方案，從而得到雙方都能滿意的結果。質言之，國家間必須存在利害衝突才會有談判議題。這種衝突可能是激烈，也可能是溫和的。在某些情況下，若干歧見根本無法化解。然而，多數時候參與談判的國家都不致空手而回。

　　談判是個相當普遍的概念。人們在日常生活中經常透過談判解決彼此間的爭執，從而獲取試圖得到的利益。前一章提到若干影響理性決策的因素。他們都可能成為談判過程中的一部分。

　　我們可以用個簡單例子說明談判特質。有位女士在展售室中挑選她中意的新車。她特別喜歡放在角落的紅色小跑車。她可以直接或委婉向推銷員表達談判車價的意願。質言之，她可以告訴推銷員自己準備多少錢買這部車。如果她覺得推銷員索價過高，可以掉頭就走。在這兩種情況下，賣方都能了解她提出的條件，以及她覺得賣方開價並不合理。賣方可能會在她離去之前提出能夠令她滿意的售價。此外，推銷員可能提出更多讓買方心動的條件，如「附贈椅套」、「一組高速輪胎」，以及「2.9%的分期利息」等等。買方則可能加上一句：「再送套高級音響如何？」

　　優秀談判者對於事情的優先順序擁有清楚概念。只有在一定上限與下限之間，他們才願意達成協議。例如，一九七〇年代中期，美國與巴拿馬就運河條約進行談判。當時美國政府曾經聘請一家公關顧問公司協助談判團隊列出各項可欲結果的優先順序。質言之，談判重點在於雙方都希望爭取到最多利益，並且儘可能讓結果遠離自己的起碼要求。

　　準此，當事人經常視可欲結果與程度不同採行三種基本的談判策略：1.積極爭取（即使造成正面衝突也在所不惜）。2.讓步或棄守（接受對方提議）。3.解決問題，營造雙贏局面。當事人會採行何種策略，客觀情勢與談

判雙方的相對實力占有重要地位。如果雙方實力相差懸殊，當事人可望將解決方案加諸對方。例如，一九九一年波灣戰爭結束後，聯合國自然可以對戰敗之餘的伊拉克予取予求。假設當事人對於談判結果不感興趣，通常會棄守這個問題，轉而討論其他議題。一九三八年，英國首相張伯倫正是因此向希特勒做出讓步，默許後者併吞捷克。最後，如果當事人具備解決問題誠意，他們將努力營造雙贏局面。如同展示場裡頭的推銷員與買主，他們試圖建立長期的合作關係。

　　圖 7-1 顯示，談判過程是場拉鋸戰。甲方與乙方在雙方都能接受的談判曲線上進行拔河。這條曲線從甲方最高要求延伸到乙方最高要求。甲線與乙線代表雙方對於談判結果抱持的態度。其中包括喜歡（正面價值）與不喜歡（負面價值）。考量到雙方都會極力爭取自身利益，結果如何將取決於若干因素。其中包括當事人能否正確揣摩對方心態，手中握有哪些足以影響對方的談判籌碼，以及是否具備良好談判技巧。在探討過談判本質之後，以下我們將要介紹若干常用的談判策略。

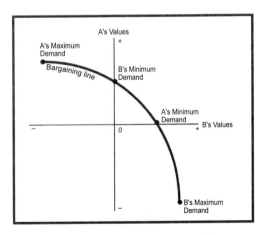

圖 7-1　談判曲線，最高及最低要求

159

大棍與胡蘿蔔的交互運用

國家經常交互使用大棍與胡蘿蔔（carrots and sticks）。這套策略包括四種主要手段，亦即威脅、懲罰、承諾和獎勵。其中威脅與懲罰是大棍的代表。威脅（threats）是準備採取特定行動。懲罰（punishments）則是付諸實行。承諾與獎勵是胡蘿蔔政策的代表。認為國際政治充斥暴力的人通常對於大棍政策較具信心。事實上，沒有證據顯示何者比較有用，必須視情況而定。

例如，一九六二年甘迺迪威脅赫魯雪夫如果蘇聯不撤除部署在古巴的飛彈，兩國將兵戎相見。不過，他同時承諾如果蘇聯撤除飛彈，美國將不會入侵古巴。可見國家通常是威脅利誘，無所不用其極。此外，有些時候占上風的一方也得給對方找個臺階下。

當國家參與談判的時候，他們往往發現「嚇阻」其他國家不去做某件事情要比「強迫」對方去做某件事情容易得多。問題是，我們很難確定嚇阻策略是否真的產生作用，亦或對方原本便是虛晃一招。這種情形在軍事嚇阻方面格外明顯。我們將在下一章當中進一步加以說明。

除了適時進行威脅利誘之外，如果當事國希望這些談判手段能夠發揮預期作用，還須滿足兩項條件。他們分別是對方心目中的「可信度」（credibility）與「實力後盾」（potency）。就可信度而言，即使甲方果真有決心，也有能力兌現某種承諾或威脅，但是如果乙方並不認為如此那也是白搭。同樣地，甲方可能只是故做姿態或虛聲恫嚇，但是乙方仍有上當可能。正如季辛吉指出：「得到對方重視的虛招往往比被對方漠視的實招有效。」當然，如果當事國重視他的信用，在虛招無效之後只能硬著頭皮兌現承諾或威脅。

其次就實力後盾而言，如果甲方試圖藉由威脅利誘迫使乙方就範，乙

方必須認為相關手段確實足夠份量。質言之，胡蘿蔔必須甜美多汁。大棍必須夠粗夠重。否則乙方根本不會放在眼裡。

不夠份量的威脅利誘往往難逃失敗命運。例如，一九七〇年代初期，季辛吉試圖與蘇聯改善關係。當時，莫斯科相信季辛吉有意提供蘇聯農業和科技方面的利益。交換條件是蘇聯與美國合作，共同減低在亞洲等地的區域衝突。為了表達誠意，季辛吉在蘇聯尚未做出任何改變之前大方給予獎勵。然而，季辛吉終究無法如同預期地影響蘇聯的外交作為。這並非他的可信度不夠，而是蘇聯認定不值得因為些許利益放棄地緣政治目標。質言之，對於蘇聯而言，糧食及科技是很重要。然而，他不會因此放過加強在亞洲地區影響力的機會。如果蘇聯更加依賴和美國間的貿易，季辛吉的作為將更具份量。事實上，季辛吉先給蘇聯若干好處，著眼點正是要加深他依賴美國的程度，從而增加美國的談判籌碼。季辛吉認為，即使美國不贊同蘇聯採行的政治制度，但是保持接觸仍將增加發揮影響力的可能性。

不具可信度的威脅利誘同樣難以成功。今天，假設國家在認知及計算方面發生錯誤，往往可能引發核子浩劫。因此，如何以令人信賴的方式進行溝通顯得格外重要。無論如何，過分強調可信度可能產生若干流弊。有些學者批評美國基於遵守防衛盟邦的承諾，增加可信度，因而貿然介入越戰等海外軍事行動。奇怪的是，越南不曾正式成為美國盟邦。學者建議美國政府透過以下方式增加他的可信度：「威脅與承諾必須具體。消息來源要是權威人士。如此可信度將大幅提高。」如果決策者能夠讓對方了解接受或拒絕他所提出建議的後果，就比較有機會得到讓步。

在這方面，學者謝靈（Thomas Schelling）曾經撰寫多篇重要論文。他提出若干國家增加言語可信度的方法。謝靈認為「承諾藝術」是決定談判成敗的關鍵。除了口頭聲明之外，國家應該採取一些輔助性措施，如增撥預算、動員部隊、展示海運實力，或者派遣知名外交家表達認真態度。

此外，謝靈認為要使對方相信威脅並非虛言恫嚇，「過河卒子」這招

最為有效。質言之,當事國必須取信對方。如果他們採取當事國試圖阻止的行動,那麼後者將別無選擇地落實先前威脅。最明顯的例子是,美國將三十萬部隊駐紮在西歐做為北約組織防衛的一環。美國認為蘇聯將因此相信,如果他對西歐國家採取侵略行動,美國只好遵守防衛承諾出兵介入。在這種情況下,派駐歐洲的美國士兵可能因此喪命。美國總統不得不做出反應。一九九〇年代以後,美國大幅削減駐歐美軍數目。然而,許多人質疑進入後冷戰時期,美國是否還有「駐軍綁盟國安全」的必要。

前文提及,一個國家的外交決策者會在有意無意間給其他國家領袖留下印象。為了提高說話的可信度,國家可能會刻意營造若干形象。信用良好的國家比較容易讓人相信他的承諾。利比亞領袖格達費的狂人形象則比較容易讓人相信他的威脅。不過,狂人形象也有他的缺點。各國領袖不太願意和格達費打交道。一九八六年,美國甚至派兵攻擊他的私人住所。

博弈理論

近年來,許多學者就博弈理論(game theory)提出論文。他們將重點放在國際談判本質,以及國家如何在衝突同時尋求合作。此外,他們經常運用兩項基本概念分析國際談判。其中包括「零和遊戲」(zero-sum game)與「非零和遊戲」(variable-sum game)。在零和遊戲當中,己方所得即為彼方所失。質言之,這是種全面衝突的狀態。例如,兩個國家同時認為某個地區是他的領土,卻不可能同時在當地行使主權。然而,透過巧妙的外交安排,零和遊戲可以變成非零和遊戲。準此,雖然利益分配無法完全令人滿意,但是當事人都不致落得兩手空空。例如,兩國可以重新劃分爭議中的領土,如此或可皆大歡喜。

在國際關係當中,多數衝突屬於非零和遊戲。圖 7-2 和 7-3 是兩種最常被拿來應用的理論模型。如果當事國活學活用,通常能夠找出可行的雙贏方案。他能夠將損失減低到最小程度,同時取得最大利益。

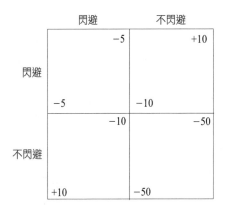

圖 7-2　膽小鬼賽局

甲方所得利益標示在每個格子的左下方；乙方所得利益則標示在每個格子的右上方

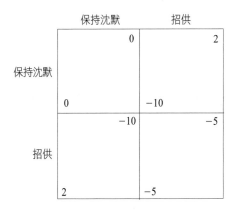

圖 7-3　囚徒困境賽局

甲方所得利益標示在每個格子的左下方；乙方所得利益則標示在每個格子的右上方

　　第一種模型是「弱雞賽局」（chicken game）。他的假設情況是兩個人在馬路上駕車高速對駛。誰先閃避誰就輸，也就成為同伴口中的「弱雞」。基本上，當事人都有兩種選擇。一種是閃避，另一種是不閃避。他們都不知道對方會做出哪種選擇，也不可能光靠自己力量決定結果。圖 7-2 有四個方格。方格內的數字代表雙方因為閃避與否造成的得失。由此可見，雙方在「合作」情況下會得到較多利益。質言之，只要雙方都肯閃避，就可

163

以擺脫同歸於盡的命運。學者經常利用這種模型分析國際衝突當中威脅與反威脅，以及嚇阻等等現象。他們最關心的是，哪些舉動可能引發核子戰爭。例如，一九六二年古巴危機期間，蘇聯船艦曾經試圖突破美國海軍封鎖。這類舉動隱含的危險性不言可喻。

圖 7-3 是另一種簡單的兩人遊戲，亦即「囚徒困境賽局」（prisoners' dilemma game）。他假設兩名嫌犯因為同個案件遭到逮捕，並且分別接受警方偵訊。警方告訴他們，如果一方保持沈默而另一方招供的話，保持沈默的嫌犯將被求處重刑。相反地，招供並指認另一個嫌犯犯行的當事人可以獲得交保或開釋。如果兩個人都招供，警方會酌量減刑。如果兩個人都保持沈默，則警方可能無法將他們起訴，或是只能以很輕的罪名加以起訴。假設兩名嫌犯都是理性的，他們可能會同時招供，接受較輕處份（如五年徒刑）。但是，如果他們能夠同心協力，死不認罪，便可以在牢裡少待些日子。問題是，雙方都不敢相信對方會守口如瓶。如果對方招供，就可以將大部分犯行推給自己承擔。雙方都擔心自己因此被求處重刑（如十年徒刑）。在這種情況下，過去交情與主從關係都是靠不住的。即使他不招供，也不敢保證另一名嫌犯也會這麼做。因此，結局往往無法令兩名嫌犯都感到滿意。這種情形如同國家間的軍備競賽。如果兩個國家能夠達成限武協議，減少軍費支出，便都可以得到較多利益。然而，雙方不免懷疑對方會利用協定做幌子，背後加強自身軍力。

雖然國家間似乎存在無止盡的衝突，但是經過長時間的嘗試與錯誤，他們發現合作能夠得到雙贏結果。質言之，不必然有人成為輸家。幸運的是，只有極少數國際事件是由一個國家單獨挑起。通常國家會相互採取行動與反制作為，提出建議並進行試探。他們可能在若干問題上做出讓步，但是會在其他問題上採取堅定立場。經過一連串事件，國家或將達成彼此能夠接受的協定。在這方面，一九五八到六二年的柏林危機是個典型案例。在這次危機當中，有些衝突類似弱雞賽局。美國與蘇聯都害怕因為做出讓

步而受到羞辱。然而，他們也可能因為柏林及其對外交通開啟相互毀滅的戰爭。此外，美蘇間存在若干共同利益，以及互信薄弱的情形。這又有些類似囚徒困境賽局。

準此，情形變得更加複雜。在類似危機當中，國家經常弄錯對方試圖開啟的賽局本質。一九五八年，蘇聯針對柏林問題下達最後通牒。當時美國認為蘇聯開啟的是弱雞賽局，目的是試探美國膽量。蘇聯則認為彼此間存在許多妥協餘地，以及顧全顏面的解決方案。西方國家原本對於蘇聯的最後通牒採取堅決立場。然而，隨後他們的態度開始軟化，默許東德於一九六一年修築柏林圍牆。與此同時，蘇聯沒有履行與東德單獨締結和約的威脅。在衝突過程當中，美國逐漸讓蘇聯了解他的最低要求，也就是維持西柏林的自主地位與經濟命脈。準此，西方國家繼續在西柏林駐軍，並且維持西柏林的對外交通。對此，華府表達不惜一戰態度。不過，他也表示其他問題都好商量。

再者，國家並非單一的行為者。決策者一方面必須應付外在壓力，另方面得顧及內政因素的考量。無論如何，國家應該設法將鼓勵合作與懲罰衝突的決心告知其他國家。與此同時，他應該適度表達共創雙贏局面的誠意。如此，不論爭端如何棘手，都有得到解決的可能。若干學者認為，啟動弱雞及囚徒困境賽局是避免衝突的最佳方法。重點在於以合作配合合作，以衝突對抗衝突。決策者應該把話說清楚，以免因為對手的計算錯誤升高衝突。其次，如此可以盡量將情緒，以及意識形態因素排除在談判過程之外。

國際談判的籌碼：軍事資源

從事國際談判手上必須握有籌碼。以下我們將先討論軍事資源，再談經濟資源。

國家可以依靠軍事資源對別國進行威脅利誘，或是給予獎勵懲罰。軍事資源可以當做「胡蘿蔔」使用。冷戰期間，美國與蘇聯都曾以先進武器

凝聚第三世界國家的向心力。這項策略可以造成接收國對於贈與國零件及裝備的依賴。不過,某些第三世界國家也有「胡蘿蔔」作為談判籌碼。例如,若干國家戰略位置重要,軍事強國都想在他領土上建立基地。隨著冷戰結束,軍事基地的重要性失色不少。不過,美國仍然認為有維持海外軍事基地的必要。

軍事力量也可以當成棍子使用。許多人認為外交是否辦得好,船堅砲利是項關鍵。例如,有人問史達林對於教廷的看法有何評論。他的回答是「教宗有幾個師的部隊」。不過,武力和外交間的關係遠比這種看法來得複雜。以美國與加拿大為例,他們間的爭端不可能透過武力解決。對於其他國家而言,武力優勢必須配合許多因素才能做為外交談判的後盾。

對於嚇阻(deterrence)策略及相關的靜默外交談判而言,軍事資源顯得格外重要。嚇阻是指當事國試圖阻止另一個國家採取他不希望見到的行動。進一步地說,嚇阻通常是指當事國試圖讓他的假想敵了解,假設後者採取侵略行動將會得不償失。世界各國用於嚇阻方面的經費每年以十億美元計算。他關係到數十億人身家性命安全。一旦嚇阻失敗,戰爭便將爆發。受到攻擊的國家也將挺身自衛。

理論上,國家比較容易嚇阻比他弱小的國家。相反地,他很難嚇阻實力相當,或是更為強大的國家。各國領袖經常據此增加軍費開支。備戰求和是他們的主要考量。不過,經驗性研究顯示,一個國家即使用盡吃奶力氣加強軍備也不見得能夠嚇阻其他國家對他或他的盟邦發動攻擊。質言之,單憑優勢武力未必能夠達到嚇阻目的。其他因素的配合往往更為重要。事實上,如果國家光靠武力執行嚇阻策略,很有可能刺激敵國提前對他下手。

此外,當事國比較容易嚇阻敵國攻擊自身領土,卻很難嚇阻他攻擊其他國家。原因是當自身受到攻擊的時候,當事國進行反擊的機率要高得多。不過,當事國可以採取若干手段提高嚇阻的可信度。前文提及的「過河卒子」策略便是其中之一。二次戰後,美國便是透過駐軍替西歐撐把保護傘。

研究顯示，與其他國家建立緊密的經濟及軍事關係是延伸嚇阻範圍的最佳方法。相形之下，訂定同盟條約和提供防衛承諾的功能要略遜一籌。

再者，研究顯示一廂情願的想法往往促使侵略國家不顧橫在眼前的嚇阻威脅。當各國領袖遇到嚴重的內政外交問題，或將被迫採行具有侵略性的外交政策。他們經常基於自身需要而扭曲事實。例如，他們往往低估風險，卻高估可能得到的利益。從法紹達（Fashoda）危機到韓戰，乃至於科威特戰事，類似例子不勝枚舉。[1]有學者指出，「當各國領袖認為必須採取行動的時候，其他國家的利益和承諾將被拋在腦後。」

國際談判的籌碼：經濟資源

進入核子時代，以武力做為談判後盾既困難又危險。因此，各國愈來愈重視如何運用經濟手段發揮影響力。禁運、海外投資、凍結資產，以及就援外事宜提出附帶條件等行為經常成為媒體頭條新聞。再者，上述手段都可以應用在正式或非正式談判場合。

在某些情況下，經濟手段相當有效。如果當事國間的依賴關係並不平均便更是如此。先前在殖民時代，當殖民國家的經濟力量介入另一個國家，通常可以視為併吞前奏。今天，國家仍然能夠利用經濟力量控制別的國家，只是手法不太一樣。儘管受到控制的國家也有反抗可能，若干學者將這種現象稱為新殖民主義（neocolonialism）。例如，一九九五年墨西哥披索因為該國財政過度擴張而重挫。他剛與美加兩國訂立的北美自由貿易協定（NAFTA）也受到拖累。於是，墨西哥政府請求華府提供貸款擔保，以便維持該國貨幣幣值。相對地，為了得到國會同意，柯林頓政府要求墨西哥以未來售油收入做為質押。儘管過程當中問題不斷，墨西哥終究能夠及時償還貸款。

1　譯按：一八九九年，英、法因為爭奪在埃及的利益發生衝突。在法紹達，雙方部隊各自嚴陣以待。最終法國基於對德復仇的考量做出讓步，避免戰爭爆發。

　　由此可見，經濟資源能夠做為外交政策中的胡蘿蔔。國家可以運用各種手段換取其他國家合作。其中包括贈予、貸款、投資，以及給予最惠國待遇。同樣地，國家可以拿經濟資源當大棍使用。例如，他可以撤銷最惠國待遇，實施禁運（embargo），以及沒收或凍結資產。經濟資源能夠使當事國取得政治或軍事力量無法提供的事物。一九六〇年代，美國補助南韓和泰國。條件是後者參與越戰。國家可以運用經濟手段支持友好國家，或是削弱敵對國家的力量。

　　若干學者指出，目前擁有強大軍事力量的國家仍然屈指可數。不過，經濟實力雄厚的國家也開始能夠對國際事務產生重要影響。相關國家包括日本、德國與沙烏地阿拉伯。其中日本與德國同時擁有強大軍隊。無論如何，日本曾經透過援助手段影響中共與南非等國。準此，日本商品能夠順利進入這些國家的國內市場。

　　我們必須再次強調，哪種資源最能發揮影響力須視情況而定。經濟威脅要想收到效果，雙方爭執或須與經濟議題有關，抑或當事國容易受到經濟傷害。諾爾（Klaus Knorr）指出，甲國若想對乙國具有「強制性」的經濟影響力，必須符合以下條件：1.甲國必須切實掌握乙國需要的事物。2.乙國對於這項事物的需求很高。3.乙方因為答應甲方要求付出的代價小於甲方切斷供應的傷害。質言之，乙國對於甲國的威脅不僅具有敏感度（sensitivity），同時具有易毀度（vulnerability）。在這方面，第四個條件也很重要。甲國因為落實威脅付出的代價必須小於得到的利益。否則甲國不太可能真的採取行動。

　　經驗顯示，上述條件很少能夠得到滿足。質言之，「幾乎沒有國家能夠光靠經濟威脅說服另一個國家改變外交政策作為」。從一九三三到六七年，相關國家採取十八次經濟制裁行動。其中只有三次收到若干效果。另外一項研究顯示，在二十二次貿易制裁當中，四次達成外交政策目標，三次促使雙方達成妥協。準此，他似乎有三分之一的成功機率。在失敗案例

當中，受到制裁國家從其他貿易夥伴取得所需資源是造成如此結局的主要原因。冷戰期間，美國一方面禁止輸入古巴生產的蔗糖，另方面要求西方國家配合對古巴採取石油禁運。不過，古巴轉而向蘇聯輸出蔗糖，並且從蘇聯進口原油。晚近，聯合國對於伊拉克與塞爾維亞實施貿易制裁，或多或少得到若干成效。

此外，我們可以從南非案例當中看出經濟制裁的複雜程度。先前國際社會斷斷續續對於南非實施多項經濟制裁。他的目的是迫使南非白人政權放棄對於納密比亞（Namibia）的殖民統治，以及種族隔離政策。為此，聯合國大會一再要求會員國對於南非採取嚴厲的經濟制裁。不過，許多國家持續和南非進行貿易。他們從南非取得鑽石、黃金與白金，同時賣給南非消費性商品。與此同時，西方國家擔心他們的經濟制裁會傷害到若干依賴南非的黑人國家。準此，南非政府能夠透過各種管道取得所需資源。在這方面，經由第三地轉運是種相當重要的模式。

經濟制裁能否奏效與他的類型及時機息息相關。當貿易禁運無法成功的時候，減少資本流動（如限制民間投資或減少政府援助）或許可以達成預期目標。例如，一九八〇年代外國銀行團拒絕給予南非更多貸款。這引起南非工商業界恐慌，促使該國修正種族隔離政策。加上南非在鄰國安哥拉的軍事行動受挫，來自各方面的壓力逐漸收到預期效果。南非政府開始大刀闊斧地改革。其中包括廢除若干種族隔離法律，釋放政治犯，以及與非洲國民議會和曼德拉進行對話。最終南非舉行普選。曼德拉及其政黨順利組成多數政府。

經濟制裁要想充分發揮效用通常必須滿足兩項條件。1.被制裁國高度依賴制裁國。2.被制裁國政府缺乏國內民眾支持。一九七〇年代，牙買加總理曼利試圖將美國企業的資產國有化。為了因應這項情勢，美國動員在他掌握下的國際金融組織拒絕給予牙買加貸款。這使得牙買加的外匯存底迅速枯竭，進口成本節節上升。一九八〇年，曼利政府在選舉當中失利，由親

美政黨入替。美國曾經對智利、尼加拉瓜及其他拉丁美洲國家施加類似壓力，造成不為他所喜的政府垮臺。然而，一九八〇年代末期，美國無法透過這種方式讓巴拿馬獨裁者諾瑞加屈服。因此，布希政府只得訴諸軍事手段。

以下幾章將會提到，各國愈來愈需要就彼此間經濟往來達成協議。因此，經濟制裁不易在國際談判中發揮效用。與此同時，他可能對於國際經濟秩序造成破壞。影響所及，還會衍生就業、商品價格及人類福祉等各種問題。決策者應當格外謹慎。

好的外交官與好的外交：談判原則

許多學者針對談判提出若干原則供各國官員遵循。其著眼點在於使得彼等成為好的外交家，從而推動成功的外交。他們尤其希望相關原則能夠在正式談判中派上用場，因此得到具體成果。以下我們將介紹好的外交官與好的外交應該具備哪些條件。

好的外交官應該具備的條件

有些人認為「欺騙」是外交談判的成功關鍵。因此，好的外交官必須能夠面不改色地說謊。事實上，外交經常被認為是「好話說盡，壞事做絕」。外交官則是「派駐國外替本國說謊的人」。例如，一九四〇年代一位派駐莫斯科的波蘭外交官曾經給俄國的維辛斯基（Andre Vyshinsky）如此評價：「他是個無懈可擊的外交官，可以當面說謊卻面不改色。你知道他在說謊。他也知道你明白他在說謊。但他就是不肯改口。我沒看過其他外交官能夠像他那樣恬不知恥。」

不過，前文提及取信於人也是非常重要。因此，欺騙不能算是很有用的條件。好的談判者有時必須隱藏某些消息，有時則須表現地模稜兩可，讓對手摸不透底細。整體而言，外交官與其他國家進行交涉最好及早建立誠實和值得信任的口碑。如此，日後他在辦外交的時候才能得心應手。尼

古森曾經列出優秀外交官必須具備的五項基本條件。其中第一項就是受人信賴。其他四項條件分別是思路與表達有條不紊、冷靜、謙虛（驕傲往往使得外交官陷於孤立，抑或受惑於他人的奉承），以及忠誠。外交官長期定居國外，有些時候會對當地人民產生情感，甚至因此無法忠實執行國家交付的任務。

好的外交應該遵守的原則

根據費雪（Roger Fisher）及其他學者看法，稱職的外交官在談判過程中應該遵守下述原則：

1. 判斷對方是否具備談判誠意：當國家坐上談判桌的時候，他不見得有誠意透過外交途徑達成協議。他可能試圖藉由談判達到宣傳目的，或是探知談判對手的企圖與實力。談判要想成功，光靠老練的外交官是不夠的。談判雙方必須從談判過程中得到他們想要的政治利益。不過，如果雙方基於「交換意見」而進行談判，仍將有助於相互了解。

2. 不可忽視對方提出的程序問題：有些時候，談判一開始便因為程序問題而陷入僵局。相關問題包括談判桌形狀，或是允許哪些國家加入談判。例如，在巴黎和會中，美國與北越因為談判桌式樣以及誰才代表越南爭執好幾個月。通常如果有一方提出程序問題，目的可能是要阻撓談判進行。不過，他也可能替談判雙方指出問題癥結所在。

3. 和前兩項原則有關的是，談判者必須讓對方相信你了解並且重視他的立場：十九世紀法國外交家塔里蘭（Talleyrand）指出：「你每談判一小時，就請站在對方立場思考十分鐘。」這並不是要你答應對方要求，而是希望藉此尋求對方可能接受的談判條件。若干外交官每每自以為是地維護我方談判立場，一味指責對方行止失當或具有侵略性。他們無非希望對方產生罪惡感。不過，對方也很可能同樣地自以為是。果真如此，談判將形成彼此間的謾罵。

4. 所提方案必須具體到對方能夠考慮和反應：前文提及，威脅利誘的

內容愈是具體，可信度與效果就愈好。基於同樣道理，費雪建議談判者儘可能提出「讓對方稱是的方案」。

5. 如果無法澈底解決彼此爭端，談判者應該將他分成若干部分一一加以解決：例如，一九七八年以色列與埃及在卡特調停下達成大衛營協定。當時有待解決的問題包括以色列分階段從占領區撤兵，相互承認對方是主權國家並建立正常外交關係，解決畫界爭端，規劃巴勒斯坦人民未來，以及確定耶路撒冷地位。其中若干問題遭到擱置。剩下來的問題則透過「漸進策略」（salami tactics）得到解決。

6. 不可侮辱對方：好的談判者應該令對手心甘情願地接受談判條件。只要能夠得到想要的利益，不妨留給對方臺階下。質言之，外交官不應該誇耀他的勝利，應該讓對手覺得當事人也做出若干讓步。如果占優勢的一方頤指氣使，對手必將時時尋求報復機會。例如，一次戰後的凡爾賽和約因為條件苛刻，使得德國朝野充斥復仇心理。

小結

雖然本章從各國政府的角度看待外交談判，但是參與談判過程的不限於國家。事實上，參與者數目有增加趨勢。例如，「恐怖組織」與「民族解放陣線」經常以手中人質和各國政府進行談判。儘管如此，國家仍然是學者的研究重心。

前中央情報局官員柯普蘭（Miles Copeland）曾經以一九五〇及六〇年代美國與埃及間的「貓捉老鼠」分析國際賽局。當時美國國務卿杜勒斯與埃及總統納瑟都千方百計試圖利用對方，勸說對方和自己合作達成某個重要目標，或至少不要加以阻撓。

將國際政治比做賽局有助於我們對他的了解。不幸的是，國際間的利害衝突往往比「大富翁」等遊戲來得真實與嚴重。其中牽涉到的不僅僅是一人一姓的福祉，而是全人類的禍福安危。我們真誠希望各國領袖能夠了

解這點。

　　最後，我們願意援引柯普蘭的一段話做為本章結尾。柯氏提到，一九六二年埃及副總統莫希定（Zakaria Mohieddin）對該國戰爭學院的學員說道：「國家間的賽局與撲克遊戲有幾項重要差異。1.每個國家都有自己的目標。求取勝利並非唯一目標。2.各國往往因為國內壓力而採取若干不計後果的行動。3.國家間的遊戲中只有輸家，沒有勝利者。各國能夠做的是少輸為贏。」

　　國家所以要玩這場遊戲，為的是使遊戲不致中斷。除此之外，戰爭是唯一選擇。

第八章
遊戲中斷，訴諸武力

當外交談判破裂或前景黯淡的時候，政府會像過去一樣訴諸武力解決爭端。事實上，由於國家經常使用武力，許多學者認為戰爭是國際政治當中普遍存在的正常現象。例如，有位學者指出，「從西元前三六〇〇到一九八〇年，只有兩百九十二年的和平歲月。」另一位學者指出，「從一九四五到七八年，只有二十六天不曾發生戰爭。」一九七〇年代末期，全世界平均每天有十二場戰爭同時進行。然而，晚近國際戰爭的發生頻率呈現下滑趨勢。以一九九三年為例，國家間不曾出現戰爭。相對地，各國內部出現三十四起嚴重武裝衝突。準此，我們要問怎樣才算「典型」戰爭。在不同時空，戰爭的進行方式是否也存在差異？

對於那些祈求世界和平的人們而言，歷史似乎是朝有利方向發展。例如，國際體系不費一槍一彈便從冷戰時期過渡到後冷戰時期。許多學者，特別是歐洲學者因而認為戰爭已經失去「可利用性」。今後，工業國家似乎只能透過科技與經濟的競爭優勢取得國家利益。這樣的競逐不僅比較安全，同時更有建設性。有些學者則指出，如同奴隸，戰爭將因為「過時」而走入歷史。其中不僅涉及成本效益考量，同時關乎國際規範的進步。然而，上述樂觀情緒很快被澆了盆冷水。一九九〇年，伊拉克入侵科威特。美國則率領聯軍進行反擊。若干學者將這起事件稱為「後冷戰時期首次危機」。

準此，假設我們認為戰爭將隨著社會的成熟而銷聲匿跡可能略嫌武斷。首先，我們應該試著了解戰爭的本質與成因，從而判斷發生武力衝突的可能性。本章試圖探討為何各國領袖決定跨過外交界線，訴諸武力？此外，國家可以運用哪些方式訴諸武力？使用武力對於國家而言具有哪些成本

175

效益？

　　一般人對於使用武力抱持兩種不同態度。然而，這兩種看法未必完全相反。根據十九世紀普魯士戰略家克勞塞維茲（Karl Von Clausewitz）說法，「戰爭本身是種策略，只不過以利劍取代筆的地位。」在他看來，戰爭只是換種方式執行策略。當國家無法在談判桌上達成目標，往往會使用或威脅使用武力。因此，儘管當事國決定以劍代筆，談判未必因而中止。雙方仍然可能極力迫使對手讓步，接受自己提出的談判條件。例如，一九八○年代兩伊戰爭期間，伊朗仍舊維持與伊拉克的外交關係，以及駐在巴格達的大使館。

　　許多學者看法與克勞塞維茲大同小異。他們認為國家根據理性，以及成本效益考量決定是否訴諸武力。質言之，戰爭是政策的環節，著眼於達成特定政治目標。各國領袖在採取軍事行動之前會先評估預期收到的效果。此外，決策者的價值判斷（如他願意承擔多大風險），以及對於狀況的掌握（他必須考慮可能得到那些國家助力，又可能遭到哪些國家反對）也很重要。決策者愈是認為有利可圖，就愈可能下達作戰命令。

　　在這派學者當中，麥斯基塔（Bruce Bueno de Mesquita）可說是代表性人物。他指出在一九一五到七四年的五十八次國際戰爭中，發起攻擊的國家贏了四十二次。這證明他們的決策者絕非意氣用事。「自從拿破崙慘遭滑鐵盧之後，只有不到10%的攻擊發起國遭到迅速而澈底的失敗。」不過，就邏輯而言，攻擊發起國的勝利不足以證明相關行動經過精心策畫。其次，麥氏可能應該將他的研究分成幾個階段。一八一五到一九一○年間，攻擊發起國可說是戰無不勝。相對地，從一九一○到六五年，先動手的國家失敗比例高達五分之三。

　　各國領袖試圖藉由戰爭手段達成的目標可能相當單純，如吞併特定領土。然而，他也可能涉及複雜計算。例如，當事國或將替敵國建立一套新的政治制度，或是改變國際社會的權力平衡狀態。若干學者認為，國家遂

行動機單純且所費有限的戰爭比較容易取勝。麥斯基塔提醒我們，決策者在發動戰爭的時候不見得全然理性。情緒也有可能影響他們的決定。只不過，決策者通常會明確定出政策優先順位，同時評估成本效益。例如，希特勒有一套征服西歐的計畫。從技術層面來看，他是相當理性。然而，他主宰世界與選擇性絕滅人種的目標幾近瘋狂。情緒不穩定與認知錯誤往往使得決策者錯估成敗的或然率，因而招致失敗命運。一九四一年，希特勒相繼對蘇聯與美國宣戰。備多力分對於他追求「千年帝國」的目標而言不能算是理性的決策。

早在一九三〇年代愛因斯坦與佛洛依德的信件往返當中，學者便發現情緒因素會阻礙決策者理性運用武力手段做為談判工具。如同佛洛依德指出，一旦情緒因素發酵，決策者往往會毫無理性及限制地使用武力。他認為戰爭肇因於人類不自覺的心理作用。人有求生本能，但也有尋死念頭。後者可能導致世界毀滅。相反地，求生本能給予我們希望。準此，我們可望透過文化力量控制人類的毀滅衝動。

上述說法假設戰爭源自決策者對於環境的反應。他們的根據包括：1.人性的暴力本質；2.第六章提到的恐懼、挫折與憤怒。相關學者往往不假思索以蒙受挫折，好戰成性或復仇心切等字眼替國家分類。有些時候，決策者是會利用情緒因素的變化。因此，有限的領土爭端可能引發大規模武力衝突。

單憑克勞塞維茲或佛洛依德論點都不足以完整解釋國際間武力衝突的起因。將戰爭視為理性談判過程的學者必須了解，武力衝突經常是不理性的。將戰爭視為人類心理或生理產物的學者則須承認，不是所有的人時時都在作戰。若干國家有些時候積極參與戰爭，有些時候則致力維持和平。還有些國家長期生存在和平的國際環境當中。準此，決策者發動戰爭似乎有理性和情緒兩方面的考量。戰爭好比疾病，有不同的形態和病因。唯有了解這點，我們才能對症下藥。

使用武力的趨勢

傳統上，研究武力衝突的學者主要是對戰爭感到興趣。然而，戰爭只是國家間敵對的一種方式。其他方式包括邊界衝突、突襲、干預，以及若干不足以構成戰爭的武裝衝突。戰爭所以與眾不同，乃是因為兩個以上國家動員有組織的軍隊，持續進行武裝鬥爭。

在過去，戰爭與其他形式的武力衝突間存在明確界線。例如，戰爭具有法律意義，並且有明顯的開始及收尾動作。通常戰爭始於甲國向乙國宣戰，同時必須等到雙方締結和約才宣告結束。時至今日，各國往往不宣而戰。其中部分原因出在聯合國憲章明文規定武裝侵略是非法行為。因此，國家往往借用其他名義從事戰鬥。相關術語包括「警察行動」、「削平叛亂」、「反恐行動」，以及「自衛」等等。這使得我們不易分別戰爭與其他形態的暴力。在這種撲朔迷離的情況下，我們最好根據戰鬥形態與範圍替國際間的武力衝突分類。各國領袖提出的說詞倒在其次。戰爭的持續性可能導致重大人員傷亡。不過，其他形態的武力衝突也具備類似潛在的殺傷力。以下我們就三個層面探討武力使用的趨勢。他們分別是：1.國際戰爭；2.不宣而戰；3.內戰。

國際戰爭

一九九五年，美國政府在緊縮開支的同時持續編列高額國防預算。對此，專欄作家威爾（George Will）提出辯護。首先，他認為「世界將進入長久和平」的說法過分樂觀。在這方面，他引述耶魯大學歷史學者凱根（Donald Kagan）的論點：「過去兩百年間，許多人預言戰爭將走入歷史。然而，這些預言每一次都被戰爭加以粉碎。」同樣地，一位出身學界的國防部助理部長指出，戰爭是歷史的常態而非例外。

何謂國際戰爭（international war）？國際戰爭是兩個或兩個以上國家間持續性的軍事衝突。他直接造成的陣亡人數超過一千人。根據這項定義，

一八一六到一九八〇年間約有一一八次國際戰爭發生。整體而言，國際戰爭發生的頻率有減緩趨勢。然而，由於武器製作技術日新月異，戰爭的嚴重程度（即傷亡數字）卻大幅提高。在過去幾個世紀當中，若干戰爭造成重大人命損失。不過，相形之下二十世紀的國際戰爭仍然最具毀滅性。這段期間的陣亡將士約兩千兩百一十萬，是一五〇〇到一八九九年所有國際戰爭陣亡將士（一千一百二十萬）的兩倍。

　　二次大戰結束後，民族國家快速增加。有可能發動戰爭的國家數目是以往三倍。如果我們將這項因素考慮進去，戰後國際社會確實比以往和平許多。圖 8-1 顯示，一九六五年後，全球約有 10% 國家參與戰爭。其中多數是依賴強國軍事與經濟援助的次等國家。雖然若干戰爭拖了七、八年還打不出名堂，但是已經沒有「三十年戰爭」那類長得嚇人的戰爭。目前國家傾向「一次解決」。在戰爭連續發生之後通常有較長時間的和平。

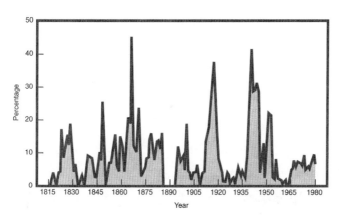

圖 8-1　參與國際戰爭的主權國家比例，一八一五至一九八〇年

　　與此同時，強國間發生戰爭的頻率呈現下降趨勢。研究顯示，在十九與二十世紀的國際戰爭當中，強國間硬碰硬的比例約六分之一。相形之下，十六到十八世紀間，這項數據高達 80%。冷戰時期，強國間避免正面對決是國際政治的一大特色。美國與中共在朝鮮戰場交鋒或許是唯一的例外情

形。美國與蘇聯因為古巴與柏林等問題發生多次危機，卻不曾在戰場上兵車交會。因此，若干學者將美蘇冷戰視為破記錄的「長時間和平」（long peace）。

然而，我們不宜因此對於戰爭問題抱持過分樂觀的態度。先前國際社會也曾經歷類似的長時間和平。一八七一年普法戰爭結束後，歐洲強國間有四十三年不曾正面交鋒。不過，一九一四年爆發的一次大戰成為人類史上最具毀滅性的戰爭之一。[1] 今天，中國大陸與臺灣間的緊張關係很有可能升高，同時捲入亞洲地區以外的國家。美國、中共以及俄國間發生衝突的可能性不容低估。

不宣而戰

前文提及，近年來國際戰爭的發生頻率逐漸下降。特別是強國間幾乎不曾發生戰爭。然而，因為有太多不宣而戰（force without war）的例子，所以戰爭與和平的界線變得模糊。例如，一九四五到七五年間，美國用兵約兩百次，蘇聯則為一九〇次。與此同時，除了二十八次戰爭及干預行動之外，國際間發生二十八次邊界衝突及十二次封鎖行動。全球各個角落因而發生多起危機。

時至後冷戰時期，不宣而戰的情形依然隨處可見。一九九五年，秘魯與厄瓜多因為長年的畫界爭議發生邊界衝突。印度與巴基斯坦不時在喀什米爾停火線附近駁火。希臘與土耳其的海空軍經常在愛琴海域發生衝突。一九九六年，中共在臺灣海域試射飛彈，藉此嚇阻後者宣布獨立。

如同中共，許多國家將武力視為政治手段，而非軍事工具。當國家使用武力給另一個國家帶來傷害，促使後者放棄採取某項行動，這就是所謂「強制外交」或「暴力外交」。例如，長期以來以色列對於收容巴勒斯坦

1　例如，對於法國而言，一次大戰造成的將士傷亡遠多於二次大戰。做為一次大戰終戰紀念日，十一月十一日時至今日仍然是該國國定假日。

恐怖組織成員的阿拉伯國家採取強烈報復。他的目標不在於造成實質傷害，或是摧毀相關國家的軍事能力，而是要說服當事國收容巴勒斯坦恐怖份子將付出無法承受的代價。然而，以色列的策略成效不彰。巴解組織從事邊境攻擊有變本加厲趨勢。除了運用武力「影響」敵人之外，國家試圖藉此「得到」想要的事物。例如，一九八一年以色列派遣戰機摧毀伊拉克核子反應爐。此舉並非著眼於影響伊拉克的核武政策，而是要澈底摧毀他製造核子武器的能力。

今天，國際社會步入核子時代。國家開始尋求戰爭的替代品。相關手段包括威脅使用武力（如動員軍隊），以及使用低強度的武力（如美國在一九八六年空襲利比亞）。戰略家大談有限戰爭（limited war）與「控制性使用武力」的可行性。問題是決策者能否控制局面，不致引發更大衝突。

內戰

在討論現代武力衝突的時候，不能不提到內戰（civil war）問題。內戰不是件新鮮事。民族國家誕生之後，往往因為內部衝突而引發戰爭。有些內戰造成的生命財產損失超過國際戰爭。例如，一八五○到六四年間的太平天國之亂造成三千萬條人命損失。

雖然內戰不是件新鮮事，卻在一九四五年後國際體系當中占有重要地位。隨著殖民帝國瓦解、新興國家相繼成立。他們的政治制度並不穩定，因此經常發生內戰。不過，在拉丁美洲及其他地區，若干歷史悠久的國家也會發生內戰。據估計，二十八場內戰始於一九八○年代。此外，有六場內戰始於七○年代。時至八○年代末期與九○年代初期，尼加拉瓜與莫三鼻克等地的內戰相繼落幕。然而，在前蘇聯加盟共和國等地，新的內戰陸續登場。以九○年代為例，約有四十個國家加入陣亡人數超過千人的內戰。

如同一位學者指出，「今天，內戰是種典型的戰爭形態。他起因於叛亂一方試圖改變憲政制度，或是改變種族間的均勢，抑或是達成分離主義目標。」

「當前武力衝突的目標不外乎以下幾點。其中包括控制政權、達成分離主義目標,以及讓具有特定認同的族群團體自治。在這種情況下,傷亡者多為平民。而在他們當中又以婦孺占多數。追求地區性或全球性霸權不再是戰爭的主要起因。相反地,國家往往因為無法提供並維持人民需要的公民社會而引發戰爭。質言之,當事國無法保障人民的基本權利或生理需求。」

在這方面,一九八〇與九〇年代的柬埔寨內戰是典型案例。七〇年代末期,赤柬政權(Khmer Rouge)大規模迫害農民與職工階級。柬埔寨因而成為著名的「殺戮戰場」。之後,交戰派系在越南、中共與美國支持下持續進行內戰。一九九四年,透過聯合國居中協調,他們達成停火協議。

從柬埔寨案例當中可以看出,內戰有「國際化」的趨勢。質言之,外國部隊介入已經是司空見慣。研究顯示,一九一九到三九年間,內戰國際化的比例是 18%。一九四六到六五年間這項數據增加到 27%,更在一九六六到七七年間升高到 36%。冷戰期間,東西對抗是造成內戰國際化的主因。相關案例包括越南、衣索匹亞、薩爾瓦多、阿富汗及葉門。蘇聯及其附庸國經常支持所謂「民族解放戰爭」。在這類戰爭當中,政府軍的傳統軍力通常優於革命團體。然而,革命團體多半能夠掌握游擊戰(guerrilla warfare)優勢。基於反制考量,若干國家設計「平亂」(counterinsurgency)策略。如同第四章提到,後冷戰時期各國通常透過地區性或全球性國際組織的多邊架構干預他國內戰。例如,相關國家在南斯拉夫內戰期間承擔維持和平的工作。此外,若干國家陷入「國不成國」,也就是接近無政府狀態。這替國際社會製造難以解決的問題。一九九〇年代的賴比瑞亞是個典型案例。雖然奈及利亞試圖帶領若干非洲國家介入,同時恢復當地秩序。然而,賴比瑞亞的軍閥仍舊酣戰不休。首都蒙羅維亞的建築分別遭到不同派系占領。

在各種內戰當中，種族衝突（ethnopolitical conflict）逐漸占據媒體主要版面。相關衝突涉及複雜的種族、文化及宗教認同問題。除了波士尼亞之外，盧安達也是典型例證。一九九四年，圖西族取得政權。成千上萬胡圖族難民因為害怕成為報復對象而逃離盧安達。類似衝突經常招致國際社會干預。

一九九〇年代中期，據估計在三十四場主要內戰當中有十九件事關領土割據，而非政權爭奪。只有在非洲與拉丁美洲，政權爭奪的案例多於領土割據。質言之，當事者試圖透過分離運動建立「新而獨立的國家」。如果這項趨勢持續下去，許多國家都將坐立難安。

世界究竟是變得更動亂還是更和平？

在找出前述趨勢之後，我們試圖了解未來國際社會使用武力的情形。一方面，已經超過三十年未曾發生世界大戰。一九七〇年代末期，全球約有十多場國際戰爭。時至九〇年代中期，國際戰爭接近絕跡。圖 8-2 顯示，目前獨立國家的數目多於十九世紀，但是國家間透過武力解決爭端的情形卻未同步增加。

不過，人類似乎天生具有暴力傾向。例如，在一九九四到九六年的盧安達內戰當中，死亡人數估計有五十到一百萬。一九四五年以來，全球約有一千八百萬人死於各種類型戰爭。時至後冷戰時期，這種情形仍然未見改善。特別在內戰過程當中，死傷者十之八九是平民百姓。與此同時，被迫逃離家園的難民人數較前增加十倍。一九七〇年代中期，全球約有兩百五十萬難民。一九九五年，這項數字增加為兩千三百萬。是時，非洲地區的戰亂居全球之冠，約有十四起重大武力衝突。再者值得注意的是，儘管冷戰已經落幕，全球國防開支約七千五百億美元。較諸八〇年代的高峰期，這項數字只略見減少。

此外，國家藉著嚇阻或自衛的名義，時時在替更精密也更慘烈的戰爭

（如核生化戰爭）做準備。這還不包括非國家成員採取的暴力手段，如恐怖行動等等。稍後我們將要討論國際社會如何控制國家使用武力。在這之前，我們最好先了解戰爭發生的原因。

戰爭發生的原因

幾個世紀以來，歷史學者、哲學家與科學家不斷探索戰爭發生的原因。其中人類學家發現早在百萬年前便有戰爭。人類歷史像是一部戰爭史。隨著時空改變，戰爭的形態略見差異。原始部落間的戰爭比較像宗教儀式。戰士除了復仇外，還為個人榮譽、宗教信仰及奪取戰利品而戰。這類戰爭通常不致造成嚴重的性命損失。當時，戰爭能夠紓解人口壓力，使倖存的人享有足夠食物與資源。同樣的動機與效果也曾出現在現代戰爭當中。公元前四世紀，農業社會出現使人們能夠落地生根，進而吞併他國領土。此後，戰爭和戰備的規模便快速擴張。

如同第五章討論國家的外交政策作為，我們最好是從個人、國家與國際系統三個層次探討解釋戰爭成因的理論。在這方面，瓦茨所寫的《論個人，國家與戰爭》可說是代表作。如同若干學者，他試圖同時在上述三個層次探求戰爭起因。例如，有些學者就決策者心目中的「意願」與「成功機率」推論他投入戰爭的可能性。基於三個層次的因素分析，他們發現有些時候即使成功機率很高，決策者未必產生把握機會的意願。

就個人層次而言，我們可以找出若干心理因素解釋個人為何決定使用武力。若干學者認為人都具有侵略本能，因此戰爭難以避免。然而，除了人們經常發生打鬥事件之外，我們找不出其他證據支持這類「本能說」。有的學者則認為，某些「人格傾向」容易導致暴力行為。一旦這種人出任決策者，國家投入戰爭的可能性便隨之增加。此外，有些學者認為決策與溝通過程的本質較諸人格傾向更為重要。決策者因此往往無法正確評估政策與訊息。還有些學者認為戰爭是憤怒、挫折及其他情感的產物。

就個人層次而言，學者研究重點在於人性中有哪些因素使得人們心甘

情願，或樂意使用武力。殺人是不對的，但殺敵是合法的。當個人站在公民或政府立場的時候，暴力突然變得可以忍受。各國領袖以人民的名義採取行動，彷彿他們是根據某人遺囑管理一份產業。他們自覺有責任保障人民安全，並且決定運用武力達成目標。人民通常會接受他們的決定。

就國家層次而言，國家屬性不僅能夠影響當事國的外交政策行為，也能影響他訴諸武力的傾向。在這方面，麥斯基塔認為古典現實主義學派的論點有很大缺憾。除了國家利益之外，內政因素往往促使決策者做成最後決定。特別當現任者尋求連任的時候，他的調兵遣將通常格外謹慎。[2]基於這點，第五章得出「民主和平」的概念。質言之，民主國家傾向透過和平手段解決彼此間的爭端。

另外一派學者從利益團體角度呼應民主和平的論點。由於有這類經濟利益團體的存在，相關國家支持自由貿易與民主政治的發展。「仔細思考以下的因果關係：貿易帶來繁榮。繁榮帶來民主政治。民主國家間幾乎不存在發生戰爭的風險。」

儘管民主國家間幾乎不曾發生戰爭，但這並不意味其他根據內政因素提出的戰爭理論也能言之成理。例如，若干學者認為國內政局不安將促使政府領袖找另個國家做為代罪羔羊，並且採取充滿敵意的外交政策。雖然這項論點適用於某些個案，卻未得到學界的普遍認可。相反地，國內政局不安往往招致外國的攻擊或干預。此外，若干學者認為某些國家的文化（如德國的軍國主義文化）容易導致戰爭。不過，他同樣無法通過實證研究的檢證。晚近，研究顯示文化差異與戰爭間可能存在重要的關連性。

若干研究證實國力與衝突傾向間的關連性。國家不分強弱，都有可能加入戰爭。然而，歷史告訴我們軍事經濟力量強大的國家往往更容易捲入

2　譯按：晚近美國的攻伊戰爭是典型例證。早在二○○二年八月，布希政府決定攻打伊拉克的傳聞便甚囂塵上。然而，布希一直等到年十一月期中改選勝出後才正式出兵。二○○四年，布希也是等到連任成功後才調集重兵攻打伊拉克反抗軍重鎮法魯加。

武力衝突。

最後，若干學者指出戰爭循環（war cycles）可能存在，並且隨著「國家情緒」起伏。質言之，國家可能一開始對戰爭有種狂熱，接著產生筋疲力竭的倦怠感，終於覺醒戰爭並非解決問題的方法。大約二十年後，國家的戰爭狂熱重新燃起。原因是新一代的政治領袖對於戰爭不復記憶。研究顯示，這種「循環」相當不規則且難以預測。我們無法據此判斷決策者是否會做成出兵決定。

假設戰爭循環確實存在，我們不難在國際系統層次找到相關原因。許多系統理論學者從爭奪霸權的觀點解釋何以大規模戰爭不斷發生。霸權國家不僅控制廣大領土與經濟資源，同時能夠替國際體系制定規範。莫多斯基（George Modelski）指出，隨著國際系統週期性的變化，全球性戰爭一再發生。諸如英國等曾經叱吒風雲的國家因為國內政治經濟問題而勢微。他和德日等上升型國家的競爭日趨激烈，終於不免一戰。

就系統層次而言，許多學者指出國家間的權力關係是引發戰爭的原因。其中有種說法曾經盛極一時。他們認為國家間如果處於權力平衡狀態，侵略者自然不敢妄動。不過，有些學者看法恰好相反。他們認為實力相當的國家間反而容易產生戰爭。如果國家間實力相差懸殊，則「弱國不敢向強國挑釁，而強國也用不著攻打弱國。」前文提及，這兩種說法誰是誰非迄無定論。只不過實力差距懸殊的國家間「比較不容易發生戰爭，即使發生也不致拖得很久。」若干學者認為，權力關係的改變往往會導致戰爭。在這種「權力過渡時期」，戰爭一觸即發。原因是權力上升的國家會千方百計爭取應得地位。

若干學者試圖從國際系統的大處著手，找出引發戰爭的原因。其中包括同盟數目與種類、強國數目、懸而未決的爭端數目，以及權力極化程度等等。有些學者假設在多極系統當中，國家結盟彈性較大，因此比兩極化系統來得和平。有些學者的看法恰好相反。對此，詹姆斯（Patrick James）

提出折中論點。他發現在十九世紀當中，兩極體系傾向導致戰爭。二十世紀的情形則非如此。多極體系發生戰爭的機率較高。

　　與此同時，若干學者試圖從另個角度研究國力差距與戰爭機率的關連性。他們假設強國攻打弱國比較簡單。弱國攻打強國則非易事。準此，如果我們一一找出強國與弱國的組合配對，將有助於預測戰爭發生的機率。

　　再者，第五章提及一項重要的系統層次因素，也就是當事國的鄰國數目與接近程度。距離遙遠的國家間很少發生戰爭。部分原因在於當事國無法將軍隊運抵目的地。如同其他學者，瓦斯奎茨（John Vasquez）認為，國家不斷因為疆界問題發生戰爭。他們攻城略地，希望藉此增加自身財富與安全。以種族衝突而言，交戰雙方在奪取領土上進行「種族屠滅」已經不是件新鮮事。

　　戰爭不是單一因素所引起。因此，我們很難一語道破引發戰爭的原因。有些因素可能引發全球性戰爭，有些則會導致地區性戰爭。個人、國家與國際系統等不同層次的因素可能相互影響或抵消。要了解戰爭發生的原因，最好同時尋找他的遠因及導火線。其中背景因素好比易燃的汽油，只待一根火柴便能引發熊熊烈火。以下我們將分別討論遠因及導火線兩方面的因素。

背景因素

　　引發戰爭的背景因素包括下列三項：1.國族意識強烈的領導階層與人民。他們高度服從政治權威。2.軍工複合體（military-industrial complex）。3.軍備競賽。本書選擇討論這些因素，部分原因在於他們可以透過人為力量控制與改變。明乎此，我們或許可以控制戰爭的發生。此外。這三項因素屬於不同的分析層次。服從權威是個人的性格問題。軍工複合體屬於國家層次的變數。軍備競賽則是在國際系統當中進行。

　　一九六〇年代，密爾根（Stanley Milgram）在耶魯大學從事一連串實驗，探討服從權威的問題。實驗樣本是二十到五十歲，從事不同行業的美

國人。密爾根發現,這些人多半願意服從決策者的指令,對其他人施以電擊。因此,米爾根表示:

> 「這就好比政府領袖指揮人民上陣殺敵。他們之間是權威、執行者與受害人的關係。」

然而,密爾根發現執行者與受害人間的距離愈近,願意繼續執行命令的比例愈小。真正貫徹到底的人大約只有25%。即使決策者命令他們用力將受害人的手按在電擊棒上,70%的人會拒絕服從。這或許會讓某些人感到樂觀。不過,不要忘記仍然有30%的人會執行命令。因此,若干學者指出軍人寧可經由空襲殺害不知名的敵人,也不願意面對面取走敵人性命。

米爾根的實驗結果顯示,在現代社會當中,服從權威或將使得人們喪失獨立判斷的能力。不過,這種情形未必會帶到戰場。學者曾經以參加二次大戰的美軍步兵做為研究樣本。他們發現只有15%到25%的人曾經使用武器攻擊敵人。明顯地,他們並未持續服從上級的射擊命令。無論如何,在所有國家當中政府命令仍然具有一定份量。人民所以願意為國殺敵,政府權威扮演重要角色。

此外,人民服從政府權威,大抵是因為他們具備強烈的國族認同。這項認同源自當事國文化及教育體系進行的社會化過程。前文提及,國族主義是人類事務中相當強大的力量。有些人稱他是人類史上最瘋狂的宗教。也有人說國族是「一個人願意效死的最大團體」。一個民族除了自我認同之外,並且將其他國家人民視為「外國人」,畫清彼此界限。兩次大戰期間,國族主義都曾扮演關鍵性角色。

有些人認為軍工複合體是導致戰爭的原因。然而,這項論點迄今缺乏有力證據。不過,至少他會提高當事國作戰潛力,同時使得軍備程度超過安全需求。一九六一年,艾森豪在告別演說中對於軍工複合體提出如下

評論：

　　「國防部門與軍火工業這兩個龐然大物互相結合是史無前例的事。他對經濟、政治，甚至精神層面造成的影響已經打進每一個城市，以及聯邦政府的每一間辦公室。我們承認這項發展有其實際需要。但是，我們不應因此忽視他背後隱藏的負面意義。他和我們的資源、生活，以及社會結構息息相關。

　　準此，我們必須防止軍工複合體在政府當中取得過大的影響力，否則極可能替我們國家帶來難以相像的災難。」

　　艾森豪擔心軍工複合體傷害美國的民主政治。有些人甚至認為，基於爭取更多的國防預算及利潤，他可能將國家帶向戰爭的道路。左派學者沿襲馬克思與列寧的理路，認為美國這樣的資本主義國家不免出現軍工複合體。要想維持就業率與經濟成長，資本主義國家必須維持龐大的兵力及軍火工業。伴隨而來的是帝國主義發展。以美國為例，二次大戰使得美國脫離一九三〇年代經濟大恐慌的夢魘，同時奠定一九四五年後經濟繁榮的基礎。

　　不過，許多學者懷疑這項邏輯能否成立。他們認為即使軍工複合體存在，並且控制國防開支，但是他們未必能夠左右美國的外交政策。此外，他們懷疑美國的軍火業者都是鷹派份子，同時樂於從戰爭取得利益。

　　再者，軍工複合體並非美國及其他資本主義國家需要單獨面對的問題。就某種程度而言，任何現代化國家都得正視類似問題。俄國與中共也不例外。當政府受到軍工複合體的壓力而增加國防支出，基本上已經踏上戰爭之路。當事國如果將國防部門的優先順位挪到其他部門前面，全國人民可能因此贊同戰爭的必要性，以及支持國家致力於軍火武器的生產。

　　在這種情況下，艾森豪提出的警告與米爾根的實驗結果產生某種關連。

與此同時，國家間可能因為相互刺激與反應出現軍備競賽（arms race）。加入軍備競賽的國家不僅要有受到威脅的感覺，同時必須具備一較長短的意願與能力。每個國家都是根據其他國家的軍備程度增強自身軍備。因此，軍備競賽的升高可能相當緩慢，甚至凍結在雙方能夠接受的程度。不過，軍備競賽也可能趨於激烈。許多學者假設當軍備競賽失去控制的時候，國家的不安全感與彼此間的緊張情勢將急遽升高，終於導致戰爭爆發。

無論如何，戰爭前夕不必然出現軍備競賽。一八二〇到一九二八年間的八十四次戰爭當中，只有十次可以部分歸咎於軍備競賽。在其他七十四次戰爭發生之前，交戰國曾經從事其他形態的競爭。若干學者指出，軍備競賽在某些情況下會造成「山雨欲來風滿樓」的氣氛。一八一六年以後，伴隨軍備競賽而來的國際爭端比較可能引發戰爭。李察森（Lewis Richardson）研究兩次大戰前的軍備競賽情形。他發現一九〇八到一四年間，同盟國與協約國間的軍備競賽急遽升高。失去控制的軍備競賽終於導致一次大戰的爆發。相較之下，二次大戰的情況大不相同。一九三九年之前，從事軍備競賽的不過是德國與蘇聯等少數國家。然而，最終加入戰局的卻有十個左右強國。

此外，學者研究一八四〇年以來的十三次軍備競賽，發現有五次導致戰爭。杭延頓指出，1.時間較短的軍備競賽比較容易導致戰爭。2.就軍備競賽的本質而言，量的競爭比質（科技）的競賽更具有威脅性。無論如何，上述論點在因果關係方面缺乏堅強證據。軍備競賽或許只是種症狀，而非導致戰爭的原因。擴充軍備固然會導致戰爭。同樣地，國家在面臨威脅的時候如果不能迅速進入戰備狀況也會引發戰爭。例如，西歐國家未能果斷因應希特勒的挑戰，結果加速二次大戰的發生。

任何戰爭有他不同的背景因素。以一次大戰為例，背景因素包括英德等國對於殖民地的爭奪，民族主義、軍備競賽、地緣因素，以及兩個同盟的對立等等。德國面對俄法同盟的兩面威脅。奧國則因為俄國支持斯拉夫

民族主義感到不安。這一切緊張情勢像是條繃緊的弦，一彈即斷。

近因

所謂近因就是引發戰爭的導火線。這些導火線通常涉及危機與過重的外交負擔。例如，一九一四年奧國王儲斐迪南大公遇刺，造成嚴重的國際危機。相關國家的連鎖反應與動員終於導致一次大戰。首先，奧國政府譴責塞爾維亞民族主義者試圖摧毀奧匈帝國。他想利用這次機會鎮壓斯拉夫民族主義，因此向塞爾維亞提出最後通牒。德國隨即給予奧匈帝國無條件支持。此舉顯示他無意限制盟邦的外交行為。俄國表示支持塞爾維亞。歐洲強國相繼捲入戰爭漩渦。他們依據既定的軍事計畫因應緊張情勢。德國擔心俄國的動員使他陷入兩面作戰的不利境地，因此試圖先一步除掉法國。俄國隨即動員部隊開赴德國邊境。法國則擔心德國先發制人，因此也迅速動員，並且要求英國介入。由於各國無法透過談判解決問題，歐洲因此很快陷入漫天烽火當中。

明顯地，各國領袖能否在危機過程中發揮決策能力與外交手腕須視引發戰爭的背景因素而定。第六章提到，危機是具有高度威脅性的情勢。決策者必須在短時間內做出反應，因此極可能因為認知錯誤而採取致命的政策作為。由於當事國誤解彼此發出的外交訊息，同時誇大自身承受的時間壓力，使得一次大戰加速發生。是時，國內與國際情勢一日數變，決策者往往產生孤注一擲的念頭。特別是若干國家擔心即將受到鄰國攻擊。他很有可能決定先發制人。

研究顯示，環境改變不僅會增加決策者的被剝奪感，同時將加深他們的挫折感。如果決策者無法滿足自身需求，很有可能採取侵略行為。當某個國家突然失去特定領土，或是對於特定地區的影響力，危機格外容易發生。一九七九年蘇聯入侵阿富汗，以及一九五八年美軍登陸黎巴嫩都是典型案例。然而，挫折不必然導致侵略行為。相關國家通常能夠透過外交努力避免戰爭發生。

誰是贏家？

從越戰及其他類似案例可以看出，擁有強大軍力的國家未必是戰無不勝。麥斯基塔發現，一八一五到一九七四年間，強國的勝率是 75%。質言之，強大的軍事力量尚非勝利保證。當事國如何有效動員、團結人民，以及確保支持戰事進行的經濟資源同樣非常重要。

戰爭造成的結果

無論誰輸誰贏，戰爭都會造成交戰國重大的政治、經濟及生命財產損失。由於武器威力愈來愈大，同時愈來愈難區別軍事與平民目標，因此二十世紀的戰爭造成空前破壞。例如，六千萬人死於二次大戰，占當時全球人口的 3%。多數德國以東的歐洲國家人口減少 10%。在 45%的戰爭當中，戰勝國的人命損失較諸戰敗國有過之而無不及。

此外，戰爭會對國際權力結構造成深遠影響。他可能維繫，也可能顛覆既存的架構。二次大戰期間，德日以強國身份發動戰爭。到了一九四五年，他們卻只能任人宰割。美國與蘇聯取得超強地位。不過，有些學者認為一般人往往誇大戰爭對於國家權力造成的影響。德國和日本逐漸恢復昔日影響力，並且成為名列前茅的工業大國。準此，若干學者主張國家力量好比社會地位，有他一定水準。如果當事國擁有足夠的人口、資源與技術水準，即使戰敗也能夠迅速恢復元氣。然而，一次大戰埋葬了四大帝國。直到今天，奧國與土耳其對於昔日光榮仍舊是可望而不可及。

政府領袖經常成為戰爭的受害者。交戰國政府往往在戰後面臨改組命運。例如，兩次大戰的戰敗國當中，91%在戰後三年之內發生政府改組情事。戰勝國遇到這種情況的比例約為 20%。這顯示戰爭對於交戰國政府而言存在相當大的風險。如果他們打輸一場戰爭，有 90%的機會鞠躬下臺。即使他們打贏，也有 20%的下臺機率。歷史上，幾次大革命發生在國際戰爭進行期間或結束之後。其中包括美國獨立革命、法國大革命、俄國十月

革命，以及中共建政。戰爭可能削弱政府的力量，加深人民不滿，使得他遭遭到推翻。二次大戰後，邱吉爾與戴高樂相繼拱手讓出執政地位。

除了政權易手之外，戰爭會替交戰國帶來其他影響。其中包括社會價值改變與經濟崩潰等等。許多人認為，一次大戰造成「失落的一代」，澈底打破維多利亞時代的保守傳統。二次大戰恰巧發生在經濟大恐慌接近尾聲的時候。無論如何，戰爭未必會對經濟造成正面影響。雖然戰爭一時間可以降低失業率，但卻可能帶來惡性通貨膨脹與較重的稅賦。越戰期間，詹森發現美國無法一方面花費數百億美元到海外作戰，另方面又要「向貧窮宣戰」。

當前戰爭可能造成的後果

如同過去，國家必須為戰爭付出很大代價。不同的是，戰爭潛在的毀滅力來到史無前例的地步。新武器問世不僅增加殺傷力，同時縮短破壞所需的時間。在過去，各國領袖至少有些時間評估是否要進一步使用武力。相對地，今天假使決策者做出差勁的決策，可能根本沒有補救機會。因為甘迺迪有這樣的體認，所以在古巴危機期間始終努力控制情勢，避免危機升高。他認為如果大家都能這麼做，兩次大戰或許不至於發生。

準此，許多人傾向認定強國之所以不曾在一九四五年以後兵戎相見，乃是因為害怕引發核子戰爭，造成全人類同歸於盡的後果。果真如此，核子武器可說對於國際和平做出重大貢獻。不過，經驗顯示毀滅性武器並未說服決策者放棄訴諸武力的可能性。只要他們認為值得，仍將鋌而走險。一八六〇年，諾貝爾（Alfred Nobel）預言他發明的炸藥將替國際社會帶來和平的黃金年代。隨著這項預言落空，我們發現單憑毀滅性武器不足以遏止大規模戰爭的發生。擬定新的規範有其必要性。

許多人懷疑正因為各國領袖認定核子武器無法用來作戰，所以將持續利用傳統武器遂行戰爭。問題是，我們無法確定傳統戰爭是否絕對不會跨過核子戰爭的門檻。在這方面，《原子科學家論叢》虛擬所謂「核戰時鐘」

（nuclear clock）。他假設強國將在子夜時分爆發核子戰爭，從而以距離午夜十二點還有幾分鐘象徵潛在危險。冷戰結束前，核戰時鐘距離整點僅有四分鐘。稍後，主事者將時針調到十一點四十五分。儘管如此，強國與中等國家手中仍然握有為數可觀的核武彈頭。即使是戰術性核子武器，他的威力數倍於當年投在廣島與長崎的原子彈。

此外，縱使以軍事設施做為攻擊目標，核子武器也會造成難以估計的生命財產損失。鄰近城市將成為人間地獄。在風勢助長下，到處瀰漫致命的輻射塵。它將阻止陽光接觸地面很長一段時間，造成所謂「核子冬季」。果真如此，倖存者將「生不如死」。

圖 8-1　一九四五年，美國以原子彈攻擊廣島。城市夷為平地，一片荒涼。
© US Department of Defense. Department of the Navy. Naval Photographic Center

和平的基礎：建立國際秩序的途徑

第七章提到以外交途徑取代戰爭的可能性。外交是擺脫戰爭的方法之

一。他能夠讓當事國開啟談判，嘗試和平解決爭端。重要的是，許多交戰國根本沒有想到這種可能性。在這方面，查特曼（William Zartman）有過如下分析：

「在各種爭端當中，國內衝突的當事人最難坐上談判桌。以當代內戰為例，只有四分之一或三分之一循由談判途徑解決。相對地，超過半數國際戰爭曾經尋求外交管道的救濟。此外，三分之二的內戰衝突是以投降，或交戰一方遭到殲滅收場。國際戰爭以此收場的比例少於四分之一。儘管如此，內戰結局通常只能治標。導致內戰的因素只是暫時沉寂下來，等待死灰復燃的機會。」

與此同時，查特曼試圖找出有利和談的因素。其中包括「戰爭陷入僵局」、「交戰雙方各自推舉具有可信度的發言人」，以及「尋求擺脫戰爭的方法」。

無論戰爭以和談或勝負做為收場，如何維持和平，或是進行另一回合戰爭便成為主要課題。戰時經驗可能影響下次戰爭發生的機率。他可能造成人民的報復心理，引發進一步的衝突。不過，大戰之後人民通常普遍存有厭戰心理。有些時候，厭戰心理也會造成問題。例如，當事國可能因此姑息新的侵略者。然而，他也可能促使當事國認真考慮和平解決爭端的方法。一九三〇年代，英國首相張伯倫採取綏靖政策。他在慕尼黑協定中向希特勒讓步，因此受到許多批評。無可否認，張伯倫根據一次大戰經驗做成的決定也有幾分道理。他指出：

「我常想到，那四年悲慘歲月當中有七百萬人在盛年喪失性命。一千三百萬人殘廢。他們的父母子女親戚朋友飽受煎熬。因此，我不得不再次重覆已經說過好幾遍的話。這些話不僅是要對你們說，也要向全世

界提出呼籲。當戰爭爆發，不論哪個國家自稱是戰勝國，事實上都只有輸家，沒有贏家可言。這種想法使我認為全力避免大戰再度爆發是個人最重要的責任。」

　　稍早我們已經討論過引發戰爭的原因。問題是我們要怎麼做才能消弭這些原因，減低戰爭發生的可能性。如同學者對於戰爭發生的原因有不同看法，他們開出的「和平藥方」也大異其趣。以下我們就其中比較重要的幾種加以討論。

權力平衡與大國協商

　　十七世紀歐洲各國締結西發里亞和約，產生以民族國家為主要成員的國際體系。自此，人們普遍認為在一個自力救濟盛行的國際系統當中，權力平衡（balance of power）是維持秩序與穩定的原始手段。只要國家透過個別或集體的力量阻止其他國家取得軍事優勢，和平便得以維持。

　　不過，我們發現權力平衡經常無法阻止國家發動侵略。力量相當，甚至力量較弱的國家有時會先引起戰端。由於權力平衡無法遏止拿破崙向外侵略，因此歐洲各國便在一八一五年舉行的維也納和會（Congress of Vienna）當中採取另一種方法維持國際秩序。他們建立「歐洲協商」（Concert of Europe）制度。準此，當一項爭端可能導致戰爭的時候，主要強國便會透過多邊會議加以解決。[3]歐洲協商在十九世紀當中召開過三十次以上的會議。不過，隨著各國對於法國革命意識形態的敵意降低，歐洲協商的成效愈來愈不顯著。一次大戰前夕，兩大敵對同盟對峙的態勢成形。歐洲協商也就壽終正寢。稍後，國際聯盟與聯合國相繼成立。大國協商又有復甦跡象。他們的理論基礎在於主要強國願意透過和平途徑解決爭端。與此同時，

3　譯按：關於歐洲協商體系的建立，以及奧國首相梅特涅在這當中扮演的角色，讀者可以參見季辛吉所寫《論國際秩序的重建》一書。

遏止侵略者蠢動符合彼此利益。

　　許多學者認為歐洲協商是維繫十九世紀國際和平的主要因素。然而，也有些學者認為這完全是英國挾其軍事經濟優勢獨立完成的事業，從而打造所謂「英國和平」（Pax Britannica）。根據霸權穩定理論（theory of hegemonic stability）學派的主張，人類史上幾次大戰結束後往往產生霸權國家。他的力量足以維持國際系統的秩序。拿破崙戰爭後的英國，以及二次大戰後的美國都是典型案例。霸權國家可以利用種種威脅利誘的手段迫使其他國家就範。不過，由於霸權國家用於軍費及經濟援助的開支相當可觀，因此終將勢微。[4]其他國家的興起則會對霸權國家直接構成挑戰。結果引發另一波戰爭及戰後國際秩序的重建。

　　霸權穩定理論能夠幫助我們進一步了解戰爭與和平的歷史規律，以及國際關係領域中的重大改變如何產生。不過，我們很難判斷他能否解答核子時代當中國際秩序的相關問題。一旦核子戰爭爆發，我們很難想像「戰勝國」能在戰後掌握足夠資源扮演霸權國家角色。因此，當前的國際秩序能否維持，「權力平衡」、「大國協商」，以及「霸權理論」或許並非關鍵。重要的是，國家間的合作能否持續加強。以下將就這個問題做進一步討論。

武器管制與裁軍

　　前文提及，軍備競賽往往導致戰爭。相互敵對的國家基於保障自身安全，因此競相發展軍備。然而，這經常造成雙方關係緊張，反而更不安全。所謂安全困境（security dilemma）或將促使當事國採取先發制人的攻擊行動（preemptive attack）。有鑑於此，武器管制（arms control）被視為可行的解決方案。一般人認為武器管制是指雙方各自削減自身軍備。事實上，

4　譯按：這是甘迺迪（Paul Kennedy）在《霸權興衰史》一書中提出的主要論點。

他也可能是指兩個國家同意將雙方軍備凍結在現有水準，或是允許增加到某個程度。此外，他可能是指對於武器試驗與部署地點的限制。這些將在第十一章當中做進一步介紹。

　　學者之所以將武器管制視為維持國際秩序的方法，乃是因為他能夠減低發生戰爭的危險。一方面，他可以減少國家賴以遂行戰爭的武器。更重要的是，他能夠加強國家間的溝通，建立信心，從而化解消除各自的不安全感。學者經常以一八一七年的羅希・巴戈特協定（Rush-Bagot Agreement）為例，認為他是歷史上最早也最成功的武器管制協定。根據這項協定，英美兩國同意將美國與加拿大邊界，以及五大湖區非軍事化。嗣後，英國、美國與加拿大得以據此發展和諧關係。

　　若要放慢軍備競賽的腳步，節制軍工複合體發展新式武器是必要的。當然，我們必須記得多數時候武器是國際衝突造成的果，很少是引起國際衝突的因。借用莫根索的話來說，「人並非因為擁有武器而作戰，而是因為覺得有必要作戰才多方設法取得武器」。一旦國家覺得安全顧慮減低，就有可能從「武器管制」走上「裁軍」（disarmament）的道路。裁軍的最高境界是各國都銷毀他們擁有的武器。考量到國際體系的本質，這仍然是距離現實相當遙遠的夢想。

國際組織與集體安全

　　有些人主張，發展國際組織是克服國家不安全感及降低國家擁有武力欲望的唯一方法。一方面，當事國可以循由和平途徑解決爭端。另一方面，集體安全（collective security）體系可以得到建立。準此，學者致力找出國家間的共同利益，避免弱雞賽局或囚徒困境出現。和平解決爭端是指國家利用武力以外方式化解彼此間的衝突。其中包括外交方式（如第三國出面調停）與法律途徑（如交付仲裁或裁判）。假設當事國同意將爭端提交國際法庭裁判，並且承認法庭根據國際法所做判決的拘束力，這顯然是和平解決爭端當中最具野心的方式。集體安全則是指當和平解決爭端的嘗試失

敗之後，會員國透過國際組織運作武力制裁發動侵略的國家。

　　克勞德（Inis Claude）指出，二十世紀國際組織的發展「基本上是各國針對戰爭問題做出的回應」。一次大戰後成立的國際聯盟，以及二次大戰後成立的聯合國都是如此。這顯示人類試圖透過權力平衡或權力政治以外的方式維持國際秩序，從而以更文明的態度處理國際事務。建立國際聯盟與聯合國的袞袞諸公並未完全放棄大國協商觀念。重點在於，他們已經開始嘗試提高國際政治制度化的水準，並且以和平解決爭端與集體安全概念做為制度化的基石。我們將在第九章和第十章當中探討上述途徑獲得哪些成效。

　　許多人期待聯合國及其他區域性國際組織能夠消弭引發戰爭的原因（如國家本身的挫折感）。一方面，他們可以促使國家循由和平談判化解歧見與敵意。另一方面，他們提供多邊會談管道處理各國關切的經濟與社會問題，未必需要訴諸武力。當然，他們無法完全消除國家的挫折感。然而，國家原本不可能，也不應該得到他們想要的每件事物。

　　準此，戰爭仍將無法避免。武力衝突也將持續發生。問題不再是如何「防止」戰爭發生，而是如何「結束」戰爭。事實上，許多預防戰爭的技巧與手段也可以用來結束戰爭。各國決策者應該時刻牢記克勞塞維茲「戰爭是政治的延長」這句話。與此同時，他們理應了解戰爭會造成多麼可怕的後果。如此，他們或許能夠將政治目標放在軍事目標前面，除非絕對必要不輕言動武。如同外交談判，國家只有在某些情況下才會想到結束戰爭。其中包括達成重要目標，重新設定目標，以及自認無法負擔代價等等。此外，國家可以透過若干具有建設性的方式結束戰爭。其中包括建立非軍事區，將具有爭議的領土中立化，以及人口交換等等。

　　終有一天，各國領袖與人民或許會體認到戰爭並非追求國家目標的正當手段。在這方面，我們應該強化媒體報導的深度，廣度與正確性。就技術層面而言，他的可行性很高。人們終將了解外國人並非都是青面獠牙的

惡魔。他們沒有道理無條件地服從權威與從事戰爭。

小結

　　戰爭是種涉及衝突的社會關係。前文提及，在這類衝突當中社會成員傾向模仿他人行為（如強化軍備）。此外，他們以各種奇怪方式進行衝突，並且樂此不疲。在這方面，戰爭或許是有意識的政策決定，但也可能出自無意識的情緒反應。無論如何，戰爭與衝突仍然不斷發生。敵對國家間很難出現長期穩定的和平狀態。準此，若干學者提出建立「安全共同體」（security community）的主張。在安全共同體當中，各國不再考慮以戰爭方式達成國家目標，或是解決彼此間的歧見。例如，目前美國與加拿大雖然不時因為若干問題導致關係緊張，但已經可以算是個安全共同體。

　　從戰爭頻仍過渡到和平穩定是人類得以生存至今的關鍵，也是個難解的問題。學者認為消除緊張與建立互信是成功的基礎。如果國家能夠從處理經濟問題當中培養合作習慣，建立範圍更大，甚至全球性的安全共同體是可以預期的。在這方面，聯合國等國際組織的成立及運作帶來若干希望。的確，持續發展及強化國際組織或將消除戰爭帶給人類的痛苦。這是第三部分試圖探討的課題。

國際制度

我們不難從國際關係發展過程當中窺知人類文明的進步。他先是從武力橫行進步到外交競逐，再從外交競逐進步到法治局面。

——漢肯

衝突不斷的國際關係當中仍然存在某種程度的秩序。諸如通信與觀光等國際交流通常能夠按照固定的合作方式進行。對此，一般人往往習焉不察。國家之所以樂於維持某些國際互動的和平與穩定，乃是因為這麼做符合他們的利益。為了達成上述目標，各國制定一套國際法規範國家間的關係。與此同時，他們建立許多政府間國際組織，處理全球性及區域性的經濟與社會問題，以及國家間的衝突。這些制度的發展仍然處於「原始」階段。一方面，他反映出國際體系缺乏中央政府的事實。另一方面，他顯示人類不斷追求秩序的努力。

當前國際體系的互賴程度愈來愈高。國家間制度化的連繫愈來愈多。在這方面，聯合國的創立與成長最具代表性。除了政府間國際組織的蓬勃發展之外，個人與團體（如跨國企業）的利益與活動也已經超越國家疆界。事實上，民間國際組織的數目遠多於政府間國際組織。由於國際互動急遽增加，以及新的國際問題不斷產生（如能源、環境和糧食問題），有些人開始懷疑現有的國際法與國際組織是否足以處理這些活動和問題。

傳統上，學者對於國際法及國際組織的看法非常分歧。有些人非常悲觀。有些人則是過分樂觀。當前學者同樣承襲這項傳統。有些人認為國際法與國際組織只是強國用來維持現狀的工具。有些人則主張，他們是針對國際秩序所做的可貴試驗，並且終將引導我們走上世界政府的道路。本書的第三部分將討論國際制度在當前國際社會中扮演的角色。其中國際法（第九章）及國際組織（第十章）是主要的討論對象。在討論過程當中，我們將避免過分悲觀或樂觀。

第九章
國際法：迷思或事實

　九七九年十一月四日，伊朗激進人士劫持美國駐德黑蘭大使館中的四十二名人質。他們希望藉此交換美國讓步，使新成立的柯梅尼政權更加鞏固。直到一九八一年一月二十日，也就是四百四十四天之後，伊朗政府才釋放這些人質。從這個案例當中，我們可以找出若干涉及國際法的問題。

　　許多人認為這次事件證明國際社會「無法無天」的本質。事實上，他無法證明國際法不存在，或是毫無作為。相反地，伊朗人質事件顯示出國際法仍然相當牢靠。特別是他之所以普遍受到關注，乃是因為伊朗始無前例違反最神聖的國際慣例，即外交豁免權（diplomatic immunity）。諷刺的是，外交豁免慣例最早始於一千年前的波斯（即現在的伊朗）。

　　問題是有些人認為，豈有一種法律制度會坐視被人嚴重違反而不施以懲罰。因此，總有人主張國際法在國際政治當中的地位是無足輕重。甚至有人指出國際法是虛擬的事物。為此，學界與政界不時發生激烈爭辯。國際法「信徒」列舉若干論點支持他們的說法。首先，國際法果真無足輕重，為何美國國務院法制局要維持六十位國際法專業人員的編制。與此同時，跨國企業動輒聘請上百位的國際法專家。其次，一位加拿大國務卿曾經指出：「在國務院服務的人必須了解國際法」。對此，有些人試圖提出解答。所謂國際法是經過國家篩選，同時符合彼等利益的規範。即使國際法真的存在，「也是脆弱的不堪一擊」。例如，一九七九年伊朗人質危機發生時候，美國立即援引國際法保護自身利益。然而，一九八六年他在尼加拉瓜港口布雷，又似乎無視於國際法的存在。

　　本章試圖探討學界對於國際法抱持的正反兩派意見。其中包括國際法

的運作方式,以及國際法對於國際事務的影響程度。在這方面,韓肯(Louis Henkin)提出如下評論:「我們可以從國際關係當中察覺人類文明的發展軌跡。國家從使用武力進展到進行外交,再到遵守法律。」至於進步的幅度有多大?我們留給讀者自己判斷。

國際法真的是法律?

談到國際法,有個基本問題是無法迴避的,亦即國際法真的是法律?要想回答這項問題,我們必須替法律下個定義。法律是一套規則,用以規範社會成員間的關係。遵守法律是社會成員的義務。違反法律將受到社會制裁。正是因為具備義務性質,法律才能與道德及宗教信仰產生分別。準此,我們知道法律必須具備三項基本條件:1.首先,社會必須循由特定過程發展出明確且具有拘束力的規則,規範社會成員行為;2.其次,社會必須循由特定過程制裁違法行為;3.最後,社會必須循由特定過程判定成員行為是否違法。

讀者不難發現,這三項基本條件存在於各國國內法體系當中。國家的執法能力容有差異,但是他們都有立法部門、警察機關及各級法院執行上述功能。

國際法的情形又是如何?他與國內法(municipal law)之間存在哪些異同?兩者差異在於國際法體系缺乏強大的中央政府。一方面,國際社會不存在最高的立法機構。另一方面,國際法庭缺乏強制管轄權。不過,如果我們能夠以平常心接受這項事實,就有可能承認國際法也是種法律。以下我們將就這點做進一步探討。

國際法的法源

根據國際法院規約第三十八條規定,國際法的法源包括:1.習慣;2.條約;3.文明國家共同承認的一般法律原則;4.國際法院或國內法院判例;5.

權威法學者的著作。其中習慣與條約是最重要的兩種。因此，我們只討論這兩種法源。

習慣法

國際法當中的習慣是指那些得到各國廣泛承認且具有拘束力的規則。這些規則因為各國的重覆履行獲得肯定。近代國際體系誕生之初，習慣法（customary law）是個格外重要的法源。十七世紀的荷蘭國際法學者格勞秀斯（Hugo Grotius）因為《戰爭與平時國際法》一書被稱為「國際法之父」。他指出有些規則是各國政府都認為必須遵守的。久而久之，他們便根據這些規則從事交往。其中包括駐在國政府應該給予外國大使外交豁免權。與此同時，三海哩領海等習慣法規相繼產生。

上述習慣法規則並未見諸明文規定，卻為各國了解與遵守。基於國際系統權力分散的本質，習慣法規則僅適用於持續表示願意接受拘束的國家。例如，當其他國家遵守三海哩領海規則的時候，北歐各國卻堅持擁有四海哩的領海。然而，一旦國家透過重覆實踐表達遵守的意願，就應該受到該項規則的約束，不得任意反悔。

今天，國際法當中仍有部分是習慣規則。習慣法不同於外交禮儀（comity）。他具有法律拘束力。違反者將受到法律制裁。相對地，外交禮儀只是種禮貌。的確，有些時候我們不容易分辨國家遵循某種行為標準，究竟是基於守法的責任感，還是基於禮貌。此外，由於習慣法屬於不成文法，因此難免產生模稜兩可及誤用的情形。準此，近年來國際社會傾向將習慣法「法典化」。

條約

條約（treaty）或公約（convention）是國家間正式締結的書面協定，從而對締約國產生法律拘束力。如同習慣法，條約僅適用於同意接受約束的國家。通常國家經由兩個步驟表達同意。首先，國家授權代表「簽署」條

約，接著由國會或其他法定機構予以「批准」。例如，一九七七年卡特簽署國際人權公約。然而，美國參院直到一九九二年才正式批准。一旦國家締結條約，就應該遵守相關規定。此即國際法所謂「條約神聖」（*pacta sunt servanda*）原則。

條約可以分為雙邊條約及多邊條約。其中多邊條約與國際法的關係較為密切。條約涉及的問題愈是複雜，締約國數目愈多，他在國際法當中占有的地位也愈高。聯合國憲章是個典型案例。

前文提及，目前國際社會傾向透過條約將習慣法法典化。例如，一九六一年外交關係法公約重申使館及外交人員享有豁免權。不過，如果外交人員加以濫用，駐在國得請求派遣國放棄當事人的豁免權。此外，駐在國有權宣布當事人是「不受歡迎人物」（*persona non grata*），將他驅逐出境。

某些條約只是將習慣法加以法典化。然而，也有些條約試圖修改習慣法規則。在這方面，一百五十多個國家參與談判的一九八二年海洋法公約是個典型案例。其中若干條文再度確立以往的習慣法規則。例如，各國船隻享有在其他國家領海「無害通行」（innocent passage）的權利。沿岸國則有權持續追捕（hot pursuit）在他領海範圍違反該國國內法的外籍船隻。此外，各國船隻在公海享有絕對的航行自由。不過，也有些條文修改以往的習慣法規則。將領海從三海哩延長到十二海哩即為一例。

在某些情況下，國家締結條約目的是要彌補現行國際法的不足。例如，經過近一百個國家批准的一九六七年外太空條約規定，締約國不得在外太空部署大規模毀滅性武器。月球及其他天體應視為無主地（*terra nullius*），不得納入任何國家主權控制當中。美國也是這項條約的締約國。然而，隨著他在一九六九年成功登陸月球，美國一度想要宣布擁有月球主權。假使他真的這麼做，將會牴觸外太空條約的規定。

目前國際條約的數目成千上萬，同時仍在不斷增加。這是因為國家間的交往愈來愈頻繁，愈來愈複雜，各國政府不得不締結更多協定規範國家

互動。一八九二年，英國政府編撰的條約彙編不過一百九十頁。一九六〇年，該書已經厚達兩千五百頁。

此外，各國針對條約本身締結一項條約。此即一九六九年維也納條約法公約。該約確立「條約神聖」的習慣法規則。此外，他規定在哪些情況下締約國可以片面地，合法地解除條約義務。例如，假使協定當中有退出規定，締約國得依照相關規定解除條約義務。一九七九年，美國終止他與中華民國締結的共同防禦條約即為一例。[1] 其次，假使締約國能夠證明他是因為受到其他國家脅迫或欺騙才簽署條約，也可以據此解除條約義務。再者，簽約代表未獲充分授權，或是情勢發生重大變遷使得締約國無法再依約行事，締約國也可以片面終止條約義務。後者就是所謂「重大情勢變遷」原則（*rebus sic stantibus*）。[2] 儘管如此，各國援引上述理由解除條約義務的情形並不多見。

的確，國際法的立法方式迥異於國內法。許多人因此批評國際法規則缺乏統一的解釋。不過，即使在國內法當中，我們也可以找到若干模糊不清的地方。以美國為例，國會議員經常不確定制憲者的原意。行政部門往往選擇性地執行國會通過的法案。最高法院在做成判決的時候，往往出現五票對四票的情形。國際法遭遇的困難本質上與國內法沒有多大差異，只是更為明顯及嚴重。

此外，有些人批評國際法當中的自願原則。無論在美國或其他國家，人民沒有決定是否接受法律管轄的權利，也不能拒絕法律的規範。在國內法體系當中，一旦法律得到立法機關通過而生效，人民不論贊成或反對都必須接受法律約束。不過，法律制度能否發揮功用，有多少社會成員負有

1　由於該約規定締約國須於一年前告知終止決定，因此他直到一九八〇年元旦方才失效。

2　例如，一八七〇年俄國趁法國在普法戰爭當中失利，片面宣布不再遵守一八五六年巴黎和約有關黑海非軍事化的規定。

遵守義務並不重要。重要的是，多少人真的遵守法律。以下我們將探討國際法獲得遵守的情形。

國際法的執行方式

國際法最常受到的批評並非他內容貧乏或規定不清楚，而是未能有效執行。一般人經常抱怨因為缺乏執法機構，國家經常違反國際法的規定並且逍遙法外。聯合國的維持和平部隊可能是最接近世界警察角色的一股力量。不過，他們往往是因應突發危機所做的臨時編組。與此同時，他們的任務是維持和平，不是執行法律。聯合國曾經派遣軍隊制裁侵略，分別是在一九五〇年制裁北韓，以及一九九一年制裁伊拉克。然而，這都屬於例外情形。

違反國際法的國家有些時候會受到制裁。不過，這通常是其他國家自力救濟的結果。如果甲國對乙國造成傷害，後者可以採取報復（reprisal）。國內法體系當中也有自力救濟的情事。然而，這屬於極少數的特例。

無論如何，國際法體系最令人印象深刻的地方不在於他經常遭到破壞，而是在於他經常被人遵守。的確，國家違反國際法的情事時有所聞，嚴重的話往往成為媒體的頭條新聞。伊朗占領美國大使館即為一例。而在波士尼亞與盧安達內戰當中，交戰團體也曾犯下種族屠滅罪行。因此，人們普遍認為國際法是項失敗的嘗試。問題是，他們忽略國際法能夠在國際社會日常生活當中平穩運作。目前，國際間的條約與習慣法可說多如牛毛。多數國家持續遵守其中大部分的規定。質言之，國際法確實有「付諸實施」。

為了明白這種現象的發生原因，我們必須了解社會成員遵守法律的基本原因。前文提及第一個原因，亦即社會成員害怕他們的非法行為會受到法律制裁（強制動機）。第二個原因是社會成員共同守法的結果符合彼此利益（功利動機）。第三個原因則是社會成員認為遵守法律是對的，因此逐漸養成守法習慣（求同動機）。上述三種動機都能促使社會成員遵守法

律規定。以駕駛人看到十字路口的紅燈後停車為例，他不闖紅燈一方面是基於強制動機，害怕給交通警察開罰單。此外，功利動機促使他做成停車決定。如果他闖紅燈的話可能和其他車輛相撞。不過，最重要的是，在他心目當中「不闖紅燈」是交通規則的一部分。長久以來，他已經養成這項習慣。

這個例子給予我們最大的啟示是，即使在沒有警察的情況下，法律與秩序仍然得以維持。光靠強制力量維持的法律體系將是不堪一擊。時至今日，國家稱不上具備良好的守法習慣。不過，基於彼此間的共同利益，他們通常願意遵守國際法規範。倘非如此，任何人都得冒著生命危險從事國際貿易及旅遊。

有趣的是，某些人因為國際法經常受到破壞，所以主張國際法並不存在。假設我們用相標準衡量國內法體系，各國將被視為「沒有法律」的社會。一位學者就美國法律的執行情形提出以下觀察：

「一項成年人犯罪行為的研究顯示，受訪者當中有 99%承認他們曾經從事足以讓自己入獄的犯罪行為，只不過運氣好沒被抓到。在男性當中，26%承認偷過汽車，17%有搶劫經驗。」

事實上，在所有重大刑案當中，只有三分之一的受害者向警方報案。在這些得到受理的案件當中，只有 19%的嫌犯遭到逮捕。不過，在殺人案件方面，破案率曾經高達 78%。在被捕的嫌犯當中，只有半數遭到起訴。而在被起訴的人當中，更只有四分之一必須去吃牢飯。

如果我們將超速行駛也算做犯罪行為，美國法律的執行情形就更加差勁。事實上，只有德國高速公路不曾發生違規超速的情事。原因是這些公路沒有設定時速限制。由此可見，國際法並非唯一受到破壞的法律。我們不諱言國際法在執行上碰到許多困難。然而，人們不應採取不切實際和不

公平的標準評斷國際法功過。

國際法體系中的法官

在國內法體系當中，法院負責針對訴訟案件做出判決。國際法體系當中也有類似的司法制度存在。例如，國際法院（International Court of Justice）負責處理國家間的法律訴訟。不過，國際法院的執法能力非常薄弱。當事國有權決定彼此間是否存在法律爭端。與此同時，他們有權決定是否接受國際法院管轄。國際法院對於各國不具有強制管轄權。例如，一九七九年美國駐德黑蘭大使館人員遭到劫持。然而，伊朗拒絕接受國際法院管轄。

國際法院有十五位法官。法官任期九年，由聯合國會員國負責推選。他們通常來自世界各主要法系國家。準此，美國始終保有一席法官。如果國際法院開庭時候恰巧沒有當事國國籍的法官，該國得指定一位國民出任臨時法官。不過，國際法院仍然假定所有法官都是立場公正的國際法官，不代表任何國家。由於國家是唯一的國際法人，能夠承擔國際法規定的權利和義務，因此只有國家才能在國際法院進行訴訟。如果個人受到該國政府侵害，應該向國內法院尋求救濟。如果他受到外國政府侵害，則應請求本國政府代為討回公道。

國際法院設於荷蘭海牙。有些人指出國際法院成立以來，「生意」始終非常清淡。雖然批准國際法院規約的國家超過一百八十個，但是自一九四六年國際法院成立以來，只處理過不到六十件訟案。其中有三分之一未能得出判決。事實上，國際法院受理的案件逐年減少。一九五〇年代，國際法院受理二十九件訟案。六〇年代，他受理六件訟案，七〇年代七件，八〇年代五件。然而，晚近在美國的帶頭努力下，這種情形出現若干改變跡象。

國際法院之所以門可羅雀，大部分是因為他缺乏強制管轄權。直到一

九九六年，只有五十七個國家簽署國際法院規約中的「任擇條款」（Optional Clause），賦予國際法院對於某些案件的強制管轄權。抑有甚者，由於相關國家在簽署這項條款的時候附帶許多保留，幾乎使得這項條款徒具虛文。以美國為例，他在接受任擇條款的同時附加所謂「康納利修正案」。準此，「基本上屬於美國國內法院管轄的爭端應由美國法院審理」。一九八六年，尼加拉瓜向國際法院提起訴訟，控告美國在他港口布雷。美國乾脆宣布終止接受任擇條款。

　　一旦國際法院針對案件做成判決，他對勝訴國與敗訴國同樣具有約束力。問題是如果爭端涉及當事國重大利益，相關國家通常不願給予第三者最終裁判權。假設爭端無足輕重，當事國殊無勞煩國際法院的必要。他們儘可以透過其他方式解決爭端。因此，即使那些對於國際法院懷有無限同情的人也不得不承認，國際法院能夠發揮的力量微乎其微。

　　幸運的是，國際法院並非國際間唯一的司法機構。除了國際法院之外，尚有若干全球性或地區性的國際法庭，如歐洲法院等等。更重要的是，當國內司法案件涉及國際法的時候，國內法院在適用國際法方面扮演關鍵角色。多數國家憲法規定，國際法是國家最高法律的一部分。他的地位至少可以和國內法等量其觀。因此，國內法院審理訟案的時候應當將他納入考量。也因此，各國法官可說同時身為國際法與國內法的執法者。無可諱言，當國際法與國內法發生衝突的時候，各國法官往往優先適用國內法。然而，這類問題不常發生。此外，最終判決不見得有利於國內法。在美國，如果國會法案與條約相互牴觸，將適用「後法優於前法」原則。再者，條約效力高於州及地方法律。

　　有些時候，我們很難截然劃分國際法與國內法。人們往往忽略國際法的一項功能，就是管轄權（jurisdiction）的分配。在這方面，國際法課以國家權利與義務。當訟案發生的時候，國際法可以告訴我們哪個國家擁有管轄權。假設一位法國人在加拿大船東所有的郵輪上殺死一位波蘭人。此外，

這艘船在巴拿馬註冊。命案發生當時郵輪位於美國領海。如此,這起案件應由哪個國家負責審理?當事國有幾個?誰擁有管轄權?我們將在以下的短文當中討論這個問題。雖然多數國際法律事件不如本案麻煩,但是確實有許多案件涉及管轄權歸屬問題。這類問題因為國際往來的日益頻繁顯得格外尖銳。大體而言,他們能夠得到令人滿意的解決。

綜上所述,國際法院的管轄能力不如國內法體系。抑有甚者,他可說是國際法體系當中最弱的一環。無論如何,他的存在不容抹殺。

如何判定國際法當中的管轄權歸屬問題

案例:假設一個法國人在加拿大船東的船上殺了個波蘭人;但船籍屬於巴拿馬國籍,而發生地點則在美國領海上,則本案管轄權應屬於那個國家。

所謂「管轄權」指的是一國政府將某些特定的個人行為交付該國法院審理的權力,管轄權所涉及的問題是十分的複雜,即使用好幾百萬個案例來說明也不嫌多,以下我們謹就幾個基本原則來加以探討。

首先我們必須了解國家是由國民所組成的。但是也有些「外國人」會到其他國家旅遊或定居,其中有些甚至是沒有國籍的人。大體上,國民是基於出生的事實或歸化的手續取得一個國家的國籍,並須永遠向該國效忠。像歐陸各國採取所謂「屬人主義」(jus sanguinis),即子女自動取得其父母的國籍,不論其在何地出生,而美國等國家除了採取「屬人主義」之外還採取所謂的「屬地主義」(jus soli)。即任何人只要在美國出生便可取得美國國籍,不論其父母是哪一國人(但也有少數例外情形)。因此,假使一對比利時夫婦在美國生下小孩,則這個小孩便可以同時取得美國和比利時國籍。不過由於多數國家對國籍的取得加上居住地資格的限制,因此雙重(甚至多重)國籍發生的情形便得以減少。此外,一個人可以透過其他國家的歸化手續取得該國國籍。

一個國家大致上可以基於五個原則來主張他的管轄權：

1. 領土原則：意即凡是發生在一個國家領土上的行為，該國均有管轄權，不論當事人為本國人或外國人（外交官除外）。例如，如果一個英國人在紐約市犯了竊盜罪仍歸美國管轄。

2. 國籍原則：一國得主張對他國民的任何行為享有管轄權，無論行為發生地點在國內還是國外。例如，一個美國人在埃及犯了謀殺罪，美國法院可主張享有管轄權。

3. 保護原則：意即一國得基於國家安全受到危害的理由向任何人在他國內或國外所從事的行為主張管轄權，例如，一個匈牙利人在墨西哥負責印製偽鈔（美鈔），美國得對其主張管轄權。

4. 普遍原則：假設當事人所從事行為屬於國際罪刑（如海盜罪），則任何國家均得主張管轄權。

5. 受害人原則：如果一個案件的受害人為甲國國民，則不論加害人屬於哪國國民，也不論發生地點為何，甲國均可主張管轄權，如一位敘利亞人在黎巴嫩境內殺害美國人，美國法院得主張管轄權。

　　前兩個原則是最常被引用的原則。而英美法系最堅持領土原則，歐陸國家則主張國籍原則。其他三個原則都很少適用。因為就一般觀念而言，國家不得對他國國民在他國領土上的行為主張管轄權。就法理而言，同一個案子顯然可能會有好幾個國家同時主張管轄權。甲國國民在甲國境內以步槍射殺乙國境內的乙國國民即為一例，通常甲國有權處理或將加害人引渡給乙國審理。

　　就我們一開始所提出的實例而言，法國可以援引國籍原則；波蘭可以援引受害人原則；美國及巴拿馬則可援引領土原則。就一般規則而言，如果沿岸國家（美國）的「公序良俗」未受破壞（如未引發一場槍戰），則沿岸國通常願意將管轄權讓給船旗國（巴拿馬），而巴拿馬則可能將犯罪者交給法國處理。無論如何，殺人的法國佬都不太可能逃掉法律的制裁。

現行國際法面臨的幾個問題

　　無論是在國際法或國內法體系當中，法律規則基本上符合既得利益者的利益，只是程度不同罷了。例如，現行國際法形成於十九世紀與二十世紀初期。當時，西方資本主義國家是國際政治舞臺上的主角。保障海洋航行自由，保護外人投資，以及其他規則大抵反映出他們的需要與利益。

　　然而，政治現實終將隨著科技發展及其他因素影響而發生變化。於是，社會將醞釀修法的壓力，俾使法律能夠適應新的環境。今天，國際系統的變遷速度驚人。核子武器出現、經濟互賴加深、跨國企業成長，以及交通運輸發展在在使得若干國際法規則有過時之虞。與此同時，國際系統的權力結構發生變化。第三世界國家紛紛要求修改國際法的某些規則，以便更加符合他們的利益。傳統強國則是發現，他們愈來愈難將自身意志強加在第三世界國家身上。再者，就外太空利用與環境污染各項議題而言，國際法仍然處於草創及摸索階段。

　　有鑑於此，各國費了很大力氣試圖修改及增添若干國際法規則。晚近，東西與南北陣營間的對立日趨和緩，國家間較前容易取得共識。不過，經濟發展與文化傳統的差異仍然不時導致歧見。以下我們試圖從三方面探討相關問題。其中包括：1.戰爭法；2.外國人民待遇；3.人權問題。

戰爭法 ▌▌▌▌▶

　　雖然國際法以「和平法」為主，但也有部分涉及「戰爭法」（laws of war）。在戰爭法當中，若干規則是用來規範戰爭的進行方式。首先，開戰以後，有些行為是戰爭法所允許的。其次，有些規則與戰爭狀態的開始有關。他試圖規範在哪些情況下，甲國有權對乙國合法使用武力。顯而易見，假設各國能夠嚴格遵守關於開戰條件的法律，或許就沒有必要規定國家如何進行戰爭。

　　長久以來，國家試圖根據若干國際社會普遍接受的規則遂行戰爭。其

中包括交戰國與中立國的權利義務。然而，有些規範不僅自相矛盾，甚至令人啼笑皆非。例如，在毒氣及其他暴行「合法」的情況下，戰爭法卻規定不准使用穿腸子彈，或是以紅十字制服做為偽裝手段。相關規定看來荒謬，遵守的國家也不多。不過，戰爭法仍然成功減低戰爭的野蠻程度。在這方面，一九二九與四九年日內瓦戰俘待遇公約是典型案例。

自古以來，國家希望透過若干規則防止戰爭發生。到了十八和十九世紀，各國法律學者多半將力氣用在使戰爭更加符合文明人類標準，而非一味夢想阻止戰爭發生。一次大戰後，各國目睹現代戰爭驚人的破壞力，因此相繼簽署國際聯盟條約與非戰公約（Kellogg-Briand Pact）。其中譴責戰爭是非法行為的非戰公約締約國幾乎包括當時世界上的所有國家。他規定「締約國不得以和平以外方式解決彼此間的爭端」。這項陳義甚高的主張遭到二次大戰粉碎。因此，在一九四五年聯合國憲章當中，締約國一方面試圖更加明確地表達反對戰爭的立場，另一方面希望藉由集體安全體系的運作加以落實。根據聯合國憲章規定，「締約國不得以武力，或是威脅使用武力的方式破壞其他國家領土完整與政治獨立」。準此，人們普遍認為在今天國際社會當中，率先使用武力是法所不容。只有在三種情況下，國家才能合法使用武力。1.自衛，或是協助其他國家抵抗侵略。2.參與聯合國「集體安全」行動。3.參與地區性國際組織的維持和平行動。簡言之，軍事侵略是不合法的。因此，各國只能有「國防部」，不應有「戰爭部」。

然而，一項軍事行動究竟屬於「侵略」或是「自衛」，往往引發高度爭議。例如，以色列等國主張，當國家預見將會受到侵略的時候，有權採取先發制人的自衛行動。一九八一年，以色列據此摧毀對他安全構成威脅的伊拉克核子反應爐。無論如何，國家片面使用武力的正當性降低是不爭的事實。也因此，一九九〇年伊拉克進兵科威特是犯了眾怒。二次大戰結束以來，這是第一次有國家敢於透過赤裸裸的武力併吞另一個國家。不過，這絕非意謂「戰爭」或侵略行動有所減少。國家只是利用其他名義從事軍

事行動。

此外，戰爭法已經無法處理當前最流行的武力衝突型態，亦即干預他國內戰。在這種情況下，當事國可以辯稱他並未侵略另一個國家，只是應該國政府請求出兵平亂，或是協助叛亂團體推翻政府。當然，不請自來的軍事干預應該視為侵略，從而違反聯合國憲章規定。然而，當甲國政府瀕臨瓦解，因此向外求援又當如何？如果當事國政府持續對於人民擁有主權，外來的軍事干預應屬合法。不過，在內戰當中，政府能否被視為合法的主權者往往引起爭議。

今天，內戰與軍事干預行動替戰俘待遇公約及戰爭法的執行帶來困難。若干規則僅僅適用於傳統的國際戰爭。以游擊戰為例，軍隊沒有戰線可言。戰士也不見得會穿上軍服。因此，平民和軍人、中立國與交戰國的分別變得模糊。各國政府在對付叛軍的時候通常不願給予他們「敵軍」待遇。自命為「自由戰士」的人往往被視為「叛徒」或「幫派」。[3] 也因此，許多戰爭法規範的權利義務不復適用，甚至被棄若敝屣。例如，越戰期間美軍與南越俘獲的越共到底算是一九四九年日內瓦公約所指的戰俘，還是犯下叛國與謀殺罪嫌的罪犯引發尖銳討論。類似情形出現在一九九○年代的南斯拉夫內戰。

即使在 100% 的國際戰爭當中，也可能因為交戰國不宣而戰妨礙戰爭法的適用。戰爭科技進步使得國家可以對其他國家實施戰略轟炸，或是從潛艇發射飛彈摧毀軍事目標。因此，許多傳統戰爭法規則幾乎無法適用。例如，傳統戰爭法禁止國家攻擊平民目標。然而，以目前戰爭形態而言，要想辦到這點可說難上加難。也因此，各國致力修改舊有戰爭法規則，以便因應新的情勢需要。一九七七年，各國締結兩項日內瓦議定書即為一例。儘管如此，戰爭法的發展至今仍然問題重重。

3　準此，俄國悍然拒絕國際社會對於車臣內戰進行人道干預。

外國國民待遇 ▌▌▌▌▌▌▶

　　稍早我們討論管轄權問題的時候，已經簡單介紹本國與外國國民（ali-ens）的分別。由於國際商業與觀光活動快速成長，在各國境內觀光或定居的外國國民人數逐漸增加。基本上，各國對於外國國民的要求是「入境隨俗」。質言之，外國國民必須遵守當地國法律（外交人員除外）。如果他們犯下謀殺或竊盜等罪行，必須接受該國審判。此即所謂「國民待遇標準」（national standard）。不過，國際法規定，在某些情況下各國政府給予外國國民的待遇應該有別於本國國民。特別是如果當事國採行獨裁統治，拒絕按照正當法律程序給予本國國民公平審判，外國國民未必需要忍受相同待遇。後者所屬國家有權提出最低國際標準（minimum international stan-dard）的主張。如果當地國不加理會，該國政府得要求給予損害賠償。

　　這項規則不僅具備學術方面的意義，同時往往攸關當事人的性命問題。例如，假設美國人在沙烏地阿拉伯犯下偷竊罪，根據沙國法律應該處以斬手刑罰。一九八六年，兩名澳洲人攜帶毒品闖關失敗，被馬來西亞政府處以吊刑。一九九四年，一位美國青少年因為涉嫌替路旁汽車塗鴉而受到新加坡處以鞭刑。許多國家，特別是開發中國家政府相繼表達反對最低國際標準的立場。他們認為這項原則是殖民時代的遺毒，也是美國及其他西方國家壟斷國際法規則的工具。相關國家認為，他們對於外國人民承擔的唯一義務是給予同於本國國民的待遇，亦即符合國民待遇標準的要求。即使是接受最低國際標準的國家，他們對於這項原則也有不同意見。因此，外國國民待遇問題是國際法當中難解的問題。

　　在外國國民待遇方面，最嚴重的爭議在於政府沒入（expropriation）外國國民財產的問題。這種情形不令人感到意外。目前，個人從事海外投資的金額直逼天文數字。據估計，美國企業在國外擁有的資產總和超過一兆美元。按照習慣法，各國政府有權沒入外國國民資產，但是必須「給予立即、適當和有效的補償。此外，沒入行動必須基於公益考量，並且不得對

外國與本國國民有差別待遇」。同樣地，許多開發中國家認為這是殖民時代的遺毒，根本是侵犯他們的主權。他們主張只有義務根據國民待遇標準給予適當補償。若干國家願意遵守習慣法的規範，但是不同意西方國家對於「適當和有效」補償的認定標準。近年來，若干中東國家將外國石油公司的鑽油設備收歸國有化。因此，西方國家試圖以多邊條約取代習慣法規則。在這方面，他們遇到許多困難。也因此，美國等國家決定透過雙邊協議處理這類問題。冷戰結束後，各國愈來愈重視吸收外資。各國片面沒入外國國民資產的案例大幅減少。相關爭議也隨之淡化。

人權

二次大戰結束後，國際社會不斷促使各國政府在對待本國國民的時候也能遵守最低國際標準。準此，他們希望國際法加強對於人權（human rights）的保障。例如，盟軍在二次戰後舉行紐倫堡大審。他們指控納粹領袖犯下違反人道罪行。與此同時，許多德國官員因為執行屠殺猶太人的工作遭到起訴，甚至因而遭到終身監禁或處決的命運。紐倫堡判例顯示，個人在國際法體系當中負有權利和義務。

有些人批評紐倫堡大審並未真實反映國際法的發展。他只是將「戰勝國的正義」強加於戰敗國身上。質言之，戰勝國武斷援引若干法律規則懲罰戰敗的政府領袖。他們指出，美國一方面大肆報復德國官員與將領，另一方面對於美軍在二次大戰及越戰從事的暴行視而不見。一九九〇年代，美國及其他國家呼籲聯合國成立戰犯法庭，審理發生在波士尼亞與盧安達內戰當中的種族屠滅罪行。這是紐倫堡大審以來，國際社會首次成立類似的法庭。

紐倫堡大審意義在於他打破傳統國際法的一項重要概念，亦即只有國家才是國際法主體。稍後，一九四八年聯合國大會通過「世界人權宣言」。他基本上是道德性的宣示，而非具有法律拘束力的文件。該宣言敦促各國努力保障並促進人權。所謂人權包括公民權利，以及政治、經濟與社會權

利。此後，聯合國及其他國際組織就人權問題草擬若干條約，對於那些批准的國家產生拘束力。其中包括反種族屠滅、反種族歧視、反婦女歧視、公民與政治權利，以及經濟與社會權利等五項公約。後兩者通常被稱為「國際人權的權利清單」。

截至目前，約有半數國家批准這些條約。此外，許多締約國很有彈性地詮釋相關規定。基本問題在於各國政府抗拒承受人權方面的法律義務。他們認為人權概念會對行使國家主權造成妨礙。多年來，美國持續替人權概念代言。然而，直到一九八八年他才批准四十年前問世的反種族屠滅公約。同樣地，公民與政治權利公約是在一九六六年草擬完成。不過，美國遲至一九九二年才予以批准。重點在於若干文字，特別是廢除死刑主張違反美國國內法與政策。因此，美國在批准同時附帶若干保留。再者，美國至今仍非經濟與社會權利公約的締約國。原因是許多參議員認為他鼓勵政府做出過多干預。例如，他們反對「給予妊娠婦女在生產前後得到照常支薪的產假」。因此，儘管各國希望國際社會能夠就人權議題達成共識，事實上在這方面成就最大的仍屬地區性國際組織。例如，西歐各國共同設立歐洲人權法院。如果人民不滿本國政府決定，可以向這個超國家的法院尋求救濟。

冷戰結束後，某些人認為有機會根據西方自由民主原則建構普世的人權概念。在這方面，下述論點具有代表性：

> 「拿破崙戰爭過後，歐洲協商體系得到建立。強國間瀰漫保守主義氣氛。直到冷戰結束，國際社會才又對於統治正當性問題達成共識。無論在世界任何角落，幾乎無人敢於挑戰自由民主原則。」

對此，前文提及的文明衝突論者不表同意。他們指出，隨著冷戰結束，國際系統的權力分布情形也發生改變。西方世界對於東亞及東南亞國家的

影響力大不如前，要想推廣人權理念更殊非易事。自從一九四八年相關國家簽署世界人權宣言以來，頭一次有不具備基督教與自然法傳統的國家躋身強國行列。

除了東西方文化差異之外，中東回教世界的法律概念也自成一格。例如，他們堅持宗教信仰，難以接受西方「世俗化國家」（secular state）的基本原則。影響所及，相關國家往往漠視婦女權利及隱私權的保障。再者，貧富國家間對於經濟與社會權利的詮釋也是大相逕庭。若干南方國家指出，西方世界強調公民自由與自由市場概念，卻對弱勢團體的權利不聞不問。上述差異反映在一九九三年的維也納世界人權會議，以及九五年北京世界婦女大會。職是之故，與會代表只能得到模糊且脆弱的共識。

此外，許多國家對於人權問題採取的立場是口惠而實不至。在這些國家，連言論自由這類基本權利都很少得到尊重。儘管如此，人權運動仍可說是風起雲湧，日起有功。研究顯示，目前全球約有70%人口住在「自由」（25%），以及「部分自由」（44%）國度。問題是，仍有三分之一人類無法享受基本人權。與此同時，即使在若干民主國家，違反人權的情事依然屢見不鮮。而在迫害人權的國家，由於政府極力掩飾與扭曲，因此外界很難得知確切情況。在這方面，國際特赦組織與自由之家等非政府間國際組織試圖發揮監督各國政府的功能。近年來，聯合國人權委員會多次介入調查發生在智利、以色列、南非、古巴，以及伊朗等國案件。他試圖採用「出洋相」的策略促使當事國遵守國際規範。也因此，儘管國際法的執行能力仍屬薄弱，但是相關問題受到重視的程度超過現實主義學派預期。

今天，人權運動仍在持續進行。他試圖讓人類活得更有尊嚴。也因此，若干非國家成員被帶入國際法體系。在這方面，國際組織與跨國企業不僅數目增加，同時取得「準國際法人」地位。基於因應國際環境的改變，國際法不得不朝新的方向發展。

小結

　　前文提及，國際法是國際政治的產物。相對地，國際政治也會受到國際法影響。以外交與商務往來而言，國家行為必然受到國際法規範。即使美國大使館人質事件最終也是循由法律途徑解決。準此，我們不難看出國際法的重要性。

第十章
國際組織：
政府間與人民間的橋樑

「在全球百大經濟體當中，約有半數是企業，而非國家。」

「截至一九九七年，全球約有三百個政府間國際組織（IGOs），超過一萬個非政府間國際組織（NGOs）。相對地，世界上只存在不到兩百個民族國家。」

「目前，歐盟在一百多個國家設有外交據點。相對地，超過一百五十個國家在歐盟總部所在地布魯塞爾設有使領館。」

晚近以來，各國政府及法學界傾向在國際法體系當中賦予非國家成員更重要的地位。與此同時，他們也傾向給予非國家成員更重要的政治地位。有位學者指出：「在過去，國際關係學者習於從國家角度研究國際事務。就當前國際體系而言，這項觀念可說是過分簡化。」國家不再是國際體系的唯一成員。若干非政府間國際組織（也稱為民間國際組織）在他們活動領域中擁有的權力與影響力超過中小國家。在政府間國際組織（也稱為官方國際組織）方面，情況亦復如是。有些跨國企業的職員人數超過許多國家。在本章當中，我們將討論政府間國際組織和非政府間國際組織在國際體系當中扮演的角色。

明顯地，國際組織的數目晚近才急速增加。有些國際組織曾經在解決國際問題方面做出重要貢獻。從天花防治、航班管制，到每年八十億封信件流通，國際組織替我們做的事情真是不少。

不過，國際組織能否稱得上是國際體系的重要成員至今仍然爭議不斷。若干學者認為，國際組織是獨立個體。相對地，其他學者認為國際組織只

是國家的自願性組合。國際組織數目增加可以視為國際事務當中的一股整合力量。然而，許多人懷疑他能否取代國家主權與人民效忠。在探討理想主義同時，傑克布森（Harold Jacobson）提出如下觀察：

「從一次大戰結束到二次大戰開始這段期間，理想主義學派認為可以藉由國際聯盟等國際組織整合出更大，也更穩定的治理單位，進而達成世界大同目標。問題是，只有極少數頭腦清楚的學者接受這種樂觀想法。無論如何，理想主義促使我們思考一項問題。如果國際組織並非建立世界政府的敲門磚，那他倒底是什麼？」

本章試圖了解國際組織在當前國際體系中扮演的角色，並且評論各家學者的主張。準此，我們必須先認織不同類型的國際組織，同時找出他們的主要特徵。國際組織並非同個模子打出來的，所以他們對於國際政治的影響也是有大有小。

國際組織的種類：官方與民間國際組織

雖然有人將「國際組織」與「聯合國」看做同義詞，事實上國際組織涵括的範圍要大得多。廣義來看，目前世界上存在數以千計的國際組織。我們可以根據三項標準替他們分類：1.會員國資格；2.地理範圍；3.功能多寡。

會員國資格

會員國資格是替國際組織分類的基本標準。由會員國政府締結條約建立的國際組織稱為官方國際組織。相對地，民間國際組織基本上是由民間社團與個人組成。目前，全球約有三百個官方國際組織。其中包括聯合國、世界銀行及北約組織。民間國際組織的數目超過一萬個。其中包括國際紅十字會及國際奧委會。值得注意的是，國際組織年鑑在計算民間國際組織

表 10-1　政府間國際組織：範例列舉

組織名稱	總部所在地
非洲榛果委員會	拉哥斯（奈及利亞）
阿拉伯郵政聯盟	開羅（埃及）
東南亞國協	雅加達（印尼）
經濟互助委員會	莫斯科（蘇聯）
歐洲經濟共同體	布魯塞爾（比利時）
糧食與農業組織	羅馬（義大利）
美洲熱帶鮪魚委員會	拉合那（加州）
世界復興發展銀行	華府（美國）
國際勞工組織	日內瓦（瑞士）
國際電訊衛星組織	華府（美國）
拉丁美洲自由貿易協會	蒙特維多（烏拉圭）
北大西洋公約組織	布魯塞爾（比利時）
非洲團結組織	阿迪斯阿貝巴（衣索匹亞）
美洲國家組織	華府（美國）
石油輸出國家組織	維也納（奧地利）
香蕉輸出國家組織	巴拿馬市（巴拿馬）

的時候並未納入跨國企業及國際革命團體。事實上，他們可說是特殊形態的國際組織。表 10-1 和 10-2 分別列出若干官方與民間國際組織。

　　有些國際組織很難明確列入官方或民間國際組織。例如，國際勞工組織通常被視為官方國際組織。然而，他的會員包括若干工會團體及資方代表。同樣地，提供全球半數以上越洋轉播服務的國際電訊及衛星組織也被列為官方國際組織。然而，他的會員包括民間傳播業者。另一方面，國際刑警組織會員是各國政府當中的警察部門，卻被視為民間國際組織。此外，許多時候「政府」與「民間」的分際相當模糊。因此，儘管歐洲廣播聯盟

表 10-2　民間國際組織：範例列舉

組織名稱	總部所在地
亞非人民團結組織	開羅（埃及）
國際特赦組織	倫敦（英國）
阿拉伯律師聯盟	開羅（埃及）
歐洲廣播聯盟	日內瓦（瑞士）
國際航空協會	日內瓦（瑞士）
國際婦女聯盟	倫敦（英國）
國際商務委員會	巴黎（法國）
國際紅十字委員會	日內瓦（瑞士）
國際自由貿易聯盟	布魯塞爾（比利時）
國際刑警組織	巴黎（法國）
國際奧林匹克委員會	洛桑（瑞士）
國際政治科學協會	布魯塞爾（比利時）
救世軍	倫敦（英國）

與國際民航組織的會員多屬公營事業，卻被視為民間國際組織。有鑑於民間國際組織受到政府控制的程度不同，我們只能以官方協定做為分類標準。如果一個國際組織是根據各國政府締結的條約成立，他便算是官方國際組織。

地理範圍

　　表 10-1 和 10-2 顯示，地理範圍是國際組織的另一個分類標準。一般人往往認為，官方國際組織應該像聯合國那樣是全球性組織。事實上，大約只有四分之一的官方國際組織是全球性組織。質言之，他們的會員國遍及世界各地。大多數官方國際組織是區域性組織，有些甚至是次區域性組織或雙邊組織。由此可見，以國際組織的發展而言，區域主義勝過全球主義。這項趨勢並不令人感到驚訝。同個區域的國家通常關係比較密切。與此同

時，成立或加入區域性國際組織需要耗費的人力、物力較少。特別是軍事或關稅同盟這類官方國際組織通常是地區性的。

在官方國際組織當中，各地區的參與程度並不平均。亞洲、非洲及拉丁美洲國家的參與程度普遍不如其他地區。在參與程度最高的二十個國家當中，十六個位於西歐和北美地區（另外還有澳洲及日本）。以丹麥為首的歐洲國家包辦前十名。一方面，他們大量加入全球性官方國際組織。另一方面，一九五〇年代以來，歐洲共同體的發展使得西歐地區出現許多區域性官方國際組織。相對地，亞非地區的開發中國家一則立國時間較短，二則受到財政限制，所以只能選擇性參加若干官方國際組織。不過，從外交接觸觀點來看，他們對於官方國際組織的依賴程度超過歐美國家。晚近以來，開發中國家參與官方國際組織的情形有顯著改善。

相較於官方國際組織，民間國際組織的參與情況相差無幾。在全世界一萬多個民間國際組織當中，約有四分之一屬於全球性組織。除此之外，歐美國家構成民間國際組織的主幹。雖然開發中國家試圖較為全面地參與民間國際組織，但經濟因素仍舊是他們的主要考量。近年來，亞非國家加速參與民間國際組織。以成長速度而言，他們可說獨占鰲頭。在過去，東歐共黨國家受到政府限制，難以普遍參與民間國際組織。質言之，東西方意識形態衝突影響到民間社團的交流。隨著共黨政權垮臺，東歐國家開始積極參與官方及民間國際組織。無論如何，西方國家在建立國際組織架構方面占盡優勢。大多數官方及民間國際組織的總部設在西方國家。其中又以英國、法國、美國與瑞士最受青睞。

前文提及，我們很難區分官方與民間國際組織。同樣地，區分全球性與區域性國際組織並非易事。許多國際組織不是全球性組織。然而，他的會員國來自一個以上地區。例如，石油輸出國家組織會員國除了北美及歐洲以外，似乎遍布全球。他的總部設在維也納。北約組織會員國包括美國、加拿大及土耳其。由此可見，某些國際組織的範圍是以政治或經濟做為優

先考量。地理因素只具有次要地位。重點在於,有些國際組織的會員國資格受到限制。有些國際組織則非如此。

功能多寡

表10-1和10-2顯示,國際組織的成立目的林林總總。有些目標看來不怎麼重要。然而,無論就官方或民間國際組織而言,單一功能國際組織的數目遠超過多功能組織。

在官方國際組織方面,各國授權聯合國、美洲國家組織及非洲團結組織這類組織處理會員國間經濟與社會課題。大多數官方國際組織比較專業取向。例如,北約組織能夠發揮軍事功能。世界銀行具備經濟功能。聯合國教科文組織具備社會及文化功能。世界衛生組織則提供技術性服務。其中經濟性國際組織占的比例最高,超過二分之一。絕大多數民間國際組織屬於專門性組織。這種傾向相較於官方國際組織尤有過之。

根據功能替國際組織分類並非易事。例如,北約組織逐漸介入會員國的經濟與科技事務。世界銀行愈來愈關切環保問題。圖10-1試圖依照上述標準替國際組織分類。

國際組織的成因和效果

國際組織必須得到會員提供的人力、物力,才能永續經營。會員設立國際組織,則是著眼於達成某些目標。官方與民間國際組織在理論與現實方面存在若干差異。然而,他們具備一項共同特點,就是試圖做到會員國難以獨力完成的事情。官方國際組織是各國政府間的橋樑。民間國際組織則是各國人民間的橋樑。官方國際組織扮演的角色通常比民間國際組織重要。儘管如此,羅馬教會、通用公司,以及回教聖戰組織等民間組織對於國際事務的影響不容忽視。

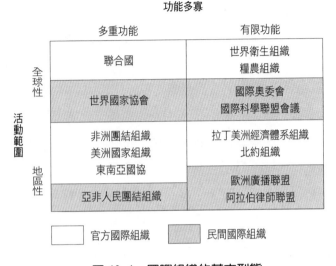

圖 10-1　國際組織的基本型態

民間國際組織的運作邏輯

　　國際體系出現以來，各國人民與團體間開始相互往來。他們包括探險家、傳教士、商人，以及販奴者等等。然而，直到十九世紀運輸科技發達以後，各國人民才能密集地來往。與此同時，工業革命帶來若干商業及經濟團體。他們認為疆界不構成彼此間互動的限制。如同費爾德（James Field）指出，新的「部落群體」相繼出現。

　　十九與二十世紀，國家間的交往日益頻繁。他表現在旅遊及信件流通各個方面。民間國際組織的次第成立使得這些交往更加制度化。一八五○年，全球只有三個民間國際組織。一九一四年，他增加到三百三十個。一九三九年，七百三十個。一九七○年，兩千三百個。目前，民間國際組織數目超過一萬個。大戰期間，民間國際組織增加的速度相當緩慢，等到戰後才又快速增加。在這方面，二次大戰是個典型案例。許多時候，各國政府大力促成民間國際組織的設立。他們多半負有文化交流的使命。在過去，

科技發展、工業化及都市化曾經促使民間國際組織數目快速增加。儘管各國政府因為害怕失去控制而開始設限，相關因素仍將持續發揮他們的影響力。

　　民間國際組織的效果要比成因複雜許多。安吉爾（Robert Angell）的研究顯示，民間國際組織對於國際事務的最大影響是「跨國參與」。他既不直接，也很微妙。安吉爾認為，各國參與民間國際組織的人們因為經常接觸外國文化，所以比較容易產生四海一家的胸襟。質言之，他們不會過於執著民族主義理念。與此同時，這些企業領袖與社會菁英通常和本國官員來往密切。他們可以促使政府採取比較具有互惠可能的外交政策，從而加強各國政府間的相互了解。準此，民間國際組織可以將「國際社會化」（international socialization）現象從民間推廣到政府。

　　儘管如此，許多學者認為民間國際組織對於各國外交政策的影響力不大。他們指出，事情不如支持國際社會化論點的學者想像中單純。那些變得「四海一家」的人往往失去他們對於政府政策原有的影響力。此外，許多參與民間國際組織的領袖並不諱言自身國族認同。相關組織很有可能落入該國人民，甚至政府的控制。再者，安吉爾也承認若干民間國際組織可能招來憎恨與緊張。跨國企業與宗教運動都是典型案例。質言之，相關國家的民間交往愈是緊密，愈有可能讓對方看清「真面目」而產生輕視心理。無論如何，安吉爾仍然認為民間國際組織對於促進和平而言功大於過。

　　復次，若干官方國際組織給予民間國際組織「顧問」地位，使得後者能夠參與他們的決策過程。目前，數以百計的民間國際組織直接參與聯合國各個專門機構。他們分享資訊，並且提出建議。其著眼點在於整合民間及政府力量，解決各國共同面對的國際問題。例如，目前環保議題普遍受到重視。許多跨國性的社團功不可沒。由於他們的努力，一九九二年聯合國在里約熱內盧召開環境及永續發展會議（俗稱地球高峰會，Earth Summit）。在這方面，國際科學總會（ICSU）做出許多貢獻。他的會員遍及六

十多個國家，處理問題包括外太空研究，水資源，以及開發中國家發展策略等等。然而，儘管民間國際組織的遊說功夫了得，他們對於官方國際組織決策過程的影響仍屬有限。

　　除了發揮社會化與諮詢功能之外，有些時候民間國際組織直接插足國際政治。質言之，他在若干國際問題上扮演積極角色。例如，巴解組織經常能夠影響以色列與中東國家的關係。跨國石油公司則能夠影響各國的能源政策。一九七九年，蘇聯入侵阿富汗。美國以杯葛次年的莫斯科奧運做為報復。當時國際奧委會跳脫兩大超強對抗，全力促成賽事正常進行。有些時候民間國際組織刻意放低姿態，但是仍然能夠發揮可觀的影響力。例如，國際民用航空駕駛協會曾經迫使各國政府加強飛安措施，反制劫機暴徒。無論如何，當國家與民間國際組織發生衝突的時候通常能夠占得上風。在這方面，沒收外國企業資產是常見選項。時至今日，隨著跨國行為者取得和政府部門合作與對抗能力，誰勝誰負並非主要問題。重要的是，當事人如何進行合縱連橫的遊戲。

　　在這方面，跨國企業被寄以厚望。若干學者認為他是除了民族國家以外，另一種可行的組織模式。無論是好是壞，跨國企業刻正追求自身利益。也因此，他們顛覆國家利益、公民資格與愛國主義的傳統概念。第十三章將給予跨國企業進一步的討論與評價。我們只能說如同民間國際組織，跨國企業會對國際秩序造成正面與負面影響。

官方國際組織的運作邏輯

　　官方國際組織的增加速度一向趕不上民間組織。一方面，民間團體的數目超過政府部門。另一方面，參與官方國際組織往往需要投注較多資源。如同民間國際組織，大戰期間官方國際組織幾乎陷於停擺狀態。大戰結束後，官方國際組織的運作通常最具活力。一八七〇年，官方國際組織數目不及十個。一九一四年，他增加到五十個。一九四五年，一百個。一九七〇年，兩百多個。今天大約是三百個。

　　第二章提及，官方國際組織與資本主義國際體系的出現息息相關。由於國際貿易規模大幅擴張，各國需要新的架構規範經濟秩序。莫菲（Craig Murphy）指出，十九世紀官方國際組織開始成長。當時福利國家與工業社會正好在西方各國站穩腳步。受到日益升高的壓力，他們試圖給予人民較高的生活水準。與此同時，他們了解唯有加強國際合作才可望達成目標。此外，莫菲認為西方國家菁英試圖利用新式科技改造國際社會。這項觀念同樣促成官方國際組織的發展。再者，克勞德指出官方國際組織在二十世紀的快速發展有他更深一層原因：

　　「鑑於武力衝突造成的後果愈來愈嚴重，各國回應是加速官方國際組織的成立與運作。戰爭的破壞力愈強，國際社會便愈迫切地試圖防止戰爭發生。在這方面，許多國家都感受到無可推卸的責任感。」

　　二次戰後，在聯合國體系的帶動下，官方國際組織出現大幅成長。其中又以區域性組織的發展最具成效。

　　和過去相比，今天國家成立官方國際組織的理由大同小異。他們試圖解決無法獨力解決的問題，或是提高解決問題的效率。有些官方國際組織試圖處理兩個國家間的問題，因此只有兩個會員國。美國與加拿大共同組成的聖羅倫斯海路管理局即為一例。其他官方國際組織多半屬於全球性或區域性組織。國家通常不會輕言成立官方國際組織。因為條約耗費的資源遠少於成立官方國際組織，他們偏好透過簽署條約解決彼此間的問題。不過，假設問題具有持續性，便有成立官方國際組織的必要。

　　人們傾向認為官方國際組織是國家進行合作的場域。事實上，他也是會員國衝突及化解衝突的地方。與此同時，若干國家試圖控制官方國際組織，從而形塑政策的正當性。

　　官方國際組織可以分成高度與低度政治性兩種。前者處理的問題大多

涉及當事國重大的國家利益（特別是軍事及安全問題）。相形之下，後者處理的大多是無關緊要的技術性問題。有些官方國際組織的性質介於兩者之間。此外，即使在低度政治性的官方國際組織當中，問題也可能高度政治化。例如，美國認為國際勞工組織處理勞資關係問題的時候逐漸向馬克思主義傾斜。因此，從一九七七年開始，他暫時退出該組織兩年之久。再者，一九八〇年代美國與英國基於相同原因，以及財務管理不當問題退出聯合國教科文組織。由於安全及經濟問題的關聯性愈來愈緊密，因此高度與低度政治性官方國際組織的分際變得模糊。

通常官方國際組織有個大會讓會員國討論及決定政策。此外，他應該有個秘書處處理行政事務及執行大會決議。不同官方國際組織享有的決策權限存在很大差異。少數官方國際組織接近超國家決策模式（supranational model）的理想。他的決議能夠對全體會員國產生拘束力。不過，大多數官方國際組織的情形正好相反。他們只能提出建議，或是通過建議性質的決議。會員國有權決定是否接受。有些官方國際組織介乎兩者之間。

官方國際組織處理的問題範圍愈是明確，會員國的合作意願愈高，也愈信任組織的決定。一八一五年成立的萊茵河航行管理委員會可說是國際組織的濫觴。他和一八五六年成立的多瑙河航行管理委員會，以及稍後成立的國際電訊聯盟與萬國郵政同盟都是具體的證明。今天，國際電訊聯盟與萬國郵政同盟仍在持續運作，並且成為聯合國的附屬機構。如同若干其他附屬機構，他們取得某種程度超國家屬性。質言之，該組織雇用的科技官僚有權制定與執行政策，未必需要會員國同意。相關官方國際組織的影響層面很廣。其中包括衛生、交通、通訊、教育及社會福利。

到了二十世紀，官方國際組織的宗旨愈來愈廣泛，甚至試圖處理戰爭與和平的問題。除了聯合國之外，美洲國家組織、非洲團結組織、阿拉伯聯盟，以及東南亞國協等區域性安全組織也都試圖加強會員國間的合作，從而和平解決彼此間的爭端。這類國際組織基本上比專門性國際組織更具

影響力。然而,會員國通常拒絕給予他們超國家模式的決策權。無論如何,他們經常能夠有效防止或解決會員國間的武力衝突。例如,一九六九年宏都拉斯和薩爾瓦多發生「足球戰爭」。透過美洲國家組織的斡旋,雙方達成停火協議。一九九〇年代,西非共同體介入賴比瑞亞內戰,成功阻止交戰各方繼續遂行血腥戰鬥。有位學者研究美洲國家組織、非洲團結組織與阿拉伯聯盟介入的十九次區域衝突。他發現「半數以上的衝突程度降低。三分之一的衝突得到徹底解決。」

功能主義學派(functionalist school)認為,國家傾向在低度政治性問題方面讓渡部分主權給官方國際組織。如此不僅利於彼此間的合作,同時將逐漸培養當事國的合作習慣,進而在高度政治性問題方面讓渡部分主權。他們期望這種「溢出」(spill over, ramification)現象能夠帶到武器管制等場域。新功能主義學派則指出,官方國際組織發揮溢出功能的能力有大有小。此外,必要性才是決定溢出多寡的關鍵。例如,當事國發現分享某個海域的漁權可說是互蒙其利。不過,要想充分享受其中好處有待其他條件配合。他們或須給予相關官方國際組織自主地位,以便有效處理污染問題。

許多學者針對功能主義提出批判。首先,他們指出有些合作經驗既不愉快,同時會收到反效果。其次,即使單純技術性的問題也不可能完全擺脫政治影響。最重要的是,國家不可能漫無限制地將主權讓渡給官方國際組織。如果事關國家生死存亡,當事國仍將各行其是。合作可能替下一次的合作奠定良好基礎。然而,現有國際合作要想促成世界政府的成立顯然力有未逮。無論如何,功能主義至少說對了一點。亦即「官方國際組織數目愈多,國家間的敵意通常會隨之降低」。二次戰後,官方國際組織快速增加與國際戰爭減少之間確實有點關係。

準此,官方國際組織不僅是國家合作與衝突的競技場,同時是國際體系的成員。他會對各國政府政策作為,以及國際政治產生影響。以下將就聯合國與歐盟這兩項案例進行討論。

全球性官方國際組織：聯合國與聯合國體系

　　經過二十世紀兩次世界大戰，交戰國痛定思痛誓言不再重蹈覆轍。準此，戰勝國著手成立聯合國，用以維持和平與現狀。如同國際聯盟，聯合國以集體安全概念做為理論基礎。一旦有國家企圖發動侵略，破壞國際秩序，全體會員國將立即動員武力制止。在這方面，聯合國希望主要會員國能夠發揮帶頭作用。這和十九世紀的歐洲協商可說大同小異。

　　根據一九四五年聯合國憲章規定，美俄英法及中國五國將擔負起世界警察的責任。創始會員國相信，透過大國間的合作，聯合國不致重蹈國際聯盟失敗覆轍。不過，聯合國憲章墨跡未乾，東西冷戰便已開始。聯合國自始就反映這項現實。以下我們將簡短介紹聯合國的沿革。

架構與活動

　　聯合國及其附屬機構加總起來稱為聯合國體系。其中包括許多理事會與委員會。因此，不僅一般人弄不清楚聯合國的運作方式，連各國領袖也往往一頭霧水。再者，該圖顯示除了戰爭與和平之外，聯合國還須處理其他問題。

　　根據聯合國憲章，安全理事會（Security Council）應該負起維持和平與安全的主要責任。憲章第七章規定，一旦第六章和平解決爭端（peaceful settlement）的機制（如調停與仲裁）失敗，安理會得召集全體會員國對於「威脅世界和平」的國家實施軍事及經濟制裁。由此觀之，安理會的權力大於聯合國其他機構。理論上，安理會決議的拘束力及於全體會員國。不過，安理會很少援引第七章規定。根據憲章，聯合國應該擁有一支由各會員國提供的常備部隊。然而，這支部隊至今不見蹤影。

　　一九四五年以來，安理會理事國數目從早先的十一個增加到十五個。其中包括五個常任理事國，以及十個任期兩年的非常任理事國。近年來，各國不斷對於安理會的組成方式提出質疑。有些人主張日本和德國應當比

照英法出任常任理事國。有些人則認為應該停止設置常任理事國。無論如何，修改憲章需要得到安理會同意。而常任理事國又享有否決權。因此，目前這種安排應該會持續下去。

安理會的決議需要得到五個常任理事國（與四個非常任理事國）的同意。質言之，只要有一個常任理事國反對，安理會就無法透過集體安全行動制止侵略。值得注意的是，雖然否決權受到各方嚴厲批評，但卻有他存在的道理。他不僅保障大國利益，同時是聯合國賴以生存的重要條件。沒有否決權的保障，大國隨時會退出聯合國。

冷戰期間，美、蘇都經常動用否決權。一九四五到七〇年間，蘇聯動用否決權不下一百次。一九七〇年以前，美國不曾動用否決權。然而，一九七〇到九〇年間，美國卻動用五十多次否決權。關鍵在於一九七〇年以前，安理會理事國大多是西方國家囊中物。美國用不著動用否決權。嗣後，第三世界國家在安理會占有的席次逐漸增加。他們不時附和蘇聯，試圖通過美國反對的決議。因此，美國必須動用否決權保障自身國家利益。冷戰結束後，大國幾乎不曾動用否決權。從波士尼亞到柬埔寨，五個常任理事國多能協調出一致的立場。

近年來，安理會試圖重新振作，積極介入國際事務。對此，學者提出如下觀察：

「自一九八〇年代末期冷戰結束以來，安理會握有的權力與威信又開始增加。一九八七到九三年間，安理會每年召開的正式會議由四十九次增加到一七一次，通過的決議則由十三件增加到九十三件。與此同時，他用在維持和平方面的經費超過以往任何時期。」

然而，這種現象也存在若干隱憂。首先，美國、俄國與中共間的磨擦日漸增加。五個常任理事國能否維持團結尚難斷言。其次，若干安理會主

導的維和行動不僅過於靡費，甚至以失敗收場。會員國對於聯合國及安理會的信心因此受到打擊。

　　除了安理會之外，聯合國大會（General Assembly）是由全體會員國代表組成。根據憲章規定，他有權處理國際政治，經濟與社會問題。然而，大會通過的決議屬於建議性質，無法對會員國產生法律約束力。因此，討論問題是大會的主要權力。無論如何，大會決議具有相當程度的象徵性意義，有時足以造成國際體系的改變。

　　目前，聯合國大會已經成為開發中國家主要的發言場所。他們針對許多問題陳述立場，並且試圖說服其他國家。最初聯合國大會只有五十一個會員國。其中大部分是親西方國家。拉丁美洲國家則是受到美國影響。開發中國家不僅只有個位數，同時多半位於北亞與南亞地區。隨著殖民地相繼獨立，一九八〇年聯合國大會會員國超過一百五十個。其中一百多個是開發中國家。研究顯示，美國在大會擁有的影響力逐年下滑。一九四六到五〇年間，美國在表決當中勝出的比例是 74%。一九七〇年代中期，這項數字跌到 35%。一九八〇年代末期，他進一步降到 12%。

　　二次大戰剛結束的時候，美國與他的盟邦主導大會運作。因此，很少有美國人提到「多數暴力」問題。也因此，一九七〇年代以後美國拋出這項議題給人昨是今非的印象。然而，我們可以理解美國人民的不滿情緒。美國是聯合國的最大金主，挹注聯合國 25%的經費。相對地，多數會員國的貢獻不及 1%。一九九〇年代以後，大會多數時候採取共識決。共識決加上多數決，美國在 80%表決當中站在勝方這邊。與此同時，隨著安理會地位日漸重要，美國比較不擔心其他國家利用大會做為打擊他的工具。

　　晚近許多「迷你國家」相繼加入聯合國。開發中國家的聲勢愈發浩大。以一九九一年加入的馬紹爾群島與九五年加入的帛琉為例，他們的人口數少於十萬。此外，摩納哥、列支敦士坦與聖馬利諾等西歐小國也在九〇年代加入聯合國。蘇聯與南斯拉夫解體則替聯合國帶來二十個左右會員國。

截至一九九七年，聯合國共有一百八十五個會員國。影響所及，會員國再度對於大會的表決程序產生歧見。根據憲章規定，聯合國大會採取「多數決」表決方式（重要問題則須得到三分之二多數）。此外，根據主權國家平等原則，每個會員國都有一票。質言之，人口數七萬五千的塞昔爾擁有一票。超過十億人口的中國大陸也只有一票。許多人指出，這種表決方式無法反映國家的權力差距。其次，他不符合「一人一票」的民主理念。再則，他無法反映各國在經費方面做出的貢獻。在極端的情況下，「三分之二」會員國（一百二十四個國家）人口總和不到全球的 10%。相形之下，他們提供經費的比例更低。雖然許多國家提出若干加重計票方案，但都因為政治考量而胎死腹中。在可見將來，這種情形沒有改變跡象。不過，近年來以美國為首的大國持續施壓，迫使大會更加重視他們的意見。假設大會一意孤行，他們將減少或停止繳納會費。一九九七年，美國積欠聯合國的會費超過十億美元。

經社理事會（Economic and Social Council）由五十四個會員國組成。他有權協調聯合國各專門組織在經濟及社會領域方面的活動，同時提出建議或報告。經社理事會經常和大會保持密切聯繫。此外，他不時透過五個區域性經濟委員會（歐洲、太平洋地區、拉丁美洲、非洲及西亞）及六個功能委員會（其中包括人口問題、婦女地位及毒品查緝）推動業務。

目前，由五個常任理事國組成的託管理事會（Trusteeship Council）重要性大不如前。原因是他成功推動憲章賦予（協助殖民地獨立）的工作。一九四五年以來，英國、法國及荷蘭等國的託管地幾乎已經全數獨立。託管理事會因此無事可做。

秘書處（Secretariat）是聯合國的行政部門，由秘書長負責指揮。截至目前，聯合國歷經七任秘書長。他們分別是挪威的賴伊（一九四六至五二年）、瑞典的哈瑪紹（一九五三至六一年）、緬甸的宇譚（一九六一至七一年）、奧國的華德翰（一九七二至八二年）、秘魯的裴瑞茲（一九八二

至九二年）、埃及的蓋里（一九九二至九七年），以及迦納的安南（一九
九七年至今）。其中哈瑪紹在剛果墜機喪生之前大幅提高秘書長的地位與
重要性。他認為秘書長的職權不限於行政工作，因而援引憲章第九十九條
規定建議聯合國執行維和行動。憲章第九十九規定，「當秘書長認為國際
和平及安全可能受到破壞，得提請安理會注意。」不過，哈馬紹之後的秘
書長大多放低姿態。一九九〇年代，蓋里試圖強化聯合國在後冷戰時期國
際秩序當中扮演的角色，卻因此招致許多批評。

　　由於秘書長選舉方式特殊，因此要想得到和保有這項職務必須避免捲
入政治漩渦。秘書長由安理會提名，並需得到大會過半數會員國同意。他
的任期五年，得連選連任。因此，秘書長必須能夠得到五個常任理事國及
過半數會員國接受。蘇聯曾經試圖迫使哈馬紹去職，並且建議用「三頭馬
車」（troika）的領導方式加以取代。等到哈馬紹去世，蘇聯才收回這項建
議。近年來，美國因為不滿蓋里，因此支持安南取代他秘書長職務。

　　目前，任職秘書處的國際文官約有一萬人。他們來自世界各國，並且
具備經濟學者、農業專家及企管等不同專長。其中約有五千人在紐約的聯
合國總部辦公。其他文官的工作地點分布在日內瓦與奈洛比等地。一方面，
憲章強調以效率、才能與操守做為甄選秘書處文官的標準。另一方面，他
表示應該儘可能顧及「地域分配」原則。雖然這兩項標準可以並行不悖，
卻反映出秘書處運作方面的矛盾。理論上，秘書處官員應該是技術官僚。
他們必須顧及聯合國的利益與需要。事實上，他們無法免除來自母國的壓
力。其中壓力最大的是那些從各國政府借調而來的官員。一旦借調期滿，
他們將回到本國政府工作。即使是主張秘書處官員屬於常任文官的國家，
他們通常會對當事人進行忠貞調查。也因此，秘書處無法完全免除民族主
義的影響。

　　如果我們不談聯合國的專門組織（specialized agencies），將無法了解
他的運作情形。這十多個專門組織本身就是獨立的官方國際組織。只不過

他們與經社理事會，或是其他聯合國附屬機構存在密切聯繫。前文提到的萬國郵政同盟便是個案例。他的總部設在瑞士伯恩，而會員國（如教廷）未必是聯合國會員國。以下我們將簡短介紹這些專門組織。若干專門組織將在後面幾章做更詳細的討論。

早在國際聯盟時代，國際勞工組織便已經存在。他的宗旨是營造有利勞動條件，同時循由合作（如制定勞動基準法）改善全球勞工生活水準。國際糧農組織則是透過實地研究，提供技術援助與經費來提高開發中國家農業生產，滿足人民需求。他有效推動南亞等地區的綠色革命，從而緩和糧食生產不足的現象。世界衛生組織（World Health Organization，WHO）則在傳染病的防治方面得到大幅進展。經由他的努力，目前天花接近絕跡。瘧疾的肆虐情形大幅減少。與此同時，世界衛生組織持續在開發中國家推廣健康教育及提供醫療服務。[1]

此外，萬國郵政同盟便利國際信件的流通。國際電訊聯盟有助於國際電報、電話、廣播及電視訊號的傳遞。聯合國教科文組織採取一連串行動提高開發中國家人民識字率。再者，他加強推動文化交流，並且透過全球性版權公約的草擬促進資訊流通。與此同時，聯合國教科文組織試圖就媒體自律與他律訂定標準，進而促使已開發與開發中國家達成協議。

國際民航組織曾經就駕駛員資格、航空器識別、飛航管制，以及應付劫機事件等事項安排會員國締結公約，採取統一標準與做法。這有助於加強民用航空器飛航安全。國際海運組織的功能大致相仿。國際氣象組織負責蒐集與交換氣象預測資料，同時觀察生態環境及大氣層的變化。

在聯合國專門組織當中，最重要的是經濟組織。國際貨幣基金在促進國際金融合作方面扮演重要角色。他的成就包括穩定匯率，提供外匯短缺

---

1 近年來，我國持續爭取成為世界衛生組織年會（WHA）的觀察員，並且得到美國及日本支持。然而，如果兩岸關係沒有改善，陳水扁「兩年內加入世衛組織」的承諾很難兌現。

國家所需外匯，以及擴大國際貿易規模。國際復興及發展銀行（俗稱世界銀行）每年提供開發中國家數十億美元貸款，協助他們修築道路、橋樑以及水壩。世界銀行轄下的國際發展協會提供貧窮國家低利貸款。國際金融合作社則貸款給開發中國家的民營企業及個人。國際貨幣基金與世界銀行是二次戰後國際經濟秩序的基石，一般稱為「布萊登伍茲體系」（Bretton Woods system）。此外，同樣成立於二次戰後的關稅暨貿易總協定（GATT）也很重要。一九九五年，他改組成為世界貿易組織（World Trade Organization，WTO）。該組織宗旨在於協助二十一世紀國際社會貫徹自由貿易原則。

　　限於篇幅，我們無法逐一介紹共同構成聯合國體系的各個組織。值得注意的是，疊床架屋的情形普遍存在。其次，不論聯合國本身，或是他的附屬組織大抵只能在會員國容許限度內發揮功能。有些時候，聯合國的影響力不容忽視。然而，多數時候聯合國是說的多，做的少。因此，以下我們只能運用「成本效益」原則評估聯合國的功過。

聯合國的成績單

　　人們習慣以和戰記錄做為評估聯合國功過的唯一標準。在這方面，聯合國雖然也有成功先例，但是數目遠不及失敗案例。一九九〇年以前，安理會只曾在韓戰期間根據憲章第七章規定採取集體安全行動。當時蘇聯因為中國代表權問題負氣離席。安理會才能夠派遣軍隊制止北韓侵略。

　　許多時候，安理會因為常任理事國行使否決權而陷於癱瘓。然而，大會或秘書長也曾挺身而出維持國際和平。例如，他們會出面協調，或是援引憲章第六章規定和平決國際爭端。一九六二年，秘書長宇譚介入協調印尼與荷蘭間關於西艾里安（West Irian）的衝突。有些時候，他們會採取更加強硬的手段。一九五六年蘇伊士運河危機期間，聯合國派遣六千名維持和平部隊前往中東地區。一九六〇年，聯合國再度派遣兩萬名部隊到比屬剛果。蘇伊士運河危機期間，「共促和平決議」是大會的行動依據。是項

決議授權大會在安理會無法採取行動的情況下處理戰爭與和平問題。秘書長哈馬紹則是獨力承擔比屬剛果事件的相關責任。嚴格說來，聯合國在這兩次事件當中扮演維持和平的角色，並非憲章第六章規定的「和平解決國際爭端」，也不是第七章規定的「集體安全行動」。他們的行動不只是協調，但還不到集體安全地步。他們組織一支中立的部隊，開赴出事地點。一方面，這支部隊並未懲罰侵略國家。另一方面，一旦駐在國下達逐客令，他就得結束任務。一九六七年，聯合國維和部隊應埃及請求撤離當地。嗣後安理會多次組成類似的維和部隊。一九七八年，他派遣維和部隊開赴飽受內戰摧殘的黎巴嫩。

冷戰期間，安理會最有可能針對一九七三年以阿戰爭這類事件採取建設性行動。原因是五個常任理事國（特別是美國與蘇聯）都可能被拖下水，也都不樂見危機升高。透過預防外交（preventive diplomacy），聯合國試圖降低地區性衝突升高的可能性，避免強國捲入。研究顯示，一九四五到八一年間有一二三件爭端提交聯合國。其中五十一件得到解決或控制。不過，一九八〇年代初期，聯合國在這方面的表現陷入低潮。

隨著冷戰結束，聯合國在處理戰爭與和平問題方面恢復活力。一九八〇年代末期，他成功介入阿富汗，促使蘇聯從當地撤軍。與此同時，聯合國針對僵持十年的兩伊戰爭進行調停。交戰雙方因此簽署停火協議。再者，透過聯合國的努力，越南同意結束對於柬埔寨的軍事占領。一九九〇年，聯合國粉碎伊拉克併吞科威特的企圖。雖然聯合國並未根據憲章第七章組織多國部隊，但是安理會授權會員國採取兩項行動：1.他要求全體會員國對於伊拉克實施經濟制裁。2.安理會授權個別會員國使用武力，協助科威特抵抗伊拉克侵略。準此，美國動員四十萬部隊投入波灣戰爭。此外，英國、法國及阿拉伯國家也派兵加入多國部隊。最終，伊拉克的侵略行為受到懲罰與制止。在這方面，聯合國協調強國行動功不可沒，因此被視為後冷戰時期新國際秩序的基石。

　　就許多方面而言，波灣戰爭可說是集體安全行動的典範。他成功保衛科威特的主權。之後聯合國被賦予新的任務。其中有些關乎集體安全，有些涉及維持和平。冷戰結束後的五年當中，聯合國執行維和任務的次數超過先前四十五年總和。截至一九九七年，聯合國共計派出六萬名維和部隊前往全球六十多個國家。儘管他們在柬埔寨等地得到成功，但也蒙受若干難堪的挫敗。其中包括索馬利亞、盧安達與南斯拉夫等等。

　　晚近聯合國遇到挫折可以歸咎下述原因：1.根據憲章構想，聯合國主要是負責處理傳統的國際戰爭。然而，後冷戰時期他通常得處理內戰問題。2.聯合國通常得在缺乏民主經驗的國家促成自由選舉。結果當事國幾乎陷入無政府狀態。3.在執行任務過程當中，維和部隊不時需要面對「公親變事主」的狀況。4.若干當事國根據憲章第二章第七款規定指控聯合國侵犯國家主權。5.負責執行任務的軍事將領往往難以顧全政治考量。更重要的是，聯合國缺乏足夠財源。各項維和行動使得聯合國原本不寬裕的財務狀況更加捉襟見肘。

　　一九九二年，秘書長蓋里提出「和平議程」構想，試圖藉此提升聯合國處理和平與安全問題的能力。他建議國際社會賦予聯合國下列角色：第一是防止和平受到破壞。在可能發生衝突的地區，聯合國可以做出早期預警或「預防性的軍事部署」。第二是媾和。當衝突發生的時候，聯合國可以趕在第一時間介入調停。第三是維持和平。一旦交戰各方接受調停並簽署停火協議，聯合國可以派兵執行維和任務。第四是營造有利於和平的條件。其中包括難民遣返，清理布雷區，以及從事戰後重建等等。第五是集體安全。一旦出現侵略情事，聯合國必須能夠對侵略者實施經濟或軍事制裁。截至目前，上述構想仍然缺乏付諸實行的跡象。例如，美國不願將美軍交由他國將領指揮。因此，他對於成立聯合國快速反應部隊的構想抱持保留態度。

　　此外，聯合國透過比較不受爭議的方式維持和平。他讓會員國用言語

渲洩怒氣，不致大打出手。問題是，我們無法確知聯合國用這種方法阻止多少次的國際衝突。同樣地，我們無法確定聯合國在解決國際社會與經濟問題的同時防止多少戰爭發生。雖然人們傾向根據聯合國維持和平的記錄判斷功過，事實上他在其他方面的貢獻更加重要。聯合國將 80%的經費與精力用於解決國際社會及經濟問題。

即使聯合國的效益不算驚人，他付出的代價更是微不足道。聯合國每年的經常性預算約為十億美元，還比不上紐約市警局。此外，目前聯合國用於維持和平任務的經費每年約三十億美元。紐約市警局加上消防局的預算便超過這個數字。與此同時，世界各國每年用於購置武器裝備的經費超過一兆美元。相形之下，聯合國稱得上「物超所值」。許多美國人抱怨自己替聯合國出錢出力。然而，聯合國每年花費每位美國納稅人兩塊五毛美元，只夠租一支家庭用錄影帶。其他國家人民的負擔更加微乎其微。

儘管如此，聯合國的未來仍然存在許多變數。晚近，他在執行維和行動的時候尚稱順手。強國間的合作也能得到維持。因此，若干全球主義學派學者樂觀認為聯合國將在新國際秩序當中扮演重要角色。不過，聯合國也有「突槌」的時候，並且因此招來譏評。此外，短期內他必須設法度過嚴重的財務危機。再者，國際問題的內涵日趨複雜。許多時候，透過聯合國這類人多嘴雜的全球性組織處理顯得大而無當。

地區性官方國際組織：歐洲聯盟

有些人認為發展國際組織是維持國際秩序的關鍵。對他們而言，地區性國際組織是全球性國際組織的踏腳石。而在地區性國際組織當中，西歐最具規模。今天，歐洲聯盟（European Union，EU，下文簡稱歐盟）有自己的會旗與會歌。事實上，歐盟是由三個官方國際組織共同組成。他們分別是歐洲煤鋼聯營、歐洲經濟共同體，以及歐洲原子能委員會。目前，歐盟有十五個會員國。他們是法國、德國、英國、義大利、荷蘭、比利時、

盧森堡、丹麥、愛爾蘭、希臘、葡萄牙、西班牙、奧國、瑞典及芬蘭。[2]歐盟人口超過三億六千萬，僅次於中國大陸與印度。問題是他能否被視為國際體系當中的單一成員。以下我們將會發現歐盟在某些方面已經粗具超國家組織雛型，而在其他方面仍然是非常傳統的國際組織。

　　早在西元十四世紀，但丁便提出「歐羅巴合眾國」夢想的雛型。不過，直到一九五〇年代歐洲才開始認真追求「歐洲共同體」（European Community，下文簡稱歐體，亦即今天歐盟的前身）目標。一九五二年，法國、德國、義大利、以及荷比盧三小國合組歐洲煤鋼聯營。一九五七年，這六個國家簽署羅馬條約，建立歐洲共同市場與歐洲原子能委員會。一九七三年，英國、愛爾蘭及丹麥加入歐體。一九八一年，希臘成為會員國。一九八六年，西班牙及葡萄牙跟進。一九九〇年德國統一，前東德被納入歐體版圖。一九九五年，奧國、瑞典及芬蘭加入歐盟。

　　歐體的「創始者」，法國的莫內（Jean Monnet）與舒曼（Robert Schuman）預言會員國終將完成政治統一。然而，多數會員國的決策者不做此想。他們認為歐體主要功能在於解決彼此間的經濟問題。在這方面，美國各州間的經貿來往是借鏡對象。雖然經濟整合不像政治統一那樣困難，但是對於一個發生過兩次世界大戰的地區而言仍屬難能可貴。

　　歐盟的發展可以分成幾個階段：1.設立自由貿易區，消除會員國間的關稅壁壘。2.建立關稅同盟。會員國同意針對境外輸入的同類商品課以相同稅率。3.建立共同市場。亦即促進商品、勞務、人員及資本的自由流通。4.建立經濟和金融同盟。會員國同意協調總體經濟政策，並且創設單一貨幣（亦即現在的歐元）。

　　基於順利推動整合過程，歐盟另外創立若干制度。起初歐洲煤鋼聯營、歐洲共同市場及歐洲原子能委員會各自有他們的決策機構。一九七〇年代

2　譯按：二〇〇二年，歐盟進一步東擴。今天，他有二十五個會員國。

以後，情況開始有所轉變。一九九三年，會員國簽署馬斯垂克條約。歐盟整合創下另一個里程碑。歐洲領袖會議（European Council）由會員國元首或政府首長組成。他每年開會若干次，決定歐盟的政策綱領。部長會議（Council of Ministers）與執委會（European Commission）則在比利時布魯塞爾召開會議。除了歐洲領袖會議之外，部長會議是歐盟最高權力機構。單就組織規範而言，部長會議可說具備超國家組織的特性。羅馬條約規定，部長會議依各國人口多寡採取加重計票的表決模式。大多數決策只需得到多數便可通過，不必取得會員國一致同意。事實上，部長會議通常是先取得會員國共識再做成決策。質言之，如果有會員國試圖以多數決強行通過一項政策，便有可能危及組織的生存。

　　部長會議成員根據本國政府訓令，共同決定歐盟的經濟及其他政策。執委會負責執行政策。部長會議成員代表本國政府利益。執委會委員則是代表歐盟的整體利益。執委會委員由各國政府任命。他們任期五年，並得連選連任。英法德義與西班牙五國各自任命兩名委員。其他會員國則各自任命一位委員。執委會除了執行領袖會議及部長會議決策之外，也有權主動發掘問題並且提出政策建議。

　　除了部長會議與執委會之外，歐洲議會（European Parliament）扮演重要角色。歐洲議會設在法國的史特拉斯堡。他的主要功能是監督執委會，立法權相對受限。一九七九年以前，歐洲議會議員由各會員國國會指派。嗣後，他們由各國人民直接選舉產生。在歐洲議會當中，各國政黨往往依照政策主張異同進行合作或對抗。例如，各國社會黨議員的座位彼此相鄰。基民黨的情形亦復如是。表面看來，歐洲議會可望成為超國家政府的踏腳石。事實上，他不過是個諮詢機構。儘管不斷有人據此批判歐盟運作違反民主原則，但是歐洲議會的擴權努力卻少有進展。

　　綜上所述，我們知道歐盟的運作過程相當複雜。他涵括會員國政府、政府間組織，以及非政府成員。除了前述政治機制之外，設在盧森堡的歐

洲法院負責審理涉及羅馬條約、馬斯垂克條約及相關協定的法律爭端。不同於其他國際法庭，歐洲法院允許個人對本國政府提起訴訟。一九七六年，比利時航空空服員控訴該國營企業訂定員工待遇的時候存在性別歧視，違反羅馬公約的規定。結果歐洲法院判決空服員勝訴。

　　儘管歐盟在建立制度方面展現相當成就，但是仍未貫徹當初設定的經濟整合目標。與此同時，他距離政治整合的理想更加遙遠。雖然歐盟已經是個自由貿易區與關稅同盟，但在建立真正的單一市場與協調經濟政策方面仍舊面臨若干困難。無可否認，歐盟的共同農業政策相當成功。此外，他制定共同的商品安全標準，同時將地區內所有汽車駕駛人納入意外保險範圍。儘管如此，國家間的藩籬依然存在。例如，一九八七年以前，德國以法國啤酒「純度不足」為由，禁止法國啤酒在德國販售。法國則禁止廉價的義大利葡萄酒進入法國市場。在法國和義大利，具有公賣性質的香菸等商品不容外人插足國內市場。醫師及律師等專業人員經常因為「語文能力不足」無法在鄰國執業。

　　晚近，歐盟試圖逐步解決前述問題。一九九三年十一月，隨著會員國相繼批准馬斯垂克條約，歐盟距離單一市場及貨幣的理想似乎僅剩一步之遙。問題是，英國政府與人民對於歐元仍然存有疑慮。他們認為接受歐元形同放棄國家主權。儘管如此，一九九九年歐元順利在會員國銀行間流通。二〇〇二年，他正式取代大多數會員國的本國貨幣在市面上流通。除了排斥歐元之外，英國拒絕加入申根公約集團（Schengen group）。目前該集團包括法國、德國、義大利、荷比盧、西班牙、葡萄牙及希臘等九個會員國。他們同意逐步撤除彼此間的邊界管制。再者，英國反對歐盟制定一體適用的「社會憲章」（Social Charter）。這證明意識形態的差異是個問題。社會主義傾向的會員國經常不免與強調自由放任的會員國發生爭執。

　　此外，我們不應忘記歐體的決策權起初限於經濟範圍。質言之，他無權處理防衛問題。經驗顯示，他很難協調會員國採取共同外交政策。有些

時候，歐體的協調工作收到效果。然而，他通常只會造成會員國間的不快。例如，一九九〇年代南斯拉夫內戰期間，德國與法國曾經因為是否給予斯洛文尼亞等國外交承認發生激烈爭執。

一九九三年馬斯垂克條約試圖推動「共同外交與安全政策」構想。除了著手建立歐洲聯軍之外，歐盟努力在聯合國及其他外交場合予人團結一致的印象。問題是經濟整合的成功經驗能否複製在政治整合上頭？從另個角度來看，假設歐盟政治制度無法持續發展，經濟整合能否避免走回頭路？再一次地，英國反對在歐盟官方文件當中出現「聯邦」（federal）字眼。

在可見將來，維持現狀是最有可能的情況。質言之，歐盟既不完全是主權國家的組合，也不是超國家組織。歐盟東擴之後，許多人開始討論怎樣的會員國數目才算恰當。在這方面，歐盟將持續面臨深化與廣化難以兼得的問題。其次，會員國內部地方分權的發展趨勢使得問題益發複雜。以比利時為例，法蘭德斯、瓦倫及布魯塞爾等地區比照該國國會對馬斯垂克條約行使批准權。此外，隨著歐盟邁向單一市場目標，人們擔心他會和美國及日本等國間爆發貿易戰爭。最後，我們不確定歐盟將在維護地區安全方面扮演何種新的角色。

回想起來，一九五〇與六〇年代整合理論（integration theory）成為研究國際關係的主流。這顯然是拜羅馬條約所賜。許多人開始思考能否借用歐體整合經驗做為區域整合的典範。準此，拉丁美洲自由貿易組織、中美洲共同市場，以及阿拉伯共同市場相繼誕生。今天，歐盟來到十字路口，能否實現「合眾國」的理想殊難預料。

小結

揆諸聯合國與歐盟的發展經驗，國族主義（nationalism）仍然在國際關係當中扮演重要角色。以下我們將進一步探討國家及其他國際社會成員如何處理武器管制與國際經濟等相關問題。此外，我們將討論跨國企業在國

際政治當中扮演的角色。雖然跨國企業未能泯除國家疆界，但卻改變各國人民之間的關係。他刻劃出國族主義與國際主義間的交互激盪。這些都是第四部分的討論重點。

第四部分

國際問題的處理

傳統上，國際社會的努力重點在於強國間的權力平衡，以及維護國家安全。今天，人類興亡不再單單取決於這些議題。

——李辛吉

目前，國際社會存在許多問題，需要世界各國共同設法解決。核子武器的擴散是個典型案例。這類問題給我們帶來很大威脅，但也提供史無前例的合作機會。

　　西方人（特別是美國人）往往認為天底下沒有解決不了的問題。的確，世界各國試圖在無政府狀態下設法解決共同面臨的問題。他們運用的手段包括簽署條約、培養共同價值觀，以及成立國際組織等等。在討論這些手段的同時，我們應當牢記本書一開始替國際政治下的定義，抑即決定國際社會「誰得到什麼，何時得到及如何得到」的過程。如同國內政治，有些國際社會成員對於解決問題擁有舉足輕重的力量。

　　在本書第四部分當中，我們將討論國際問題的處理。首先，我們要研究國際暴力的控制，包括管制武器與防止恐怖活動（第十一與十二章）。其次，我們要說明國際經濟的發展情形，包括國家間的協調與貧窮問題（第十三及十四章）。最後，我們將討論再生性及消耗性資源的管理。其中包括能源及生態保育問題（第十五章）。

第十一章
軍備競賽與武器管制

第八章提到，在當前國際體系當中，使用武力的重要性逐漸降低。跡象顯示，強國間的「長期和平」可望得到維持。區域性的緊張關係略見緩和。國際戰爭的發生頻率大幅降低。然而，我們發現缺乏足夠證據支持所謂的武力無用論。無論如何，包括美國在內的許多國家國防預算呈現下滑趨勢是不爭事實（見圖 11-1）。

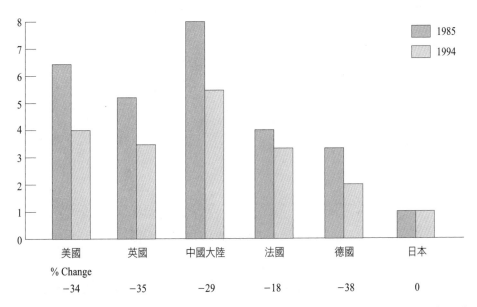

圖 11-1　強國軍備規模的縮減情形（一九八五至九四年）：國防預算占國民生產毛額比例示意圖

　　當強國減少軍費開支的同時，全球購置武器的費用可望從一九八七年一兆美元高峰逐漸走低。類似情形出現在武器交易方面。一九八七年，國際軍火市場的成交額達到七百億美元。這項數字到了一九九○年代中期大

約減少 70%。圖 11-2 顯示，減少採購的包括已開發及開發中國家。其中許多國家因為阮囊羞澀被迫減少採購金額。其次，俄國暫時失去「主要供應來源」的地位。再者，由於伊拉克在波灣戰爭當中受到重挫，因此無法如同過去大手筆地購置武器。

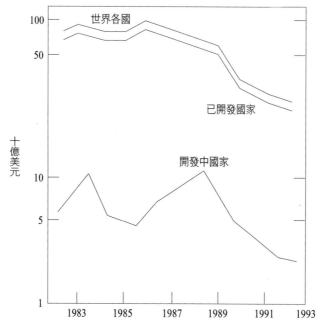

圖 11-2　國際軍火市場的出口概況：一九八三至九三年

儘管如此，我們仍應謹慎面對這項趨勢。首先，他很有可能遭到逆轉。一方面，強國促使買方循由商業管道採購武器。另一方面，採購國仍然可以藉此將他的武器系統現代化。此外，中共、伊朗、印度以及巴基斯坦等國持續在裝備人員方面投注可觀資源。相關行動起碼有部分是著眼於強化當事國區域性的影響力。

一九九六年，美國國防部在報告當中對於大規模毀滅性武器的擴散提出警告。他特別指名「利比亞正在興建化學武器工廠，而伊拉克則是致力

生產生物戰劑」。國防部長派里（William Perry）指出，即使像北韓這類經濟凋敝的國家，仍然可能取得興建核子反應爐與提煉鈽元素的能力。一九九〇年代中期前後，強國相繼放慢發展核子武器的腳步。儘管如此，目前全球仍然存在三萬枚核子彈頭，以及一千一百噸致命的鈽元素。再者，雖然美俄同意逐步銷毀數量龐大的核子武器，但是全球仍舊面臨核廢料的再處理及儲存等棘手問題。

派里認為，加強政府間合作是處理上述問題的最佳方法。例如，美國與前蘇聯達成若干協定。此外，他試圖透過相關協定阻止北韓等國家取得武器等級的鈽元素。以北韓為例，他同意暫停發展核武計畫，用以交換美國提供新式的核子反應爐。再者，循由國際社會的集體制裁，伊拉克無從取得相關設備與技術。在這方面，美國及其盟邦試圖加強出口管制，避免關鍵技術落入假想敵手中。於是，裁軍問題持續引發正反雙方辯論，以及多邊和雙邊談判。有項假設是，如果能夠減少用以作戰的武器數量，戰爭次數與嚴重性將隨之降低。

雖然使用武力不是新的現象，但是人類使用武力的能力已經達到前所未有地步。抑有甚者，各國仍然持續開發新式武器（如精靈炸彈），以及新的作戰方式（如電子戰）。準此，國家必須重新定義他們的安全，科技與經濟利益。也因此，如何控制使用武力可說是二十一世紀國際社會的當務之急。

問題本質與嚴重性

軍備競賽（arms race）是指兩個，或兩個以上國家各自發展軍備，試圖替自身爭取更多的安全保障。不過，國家未必是根據其他國家的軍備狀況或威脅程度發展軍備。各國發展軍備的理由包括維護國防工業與就業機會，爭取成為區域性霸權、提高威望，以及鎮壓國內動亂與異議份子等等。這些理由無涉他國行動。例如，儘管蘇聯解體，美國仍然持續發展新一代

的武器系統（如以駕駛員目視操控的戰機）。投入軍備競賽的國家往往陷於安全困境。如果甲國基於爭取更多的國家安全增強軍備，他的敵國必定採取相同行動。結果雙方反而感到更不安全。

國家可以自行研製，也可以向其他國家購買或接收武器。無論如何，這都使得愈來愈多的國家持有更多武器。由於武器的精密性與成本大為提高，因此只有少數國家能夠達成國防自主的理想。例如，目前只有幾個國家能夠自行研發和製造現代化戰機。某些國家（如以色列）能夠生產部分的武器系統，但是仍須進口零組件。甚至連西歐國家都必須透過合作，才能生產代價昂貴的武器。為了降低成本，買方往往要求賣方向自己採購其他產品，或是將產程移往本國工廠。

我們很難確定各國軍備程度。一方面，各國將相關資料視為最高機密。另一方面，外界不易察覺當事國透過間接或秘密管道取得武器。在這方面，一九九〇年代的南斯拉夫內戰是項典型例證。首先，軍火商人藉由玻利維亞官員名義向中共下訂單。接著，他們透過管道規避聯合國的禁運措施，將武器交給克羅埃西亞、塞爾維亞及波士尼亞。

近年來，聯合國試圖恢復前此國際聯盟締造的創舉。他定期出版年鑑、記錄傳統武器的進出口情形。整體而言，會員國的配合程度尚稱良好。因此，相關國家一方面可以準確評估受到威脅的程度，另方面則能夠藉由資訊透明化判斷其他國家是否遵守武器管制協定。儘管如此，灰色與秘密地帶仍然普遍存在。例如，許多時候我們很難區分民生用途及軍事用途的科技。一輛不起眼的卡車裝配飛彈後便能成為致命武器。有些人主張區分攻擊性與防衛性武器。不過，一項裝備（如直昇機）可能同時具備多重功能，因此很難明確地分門別類。加以國家認為武裝自己是天經地義的主權權力，要想控制武器擴散並非易事。

今天，核子與傳統武器的擴散在在令人憂心忡忡。據估計，目前全球核子武器的爆炸威力加總起來是先前落在廣島原子彈的六十五萬倍，足以

多次毀滅人類文明。考量到許多國家已經取得發射核子武器的載具，相關威脅顯得格外嚴重。截至一九九〇年，至少五十二個開發中國家擁有超音速戰機。七十一個國家擁有戰術飛彈。一百零七個國家擁有裝甲戰車。八十一個國家擁有現代化戰艦。若干核子武器輕薄短小，只需要一輛出租汽車便能載運進入大城市。準此，核子與傳統武器的擴散彼此間息息相關。此外，生化武器也是國際社會關注的重點。再者，許多國家研究如何將雷射與中子用於軍事用途。他們試圖藉此研發新一代獵殺衛星及反飛彈武器，甚至在外太空部署武器系統。

軍備競賽的經濟層面

　　第八章提及，軍備競賽可能，但是不必然引發戰爭。無論如何，當事國必須承擔遭到毀滅的威脅。與此同時，即使我們一輩子不去動用相關武器，光是耗費在研發及生產方面的經濟資源便十分可觀。長期以來，許多經濟學者主張將這些錢投注在教育、國民健康及交通運輸上頭。他們認為相關建設對於國家安全而言非常重要。然而，也有人指出國防開支能夠創造就業機會，以及帶動電子與光學等產業科技發展。一位學者研究開發中國家的情況發現，國防開支與經濟成長間存在正相關。而在美國，研究顯示一九四七到八〇年，國防預算與社會福利間幾乎不曾出現排擠效應。相關效應直到雷根主政才開始浮現。

　　儘管如此，若干學者仍然認為應該考量「機會成本」。例如，武器系統不僅可能過於昂貴，並且很快便有過時之虞。此外，相同資源投注在民生工業，可望創造更多就業機會。就發展中國家而言，國防開支往往造成資源浪費及債臺高築結果。質言之，他會對國民儲蓄及資本累積造成負面影響。

　　假設國防開支會拖累經濟發展，近年來相關效應必然有減無增。無論就已開發或開發中國家而言，軍費開支占國民生產毛額的比例都呈現下滑趨勢。一九八三到九三年間，這個比例在已開發國家從 5.5% 降為 3.4%。而

在開發中國家，他由 6.1% 降為 3.1%。一九八○年代，許多國家軍費開支占國民生產毛額的比例超過 8%。其中包括埃及、幾內亞、衣索匹亞、蒙古及尼加拉瓜等貧窮國家。一九九○年代，由於爭端得到解決，相關國家的軍費開支大幅減少。相對地，突尼西亞、蘇丹、莫三比克等窮國，以及以色列、敘利亞、約旦、科威特與沙烏地阿拉伯等中東國家持續投入巨額軍費。由此可見，衝突對於軍備程度的影響。

截至目前，全球軍費開支仍然集中在少數國家身上。其中七個國家便占去 75%。他們分別是美國、俄國、中共、法國、日本、德國及英國。基本上國家愈是富有，就愈能投注資源在軍費開支，從而研發及生產武器。克羅斯（Keith Krause）指出，「除了墨西哥等少數例外，當事國只要有能力就會致力建設自主的國防工業。」質言之，不安全感與外交野心固然有助於提高當事國的軍費開支，工業與製造業的蓬勃發展也會產生相同效果。

儘管全球的軍費開支呈現下滑趨勢，但是人類仍然平均每分鐘花費一百萬美元在武器裝備與部隊人事上頭。波灣戰爭期間，美軍對伊拉克境內目標發射數百枚巡弋飛彈。而這類飛彈每枚造價高達一百萬美元。尤有甚者，一九九六年美國發展的 B-2 隱形轟炸機每架需要耗費十億美元。也因此，有人認為他根本不可能出勤執行任務。

為什麼人類將如此龐大的資源用來製造殺人武器？明顯地，國際社會必須正視這項問題。近年來，全球軍費開支約略等同於生活水準較差的 50% 人類的所得與負債總和。此外，用於醫藥研究的經費不及研發武器的四分之一。各國政府用於每個軍人的花費是學童的八十倍。然而，削減軍費開支未必能夠增加社福經費。

武器移轉 ▊▊▊➡

前文提及，許多國家缺乏自主的國防工業。因此，他們必須仰賴進口，也就是所謂武器移轉（arms transfer）。廣義來說，武器移轉包括銷售和贈與裝備、構築基地、訓練部隊、補充零件，以及提供武器設計藍圖等等。

武器移轉可能有助於維持均勢，以及相關國家的嚇阻力量，從而在促進和平方面扮演建設性角色。然而，他也可能是當事國不安全感的來源，因此破壞區域的穩定。

在過去，軍事援助多過武器交易，目前則是交易多過援助。一九七〇年代，石油價格狂飆。因此，中東地區石油輸出國家組織會員國得以大量採購新式武器。當時，伊朗擁有的坦克數量超過英國。此外，他的直昇機作戰部隊排名世界第一。與此同時，富有國家在取得新式武器後將淘汰下來的裝備交給貧窮國家，從而建構武器的流通網路。再者，晚近武器交易出現新的趨勢。買方傾向採購零組件後自行組裝。他通常與賣方達成「以物易物」，合作生產，或是其他形態的貿易協定。準此，當事國只須持續取得關鍵零組件，便能不斷提升現有武器系統的戰力。也因此，未來國際軍火市場或將和汽車市場大同小異。跨國企業會在許多國家開闢生產線。他們與諸多協力廠商可以藉此汲取資源、開拓市場，以及降低勞力成本。

一九八三到九三年間，以中東和東亞為首的開發中國家占全球武器進口金額 80%。隨著冷戰結束，全球各地採購武器的金額持續下滑。然而，這項比例卻維持不變。相對於非洲及拉丁美洲，中東與東亞國家進一步拉開採購數額的差距。一九九〇年代，沙烏地阿拉伯繼續在採購金額方面遙遙領先。其他名列前茅的國家一方面身懷巨款，另方面則是希望藉此因應軍事威脅或把握用武機會。

在軍火外銷市場當中，已開發國家的占有率是 92%。以一九九三年為例，美國取得接近半數的市占率。一九九〇年代，美國基於冷戰結束削減國防預算，因此更須仰賴外國顧客支持本國軍火工業發展。一九九五年，美國外銷戰機首度超過本國部隊採購數量。儘管如此，相較於一九八〇年代，九〇年代全球軍火市場呈現大幅萎縮，從而形成「買方市場」。

傳統上，英美等國會嚴格管制武器交易。他們不希望其他國家藉此取得尖端科技或大規模毀滅性武器。此外，美國試圖限定武器用途，但是很

難落實。再者，美國曾經針對發展核子武器的開發中國家實施（傳統）武器禁運，試圖迫使他們放棄相關計畫。相對於美國與英國，中國大陸在這方面的控管比較鬆散。如果美國提出異議，他便依據「美國是全球最大軍火供應商」的事實反唇相譏。無論如何，武器禁運有時能夠達成「止戰」的目標。

除了政府間的交易之外，當事人可以循民間或地下管道取得武器。其次，我們無法排除買受國轉賣武器的可能性。再者，多數武器系統是可以仿製的。截至目前，強國對於武器交易的控管尚稱嚴謹。然而，技術轉移及二手武器的交易規模愈來愈大，因此引起國際社會關注。與此同時，許多產品兼具軍事及民生雙重用途，加深控管方面的困難。例如，兩伊戰爭接近尾聲的時候，伊拉克從英國進口空心鋼管。他的最終目的是生產所謂「超級大砲」。如果武器管制出現漏洞，當事國可能自食惡果。例如，一九八二年福克蘭戰爭期間，英國發現阿根廷使用他先前外銷的武器系統。

核子武器擴散

在武器管制方面，世人最關切的莫過於核武擴散（nuclear proliferation）問題。冷戰結束後，美、俄兩國大幅減少自身擁有核子武器的數量。然而，如同英國、法國及中國大陸，他們仍舊擁有強大的核武打擊能力。此外，印度、巴基斯坦、以色列，以及若干國家據信已經擁有，或是正在研發核子武器。

在相關國家當中，印度與巴基斯坦率先提出「不提升到武器層級的嚇阻」概念。質言之，他們不實地部署擁有的核子武器，避免招致其他國家的經濟與軍事制裁。與此同時，印、巴兩國仍舊可以取得嚇阻對方的效果。

多數強國拒絕提供第三國核武科技。在這方面，中共有不同考量。他願意出售新式飛彈給他的長期盟友巴基斯坦。一方面，他可以取得商業利益。另一方面，印度必須持續將注意力放在西部邊境。無論如何，防止核武擴散是項錯綜複雜的任務。我們很難分辨「和平用途」與「軍事用途」

的核子科技。核子科技的和平用途包括和平核爆（例如，藉此進行移山填海的重大工程）及核能發電廠。一九七四年，印度利用美國及加拿大提供的這兩項科技首次進行核子試爆。除了核武俱樂部會員之外，截至一九八〇年代共有十六個國家購置足以提煉核武原料的反應爐。一九八一年，以色列先發制人摧毀伊拉克向法國購買的核子反應爐。不過，九〇年代期間，伊拉克持續推動發展核武的計畫。

生化武器軍備競賽

核武擴散屢屢成為全球媒體的頭條新聞。然而，生化武器的致命性不亞於核子武器。若干國家缺乏發展核子武器的本錢，因此試圖取得生化戰劑做為大規模毀滅性武器，嚇阻鄰國可能發動的核武攻擊。例如，據傳埃及與敘利亞曾經利用這項手段嚇阻以色列的威脅。國家間進行毒氣戰和細菌戰始於二十世紀初期。一次大戰期間，毒氣奪走許多士兵的寶貴生命。二次大戰期間，美國、英國與德國各自握有大量化學武器。不過，他們害怕受到對方大舉報復，所以不敢使用。若干生物武器只需要很小劑量便足以致命。在這方面，瘧疾病菌與炭疽病毒具有代表性。兩伊戰爭期間，伊拉克曾經動用芥子氣。

一九九〇年代中期，美國政府證實美國、俄國、伊朗及伊拉克等四個國家擁有化學武器。「可能」或「疑似」擁有這類武器的國家有二十一個。擁有細菌性武器的國家數目較少。稍早美國決定銷毀手中的這類武器。因此，目前只有俄國確定擁有生物戰劑。此外，十個國家可能或疑似擁有細菌性武器。晚近生化武器的技術愈趨精良。例如，化學武器通常貯存在兩個分開的容器當中，確保成份安定。如果需要派上用場，他們混合起來便成為致命武器。人體只需接觸到零點四毫克的神經性毒氣，將會引發癱瘓、呼吸衰竭，甚至死亡結果。

今天，民間的科技研究往往能夠用來生產神經性毒氣與微生物等生化武器，因此管制工作的難度很高。例如，若干神經性毒氣與殺蟲劑的成份

相近。一九九〇年代，美國質疑利比亞境內的一家化學工廠「有問題」，但是遭到利比亞政府否認。

與此同時，核能原料與生化產品的取得愈來愈容易。許多人擔心個人、罪犯及恐怖組織遲早會擁有大規模毀滅性武器。幾年前，一位普林斯頓大學生只花兩千美元就設計出性能差強人意的原子彈。雖然各國處理核能廢料的程序尚稱嚴謹，但是他們仍然可能落入恐怖組織手中，並且用以製造對於全人類構成威脅的核子武器。也因此，武器管制變得更加刻不容緩。

武器管制的政治運作

如果我們想要知道為什麼國際暴力如此難以控制，就必須了解哪些成員的利益和需求會受到影響。接下來，我們將討論相關國家的談判立場，以及非國家成員的角色與影響。

成員與議題

因為人們試圖結束國家間的軍備競賽，所以才想出裁軍（disarmament）及武器管制（arms control）的方法。所謂裁軍是指銷毀武器，通常比武器管制來得激底。除了削減之外，武器管制可能意謂將武器數量限制在一定程度之內，或是替當事國軍備發展訂出上限。此外，他可能限制當事國發展、部署或使用某些武器。在過去，國際社會試圖透過各種管道推動裁軍與武器管制。其中包括日內瓦的裁軍會議、聯合國大會，以及核武強國間的非正式會晤。一九八〇與九〇年代，美國與蘇聯曾經就裁減核子武器進行雙邊談判。

國家根據自身利益參與裁軍及武器管制談判。例如，開發中國家不時批評強國從事成本高昂的軍備競賽。然而，他們往往致力發展與生產武器，拒絕接受他人限制。儘管如此，哥斯大黎加及甘比亞等開發中國家一方面願意替他們的部隊員額與國防經費設限，另一方面則是放棄取得或使用某些類型武器。不過，他們願意這麼做是有條件的。1.他們希望美國等核武俱

樂部會員會持續提供和平用途的核子科技。2.他們希望強國認真進行裁減或限制核子武器的相關談判。目前，德國與日本等已開發國家已經具備製造核子武器的能力。雖然他們聲明放棄擁有這類武器，但是未來或將被迫重新思考相關問題。

國家一方面極力爭取自身安全，另一方面又想避免捲入軍備競賽。準此，武器管制變得難上加難。例如，美國卡特政府曾經與蘇聯談判限制販售傳統武器的問題。這項談判終歸失敗。原因在於他們試圖限制的地區是對方軍售的主要對象。無論如何，強國間繼續就限制武器輸出議題進行磋商。一九八七年，美國與其他西方國家達成協議。締約國同意不再售予第三國某些類型飛彈。

時至今日，強國與弱國持續透過武器交易取得可觀的政治及經濟利益。因此，武器交易依然大行其道。除了商業考量之外，大國將武器交給同盟及代理國家還有其他目的。其中包括取得對於買受國的政治影響力、對付敵國、協助友好政權繼續執政、取得海外軍事基地，以及促使買受國放棄取得核子武器的念頭等等。相對地，小國可望從武器交易當中取得若干好處。其中包括保衛國家安全、取得先進科技，以及強化自身的威望與影響力。

雖然當事國未必能夠順利取得上述好處，但是仍舊積極從事武器交易。例如，美國軍售伊朗未能挽回巴勒維遭到推翻的命運，也未能維持美國在當地的影響力。與此同時，美國軍售巴基斯坦未能促使他放慢發展核子武器的腳步。記錄顯示，武器移轉非但無法維持地區穩定，反而被當事國用來進行戰爭。相形之下，透過武器交易取得的商業利益顯得微不足道。以美國、英國及法國為例，輸出武器所得約占外銷總額的 3%到 5%。購買武器的國家也不見得能夠確保安全，甚至無法保證會更加安全。然而，這並非各國政府的考慮重點。他們通常認為武器交易一方面可以提供外交籌碼，另一方面可以取得國內強大利益團體的支持。

如果我們不去研究國內政治對於國防經費運用的影響，就無法了解國際間武器管制的問題癥結。前文提及，包含美國在內的若干國家存在所謂軍工複合體。在這些國家當中，科學家致力於武器裝備的研究發展。政治人物積極爭取武器買賣合同，造福他們的選區。政府官員決定武器的採購項目。雖然他們的看法難免有所衝突，但是維持龐大軍費開支基本上符合彼此利益。

在國際軍火市場當中，各國政府是主要的賣方與買家。然而，民間業者也在生產製造方面占有重要地位。某些國家是由國有企業負責研發及生產武器。不過，多數國家透過補貼等方式鼓勵民間業者加強研發工作，以便和其他國家競爭。政府向本國業者採購軍品通常符合「雨露均霑」原則，從而維持各家業者生產線及研發部門的正常運作，進而因應戰時需要。在高科技武器方面，政府與民間業者間的合作更是密切。

今天，軍火業者促銷武器的方式與汽車及玩具公司如出一轍。透過大型展示會，他們將自己最好的產品陳列出來，加強買主對於武器性能的信心。過程當中經常看到掮客運用良好政商關係撮合交易。有些時候，他們涉及行賄等非法勾當。然而，中間人也可以替買賣雙方隱瞞身分，避免尷尬。也因此，武器禁運很難落實。

由於造成軍備競賽的因素錯綜複雜，因此有些人不免懷疑是否真有所謂武器管制。事實上，確實有許多國際社會成員在這方面奉獻心力。首先是各國國內利益團體。在北美、歐洲、日本及南太平洋地區，反核團體要求本國政府認真進行限武談判。其次是綠色和平組織等民間國際組織。再者是聯合國等官方國際組織。最後，若干國家設立專責機構處理武器管制議題。在這方面，美國武器管制及裁軍總署頗具代表性。冷戰結束後，反核團體、世衛組織及十六個非核國家代表試圖訴諸國際法院。他們請求國際法院發表諮詢意見，表明核子武器不符合人道精神，以及擁有核武屬於非法行為。不過，最終國際法院的判決仍然留下模糊空間。

核子嚇阻與武器管制

進入核子時代，武器管制談判變得更加複雜。當事國一方面進行核武軍備競賽，另一方面則須顧及競賽的穩定性，亦即所謂恐怖平衡。準此，理論上核子武器將不會派上用場。冷戰期間，核子嚇阻（nuclear deterrence）概念備受關注。首先，他是指當一個核武國家看到另一個核武國家準備以核子或傳統武器攻擊他或他的盟邦，便會恫嚇使用核子武器進行報復。對於盟邦而言，這是種延伸性嚇阻。例如，一九五〇年代美國國務卿杜勒斯警告蘇聯不得侵犯西歐或其他地區盟邦，否則將面臨美國的「大舉報復」（massive retaliation）。一九六〇年代，蘇聯取得射程涵蓋美國的洲際彈道飛彈。美國大舉報復的嚇阻政策不復具有可信度。儘管如此，根據所謂「彈性反應」（flexible response）原則，美國依然表示如果華約組織挾著優勢傳統武力入侵西歐，他仍將動用核子武器還擊。

明顯地，國家發展核子武器的目的是希望他不會派上用場。質言之，他試圖讓敵國了解後果的嚴重性，因此不敢輕啟戰端。問題是核子武器不僅具備嚇阻功能，同時能夠做為戰術性武器。也因此，嚇阻概念變得更加複雜。一九八〇年代以後，西歐各國更因此出現反核浪潮。他們了解美國以威脅使用核子武器保衛西歐的做法有待商榷。西歐可能毀於「有限核武戰爭」當中。

核武嚇阻意味取信對方，發動核武攻擊和自殺沒有兩樣。即使受到對方第一擊（first strike）重創，當事國仍有餘力還以毀滅性的第二擊（second strike）。由此可知，核子嚇阻要想有效，意圖發動侵略的國家必須認識到下述三點：1.受到攻擊國家有能力進行毀滅性的第二擊。2.受到攻擊國家敢於發動第二擊。3.受到攻擊國家第二擊造成的傷害必須超過攻擊國家承受能力。準此，美國前國防部長麥拉瑪拉（Robert McNamara）主張美國與蘇聯都應具備「相互保證毀滅」（mutual assured destruction，MAD）能力。與此同時，他們應該將飛彈部署在無法穿透的掩體，或是無從偵測的潛艦。

如此，任何一方不至於一擊就倒，喪失還擊能力。果真如此，穩定的嚇阻與和平便不難獲致。

一九六〇年代以來，美國核武戰略重點在於避免穩定的嚇阻受到破壞。例如，美國拒絕在大城市構築堅固的避難設施。此外，有些人指出，如果美國部署反彈道飛彈系統（anti-ballistic missiles，ABM），將被視為企圖在核武戰爭後存活下來。如此，蘇聯可能對美國展開先發制人的攻擊。不過，雷根政府仍然著手建構「戰略防衛系統」（Strategic Defense Initiative，俗稱星戰計畫）。一九九〇年代，美國政府持續推動這項計畫。他認為建構綿密的防衛網仍屬利多於弊，特別是可以用來對付中小型核武國家。

隨著科技進步，陸基飛彈的易毀性開始升高。此外，攜帶核武彈頭的潛艦也可能被敵國發現，並且加以摧毀。與此同時，雷達、雷射及其他電子技術日趨進步。他們會對穩定嚇阻造成哪些影響成為學界爭議不休的問題。相關重點包括防衛系統的成本、可行性與可靠程度等等。

除了科技因素之外，核武戰略是另外一個懸而未決的問題。有些人主張國家應該接受嚇阻概念，加強相互保證毀滅的能力。有些人則主張放棄相互保證毀滅原則，尋求其他維護國家安全的方法。我們無法確定，一九四五年以來的和平究竟是恐怖平衡產物，還是其他因素造成。由於嚇阻概念非常複雜，因此近年來有些人對於他的可信度提出質疑。他們指出，一九五〇年中共不顧受到美國核子武器攻擊的風險投入朝鮮戰場。由此可見，只要政府認為值得，他們仍然會放手一搏。當事國難免會猶豫，但是會猶豫多久誰也不敢確定。此外，未來幾十年當中，印度與巴基斯坦採行的「不提升到武器層級的嚇阻」原則，可望持續替核武嚇阻注入不確定因素。在非西方國家，政府如何界定威脅、安全、風險及穩定各項概念，相關研究仍不多見。

武器管制機制

第九和第十章提及，除了自衛之外，聯合國憲章認定國家使用武力是

違反國際法的行為。因此，他提供國際法院等和平解決爭端的管道。如果當事國不遵守憲章規定，安理會有權加以制裁。準此，聯合國體系是當前國際社會中控制暴力行為的主要力量。此外，區域性國際組織也在這方面扮演重要角色。再者，晚近各國針對武器管制議題簽署若干條約，從而建立制度。

如同聯合國憲章，國際社會現存的武器管制機制並不完美。首先，不是所有國家都願意簽署相關協定。其次，由於查證困難，陽奉陰違的情形非常普遍。再者，許多重要議題成為漏網之魚。無論如何，透過國際合作，軍備競賽不致一發不可收拾。

有人指出，「觀乎當前各項武器管制協定，他們似乎不打算讓締約國停止或退出軍備競賽。相對地，他們訂出遊戲規則，將軍備競賽制度化。」對於二次大戰，特別是冷戰結束以後的武器管制而言，上述評論似乎未盡公允。一九八○年代末期，美國與蘇聯承諾銷毀若干類型的核子武器。此外，國際社會就許多武器的測試、生產、儲存、移轉、部署及使用問題達成協議並加諸限制。

武器管制分成大規模毀滅性武器與傳統武器兩個部分。核子武器是前者的管制重點。其中包括部分禁止進行核子試爆，禁止在特定地區部署核子武器，禁止核武國家將核子武器移轉給非核武國家，以及限制核子武器的數量和性能。在傳統武器方面，限制特定技術轉移及加強武器交易的透明化是管制重點。

一九七○年反核武擴散條約（Nuclear Non-Proliferation Treaty，NPT）是武器管制的重要基礎。簽署這項條約的核武國家承諾不將核子武器移轉給非核武國家。非核武國家則承諾不發展核子武器。幾乎所有聯合國會員國都批准反核武擴散條約。然而，也有些國家拒絕這麼做，因而造成執行上的漏洞。其中包括印度、巴基斯坦與以色列。一九九五年，反核武擴散條約效期即將屆滿。締約國達成協議，同意將他無限期展延。是時，核武

國家必須面對諸多質疑。許多國家認為他們並未認真削減持有的核子武器數量,也沒有就核子試爆問題達成協議。在這方面,相關國家刻正進行談判,試圖締結新約取代一九六三年部分禁止核子試爆條約(Partial Test Ban Treaty)。該約禁止締約國在大氣層從事核子試爆,但卻允許地下核子試爆。一九九六年,國際社會克服法國與中共反對,起草一份全面禁止核子試爆條約。不過,他們仍然無法說服印度。印度堅持核武國家應當訂定時間表,澈底銷毀核子武器。

儘管如此,若干國家透過協議畫定非核地區,彌補反核武擴散條約的不足。根據相關協定,地區內的國家承諾不發展核子武器。地區外的國家則承諾不將核子武器引進該地區。截至一九九〇年代末期,至少有五個非核地區得到確認,或是處於談判階段。在拉丁美洲、阿根廷與巴西放棄發展核子武器。雖然法國堅持在南太平洋從事核子試爆,但是相關國家仍舊簽署拉羅湯加條約(Treaty of Rarotonga),將該地列為非核地區。在東南亞,談判進入最後階段。在中東地區,以色列要求鄰國放棄戰爭威脅,才肯簽署類似協定。在南亞,「核子安全區」成為討論重點。根據這項構想,印度與巴基斯坦不僅可以擁有核子武器,同時將得到國際社會認可。在非洲,一九九三年南非終止發展核武計畫。然而,相關國家並未簽署地區性協定。除了非核地區協定之外,國際社會禁止當事國在地球軌道、月球、海床及南極洲部署核子武器。有了禁試條約及非核地區協定,國際社會控制核武擴散的努力遍及每個國家。

在過去,美俄間戰略武器限制協定(SALT)與戰略武器裁減協定(START)的談判都曾引起爭議。一九七二與七七年,美蘇相繼締結第一及第二階段戰略武器限制協定。他們限制雙方能夠擁有的攻擊性核武載具(包括飛彈和轟炸機),以及多彈道飛彈數量。稍後,雷根政府試圖與蘇聯重開談判,削減雙方載具與多彈頭飛彈數量。一九八八年,相關談判得到重大突破。美蘇簽署中程核武條約(Intermediate-Range Nuclear Forces

Treaty），同意銷毀所有射程在三百到三千四百英里的飛彈系統。一九九四年，美俄相繼批准第一階段戰略武器裁減協定（START I）。該約正式生效。根據是項協定，美俄同意在七年內將手中握有的戰略核武彈頭減少到六千件。第二階段戰略武器裁減協定（START II）在兩國都遇到批准方面的問題。他試圖將當事國持有的核武彈頭減少到三千至三千五百件。此外，他試圖禁止締約國持有多彈頭的陸基洲際飛彈。截至目前，美俄擁有的核子武器數量持續減少。相形之下，中國大陸及歐洲國家擁有的核子武器不減反增。除非他們願意參與談判，否則美俄兩國達成新協議的機率不高。

與此同時，我們必須剔除發生外太空戰爭的可能性。否則，核子武器管制工作將出現漏洞。一九六七年，相關國家簽署外太空條約（Outer Space Treaty）。他禁止締約國在地球軌道或其他星球部署大規模毀滅性武器。然而，這項條約存在若干漏洞。殺手衛星、中子與雷射束線，以及軌道武器不在禁止之列。目前，人造衛星在軍事通信及情報蒐集方面扮演重要角色。但是，沒有任何國際協定禁止國家摧毀其他國家的人造衛星，使別的國家「又聾又瞎」。這可能促使當事國發動先發制人的攻擊，從而提高戰爭機率。一九八一年，蘇聯在聯合國提出一份草約，禁止國家持有獵殺衛星的武器。不過，美國並未做出正面回應。無論如何，雙方針對這項問題達成默契，共同推遲發展類似武器的計畫。

一九二五年，日內瓦議定書（Geneva Protocol）禁止締約國率先使用致命的生化武器。這項協定已經得到一百多個國家批准。近年來，若干中東國家出現違反跡象，令國際社會感到不安。儘管如此，絕大多數締約國都能遵守相關規定。一九七二年，超過一百個國家簽署生物武器公約（Biological Weapons Convention）。他比日內瓦議定書進一步禁止國家從事細菌戰。與此同時，他非但禁止國家使用生物武器，生產與儲存也在禁止之列。準此，美國等締約國必須銷毀手中持有的生物武器。從這個角度來看，一

九七二年生物武器公約不僅是限武協定，同時是貨真價實的裁軍行動。一九九三年，一百四十多個國家簽署化學武器公約（Chemical Weapons Convention），試圖複製生物武器公約的成功經驗。他要求締約國放棄發展化學武器，並且在十年內銷毀持有的化學武器。一九九七年，該約正式生效，但仍面臨若干執行上的困難。

二次世界大戰結束之後，傳統武器管制的重要性一直居於核子武器管制之下，不過它也有兩條發展主軸：1.促進國家互信及合作的協定；2.限制或削減傳統軍備的協定。屬於第一類的有一九七五年在赫爾辛基舉行的歐洲安全與合作會議，以及赫爾辛基協定中的「建立信賴的措施」。在赫爾辛基協定中，北約組織及華沙公約組織國家都同意他們在調動部隊或舉行演習的時候會事先通知對方。屬於第二類的則有「相互平衡裁軍」。這項談判在一九八〇年代已經獲得一些發展。

就林林總總的武器管制協定而言，有些比較容易查證，有些則很難查證。例如，生物武器公約當中缺乏查證機制。根據化學武器公約，相關國家成立查禁化學武器組織從事現場查證。然而，即使他懷疑某個國家違反條約規定，也必須在進行現場查證的幾天以前發出通知。如此，當事國往往有足夠時間湮滅證據。其次，安檢人員未必能夠順利進入可疑工廠。這類工廠通常以生產殺蟲劑、塗料及其他民生用品做為掩護。相較之下，南極洲非軍事化協定容易查證得多。前往當地的探險隊必然成為媒體追逐報導的對象，甚至有照片上報。此外，相關國家從事外太空活動的時候基本上會通知聯合國秘書長。不過，活動內容通常是秘而不宣。一九六〇年代，衛星照相技術出現突破。美、蘇第一階段限武談判才有查證可能。

國際原子能委員會負責監視各國核能原料的使用情形及核廢料處理。依規定，反核武擴散條約締約國從其他國家取得核能原料從事發電或研究之後，必須將可供製造核子武器的廢料繳回。國際原子能委員會有權視察締約國的核能電廠，防止他們將核能原料用來生產核子武器。他在這些電

廠內部設有閉路電視系統，以便進行二十四小時的監視活動。儘管如此，做為反核武擴散條約締約國，伊拉克與北韓持續發展製造核子武器的能力。直到一九九〇年代，違反事證才被公諸於世。由此可見，只要當事國鐵了心，便不難騙過查證機制。

雖然查證技術不斷進步，但他仍舊是武器管制協定的罩門。在可見將來，高科技武器的查證工作將更加具有挑戰性。這類武器包括隱匿性佳的巡弋飛彈，以及能夠躲避雷達偵測的戰機與船艦。儘管如此，我們不應忘記過去國家曾經運用精密科技偵知其他國家違反武器管制協定。與此同時，間諜及其他情報來源也曾發揮重要功用。此外，武器管制協定的正常運作符合許多國家利益。例如，某些國家試圖藉此塑造信守然諾的形象。

儘管武器管制有許多缺點和漏洞，但他仍然給全人類帶來不少利益。例如，一九六三年部分禁試條約對於改善生態環境，減少大氣輻射，以及減低食物遭受污染的可能性發揮正面效果。一九八六年，烏克蘭境內車諾比核能電廠發生災難性的爆炸事件。然而，一九六三年以前相關國家每年都在大氣層多次進行類似規模的核子試爆。同年，甘迺迪預言如果沒有反核武擴散條約，十年內核武國家將暴增到二十五個。一九七〇年反核武擴散機制成立以來，核武俱樂部的會員國數目得到凍結。若干國家因此放棄取得核子武器的努力。無論從哪個角度來看，反核武擴散機制都是個成功範例。

小結

要想遏止國家間的軍備競賽，必須先和平解決若干迫在眉睫的國際衝突。一九九〇年象徵聯合國的裁軍努力進入第三個十年。是年，他在日本京都召開裁軍會議，邀集政治領袖與技術專家討論多項可行方案。嗣後，軍備裁減工作確實得到重大進展，但也面臨新的挑戰。一九八二年，聯合國大會會員國一致表示「防止戰爭（特別是核武戰爭）爆發仍然是當務之

急。」

　　不幸的是，儘管各國在武器管制方面費了很大力氣，但是可供作戰之用的武器仍然無虞匱乏。許多人擔心，大規模毀滅性武器終將落入恐怖組織等非國家成員手中。由此觀之，武器管制與反恐行動密不可分。這是我們必須進一步了解的問題。

第十二章
國際恐怖主義

一九九三年二月二十六日，一輛小型客貨兩用車在紐約市世貿中心停車場發生爆炸。[1] 結果造成九百平方公尺大洞。濃煙直竄北棟建物一百一十樓。爆炸、濃煙及火災造成六人死亡，一千人受傷。發動這起事件的是中東回教激進份子。同年，全球發生四百三十一件恐怖攻擊。其中以這次最震撼人心。一九九五年，日本奧姆真理教恐怖份子首次以沙林毒氣攻擊東京地鐵系統。結果造成十二人死亡，五千五百人受傷。一方面，學者開始正視恐怖主義問題。另一方面，各國決策者開始思考可行的解決方案。

圖 12-1 顯示一九八〇年代中期以來，國際恐怖攻擊事件數目呈現溫和下滑走勢。不過，整體而言這項數字始終維持在很高水準。以一九九五年為例，全球各地著眼於打擊美國利益的恐怖攻擊事件接近一百起。一九九六年六月，美國駐沙烏地阿拉伯一處軍營受到載滿汽油桶的卡車攻擊，並且造成重大傷亡。由此可見，維護美國海外據點安全並非易事。

隨著一次次國際恐怖活動登上報紙頭版新聞，世人體會到他是國際政治中的重要課題。然而，何謂恐怖主義？應該如何因應？在這方面可說是眾說紛紜，缺乏一致看法。本章將就國際恐怖主義進行深入探討。討論架構包括恐怖主義的定義、發展趨勢，以及國際社會處理相關問題時候經常碰到的兩難情形。

1　譯按：二〇〇一年九月十一日，這棟建築物在賓拉登策動攻擊下被夷為平地。

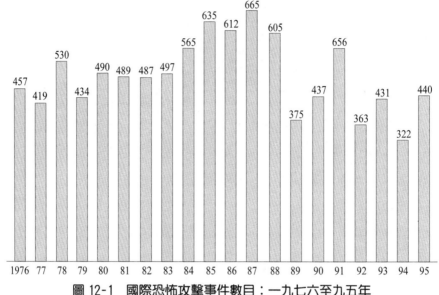

圖 12-1　國際恐怖攻擊事件數目：一九七六至九五年

　　從字面來看，我們是以跨越國界進行的恐怖活動做為討論重點。不過，晚近普遍引發世人關注的「國家恐怖主義」（state terrorism）也會有所交代。他是指若干國家政府給予本國人民非人道的待遇。也因此，某個社團會試圖擾亂社會秩序。例如，庫德族工人黨持續攻擊土耳其政府攻擊。相較於國際恐怖主義，國家恐怖主義的案例逐漸增加。先前第八章也曾提到，內戰嚴重性逐漸凌駕國際戰爭之上。在這種情況下，國際社會開始重視如何因應類似「非正統的武力行為」。他和第九章提及的促進人權同樣息息相關。

何謂國際恐怖主義

　　學者與法律專家對於「恐怖主義」一詞有著不同見解。研究顯示，一九三六到八一年間，恐怖主義至少出現過一百零九種定義。主要原因在於他充滿情緒性的意涵。與此同時，人們傾向將仇敵視為恐怖份子。甲眼中

的恐怖份子往往是乙崇拜的「自由鬥士」。例如，在英國政府眼中，美國開國元勳都是恐怖份子。同樣地，巴解組織及其領袖阿拉法特認為他們是為爭回故土和以色列作戰，絕非比金等人口中「嗜殺成性的恐怖份子」。一九四○年代，比金是主張以色列獨立建國的激進份子。他領導的地下組織「伊爾岡」（Irgun）所作所為和今天的巴解組織沒有兩樣。透過和英國及阿拉伯國家間的血腥鬥爭，以色列終於得到獨立。

不過，如果我們也接受「情人眼裡出西施」的判斷標準，那麼任何人都可以合理化他的恐怖行動。我們必須注意，每項暴力行動造成的結果並不相同，可接受的程度也有所差異。例如，一九八五年巴勒斯坦激進團體劫持船舶，進而將需要乘坐輪椅的美籍猶太裔旅客克倫霍佛推入大海。這樣的事例不符合人類文明行為標準，因而普遍被視為恐怖活動。

我們通常可以透過法律及政治角度分辨恐怖主義。首先，能夠合理化的起義行動（insurgency）與恐怖主義間存在重大差異。其次，恐怖主義試圖引起攻擊目標深沉的憂慮及恐懼。一位學者指出，恐怖主義意指：

「當事人或相關組織基於政治目的（如影響第三者態度），針對下述人等採取或威脅採取暴力行為：1.非戰鬥員；2.執行非戰鬥性或維持和平任務的戰鬥兵員；3.戰鬥兵員。然而，相關武力行動違反比例原則，或並非出自軍事需要。此外，他刻意不去區分戰鬥兵員及非戰鬥員；4.政權。然而，相關政權並無違反人權的積極事證。再者，恐怖主義會刻意將攻擊目標妖魔化，從而加深組織成員的信念。」

有人給恐怖主義下個比較簡單的定義。他意指「針對政治目的使用武力。著眼點包括扭曲事實，強制他人接受自己提出的條件，以及得到媒體廣泛報導。」根據這項定義，恐怖主義至少具備三種特性。

1. 就恐怖行動而言，通常當事人會威脅或實際採取「不屬於傳統形態」

的暴力（unconventional violence）。這種暴力形態具有強大震撼力。他違反一般人接受的社會規範，並且造成人們恐懼心理。對於恐怖份子而言，他們不受任何章法（如戰俘待遇）限制。相關策略包括綁架、劫機、郵包炸彈以及暗殺等等。這類行動未必很費錢。有些時候打個恐嚇電話也能得到同樣效果。

2. 恐怖行動通常具備政治動機。這使得他不同於街頭械鬥。也因此，我們無法將恐怖組織與一般犯罪組織（如黑手黨）等量齊觀。他們可能從事毒品走私等犯罪行為，但是相關行動背後必定存在政治動機。晚近在哥倫比亞與義大利等國，毒品走私集團透過行刺政府官員達成目標。這種行為被稱做「毒品恐怖主義」（narco-terrorism），並且引起各國政府重視。無論如何，前述克倫霍佛被推入大海的案例具有更為強烈的政治動機。當事人試圖提醒國際社會慎重考慮巴勒斯坦獨立建國的訴求。

3. 恐怖主義通常是隨便挑選他的下手對象。許多時候，被害者是籍籍無名的升斗小民。恐怖份子只是藉著他們打開知名度，甚至得到有利的交換條件。然而，有些時候他們也會仔細挑選下手對象。例如，一九七五年恐怖組織曾經鎖定前往維也納參加石油輸出國家組織會議的各國石油部長。

有些人認為恐怖主義具備第四項特徵，亦即恐怖組織通常是非國家成員及政治弱勢團體（如愛爾蘭共和軍）。他們認為恐怖活動是對付民族國家、軍隊及警察的利器。

許多人試圖了解恐怖組織年輕成員殺身成仁的心理狀態。質言之，彼等行為是否符合第八章提出的理性標準？一九九六年以色列國會選舉前夕，巴勒斯坦激進份子在以國各個城市發動巴士炸彈攻擊事件。他們希望以色列選民因此唾棄贊成以巴和談的政治領袖。此外，他們也企圖引發以色列的激烈報復，從而了結阿拉伯人民的謀和念頭。長期以來，恐怖組織灌輸這些年輕人信念，讓他們相信自己受到不公平對待。殺身成仁將使得他們成為民族英雄與榮登天國的殉道者。準此，他們往往願意付出一般人不願

承擔的代價。

　　毋庸置疑，各國政府都會使用武力維持治安，以及維護國家安全。有些時候，他會用比較不人道的方式對付政治異己或外國領袖。某些人將這類行為稱做「國家恐怖主義」。然而，一般人不會用「恐怖主義」形容國家採取的行動。例如，有些人認為一九四五年美國在日本廣島與長崎投下原子彈是項恐怖行動（因為他不分青紅皂白殺害成千上萬平民）。不過，多數人仍然認為這是國家間的戰爭。此外，許多國家曾經直接間接援助恐怖組織。例如，美國曾經指控敘利亞、伊朗及利比亞收容恐怖份子。也因此，當他們在和以色列及西方國家抗衡的時候可以運用這些恐怖份子做為馬前卒。

國際恐怖主義的發展趨勢

　　恐怖主義不是件新鮮事。早在十八世紀法國大革命期間就有人利用他來形容當時的恐怖統治。奧國王儲斐迪南大公遭到恐怖份子暗殺則是引發一次大戰的導火線。另一個最為持久的恐怖組織是愛爾蘭共和軍。從一九一六年的復活節暴動（Easter rebellion）到愛爾蘭共和國成立，再到目前的北愛爾蘭動亂，他始終是為愛爾蘭的獨立與英國周旋到底。

　　雖然恐怖主義並非始至今日，但於今尤烈。現代化工業社會對於血淋淋的暴力事件似乎特別敏感。巨無霸客機、核能電廠以及網際網路則是恐怖組織垂涎的目標。由於現代傳播科技的發展一日千里，恐怖份子每次出動都會立即獲得世界各大媒體的注意，同時造成人心惶惶的結果。交通運輸發達也使得恐怖份子能夠在全球各個角落活動。今天，劫機客、炸彈客及其他恐怖份子往往能夠得到其他國家奧援。也因此，他們間的協調得以更加順暢。

　　根據美國國務院統計，一九八○年代全球約發生六千件恐怖活動。一九九○到九五年間，案例總數約為兩千五百件。證據顯示，恐怖份子下手對象有所改變。劫機與綁架的情形較為少見。今天，他們傾向訴諸炸彈及

其他攻擊手段。儘管如此，死傷數字不升反降。以一九八〇年代為例，死於恐怖攻擊活動的人數約四千名，此外有一萬一千人受傷。質言之，每當恐怖攻擊行動發生，平均會有一人死亡和兩人受傷。然而，恐怖行動厲害的地方原本不在於造成重大傷亡。重點在於心理層面。人們不確定何時何地會發生恐怖攻擊行動。與此同時，恐怖份子可以精心挑選具有高度價值的下手對象。

近年來，西歐與中東成為恐怖份子逞兇的主要地區。以一九九〇年代中期為例，西歐受害程度最為嚴重。一九九五年，當地發生兩百七十二起恐怖攻擊活動。其中只有十一件造成一人，或更多受害人死亡。不過，在波士尼亞內戰當中，許多平民死於狙擊手與民兵槍下。除了歐洲以外，恐怖份子活躍於中東及拉丁美洲。在埃及與阿爾及利亞，回教民兵為了達成「擺脫政治迫害」目標肆意攻擊政府機構及外國觀光客。

當紐約世貿中心受到攻擊，世人發現恐怖組織在北美洲的活動有增加趨勢。與此同時，旅居海外的美國人及其財產成為恐怖份子下手的主要對象。這類攻擊事件大多發生在拉丁美洲、亞洲及歐洲地區。一九七六到八六年間，平均每十七天會發生一起美國海外據點或官員受到攻擊的事件。此外，英國人、法國人、以色列人、伊拉克人及利比亞人最常受到恐怖份子攻擊。

恐怖活動所以快速增加，部分原因在於恐怖份子往往能夠達成目標。至少他們能夠讓全世界注意到他們的存在及活動背景。巴勒斯坦激進團體進行一連串恐怖活動，使得全世界了解他獨立建國的主張。除了打開知名度之外，恐怖分子可望得到實質報酬。相較於付出的代價，恐怖份子通常能夠立即獲得可觀利潤。研究顯示，在一九六八到七四年發生的六十三次重大綁架案當中，恐怖份子得手的成功率是 87%。他們有 79% 的機會全身而退，40% 機會滿足部分要求，29% 的機會滿足所有要求，同時 100% 受到全球矚目。另外一項研究顯示，恐怖份子折損人手的機率不過 14%。

　　上述研究只顯示恐怖組織能夠快速取得利益。然而，他很難光靠恐怖行動達成最終的政治目標。一位學者指出：「恐怖活動確實對於國際政治造成若干改變。然而，除非恐怖組織能夠同時運用其他策略，否則將難以為繼。截至目前，沒有那個恐怖組織取得政治權力。國際社會所以容忍恐怖組織，乃是因為他不過是個惱人的小東西。」一九九六年，載滿炸彈的卡車衝入英國曼徹斯特市中心的商店街。然而，一位路人表示「這種技倆不會奏效。我們並不害怕。相反地，人們變得更加堅定，拒絕向恐怖主義屈服。」

　　一九九〇年代中期，巴解組織及愛爾蘭共和軍麾下若干團體表達放棄恐怖主義的意願。然而，國際社會仍舊不能高枕無憂。儘管民主政治與市場經濟蓬勃發展，仍有許多少數民族試圖透過恐怖活動達成分離主義及其他目標。在非洲，相關民兵組織如雨後春筍般出現。他們甚至招募年僅十歲的成員。

國際社會因應恐怖主義的作為

　　綜上所述，恐怖主義似乎不再是「惱人的小東西」。雖然恐怖組織很少能夠達成重大政治目標，但是他所造成的暴力血腥不僅替國際社會帶來嚴重威脅，也使得成千上萬的人人心惶惶。因此，國家及其他國際社會成員採取許多手段對抗國際恐怖主義。在本節當中，我們將進一步討論恐怖主義背後的動機及訴求，以及國際社會對於這項問題逐漸形成的共識。

對抗恐怖主義的困境

　　一九七八年五月九日，義大利警方發現前總理莫洛（Aldo Moro）彈痕累累的屍體被塞在一輛汽車的行李廂裡。殺死莫洛的是揚言徹底改造義大利社會的赤軍連。在莫洛遭到綁架之後，義大利政府不理會他被迫寫下的求援信，拒絕和赤軍連談判。因此，莫洛被「人民法院」判處死刑。綁架莫洛的赤軍連份子則在一九八三年被判處無期徒刑。

　　莫洛被害顯示各國政府在對付恐怖活動的時候經常得面臨兩難困境。有些人批評義大利政府堅持立場，使得一位政治人物無端遭到殺害。相對地，政府領袖認為如果他們向恐怖份子屈服，後者將食髓知味，綁架更多官員及一般民眾。莫洛的死加深義大利政府對抗恐怖主義的決心。四年之後，赤軍連綁架美國派駐北約組織將領道錫爾（James Dozier）。義大利政府一方面拒絕與赤軍連談判，另方面發動一次經過充分協調的獵殺行動。結果不僅擊斃恐怖分子，也救回道錫爾。赤軍連的氣焰隨之受挫。大多數赤軍連領袖不是入獄，就是流亡海外。原本有好幾百人的組織頓時剩下小貓兩、三隻。

　　從義大利政府成功壓制赤軍連的活動，我們可以看出強硬路線具備他的優點。不過，問題並未得到澈底解決。若干恐怖組織趁機填補赤軍連留下的空缺。在某些案例當中，我們無法確定強硬路線能否鎮得住恐怖份子。此外，我們也無法確定談判真的會增長恐怖份子氣燄。可以確定的是，欠缺章法的談判會出大問題。在這方面，雷根政府處理伊朗與尼加拉瓜反抗軍問題失當經常被視為典型案例。

　　各國在打擊恐怖主義的時候會碰到許多困難。恐怖份子通常具備嚴密組織。成員不知道其他小組有哪些人，以及由誰負責領導。因此，即使有人被補，無論再怎麼嚴刑逼供也無法得到其他恐怖份子下落。其次，恐怖份子採取行動的時候會將策畫者與執行者分別開來。只有組織首腦知道全盤計畫。目前，許多國家特別成立專門負責打擊恐怖活動的組織。民間保全業者則是受雇於企業領袖及政府官員，指導他們如何躲過恐怖份子攻擊。他們運用的策略確實能夠發揮作用。不過，如果太過火的話，人民的基本人權可能受到危害。在這方面，各國政府必須審慎評估成本效益問題。人民能否忍受軍隊與警察持續搜索公共場所及私人住宅？在這種情況下，民主政治能否維持？除了內政考量之外，國際政治環境替各國打擊恐怖主義的努力製造更多困難。

恐怖組織的種類及連繫

　　在恐怖組織當中有哪些是國際知名的？他們之間有什麼關係？前文指出從事恐怖活動的主要是「非法組織」。像赤軍連這類恐怖組織試圖動搖現存的政治秩序。我們可以根據恐怖組織的目標將他們分成幾類：1.建立新的國家（如波士尼亞境內的塞爾維亞人，西班牙境內的巴斯克人，伊朗與伊拉克境內的庫德族人，前蘇聯境內的車臣，以及一九七○年代加拿大的魁北克解放陣線）。2.摧毀現有的國家（如哈瑪斯及巴解組織內部其他派系）。3.從別的國家奪取領土（如愛爾蘭共和軍）。4.顛覆政府（如秘魯境內的陽光道路組織）。5.將異國文化影響趕出某個地區（如回教聖戰組織）。6.澈底改變國際政治與經濟秩序（如義大利的赤軍連）。

　　恐怖組織成員經常因為目標及策略不同而發生齟齬。有些時候，部分成員因此另立門戶。例如，巴解組織比較具有世俗化傾向。相形之下，他內部的哈瑪斯派系（Hamas）充滿宗教狂熱。晚近學者針對中東地區的恐怖主義進行經驗研究。重點在於各種類型恐怖組織的行為模式，以及下手目標的選擇。相關變數包括意識形態、組織規模、成立時間的久暫、總部所在地，以及恐怖行動類型。結果顯示他們和目標選擇息息相關。絕大多數時候，中東地區恐怖份子以平民，而非政府設施做為下手對象。不過，某些回教或阿拉伯恐怖組織具有強烈的意識形態傾向及宗教信仰。這類團體經常選擇攻擊政府設施或官員。成立時間較短，成員較少的組織則是傾向攻擊平民目標。某些組織具有奪取領土等明確目標。他們也是以平民做為下手重點。

　　不同組織的出擊頻率間存在差異。重點在於，許多事件至今仍然是「無頭公案」。這加深國際社會防堵恐怖主義的困難。

　　截至目前，各國政府未必都反對恐怖主義。與此同時，他們替恐怖主義下的定義並不相同。也因此，對抗國際恐怖主義的工作變得更加困難。當聯合國大會或其他國際組織討論相關問題的時候，各國政府往往採取不

同立場。一九七〇年代初期,美國就對抗恐怖主義提出一份草約。他主張各國應該對於從事劫機與綁架等行動的恐怖份子「速審速結」,或是引渡給當事國懲罰。如果受害者是政府官員,相關國家應該給予恐怖份子更嚴厲的處置。如同其他工業國家,美國主張恐怖活動是項國際罪行。國際社會有義務將恐怖份子繩之以法。相反地,開發中國家雖然也譴責恐怖份子的濫殺無辜,但卻認為恐怖活動是受壓迫者手中唯一能夠發揮效用的武器。因此,在國際社會宣示恐怖主義是非法行動之前,工業國家應該先修正他們造成的政治與經濟不公現象。他們援引這項原則支持巴解組織對於以色列採取暴力行為,同時聲援南非境內的黑人叛亂團體。再者,拉丁美洲及其他開發中國家堅持維護給予「政治犯」庇護的傳統權利。

在這種情況下,若干非國家成員開始自行設法打擊恐怖主義。例如,國際民航組織協助草擬反劫機公約。國際民航駕駛協會則試圖迫使各國強化機場安檢措施,同時拒絕給予劫機者政治庇護。一九七七年,德航機師遭到劫機者殺害。國際民航駕駛協會威脅拒絕飛往包庇劫機份子的國家。加上美國等國家施加的壓力,聯合國大會史無前例地通過決議譴責劫機行為。

因應恐怖主義衍生的問題

目前,各國都在加強對抗恐怖主義的能力。相關手段包括在恐怖份子行動之前先發制人、展開報復性攻擊、加強情報蒐集、滲透並破獲恐怖組織、加強保護恐怖份子可能攻擊的目標(如使館和機場),以及成立精銳的反恐部隊等等。不過,這些策略能否奏效得看主客觀環境的配合。例如,恐怖組織基地與扣留人質的地點通常位於主權國家(如黎巴嫩及伊朗)境內,貿然發動攻擊可能引發嚴重後果。

由於恐怖主義日趨國際化,因此單靠一兩個國家的力量不足以處理這項問題。唯有各國同心協力,協調一致才有成功希望。如同武器管制,簽署條約是國際社會對抗恐怖主義的主要手段。透過國內法院與國際法院的

合作，恐怖份子陸續遭到逮捕、引渡、審判及囚禁。根據國際法規定，國家有權決定是否將恐怖份子引渡給要求引渡的國家。他們可以自行審判恐怖份子，或加以釋放。只有當國家間存在引渡條約，締約國才有引渡義務。即使如此，許多引渡條約包括「政治犯」不予引渡的規定。不過，晚近國際社會逐漸接受「慘無人道的恐怖活動應該受到制裁」的觀念。連美國和古巴這樣的仇敵都同意有壓制暗殺與劫機行動的必要。因此，他們採取若干措施保護外交人員，拒絕給予恐怖份子庇護，以及將他們引渡給受害國家。

一九七二年，代表以色列前往慕尼黑參加奧運的運動員遭到巴勒斯坦恐怖份子殺害。國際社會對於恐怖主義問題的關切程度逐漸增強。各國加強防止暗殺和綁架事件的發生。在這方面，外交官及某些特定人士成為保護重點。一九七三年，聯合國大會對此通過一項決議。同年，他將一份草約交由會員國政府批准。此外，他成立對抗國際恐怖主義委員會。最後，一九七九年聯合國大會草擬懲治劫持人質罪刑公約。一九八〇年代，包括美國在內的四十多個國家簽署這項公約。該約規定締約國應該起訴或引渡所有劫持人質的當事人。不過，他也承認民族解放運動的某些權利。

與此同時，國際民航組織針對飛航安全問題提出三項公約。一九六三年的東京公約規定締約國有義務促成境內遭到劫持的客機、機員及乘客得到安全釋放。一九七〇年的海牙公約要求締約國起訴或引渡逮捕到案的劫機犯。一九七一年的蒙特婁公約擴大海牙公約的適用範圍。除了劫機犯之外，對於機場或停放地面的航空器採取破壞活動也應受到懲罰。不履行條約的國家會受到國際民航組織的抵制，禁止民航客機飛往該國。不過，上述公約「仍然只是維護國際民航安全的一小步」。晚近，國際社會針對下述非法行為締結多邊協定。其中包括劫持船舶、竊取核能原料、利用郵件寄送爆裂物品與其他危險材料，以及毒品走私等等。問題是，相關協定往往存在執行上的漏洞。尤有甚者，許多國家遲遲沒有批准這些條約，使得

這部分的國際法規範難以落實。無論如何,愈來愈多國家考量到拒絕簽署可能招致嚴重後果,因此陸續加入締約國行列。在這方面,恐怖份子取得核子武器可能性是他們的思考重點。

若干地區性政府間國際組織進一步認定某些恐怖活動是非法的。例如,一九七六年歐洲理事會通過決議,如果恐怖份子使用致命武器從事活動,即使出自政治動機也應受到懲罰。同樣地,有些歐洲國家並未批准這項決議。有些則針對自身承擔的義務提出保留。

除了法律手段之外,各國政府會交換他們對抗恐怖份子心得與技術方面的突破。例如,他們在機場及其他公共場所設置電子偵測儀器。缺乏這類精密儀器的機場會被列入旅遊警告名單。國際刑警組織密切注意恐怖份子的行蹤。會員國透過電腦交換情報資料。然而,上述措施無法保證恐怖份子不會逞凶。一九八一年,義大利忽視土耳其警告,從而使得教宗受到恐怖份子槍傷。

克倫霍佛遭到殺害的兩個月之後,國際社會再度提高對於恐怖主義的重視程度。一九八五年十二月九日,聯合國大會史無前例全票通過一項決議,譴責所有的恐怖行動。他呼籲各國「切勿組織、發動、協助或參與恐怖行動。當恐怖行動發生在某個國家境內,當事國不應坐視。」是項決議試圖賦予恐怖主義一項看來有些含混的定義:「所謂恐怖行動是會危害,甚至取走無辜人民的性命。此外,他妨礙人民行使基本自由,進而摧殘受害者的尊嚴。」問題在於如何落實上述原則,各國態度仍然莫衷一是。

儘管如此,全球反恐努力並非一事無成。在過去二十年當中,劫機事件的件數與成功率大幅下降。得手的當事人通常是想前往其他國家,而非試圖取得政治讓步。一九八〇年代中期以來,恐怖行動發生的次數逐漸減少。然而,這項趨勢並非不可逆的。

小結

　　國家採取各種方式對抗恐怖主義。有些時候，他們訴諸優勢武力。有些時候，他們藏身幕後運用外交手段。還有些時候，當事國採取「擒賊先擒王」的行動原則，直接攻擊恐怖組織巢穴及窩藏他們的國家。不過，上述手段多半只能治標，不能治本。

　　前文指出，恐怖主義背後存在不同動機。有些恐怖組織完全不可理喻。他們要求進行全面的社會改革，或者說澈底摧毀現有社會秩序比較恰當。有些恐怖組織比較自制，甚至能夠提出相對合理的要求。只不過他們運用的方法很不恰當。如果人類試圖維護世界和平，化戾氣為祥和，就必須正視公道和「結構暴力」的問題。質言之，饑餓、惡劣的衛生條件，以及其他形態的經濟剝削同樣能夠取人性命。受害者除了訴諸武力似乎別無他法。因此，下兩章將討論國際經濟問題。首先，我們要討論全球經濟的運作情形。其次，我們將討論開發中國家面臨的經濟發展課題。

第十三章
經濟全球化

今天，各國經濟互賴程度是史無前例的。因此，有些人稱今天的世界是「全球購物中心」。晚近美國國務院與商務部每年聯合提供一份「全球總生產」評估報告，亦即世界各國國民生產毛額的總和。一九九五年，這項數字超過三十兆美元。

　　經濟的全球化（globalization）表現在各個層面。前文提及錯綜複雜的軍火交易。此外，美國觀光客能夠在新加坡吃到道地的麥當勞漢堡，在羅馬尼亞買到肯特香煙，以及在中國大陸喝到可口可樂。以可口可樂為例，每天在一百六十三個國家有六億人次消費這項商品。其他國家的觀光客也都具有類似經驗。不過，隨著經濟全球化，我們很難確認商品的真正產地。例如，福特「小金剛」（Escort）被稱為全球性的車款。他的避震器在西班牙製造。方向盤在英國製造。剎車系統在巴西製造。車門則是在墨西哥製造。臺灣負責配置線路系統。最後，美國車廠加以組裝，行銷美國及世界各地。類似商品不勝枚舉。

　　顯而易見，複雜的國際經濟網絡刻正伸入世界各個角落。不過，國際貿易及其他經濟活動的分布情形並不均衡。例如，西歐地區的貿易相當暢旺。相對地，某些國家習於從事雙邊貿易。此外，各國參與國際經濟活動的程度不同，分配到的商品數量有多有少。無論如何，國家疆界持續構成貿易障礙。例如，美國藥廠試圖將普拿疼銷往日本。然而，他們必須先通過日本政府的藥檢許可。相對地，美國針對日本汽車及其他商品課以輸入許可限制。有鑑於此，聯合國及世貿組織等國際組織試圖減少和消除貿易障礙，但是成效有限。

　　本章試圖討論國際經濟的結構與動態。其中包括各國如何在經貿事務

方面取得協調，解決問題，以及建立哪些規範。就建立規範及制度而言，國際經濟體系成就超過國際社會在維護和平與安全方面所做的努力。儘管如此，各國仍然對於協調經濟事務的必要性抱持不同見解。此外，他們對於協商的目標有不同看法（如成長與公平孰重）。國際組織應該扮演何種角色？各國意見並不一致。這些課題共同構成國際政治經濟學（international political economy）的討論範圍。以下我們將先介紹各種不同的觀點。

國際經濟問題面面觀

　　一般認為，二次大戰結束後的三十年當中，世界各國經濟普遍呈現穩定成長。就業機會持續增加。生活水準也逐漸提高。這項趨勢直到一九七〇年代初期才開始逆轉。石油價格三級跳及其他發展替已開發與開發中國家帶來各種經濟問題。一九六〇年代，已開發國家經濟成長率是 5%。到了一九七〇年代，這項數據降為 3.2%。一九九〇年代，相關國家的經濟成長率不及 2%。儘管西方國家經濟逐漸出現復甦跡象，但是國民生產毛額成長幅度遠遠不如二次大戰甫告落幕的時候。此外，失業率居高不下。一九九五年，歐盟會員國的失業率平均達到 12%。與此同時，前蘇聯集團成員國面臨更為險峻的經濟形勢。例如，一九九〇年代期間，俄國的經濟規模每年縮減 10%。許多東歐國家生產商品與勞務的數量也逐年減少。儘管如此，波蘭與捷克等國家率先止跌回升。開發中國家的情形同樣不容樂觀。時至一九八〇年代，他們的經濟成長率平均不及 4%。尤有甚者，相關成長集中在少數新興工業國家身上。一九九〇年代，以東亞為首的開發中國家在提高國民生產毛額方面有亮眼表現。其中中國大陸更維持兩位數的成長。相對地，其他開發中國家表現乏善可陳。某些非洲國家的經濟規模每年縮減20%。

　　整體而言，全球經濟成長率在一九五〇及六〇年代能夠達到 5%。一九九〇年代初期，這項數據降到 1.1%。與此同時，國際貿易的成長起起伏

伏。二次戰後各國出口金額的總和持續增加。一九八〇年，他跨越兩兆美元門檻。嗣後他不增反減，直到一九九〇年代初期才又大幅成長。一九九五年，這項數字來到四兆美元。一九八〇年代中期以後，全球金融往來（包括貸款與投資）快速增加。貿易成長因而相形見絀。目前，每天有數千億美元資金在各主要金融市場流動。由此可見，全球經濟刻正蓬勃發展。然而，各國從中分得的利益差距懸殊。此外，美國及若干國家勞工的不安全感持續增加。他們擔心雇主基於「強化全球競爭力」進行大規模裁員，或將廠房移往其他國家。再者，中產階級必須考慮到實質所得停滯不前的問題。

目前，國際社會試圖重新提振景氣，從而活絡國家間的經濟活動。至於哪些手段是可行的，學界態度並不一致。他們主要分成三個學派。每個學派有他自己的學術傳統，從而針對國際經濟體系的運作提出解釋及解決方案。

自由國際主義學派

自由主義早先是基於對抗重商主義（mercantilist school）而產生。十七、十八世紀，重商主義曾經風行一時。他勸告各國政府將追求權力與財富列為外交政策主要目標。權力及財富之間存在相輔相成的關係。為了將國家利益極大化，國家對外經濟活動應該受到政府嚴格控制。控制項目包括進出口活動以及外人投資等等。由於他假設國家間是種零和競爭，因此各國應該片面根據自身利益做成決策。國家間的磋商及協調居於次要地位。

相對地，英國率先於十九世紀提出自由國際主義（liberal internationalist，下文簡稱自由主義）。二次戰後，美國也接受這項主張。自由主義學派認為，雖然各國政府理應根據國家利益制定經貿政策，但是也可以透過國家間的合作取得利潤。例如，國家可以共同開發更多的貿易和投資機會，使得雙方都能獲得最大利益。有些國家擁有廉價勞動力。有些國家具備先進科技。還有些國家擁有豐富資源。如果能夠同時運用這些有利因素，各

國消費者就可以享受物美價廉的商品。有鑑於此，自由主義學者建議各國政府降低關稅，以及削平其他國際貿易壁壘。質言之，商品與勞務應該儘可能地自由流通。

在國際經濟領域當中，自由主義格外重視市場力量及邊界開放原則。他接受亞當斯密（Adam Smith）的思想傳統，試圖透過合作與互賴建構全球性的資本主義經濟體系。這個體系不存在國家間的楚河漢界。他的運作動力來自於跨國企業，而非各國政府：

「在這方面，麥克雷（Norman Macrae）提出的預言最為大膽。他認為富裕社會理想將隨著資訊科技的普及推廣到全世界。即使像非洲西部這樣的落後地區也將一同受惠。傳統產業將加速移往開發中國家。當全世界投注在勞力密集產業的同時，日本及西方國家將成為服務業的中心。」

從自由主義角度來看，國際貨幣基金與世界銀行等國際組織應該盡量維持國際經貿秩序穩定，促進國際經貿活動發展，以及提高商品生產數量。實行資本主義的已開發國家多半抱持這種看法。

馬克思主義學派

馬克思主義學派包括許多不同觀點。依賴理論（dependence theory）認為在目前國際體系當中，各國競爭地位並不平等。他們將國家分成兩類。北方核心國家（the core）藉由剝削南方邊陲國家（the periphery）取得經濟發展。這層剝削關係可以追溯到殖民時代。雙方的分工型態則是一直維持到今天。北方國家專事開發高價位與高利潤的技術與商品。相對地，南方國家只能生產和出口價格低廉的農產品、工業原料，以及半成品。即使在傳統產業移往南方國家之後，保有技術優勢的北方國家依然支配合作條件。依賴理論強調，不平等的貿易條件導致貧者愈貧，富者愈富。依賴理論源

自美國與拉丁美洲國家間經貿往來的相關研究。他在一九七○年代達到高峰，進而得到許多開發中國家學者的採納。

除了依賴理論之外，世界體系理論（world system theory）也是馬克思主義的一支。如同依賴理論，他將國家分成核心及邊陲兩類。不同的是，他認為國際經濟關係的重點並非富國與窮國間的鬥爭，而是貧富階級間的鬥爭。質言之，世界體系理論將研究重點放在菁英與非菁英等非國家成員。各國，特別是已開發國家的菁英競相累積財富。雖然他們不時和本國政府發生衝突，但是基本上能夠控制政府決策。準此，決定國際經濟秩序如何運作的重心不在華府，而是在紐約。倫敦、巴黎及東京碰巧同時是政治及金融重鎮。透過跨國企業及銀行運作，他們成為世界經濟的「指揮與控制中心」。嚴格說來，這些全球性都會（而非北方國家）才是國際經濟的核心地帶。環繞在他們周圍的城市與農村分別構成半邊陲及邊陲地區。這些地區的人民日復一日受到剝削而不自知。相對地，核心都會的富裕程度不斷增加。

於是，世界體系理論與自由主義找到一項交集。他們都認為隨著資本主義經濟體系持續擴張，國家疆界的重要性日漸低落。不同於自由主義，世界體系理論嚴辭批判這項趨勢。在他們眼中，以往菁英利用民族國家做為剝削工具，現在則是透過跨國企業及國際組織達成相同目標。馬克思主義主張賦予一般民眾更大權力。與此同時，國際組織不應以維持市場運作做為主要目標。相反地，他們應該致力平衡核心與邊陲地帶的財富分配情形。

新重商主義（現實主義）學派

新重商主義學派（neomercantilist school）認為自由主義與馬克思主義都忽略何者才是國際經濟體系幕後的真正推手。在他看來，國際經濟的運作原本不在於實現繁榮，效率及公道等目標。相反地，如同國際關係其他層面活動，當事人時時刻刻不忘追求權力及自身利益。質言之，現實主義

概念同樣適用。二十世紀出現的「福利國家民族主義」（welfare state nationalism）是個典型案例。人民不僅要求政府提供安全，同時要求提供福利。

新重商主義注意到人民會對政府施加壓力。在這種情況下，各國政府可能透過國際組織協調經貿政策。他們也可能因此採取有利於跨國企業成長的措施。然而，各國並不打算大幅讓渡主權給國際組織，也拒絕犧牲重大國家利益。此外，各國領袖不僅重視絕對利得（absolute gains，如增加稅收及工作機會），更重視較諸其他國家而言的相對利得。吉爾平（Robert Gilpin）指出，「國家不斷試圖改變規範國際經貿活動的原則和機制，從而得到遠多於其他國家的利益。因此，除非得到霸權國家（如二次戰後的美國）支持，自由經濟很難得到進展。此即為何自由主義側重於國際貿易的互利層面，民族主義（包括重商主義與新重商主義）卻刻意突顯國際經貿關係的衝突本質。」

國際經濟秩序分析

綜上所述，我們可以看出學界是從不同角度來研究當前國際經濟秩序，同時試圖找出解決問題的方法。新重商主義與馬克思主義提醒世人國際經貿活動當中存在利益衝突。然而，他們無法清楚解釋為何國家間仍舊能夠發展合作關係。與此同時，自由主義受到兩點批評。首先，他忽視國家仍然在營造經濟生活方面扮演重要角色。其次，他忽視國家依舊能夠運用權力關係影響國際經貿活動。

冷戰期間，世人關注重點在於如何將第一、第二以及第三世界整合進入國際經濟體系。第一世界是以美國為首的已開發、民主與資本主義國家。他們主導國際經濟發展。面對蘇聯這個共同敵人，相關國家具備強烈動機在自由主義及國際主義的主軸下進行合作。他們成立「經濟合作與發展組織」（Organization for Economic Cooperation and Development，OECD，簡稱經合組織），就各項經濟議題交換意見。其中美國、日本、英國、法國、

德國、義大利與加拿大等七個國家逐漸取得主導地位。第二世界由已開發的共產國家組成。他們決定與第一世界主導的國際經濟體系畫清界線。第三世界因為缺乏資源，所以有被邊緣化之虞。如同第三章指出，後冷戰時期的國際經濟形勢變得比較複雜。經合組織持續扮演火車頭角色。然而，隨著蘇聯解體以及美國霸權勢微，工業國家間的經貿摩擦開始浮上檯面。與此同時，其他國家相繼被捲入全球化的浪潮。

全球化意謂商品製造，以及金融外匯市場日趨國際化。隨著全球化程度提高，「個別國家掌控自身經濟發展的能力相對減弱。最起碼主權國家的自主程度不如以往。」稍後，我們將討論跨國企業扮演的角色，以及他和「母國」與「地主國」間的關係。質言之，當各國參與國際經濟活動的時候，跨國企業究竟事事聽命母國政府，還是能夠保有自主空間？在這方面，政府與市場間的對立迄今尚未消失。

在以下討論當中，我們將透過不同學派的主張審視國際經濟活動。其中有三個部門最為關鍵。他們分別是：1.貿易部門；2.貨幣部門；3.資金部門。在每個部門，已開發國家與開發中國家間都有些尚待解決的問題。與此同時，若干國際組織刻正負責處理相關問題。

貿易部門

談到國際經濟，一般人首先想到的是國際貿易。國家從事國際貿易的理由十分複雜。例如，國家進口他根本不生產，或產量不敷所需的商品。此外，國家進口本身工業技術無法製造的商品。就鞋類及紡織品而言，有些國家雖然可以依靠本身產能滿足人民需要，但是因為其他國家的產品價廉物美，仍以進口比較划算。如同進口，國家基於各種考量從事出口。首先，他必須藉此取得外匯，支付進口成本。其次，拓展海外市場有助於本土工業成長，也可以增加國內就業機會。除了經濟因素之外，國家會基於政治考量從事國際貿易。例如，當事國可望因此和具有戰略價值的國家建立友好關係。

　　古典自由主義學派強調自由貿易（free trade）具有許多優點。準此，他們主張削平一切「人為」貿易壁壘，透過供給及需求的市場法則決定貨物流通情形。「自由貿易之父」亞當斯密主張，西歐工業國家在國內推行的自由放任原則應該同時適用於國際貿易。國家的干預愈少，就愈能增進資源的充分利用。李嘉圖（David Ricardo）則提出「比較優勢理論」（theory of comparative advantage）支持亞當斯密論點。他認為各國應該致力生產自己最有辦法生產的貨物，再和其他國家交換所需要的貨物。亞當斯密及李嘉圖都反對重商主義是意料中事。

　　國際貿易可以替國家帶來許多好處。然而，各國都曾基於各種原因限制本國人民參與國際貿易。例如，自由貿易帶來利潤，但是也須付出相當代價。他或將導致外國廉價商品大量進入國內市場，摧毀剛萌芽的「幼稚工業」（infant industry）。此外，某些產業因為設備老舊無法和外國業者競爭，所以也反對自由貿易。短期內自由貿易會對相關產業造成傷害，使得工廠關門、工人失業。再者，過度依賴可能使得當事國在危機或戰爭期間無法得到適當供應。擁有龐大貿易赤字的國家也必須限制進口，從而維持貿易平衡（balance of trade），同時避免陷入寅支卯糧的惡性循環。即使是外銷導向的國家也不能盲目拓展出口，以免造成國內供應短缺及價格飆漲。加以政治上的杯葛和禁運，各國政府通常選擇限制對外貿易，而非拓展國際貿易。

　　政府可以採取許多手段保護國內業者抵擋來自國外的競爭。不過，這些手段都將對於自由貿易構成阻礙。最直接了當的方式是禁止某些外國商品進入國內市場，或是定出進口配額（quota）。此外，國家經常運用關稅（tariff）手段保護本國工業。再者，國家可以祭出若干小動作讓外國業者知難而退。例如，他可以規定進口商品符合特殊規格或安全標準。如此不僅能夠降低本國消費者買到瑕疵商品的機率，更重要的是可以迫使外國業者重新組合生產線，提高生產成本。通常國家各自運用前述關稅及非關稅

壁壘。然而，他們不排除採取集體行動。在這方面，歐盟是典型代表。

　　對於那些面臨國內經濟問題的國家而言，保護主義（protectionism）似乎是萬靈丹。事實上，他是把可能傷害到自己的雙面刃。一方面，他犧牲消費者利益，從而保護效率低落的本國業者。另一方面，當事國將受到其他國家的抵制與報復，替本國外銷業者造成傷害。在這種情況下，各國政府經常需要權衡輕重，制定明智政策。多數學者同意，由於各主要工業國家在一次戰後採取高度保護主義政策，國際貿易規模因此大幅萎縮。各國失業率升高，最後導致三〇年代全球性經濟大恐慌。因此，二次大戰結束後，相關國家紛紛降低貿易壁壘，以免重蹈覆轍。

　　一九四五到九五年間，國際貿易規模成長二十倍。不過，各國成長幅度差別很大。近年來，經合組織二十五個會員國的出口金額約占全球70%。與此同時，他們的最大貿易夥伴通常是其他會員國。一九九五年，美國進出口總值超過一兆美元，是全球最大的貿易國家。然而，歐盟會員國間的貿易規模超過八兆美元，占全球貿易總額的三分之一強。

　　冷戰期間，共產國家參與國際貿易的程度不高（平均約5%）。他們相互進行貿易，很少與西方或第三世界國家打交道。一方面，共產陣營試圖達成「自給自足」（autarky）目標。另一方面，他避免依賴西方國家，以及破壞本身的計畫經濟。隨著冷戰結束，東歐國家相繼由計畫經濟轉型成為市場經濟，並且試圖加緊融入國際經濟體系。不過，白俄羅斯等國仍然選擇和俄國維持緊密的經濟關係。

　　雖然西方國家基本上以彼此做為主要的貿易對象，但是他對開發中國家的依賴程度有增無減。後者不僅是原物料的供應來源，同時是西方國家商品的重要市場。一九九〇年代，經合組織會員國的出口商品當中有三分之一銷往開發中國家。其中多數是工業產品與技術，如堆高機、農業機械、冷藏設備、電腦，以及工具機等等。開發中國家運用相關設備滿足現代化的需求。與此同時，美國等已開發國家賣給他們農產品和武器裝備。為了

購買這些昂貴的產品與技術，開發中國家將各種商品銷往已開發國家。這主要是些原物料及初級產品，如石油、香蕉與咖啡等等。開發中國家的出口商品當中有 70% 銷往已開發國家。由於他們購買力薄弱（石油輸出國家組織會員國及少數國家除外），因此彼此間的貿易數量不多。

晚近國際貿易結構重心逐漸從東西關係轉移到南北關係。在巴西、墨西哥、南韓、臺灣及新加坡等新興工業國家帶領下，開發中國家開始運用低廉勞力及其他有利的生產條件。他們外銷商品的主力則是從初級產品升級到勞力密集消費商品，甚至來到高科技商品。一位觀察家指出：

> 「目前，臺塑是全球塑膠業的龍頭。南韓現代汽車的小馬（Pony）是加拿大最暢銷的進口車款。與此同時，福特汽車利用墨西哥做為生產引擎的基地，供應北美市場所需。」

相對於南方國家製造業的蓬勃發展，服務業在北方國家經濟當中扮演的角色愈來愈重要。相關產業包括金融業、保險業、通訊業，以及交通運輸業等等。他們產值已經占到工業國家國民生產毛額的 60%。不過，在南方國家當中，只有少數新興工業國家成為這波經濟轉型的受惠者。例如，中國大陸的出口總值占全體新興工業國家的三分之二。時至一九九○年代後期，我們可以從美國前十大貿易夥伴名單當中看出國際貿易型態的發展趨勢。排在前兩名的加拿大與日本是已開發國家。其餘都是新興工業國家。除了墨西哥之外，其他都是亞洲國家。

如同依賴理論指出，基於若干原因，北方與南方國家間的貿易對於前者比較有利。1.北方國家輸出高科技產品。他的附加價值遠遠超過南方國家輸出的成品及半成品。2.許多開發中國家過分依賴某些產品（如香蕉與錫）賺取外匯。一旦相關商品的國際市場價格有些風吹草動，或是國際經濟景氣陷入衰退，這些國家將首當其衝。3.南方國家（包括新興工業國家）的出

口商品往往遇到北方國家貿易壁壘而被打了回票。因此，在過去二十年當中，開發中國家外銷金額占全球出口總額的比例逐漸提高。然而，這主要集中在油國組織會員國及新興工業國家身上。

　　儘管條件如此不利，但是由於開發中國家相當依賴對外貿易，因此無法擺脫目前的分工模式。他們出口商品占國內生產毛額的比例是 40%。已開發國家的情形較好，約為30%。不過，若干西歐國家的貿易依存度（trade dependence）很深。以進出口總值占國內生產毛額的比例而言，德國、比利時與荷蘭達到 60%。相對地，日本是 20%，美國 22%。

　　以進出口總值而言，美國是當世第一大貿易國。不過，由於他國內貿易規模龐大，因此國際貿易只占他六兆美元國民生產毛額中的一小部分。儘管如此，美國仍須進口原油及其他重要工業原料。在十多項工業原料當中，美國進口所需數量的半數以上。此外，有些人忽略美國對於出口活動的依賴。美國靠商品出口換取農業部門 25% 的現金收入，以及製造業八分之一的工作機會。與此同時，服務業跨足海外市場帶來可觀利潤。因為國際貿易愈來愈重要，所以許多市長及州長隨著聯邦官員一起擔任「貿易大使」。目前，美國有四十一個州在國外設立商務辦事處。一九七六年，只有十九個州這麼做。

　　由於各國認識到國際貿易帶來的好處，因此他們試圖透過若干二次戰後成立的政府間國際組織進行合作。聯合國原本打算在成立世界銀行和國際貨幣基金的同時成立國際貿易組織，但卻歸於失敗。為了彌補這項缺憾，相關國家於一九四七年成立關稅及貿易總協定（GATT）。他們循此進行多邊談判，從而減少關稅及非關稅貿易壁壘。雖然關稅及貿易總協定並未限制會員國資格，但是冷戰期間許多共產國家及開發中國家認定他是資本主義國家控制的工具，所以絕拒參加。無論如何，關稅及貿易總協定是主要的國際貿易組織。他會員國的外貿總值占國際貿易的五分之四。如同一位官員指出：「關稅及貿易總協定結束三〇年代貿易壁壘林立的混亂局面，

替國際貿易注入法治的新氣象。」

多年來,關稅及貿易總協定推動一連串談判。其中包括一九六○年代的甘迺迪回合談判,以及一九七○年代的東京回合談判。後者大幅降低某些商品,特別是工業產品的關稅。一九四五年以來,工業產品稅率平均降低 35%。不過,時至一九八五年,有項趨勢變得非常明顯。如果會員國希望進一步鞏固自由貿易體系必須辦到兩點。首先,他必須爭取更多的會員國。其次,某些商品項目,如農產品、紡織品,以及服務業並未納入關稅及貿易總協定管轄範圍。促成會員國放棄或減少保護措施有其必要。一九八六年,烏拉圭回合談判正式展開。事後證明,這項前後進行十年的談判是「後冷戰時期經濟合作方面第一個重大考驗」。談判成果是厚達兩萬兩千頁的馬拉凱希協定(Marrakesh Agreement)。一方面,關稅及貿易總協定擴大他的管轄範圍。另一方面,一九九五年他改組成為世貿組織。一九九七年,該組織擁有一百三十一個會員國。[1]

如同關稅及貿易總協定,世貿組織持續採行幾項基本原則。第一,當會員國認為必須保護本國工業的時候,充其量只能訴諸關稅手段,不可以依賴配額等非關稅壁壘。第二,會員國應該在相互給予最惠國待遇的基礎上進行多邊談判,逐步降低關稅。準此,當甲國降低乙國某項商品關稅的時候,其他會員國均應享受同樣待遇。第三,儘管世貿組織的角色存在若干爭議,會員國仍應根據該組織規定解決彼此間的貿易爭端。

一九四五年以來,貿易壁壘林立的現象得到大幅改善。然而,近年來保護主義聲浪在許多面臨經濟困難的國家再度高漲。美國也不例外。一九七一年,美國從連續八十年的貿易出超變成入超。他對自由貿易的支持開始出現動搖。一九八○與九○年代,美國每年得承受超過千億美元的貿易赤字。近年來,美國夕陽產業的工會與管理階層不斷向政府施壓。相關產

1　譯按:臺灣與中國大陸於二○○二年元旦同時獲准加入世貿組織。

業包括紡織業、家電業、鞋廠、汽車廠以及鋼鐵工廠等等。他們要求日本及其他國家接受「自願性的出口限制」（VERs），以及「有秩序的市場管理」（OMAs）。上述措施都是著眼於限制當事國將商品銷往美國。在這方面，美國業者對於日本的抱怨最多。他們指控日本企業接受政府補貼，以低價策略向美國傾銷電視等產品。雖然美國政府會補貼武器等出口商品，但是日本卻樹立許多非關稅壁壘限制外國貨物進入該國市場。一九九五年，美日關係因此陷入谷底。是時，華府要求日本對於美國生產的汽車零件開放市場，遭到拒絕。於是，美國不惜違反世貿組織規定，威脅針對進口的日本豪華車款課徵 100%懲罰性關稅。最終美日雙方各讓一步，避免危機升高。然而，他們之間的貿易糾葛並未落幕。

　　長期以來，歐盟針對若干產品（特別是農產品）採取保護主義措施。即使在烏拉圭回合談判之後，歐盟會員國農民仍然能夠得到關稅壁壘保護，避免遭遇來自美國及其他國家的競爭。[2]在工業產品方面，歐盟會員國也採取若干手段限制進口。例如，世貿組織成立以前，義大利每年只允許五千輛日本汽車銷往該國。英國、法國及西班牙則和日本達成諒解。他們將一定比例的汽車市場開放給日本業者。英國是 11%，法國是 3%，西班牙則是1%。根據世貿組織新的規範，歐盟與日本談判自願性限制協定。相關協定承諾逐步提高日本汽車的市占率。這項市占率可望在一九九九年達到 15%。如同其他北方國家，歐盟擔心開發中國家產品在世貿組織架構下大舉湧入。因此，他積極和相關國家談判自願設限及市場秩序等問題。

　　對於開發中國家而言，他們的若干產業競爭力較強。在這方面，相關國家支持降低關稅壁壘。相反地，他們的某些產業，以及服務業比較不具

2　譯按：事實上，保障農民生計始終是歐體存在的重要原因。在這方面，「共同農業政策」
　　（CAP）扮演重要角色。相關預算一度占到歐體總預算的 90%。到了一九九〇年代初期，這個
　　比例仍然高達 67%。

有競爭力。在這方面，開發中國家堅持採取保護主義立場。因此，開發中國家不樂意循由關稅及貿易總協定架構進行貿易談判。他們偏好利用聯合國大會於一九六四年成立的聯合國貿易與發展會議（UNCTAD）。該會成立宗旨在於彌補貿易及關稅總協定的不足。

目前，自由主義學派試圖打造的國際經濟秩序受到另一重挑戰。地區性的貿易集團逐漸成了氣候。其中包括北美、歐洲與亞洲集團等等。一九九三年，美國，加拿大與墨西哥簽署北美自由貿易協定（NAFTA）。若干觀察家認為，這項協定將席捲整個西半球。歐盟則試圖建立從芬蘭到西班牙的自由市場。在日本的支持下，亞太國家加強彼此間的經濟合作。問題在於，類似整合是否違反世貿組織強調的自由貿易精神？集團間能否避免衝突？

基本上，各主要貿易國試圖塑造一個自由貿易體系。他們透過經合組織、世貿組織，以及七國高峰會等架構化解彼此間的歧見。其中七國高峰會刻正努力將東歐與開發中國家整合進入全球經貿體系。然而，無可諱言儘管多數國家將自由貿易掛在嘴邊，經濟民族主義與貿易戰爭的威脅持續存在。在某些方面貿易自由化得到進展。而在其他方面，新重商主義的氣氛變得更加濃厚。類似情形出現在國際經濟的其他部門。

貨幣部門

一般來說，以物易物（barter trade）並非國際經濟常態。各國通常以金錢購買商品與勞務。以物易物情況仍屬罕見。

問題是，各國使用的貨幣單位（currency）並不相同。美國以美元做為貨幣單位。其他國家則使用日元、歐元與英鎊做為貨幣單位。當甲國向乙國購買商品與勞務的時候，賣方通常只接受本國貨幣，或是其他幣值穩定的貨幣。如此，他可以避免因為貨幣貶值而蒙受損失。在這種情況下，強勢貨幣（hard currency）成為從事國際貿易的主要媒介。

因為各國金融體系存在不同的運作邏輯，所以幣值間往往存在很大差

異。例如，一美元可以兌換一千五百義大利里拉。質言之，一比一千五百是美元與里拉間的匯率（exchange rate）。而各國便根據匯率機制從事貿易及其他活動。

匯率依政府間的協定，或是市場供需情形而發生變動。劇烈變動會侵蝕投資人，以及買賣雙方的信心。因此，各國政府往往運用各種手段防止這種情形發生。晚近，民間金融市場的全球化使得政府干預效果大打折扣。一位觀察家指出，「一九七三年當時，全球單日貨幣成交額約是一百五十億美元。這項數字到了一九八三年增加到六百億美元。時至一九九六年，他更達到一兆三千億美元。」由於市場交易規模龐大，因此即使各國政府聯手也很難操縱。以一兆美元交易量而言，他不僅五十倍於全球貿易金額，同時超過各國政府外匯存底總和。

因為美元等強勢貨幣可以隨時在市場上買到商品，並且能夠兌換成他國貨幣（convertible），所以各國都試圖取得強勢貨幣做為外匯存底（foreign exchange reserves）。某些國家因為經常處於貿易出超狀態，所以比較容易累積外匯存底。相反地，常年處於入超狀態的國家很容易用罄外匯存底。不過，貿易只是取得或失去外匯的方式之一。國家可以透過外資、外援，觀光事業，以及其他活動取得外匯。

缺乏外匯的國家很難參與國際經濟活動。因此，各國政府必須仔細計算他的國際收支（balance of payments）。他們希望有貿易盈餘（surplus），而非赤字（deficit）。

蒙受貿易赤字的國家可以片面採取若干政策減少赤字。其中包括減少外匯支出，藉由提高關稅或其他手段限制進口，減少援外及海外軍事承諾，或是限制本國國民從事海外旅遊。不過，當事國可能得付出若干代價。樹立貿易壁壘會招致其他國家報復。減少援外金額及海外軍事基地可能導致政治及安全問題。限制本國國民前往海外投資不僅可能得罪本國業者，也會激怒需要這筆資金的外國政府。此外，他可能損失期望獲得的利潤。

除了節流之外，國家可以透過開源方式減少貿易赤字。他可以採取補貼政策，或是提高勞工生產力。如此可望提高本國業者出口競爭力，以及外銷金額。此外，當事國可以運用優惠稅率或其他誘因吸引外資。或者，他可以發展觀光事業，賺取外匯。不過，這些策略也可能產生若干副作用。例如，獎勵投資可能使得本國經濟命脈落入外人手中。

再者，政府可以採取貨幣貶值（devaluation）手段因應貿易赤字問題。一方面，他能夠提高外國業者購買本國商品與勞務的能力。另一方面，他可望降低本國業者對外採購的能力。與此同時，他不致對於國內經濟造成過分巨大的衝擊。質言之，國家宣布貨幣貶值不僅能夠提升外銷競爭力，吸引更多觀光客，同時可望減少本國國民購買外國商品及出國觀光的開支。準此，貨幣貶值似乎是治療貿易赤字問題的「特效藥」。不過，多數人認為國家只有在非常情況下才會訴諸這項手段。原因是，他不僅會得罪大量持有該國貨幣的國家，還會破壞其他國家對於該國貨幣的信心。此外，他可能對於國內經濟造成傷害，帶來物價上漲及通貨膨脹等副作用。可見消弭貿易赤字不是件容易的事。他需要政府仔細評估各種選項。與此同時，他得祈禱民間外匯業者及其他非國家成員的因應方式不足以讓政府努力付諸流水。

如果許多國家同時面臨貿易赤字問題，基於兩點原因全球性經濟風暴可能在所難免。第一，這意味他們缺乏足夠購買力從事國際經貿活動。國際貿易規模勢必隨之縮減。此外，國際貿易規模縮減將使得各國商品生產數量減少，失業率升高。如果某些國家試圖訴諸貨幣貶值手段解決貿易赤字問題，其他國家可能立即跟進，以便維持他們的國際競爭力。匯率的暴起暴落或將摧毀國際經濟秩序的基礎。

二戰期間，各主要工業國家已經預見這項問題。因此，他們在美國發起下建立所謂布萊登森林體系（Bretton Woods system），做為處理國際金融事務的基礎。這個體系源起於一九四四年舉行的布萊登森林會議。與會

國試圖合併處理國際貿易，貨幣與資金部門衍生的問題。因此，他們決議成立國際貨幣基金（IMF），做為聯合國的專門機構。他的功能在於：1.提供外匯準備不足的國家周轉資金，度過難關。2.提供會員國談判匯率問題的場所，避免發生金融風暴。

一九四五到七一年間，國際貨幣基金努力維持固定匯率（fixed rate）。意即各國貨幣兌換美元與黃金的匯率是固定的。由於美國在二戰以後成為國際經濟舞臺的主角，因此美元的地位重要。是時，一盎斯黃金可以兌換三十五美元。美國以外國家可以按照這項匯率將手中的美元兌換黃金。金本位的基礎在於美國擁有豐厚黃金存底，足以應付其他國家兌換要求。不過，到了一九六〇年代，其他國家持有美元數額超過美國的黃金存量。各國對於持有美元的信心開始減弱。加以支應越戰的龐大開銷，美國貿易赤字問題持續惡化。一九七一年，美國貿易赤字達到九十五億美元。與此同時，他自一八九三年以來首度出現貿易入超現象。其他國家擔心美國採取貶值手段因應貿易赤字問題，所以紛紛將手中美元兌換黃金或其他強勢貨幣。最後，尼克森政府決定取消一盎斯黃金兌換三十五美元的匯率，改由市場供需情形決定。結果美元一路慘跌到八百美元兌換一盎斯黃金。在這種情況下，布萊登森林體系受到重創。

一九七一年以後，浮動匯率（floating rate）成為國際金融體系的運作基礎。意即由市場機能決定各國貨幣間的匯率。不過，各國間仍然存在某種程度的協調機制。例如，國際貨幣基金會員國同意彼此在合理範圍內調整匯率。此外，歐盟與七國高峰會也在這方面扮演重要角色。

一九九〇年代，國際貨幣基金會員國數目快速增加，共計一百八十多個。其中包括俄國、前蘇聯加盟共和國，以及東歐國家。這顯示他們試圖更積極地參與全球經貿活動。國際貨幣基金給予他們借款與貸款，促使他們從計畫經濟轉型成為市場經濟。由於國際貨幣基金採取加重計票的表決制度，以美日為首的經合組織會員國因此掌握三分之二多數，從而控制決

策過程。

已開發國家不僅在匯率浮動問題方面扮演舉足輕重的角色，同時在外匯準備問題方面擁有一言九鼎的份量。國際貨幣基金要求會員國繳納一定數額的黃金及本國貨幣成立基金。外匯短缺的國家可以向基金借支周轉。近年來，國際貨幣基金因為增加「特別提款權」（SDRs）的規定，所以基金規模呈現倍數成長。開發中國家經常遇到外匯準備不足的情況，因此經常求助於國際貨幣基金。相對地，他們必須從事痛苦的「結構性調整」。質言之，當事國得削減公共開支與服務。這引起馬克思學派的不滿。他們認為減少社會福利是無法想像的事。

無論就國際貿易或金融而言，國家經常被迫採取片面行動。然而，他也體認到有和其他國家合作的必要。例如，世界各國不願意制定單一貨幣。不過，歐盟卻致力催生歐元。一九九〇年代，法國持續削減政府開支，以便符合歐盟設定的標準。儘管存在諸多紛歧，國際金融體系仍然具備統籌的管理機制。

資金部門

國家經常基於經濟發展與成長的需要向國外募集資源。這是國際經濟活動當中和資金有關的一面。資金對於經濟的重要性如同血液對於人體的重要性。事實上，幾乎所有國家都需要從外國引進資金。以下我們將就外資與外援兩個部分探討資金流動問題。

外援（foreign aid）意指政府間以優惠的條件轉移資源。他可以是雙邊協定，也可以透過政府間（或民間）國際組織進行。外援種類包括贈與（如金錢、糧食及其他資源）、無息或低利貸款、技術援助，以及軍事援助等等。

外資（foreign investment）也可以分成幾種不同情況。投資者可以購買其他國家的政府公債或公司股票。銀行可以貸款給他國政府或民間業者。企業可以在國外設立工廠或分公司，或與他國政府進行經濟合作。有些時

候，投資者只想從海外投資當中獲取利潤，並不想控制合作夥伴的一舉一動。有些投資者則是在外國設立分公司，直接加以控制。相形之下，後者情況比較複雜。

　　就外援而言，提供援助的（donor country）多半是已開發國家。接受援助的（recipient country）多半是開發中國家。時至一九九五年，西方國家透過經合組織提供的援外金額達到六百億美元，占他們國民生產毛額的0.34%。其中美國是提供對外援助最多的國家。近年來，他每年的援外金額平均達到一百億美元。不過，以援外金額占國民生產毛額比例而言，美國0.2%的表現排名落後多數國家。相對地，日本急起直追。然而，他的援外金額也只占到國民生產毛額0.32%，與挪威的1.1%還有很大差距。到了後冷戰時期，俄國與其他東歐國家經歷痛苦的經濟轉型。他們基本上是接受，而非提供外援。在第三世界方面，近年來有少數國家開始提供外援。一九七〇年代，石油輸出國家組織會員國對外援助金額超過全球的20%。然而，隨著原油價格滑落，他們提供的對外援助金額相對減少。

　　前文提及，接受外援的幾乎全都是開發中國家。多數援助是透過雙邊協定進行。如此，提供外援的國家比較能夠控制資金去向。就援助國與受援國而言，前者多少有些政治考量，後者則是有其經濟需求。雖然一般人將外援視為慈善行為，事實上多數外援是以提供貸款的方式進行。受援國仍須設法償還。此外，援助國通常會提出附帶條件。例如，受援國必須向他購買所需商品。再者，軍事援助對於受援國的經濟發展可能沒有什麼助益。一九八〇年代，美國對外援助有三分之二花費在「安全用途」，而非發展經濟。質言之，只有四分之一的對外援助用在低收入開發中國家身上。即使到了後冷戰時期，那些赤貧國家只分配到經合組織23%的對外援助。

　　一九四六到八七年間，美國援助對象主要是以色列與埃及等親西方，或具有戰略價值的國家。上述兩個國家各自得到一百三十八億美元。隨著冷戰結束，有人認為美國或將在這方面進行調整。然而，以色列與埃及持

續分得半數美國對外援助。不同以往的是，美國與其他經合組織會員國將若干援助挪給俄國及東歐國家，試圖活絡當地市場經濟。此舉招致許多南方國家的抱怨。

雖然國家大多透過雙邊協定進行援外工作，但是地區性與全球性國際組織扮演的角色愈來愈重要。某些援助國擔心這會使得他們失去對於受援國的控制。但是，其他國家想出若干方法解決這項問題。例如，總部設在華府的世界銀行牢牢地掌握在美國為首的西方國家手中。目前世界銀行有一百七十多個會員國。如同國際貨幣基金，他按照會員國貢獻多寡採取加重計票的表決方式。其中以美國貢獻最大，票數也最多。七國高峰會成員國則控制過半票數。

世界銀行的資金主要由各會員國分攤。此外，他會透過發行公債籌募資金。之後，世界銀行便以優惠條件貸款給有需要的會員國。在這方面，國際發展協會（International Development Association）是個重要的承辦機構。他以低利貸款給相關國家，本息分五十年攤還。不過，能夠借到錢的多半是墨西哥與巴西等比較進步的開發中國家。與此同時，他們是美國眼中的友好國家。雖然世界銀行在提供開發中國家資金方面扮演重要角色，但是也衍生不少問題。例如，長期以來第三世界國家已經積欠一兆美元外債。

由於援外經常無法達成預期中的政治或經濟目標，因此近年來援助國已經出現「彈性疲乏」現象，從而逐步減少援外金額。於是，開發中國家只有向西方國家私人商業銀行求助。與此同時，那些赤貧國家仍須依靠西方國家政府伸出援手。一九八○年代，伴隨金融行庫民營化的趨勢，西方國家商業銀行持有開發中國家半數債權。這種情形延續到一九九○年代，並且造成下一章所要討論的「債務危機」（debt crisis）。

表 13-1　世界各國與跨國企業年產值排行榜

各國數值是他們的國民生產毛額；跨國企業的數值則是來自銷售業績。

排名	經濟體	十億美元	排名	經濟體	十億美元
1	美國	6,387.69	26	土耳其	126.33
2	日本	9,926.67	27	泰國	120.24
3	德國	1,903.01	28	南非	118.06
4	法國	1,289.24	29	挪威	113.53
5	義大利	1,134.98	30	沙烏地阿拉伯	111.10
6	英國	1,042.70	31	艾克森石油	101.46
7	中國大陸	581.11	32	烏克蘭	99.68
8	加拿大	574.88	33	芬蘭	96.22
9	西班牙	533.99	34	蜆殼石油（荷蘭／英國）	94.88
10	巴西	471.98			
11	俄國	348.41	35	伊朗	90.00
12	南韓	338.06	36	豐田汽車（日本）	88.12
13	墨西哥	324.96	37	波蘭	87.32
14	荷蘭	316.40	38	葡萄牙	77.75
15	澳洲	309.97	39	希臘	76.70
16	印度	262.81	40	以色列	72.66
17	瑞士	254.01	41	松下電器（日本）	69.95
18	阿根廷	244.01			
19	瑞典	216.29	42	通用電器（美國）	64.69
20	比利時	213.44	43	賓士汽車	64.17
21	奧國	183.53	44	IBM（美國）	64.05
22	通用汽車（美國）	154.95	45	馬來西亞	60.06
23	丹麥	137.61	46	摩比爾石油	59.62
24	印尼	136.99	47	委內瑞拉	58.92
25	福特汽車（美國）	128.44	48	日產汽車（日本）	58.73

49	新加坡	55.37	75	三菱汽車（日本）	34.37
50	菲律賓	54.61	76	匈牙利	34.26
51	菲利浦墨瑞斯香煙（美國）	53.78	77	科威特	34.12
52	巴基斯坦	53.25	78	秘魯	34.03
53	克萊斯勒（美國）	52.22	79	德州石油（美國）	33.77
54	西門子（德國）	51.05	80	菲利浦電器（荷蘭）	33.52
55	英國石油	50.74	81	奈及利亞	32.99
56	哥倫比亞	50.12	82	富士通（日本）	32.80
57	福斯汽車（德國）	49.34	83	三菱電器（日本）	32.73
58	東芝（日本）	48.23	84	ENI（義大利）	32.57
59	Unilever（英國／荷蘭）	45.45	85	雷諾汽車（法國）	32.19
60	愛爾蘭	44.91	86	雪氟龍石油（美國）	31.06
61	紐西蘭	44.67	87	Hoechst（德國）	30.60
62	阿爾及利亞	44.35	88	Proctor & Gamble（美國）	30.30
63	智利	42.45	89	標緻汽車（法國）	30.11
64	雀巢（瑞士）	41.63	90	白俄羅斯	29.29
65	飛雅特（義大利）	40.85	91	日本鋼鐵（日本）	29.00
66	新力（日本）	40.10	92	三菱重工（日本）	28.68
67	本田汽車（日本）	39.93	93	Pemex（墨西哥）	28.19
68	億而富石油（法國）	39.46	94	捷克	28.19
69	阿拉伯大公國	38.72	95	摩洛哥	27.65
70	NEC（日本）	37.95	96	Amoco（美國）	26.95
71	埃及	36.68	97	BASF（德國）	26.93
72	大宇汽車（南韓）	35.71	98	拜耳（德國）	26.77
73	伊拉克	35.00	99	哈薩克	26.50
74	杜邦（美國）	34.97	100	BMW（德國）	25.97

除了爭取援助之外，許多開發中國家也使出渾身解數吸引外資。他們特別期望運用外資強化自身工業製造能力。如同外援，多數外資來自經合組織會員國。他們提供全球 95%的外資。不同於外援的是，已開發國家本身是外國投資的熱門對象。由於他們的投資環境優於開發中國家，因此這種情形不令人感到意外。據估計，已開發國家三分之二的對外投資流向其他已開發國家。製造業，行銷業與服務業是他們主要的投資對象。如同一位觀察家指出，「北美、日本及歐洲既是資金的主要來源，也是主要的投注對象」。少數從事對外投資的開發中國家也是以已開發國家做為投資對象。晚近，東歐國家及中國大陸吸引大量外資湧入。

雖然已開發國家的資金大多流向已開發國家，但是流向開發中國家的資金仍舊為數可觀。傳統上，已開發國家主要是投資開發中國家的初級產業，如礦業、鑽油和農業等等。近年來，開發中國家以其低廉勞動成本吸引福特汽車等製造業前往投資。一九七〇到九二年間，全球外資流動從五十億增加到一千零二十億美元。根據世界銀行報告，一九九〇年代開發中國家取得的長期資金數額暴增。

問題是，受惠者同樣侷限在少數亞洲及拉丁美洲國家。例如，一九九四年開發中國家取得八百億美元外資。然而，光是中國大陸便囊括其中三分之一。馬來西亞、泰國、阿根廷與墨西哥等四個國家分得另外三分之一。十五個國家分得四分之一。質言之，二十個亞洲及拉丁美洲國家共計取得90%外資。剩下的一百三十個國家只能分得 10%外資。

對於開發中國家而言，外資往往令他們陷入進退兩難的困境。外資雖然帶來他們需要的資金與技術，但也加深當事國的依賴程度。某些已開發國家同樣面臨類似問題。準此，我們將要探討跨國企業和各國政府間的關係。

跨國企業

跨國企業是讓各國經濟走向國際化的重要媒介。學者對於「跨國」的

定義有著不同看法。有些學者認為跨國企業亦即《財星》雜誌列出的五百大企業。他們同時在六個或六個以上國家設立分公司及工廠。不過，這是個非常狹隘的定義。原因是他只包括那些規模最大的跨國企業。因此，有些學者將跨國企業定義成「母公司設在甲國，而子公司在其他國家管轄範圍內運作的企業」。還有些人將跨國企業定義為「不同國籍企業的集合體。他們有共同的負責人與經營策略」。總之，跨國企業最重要的特徵在於海外分公司聽命於母國總公司。

跨國企業出現得很早。十七世紀英屬及荷屬東印度公司可說是現代跨國企業的鼻祖。十九世紀，許多西方石油公司買下中東油田的開採權。一八七八年，勝家縫紉機在蘇格蘭設立海外工廠。一九一一年，福特汽車開始在歐洲設立裝配廠。一次大戰以前，通用電氣與奧提斯電梯等美國企業相繼在海外設立分公司。一九〇二年，麥肯錫（F. A. MacKensie）出版《美國入侵者》一書。他提醒歐洲人注意，美國企業逐漸侵入歐洲各國經濟。

跨國企業有著不算短的歷史。然而，直到二次大戰結束之後，他才出現突飛猛進的發展，是時，若干因素促成這種現象。1.跨國企業發現，要打破國家間的關稅壁壘並非易事。因此，他不如到當地國設廠生產，反而可以減少運輸及其他成本，使得產品更有競爭力。2.許多國家制定獎勵外人投資辦法，提供跨國企業廉價勞動成本與低稅賦等優惠待遇。如此，跨國企業可以在當地設廠生產，供應當地國與母國所需。3.隨著新的科技問世，跨國企業可以輕易拓展業務。這類有利條件包括國際通訊與交通事業發達、貨櫃標準化，以及大型電腦的啟用等等。4.二次大戰後，美國成為世界經濟的霸主。加以美元享有特殊地位，因此美國企業能夠快速拓展海外業務。

一九五〇到七〇年間，美國企業的海外業務成長十倍。一九七一到九〇年間，美國企業的海外投資金額從八百二十八億增加到三千四百五十億美元。最後，也最簡單易懂的理由是跨國企業獲利可觀。以一九八〇年代為例，列名《財星》雜誌五百大企業當中有超過半數依靠海外分公司賺取40%

的利潤。

目前，全球跨國企業數目超過三萬五千個。他們的子公司合計達十五萬家，海外投資金額約兩兆美元。其中前一百大占總投資金額的三分之一。在這方面，美國持續保有龍頭地位。以一九九五年當時來說，全球前五百大製造業與服務業當中美國占一百五十一家。日本以一百四十九家緊追在後。此外，其中四百三十五家跨國企業總部設在七國高峰會成員國。與此同時，總部設在西歐及日本的跨國企業快速增加，從而威脅到美國的龍頭地位。與此同時，若干跨國企業資源稱得上富可敵國。表 13-1 顯示，拿各國與跨國企業的年產量相較，前一百名當中幾乎有半數是跨國企業。例如，通用汽車年產值超過挪威與奈及利亞。此外，五百大跨國企業包辦 70% 的國際貿易。其中半數屬於企業內部，亦即子公司間的交易。三百大跨國企業生產全球四分之一的商品。再者，艾克森石油（Exxon）海外分公司職員是美國國務院外館人員的三倍。

由此可知，跨國企業對於國際事務擁有不容忽視的影響力。如同兩位作者指出，「一個新的世界正在醞釀當中。在這個世界裡，通用汽車經理做成決定往往比各國政府更能影響百姓生計」。因此，跨國企業被稱為為「無形帝國」，或新的主權者。這顯示跨國企業有意願，也有能力超越國家疆界的限制。有位學者認為國家主權「已經被逼到牆腳」，也就是受到跨國企業的挑戰。

上述事實進一步強化世界體系理論的說服力。質言之，非國家成員在國際經濟事務當中扮演的角色是愈來愈難以忽視。不過，仍然有許多學者強調，舉凡國際關係當中的重大決策都是由各國政府制定。跨國企業擁有的自主性仍屬有限。為了了解跨國企業影響力的大小，我們將分別探討跨國企業與母國，以及他和分公司駐在國間的關係。

跨國企業與分公司駐在國的關係

　　基於種種原因，跨國企業與他分公司駐在國間的關係往往是愛恨交織。跨國企業能夠提供大量工作機會，引進資金與技術，以及協助建立外銷工業。不過，許多第三世界國家認為，跨國企業做出的貢獻較諸他們獲得的利益而言可說是小巫見大巫。例如，跨國企業不僅使盡渾身解數逃避稅賦，同時逼得本土企業走投無路。又例如，跨國企業挖走當地最優秀的人力資源，造成人才外流（brain drain）現象。此外，受到密集廣告攻勢的影響，駐在國人民願意以高價購買他們的產品。跨國企業因此得以賺取豐厚利潤。這些利潤通常是回流總公司，很少拿來在當地進行再投資。

　　依賴理論學者則認為，跨國企業不僅在經濟方面剝削開發中國家，同時經常干預駐在國內政。稍早，火石橡膠公司（Firestone）控制賴比瑞亞內政長達半個世紀。雖然這種情形已經非常罕見，但是許多跨國企業仍然控制駐在國龐大的經濟資源。例如，外資企業控制巴西 32%的生產力與出口商品，同時雇用 23%的製造業員工。在肯亞，跨國企業廣告量占該國的45%。

　　由於跨國企業在第三世界國家的經濟事務當中扮演重要角色，因此往往對於他們的內政外交擁有一定程度影響力。不過，開發中國家對於這種情形愈來愈敏感，並且逐漸採取比較強硬的立場。例如，為了加強掌控跨國企業行動，他們不惜訴諸威脅沒入等手段。在這方面，石油輸出國家組織會員國的努力最見成效。他們因此取得公司 51%的股份。雖然許多開發中國家試圖仿效，但問題是他們欠缺籌碼。如果他們逼得太急，跨國企業或將結束當地業務，將資產轉移到其他投資環境較好的國家。時至一九九〇年代，情況大抵是開發中國家試圖吸引外資。跨國企業則努力尋求良好的投資機會。因此，兩者間的磨合漸趨順暢。

　　擔心外國人控制本國經濟命脈的不限於開發中國家。如同史瑞伯（Serran-Schreiber）在《美國挑戰》一書中指出，許多西歐及其他地區的已開發國家對於跨國企業介入國內經濟事務難以釋懷。雖然他們控制跨國企業的程度優於開發中國家，但是經常發現無法迫使跨國企業子公司配合本國政策。例如，德國政府規定應該讓勞工代表參與董事會。然而，要想將這項政策落實到美國企業分公司身上卻是困難重重。

在已開發國家當中，加拿大受到外來經濟力量入侵的程度數一數二。數字顯示，美國業者掌控該國90%的電影院，55%製造業，以及70%的石油和天然氣事業。做為美國最大的貿易夥伴，加拿大不僅提供美國商品首屈一指的外銷市場，也是美國進口最多商品的國家。相關商業行為會在文化方面產生影響。以電影院播出影片的時間計算，加拿大業者分到其中3%到5%。與此同時，加拿大出版商在書籍市場的占有率為20%。因此，加國業者逐步增強對政府施加壓力，要求擺脫外國企業的掌控。不過，美國也根據北美自由貿易協定迫使加國進一步開放國內市場，交換加國商品進入美國市場。

事實上，即使美國也難免遇到類似困難。美國市場規模龐大，外國企業占他經濟活動的比例有限。然而，愈來愈多人擔心外資「買下美國」。他們指出阿拉伯商人購置比佛利山莊的旅館及房地產。日本商人則買入位於紐約的洛克斐勒中心。長期以來，美國是眾多跨國企業總部的所在地。到了一九八〇年代中期，美國逐漸成為跨國企業設立分公司數目最多的國家。外國企業投資在美國的金額超過全球外資的40%。美國企業前往海外投資與外國企業在美國投資的金額大致相當。以一九九四年為例，美國企業海外投資金額約四百六十億美元。相對地，外國企業在美國投注四百九十億美元資金。

無論已開發或開發中國家，他們對於境內跨國企業採取的政策沒有一定標準。研究顯示，跨國企業有助於已開發國家經濟的正面發展。相對地，開發中國家受到的影響則是利弊互見。例如，一九八四年聯合碳化物公司

設在印度的工廠發生毒氣外洩事件。這起事件造成兩千人死亡，五萬人受傷。為了避免類似事件再度發生，不斷有人主張由聯合國制定標準，規範跨國企業相對於駐在國的權利與義務。重點之一在於防止跨國企業成為母國對付駐在國的屠城木馬。這項論點是否恰當？我們將進一步探討跨國企業與母國間的關係。

跨國公司與母國間的關係

依賴理論指責跨國企業是「帝國主義」與「新殖民主義」國家的走狗。然而，種種跡象顯示，跨國企業行為不見得符合母國利益，也未必接受母國政府的節制。他們和母國間的關係同樣可以用「愛恨交織」四字形容。

一般而言，跨國企業與母國政府間確實存在「親密關係」。與此同時，跨國企業負責人及高階層主管通常由母國國民擔任，少有例外。在這方面，雀巢公司是典型代表。他的總部設在瑞士，同時擁有十萬名來自世界各國的股東。其中瑞士公民擁有 51% 的股份。許多日本企業的情形和雀巢非常類似。因此，有些人將日本視為大型跨國企業。就股份持有及經營層面而言，跨國企業與母國間的關係匪淺。

儘管全球化的論調高唱入雲，多數跨國企業仍然採取「立足母國」的策略。在《財星》雜誌五百大企業當中，只有十八家的海外資產超過國內資產。此外，十九家在海外雇用人員超過在本國雇用人數。以可口可樂為例，他沒有任何外國股東。他超過半數的資產位於美國境內。美國則提供他 40% 的產品市場。

與此同時，母國經常拿跨國企業做為外交政策工具。在這方面，美國有著輝煌記錄。例如，一九六〇年代美國政府要求 IBM 電腦的法國分公司不得售予法國政府發展核子武器所需的電腦設備。此外，IBM 法國分公司不得將高科技賣給蘇聯及其他東歐國家。準此，美國試圖將「資敵法案」的適用範圍延伸到法國境內，從而影響法國的對外經濟政策。一九七〇年

代初期，美國中央情報局和國際電話電報公司（ITT）聯手使得智利經濟陷入恐慌，終於導致阿葉德政權垮臺。一九九七年，美國政府禁止 Wal-Mart 大賣場採購古巴代工生產的睡衣，從而對卡斯楚政權施加壓力。對此，維儂（Raymond Vernon）有著一針見血的評論。為了協助企業拓展海外業務，美國政府曾經派遣海軍陸戰隊前往五、六個加勒比海國家執行任務。其次，他威脅停止援助秘魯及斯里蘭卡等數十個國家。幾乎所有國家政府都曾因為美國跨國企業緣故受到美國壓力。

　　不過，如同其他國家，美國也會和本國跨國企業發生齟齬。跨國企業不時試圖避開母國政府的控制。例如，各國政府都曾採取「緊縮銀根」政策抑制國內通貨膨脹。然而，跨國企業偏偏有辦法到國外借錢。有些國家拼命降低國內的失業率，但是跨國企業卻到外國投資設廠。在簽署北美自由貿易協定之後，美國格外擔心「廠房外移」成為普遍現象。畢竟，美國工人的平均時薪是十四點八三美元。墨西哥工人的價碼則是一點八五美元。

　　即使在外交政策方面，跨國企業與母國政府也未必搭調。一九八〇年代初期，總部設在匹茲堡的海灣石油在安哥拉投入五億美元資金，並且與該國馬克思主義政權維持良好關係。當時，雷根政府支持的親西方派系正在和安哥拉左翼政權，以及一萬五千名古巴部隊陷入苦戰。一九七三年，阿拉伯國家實施石油禁運。艾克森石油菲律賓分公司拒絕將燃油賣給駐在蘇比克灣的美國海軍。二次大戰開戰初期，美國國務院曾經勸阻美國石化業者停止和在拉丁美洲營運的德國企業往來，但卻碰到許多困難。一九九〇年代，一家德國軍火商秘密將技術售予伊朗。相關交易不僅牴觸該國政策，同時違反德國與北約盟國間達成的諒解。

　　準此，維儂進一步指出，「跨國企業愈來愈難一心一意為母國效力。他們集合許多國家的人力物力資源，處理許多超越國界的問題，因此不再是完全隸屬於某個國家的組織。」晚近跨國企業間的結盟行為使得問題更加複雜。在這方面，德國賓士與日本三菱汽車公司間的合作是典型案例。

幾年之前，英國電話公司仍然是國有國營。現在，做為一家國際企業，他與英國政府間的關係愈趨微妙。

對於肯特柏格（Charles Kindleberger）等人而言，跨國企業與母國的分道揚鑣已成定局。他認為「跨國企業不會特別效忠那個國家，也不會在那個國家得到家的感覺」。柯林頓政府時期的勞工部長萊克（Robert Reich）則指出「企業無祖國」的現象：「資金、技術、廠房與設備等生產元素大多能夠輕易越過國界。因此，說某家公司是美國企業是愈來愈沒有意義」。另一位作者則認為「獲利底線是跨國企業唯一的效忠對象」。

儘管如此，跨國企業要想完全斬斷他和母國間的臍帶仍然是難以實現的夢想。跨國企業可以「忘了我是誰」。然而，母國政府會使盡渾身解數將他納入掌握。事實上，受到國內工會組織的壓力，美國及其他已開發國家著手限制跨國企業海外投資的型態與數量。史達林曾經說過「教宗是沒有軍隊的」。同樣地，通用汽車等跨國企業也沒有軍隊。因此，各國政府仍然有辦法管理「全球購物中心」。無論如何，國際經濟整合潮流與國家主權間的拔河肯定持續是國際關係重要課題。

小結

一九八〇與九〇年代期間，許多國家面臨蕭條等嚴重的經濟問題。其中又以開發中國家的處境最為艱困。先前，布萊登森林體系曾經發揮若干正面作用。然而，這個體系目前也面臨許多困難。許多已開發國家領袖相信他們有能力挽救這個體系。相對地，開發中國家主張建立「新國際經濟秩序」。這是下一章所要討論的主題。

第十四章
經濟發展：縮小貧富差距

一九九五年三月，相關國家在哥本哈根召開社會發展高峰會議。會中定出三個亟待處理的課題，分別是貧窮、失業及社會疏離（social exclusion）。雖然這項會議被稱為「希望高峰會（Summit of Hope），但是無法掩飾與會國說得多、做得少的事實」。

這次會議共有一百八十個國家領袖參加。其中包括一百一十七國元首。此外，參與盛會的有兩千七百八十個民間國際組織代表，以及兩千八百位記者。從一九九〇年世界兒童高峰會到一九九八年人民高峰會，聯合國安排一系列活動。在這當中，哥本哈根會議頗具代表性。

許多人期望隨著冷戰結束，世界各國將更有餘裕處理迫在眉睫的經濟與社會問題。然而，貧窮問題從來不是最引人關注的國內和國際議題。因此，聯合國試圖透過召開國際會議，提醒世人注意問題的存在與迫切性。此外，邀請民間國際組織參與有助於強化類似外交場合的民主參與。與會代表提出的要求或多或少會對政府領袖形成壓力。

類似集會試圖解決南北國家間的衝突。今天，國際社會明顯存在貧富差距問題。晚近，若干開發中國家取得大幅經濟成長，從而躋身新興工業國家之林。有些人稱他們是「新興的大市場」。然而，也有些國家從來不曾體驗工業革命洗禮，遑論進入後工業社會。除了國與國間存在貧富差距之外，國家內部貧富差距可說是另一個層面的貧窮問題。在這方面，開發中國家情形尤其嚴重。

一九七〇與八〇年代，國家間的談判重點大抵放在國際貿易、外援，以及資金轉移等方面。哥本哈根會議則將各國採行的社會政策納入議題。其中包括婦孺、失業民眾，以及其他弱勢團體。會中得出所謂「二十比二

十原則」。這項不具備拘束力的宣言敦促援助國替 20% 的援外款項指定用途。其中包括教育、衛生及其他形態的社會服務。與此同時，包含受援國在內的其他國家應該承諾將 20% 預算用於上述用途。準此，本章將要討論許多國家人民面臨的經濟與社會問題，以及如何縮小南北國家的貧富差距。

問題本質與嚴重性

在討論國際社會如何協助開發中國家發展經濟與消弭貧窮之前，我們必須先了解造成國家間貧富差距的原因。一九五〇與六〇年代，經濟發展（economic development）概念開始出現。他意味當事國在經過工業革命洗禮之後，能夠向西方先進國家看齊。與此同時，現代化（modernization）與不斷進步的概念相繼產生。再者，一旦當事國經濟「起飛」，將促成以工業為主的消費經濟形態，進而積極參與國際貿易。準此，二次大戰剛剛結束的時候，各國領袖相繼從事大規模工業及基礎建設。例如，他們爭相興建大型煉鋼廠與國際機場，卻未考慮效益及可行性等相關問題。結果，這類建設快速消耗他們原本短缺的資本。

隨著時間過去，那些因素妨礙相關國家的經濟發展變得愈加清晰。在若干工業發展迅速的國家，人民往往必須付出高昂的社會與環保成本。一九八〇年，布蘭德委員會（Brandt Commission）發表一份報告。他指出經濟發展必須有配套措施。其中包括所得分配與就業情況的改善，以及提升人類尊嚴與社會正義。此外，「永續發展」（sustainable development）成為時髦名詞。他是指國家在生產與消費商品的時候，必須顧及維護自然環境品質。隨著生產與行銷技術的進步，當事國可以減少資源與能源的耗用及浪費。從這個角度來看，所有國家仍在發展當中，只是速度快慢不同。再者，有人主張區分社會經濟，以及政治方面的低度發展。前者意味無法創造適當的生活水平與品質。後者是指當事國無法建立穩定且能夠運作的政府組織，因而喪失推動經濟發展的機會。經濟發展意味每個成年男女都

能從事生產，並且過著有尊嚴的生活。與此同時，兒童能夠平安成長，進而成家立業。

　　第十三章提及，自二次大戰結束以來全球經濟呈現快速成長。一九五〇年，全球生產總值約四兆美元。一九九五年，這項數字增加到三十兆美元。問題是各國成長速度並不平均。圖14-1顯示，國家間的貧富差距不減反增。

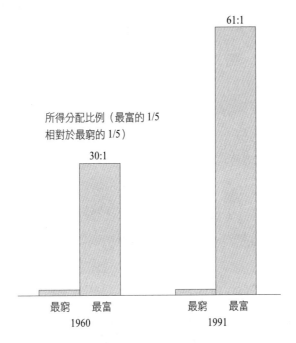

圖 14-1　貧富差距的擴大情形

　　一九八〇與九〇年代，許多非洲與南亞的開發中國家陷入貧者愈貧的惡性循環。造成這種現象的原因包括人口增加、政府開支減少，以及貿易與其他經濟表現變差。一九八七年，全球每天生活費低於一美元的人數是十二億。這項數字到了一九九三年增加為十三億。相形之下，東亞國家的經濟表現普遍良好。一位作者指出：

「今天，國家工業化的速度遠比以往要快。原因是他們可以汲取先進國家的技術與經驗。例如，晚近東亞國家的經濟成長率平均是 8%。一九九一到九五年間，中國大陸的經濟成長率平均達到 57%。因此，十二億人民的國民所得提高 50%。」

也因此，南方國家間開始出現貧富差距。東亞地區的經濟發展遠優於撒哈拉沙漠以南的非洲、南亞、中東、北非、拉丁美洲，以及加勒比海地區。在這方面，聯合國運用「綜合發展指數」（Human Development Index，HDI），固定每年替世界各國排名。相關指標包括平均壽命、教育水準，以及所得情況。撒哈拉沙漠以南的馬利、查德、尼日、幾內亞，以及飽受戰火摧殘的阿富汗在榜上敬陪末座。相對地，新加坡、南韓與智利等新興工業國家已經能夠和若干歐洲國家分庭抗禮，同時一舉超越俄國。

據估計，全球有十三億人生活在赤貧狀態。這占全人類的五分之一。換個角度來看，全球收入最高的 20% 人口拿走 83% 所得。相對地，最貧窮的五分之一人口只分配到 1.4% 所得。前者平均每年賺取近兩萬三千美元，後者只有一百六十三美元。缺乏安全飲用水是另一個問題。近半數南亞地區居民無法擺脫這項困境。再者，全球有三分之一人口無法得到電力供應，四分之一人口無法得到基本的醫療照顧。

此外，貧窮國家內部同樣存在貧富差距問題。根據經濟學者假設，這項差距會在經濟發展初期拉到最大程度，之後便能朝「成長與公平並重」方向發展。一九九〇年代中期，波札那是全球貧富差距最大的國家。所得最高 20% 人口收入是最低 20% 的四十七倍。以同樣的貧富差距指標而言，巴西排名第二。他的貧富比是三十二比一。一九九四年，墨西哥有二十四位富豪的財富超過十億美元。他們財富加起來超過該國最貧窮的三千三百萬人總和。以地區而論，拉丁美洲貧富差距最大，其次是非洲。

今天，許多開發中國家的發展情形可以用憂喜參半四字形容。一位觀

察家指出，「目前全球約有二十八億勞動人口。其中三分之一處於失業或半失業狀態。與此同時，許多勞工的工資微薄，並且升遷無望」。今天，開發中國家有七億人民處於失業或半失業狀態。研究顯示，在二十一世紀的前二十年，這項數字每年將增加三千八百萬。

不過，在過去二、三十年當中，開發中國家的發展情形也出現若干改善跡象。目前，全球人口的平均壽命達到六十五歲，比一九五〇年當時多出二十歲。這是人類史上最大的改善項目。儘管南方國家苦於貧窮問題，但他六十三歲的平均壽命較諸北方國家的七十四歲相去不遠。中國大陸因為在簡易醫療照顧方面進行投資，所以該國人民的平均壽命達到七十歲。

多數分析家認為南方國家將持續落後於北方國家。然而，也有些人看好許多開發中國家的發展前景。他們認為國際經濟結構刻正發生穩定與大規模的改變。在這方面，南方國家逐漸扮演吃重角色是其中最重要的一項。南方國家要想持續發展，下述幾點是希望所繫。首先是人口成長速度減緩。其次是外人投資、技術轉移與就業機會增加。研究顯示，「開發中國家的人均消費成長70%。學齡兒童就讀小學的比例達到89%。如果這些發展能夠平均推廣到每個國家，全球面臨的貧窮問題可望得到解決。」

問題是當事國如何選擇適當的發展模式？有些國家的經濟因為採取特定模式而欣欣向榮。然而，也有些採取同樣模式的國家債臺高築。與此同時，經驗顯示一個國家的經濟很難直線發展。以中國大陸為例，當他從一個相對低點開始發展的時候比較看得出具體成效。不過，長期而言這種高的經濟成長率是否會受到政治、經濟或環保因素阻礙甚難斷言。目前，許多國家無法給予數百萬人可以接受的生活水準。二十一世紀，國際社會如何照顧六十到一百五十億人民食衣住行及就業問題令人存疑。

本章將就糧食、人口，以及資金技術轉移三方面探討經濟發展問題。這三項因素對於彼此有很大影響。此外，他們是改善綜合發展指數的關鍵。要改善一個國家的糧食生產情形與行銷通路需要投注資金。糧食生產則須

滿足人民的營養需求。吃得差的人民容易生病,從而削弱生產力。重點在於如何打破低度開發的惡性循環,替經濟發展奠定良好基礎。

糧食問題

多數北方國家人民看過亞非饑荒災民的報導。有些時候,他們幾乎不敢相信這是真的。然而,饑荒是個活生生的事實。僅僅在一九八四年,估計有五百萬非洲兒童餓死。此外,全球有七億人口為營養不良所苦。我們很難了解全球性的饑餓問題,因為他來去不定,同時往往只對某些地區發生影響。

二次大戰結束以來,全球糧食生產已經能夠趕上人口成長速度。不過,一九九〇年代中期開始出現若干不好的跡象。首先,糧食準備逐漸消耗,因而達到歷史新低記錄(估計只能支應四十九天消費)。其次,糧食分配的情形很不平均。工業化國家人口占全球四分之一弱,但卻消費 60%的糧食供應。再者,穀物價格開始因為供需失衡而飆漲。一九九五年,中國大陸從穀物出口國變成進口國。先前他每年出口八百萬噸穀物,現在則須每年進口一千六百萬噸穀物。他的進口數量排名全球第二,僅次於日本。造成糧食供需失衡的原因很多,從地力枯竭到人口成長不一而足。

一九七〇年代以來,非洲人均糧食生產持續下降。是年,非洲在糧食方面仍能自給自足。一九八〇年代中期,非洲五億三千萬人口當中有一億四千萬需要依賴進口。在過去二十五年當中,非洲人口增加一倍。為了因應他們的需求,農地普遍受到過度利用。今天,非洲地力枯竭的程度居全球之冠。

不過,全球糧食問題大抵是種「不患寡,而患不均」的現象。質言之,許多非洲國家無力對外採購糧食。再者,即使他們擁有足夠糧食,卻無法及時送到災民手中。一方面,屯積居奇的情形非常普遍。另一方面,一般人民缺乏購買力取得所需糧食。資料顯示,美國、歐洲及日本穀倉當中存放糧食是非洲災民需求量的五倍。

　　由於全球人口可望持續增加，長期而言其他地區恐將面臨同樣問題。開發新的農地，以及提高原有農地的生產力往往必須付出高昂的經濟與環保代價。此外，土地分配情形使問題變得更為複雜。在拉丁美洲，70%農民只擁有3%農地。大部分農地掌握在外國人手中。他們只重視農產品外銷問題。當地人民需要不在考慮之列。例如，一九六〇到八〇年代期間，瓜地馬拉和哥斯達黎加牛肉產量增加一倍。然而，由於其中半數以上充做外銷，因此當事國人民對於牛肉的人均消耗量反而減少。有些時候，農民為了清償債務被迫種植棉花與咖啡等現金作物，放棄糧食作物的生產。不過，若干經濟學者指出，種植現金作物或出口導向的農產品可以提高農民收入，以及對於糧食的購買力。

　　全球只有15%陸地表面適於耕作。其中半數已經被闢為農田。許多地區刻正面臨地力枯竭、沙漠化，以及林地覆蓋面積減少的問題。此外，近年來各國撈捕海洋魚類資源已經有竭澤而漁的跡象。一九五〇到七〇年代，全球漁獲量因為新科技的問世快速增加。之後，鮪魚及鱈魚等魚類的漁獲量逐漸下降。

　　儘管出現上述警訊，我們仍有可以樂觀的理由。在這方面，印度的成功案例格外令人鼓舞。一九六〇年代，他是接受糧食援助數量最多的國家。一九八〇年以後，印度每年出口農產品的金額超過十億美元。他最後一次出現饑荒是三十年前的事。無論如何，印度與印尼的饑民數量共占全球三分之一。與此同時，若干學者認為中國大陸與印度的糧食生產已經達到上限。

　　長期而言，國際社會應該協助南方國家在糧食方面自給自足。這是解決全球糧食問題的根本之道。當事國必須引進二次大戰結束以來問世的新式耕作技術及改良品種。此外，他們可以運用廉價的化學肥料及完善的灌溉系統從事「綠色革命」（green revolution）。引進技術需要大量資金。這是多數開發中國家無力負擔的。再者，綠色革命需要土地改革的配合才能

克盡全功。

人口問題

　　十八世紀，英國經濟學家馬爾薩斯（Thomas Malthus）預測人口成長速度將遠過糧食增長速度，從而造成大規模饑荒。可見當時人們已經知道人口與糧食問題息息相關。據估計，二○五○年以前開發中國家每年將增加八千六百萬人口。屆時全球的糧食需求將是二○二五年當時兩倍。另外一項研究顯示，地球至多可以餵飽一百一十億人口，大約是目前人口兩倍。不過，人可不是光吃飽就什麼問題都沒有。今天，人口成長帶來的不只是糧食問題而已。

　　目前，人口成長速度已經到了不容忽視地步。人類大約經過兩百萬年（截至一八三○年）才累積十億人口。然而，一百年後全球人口便達到二十億，再過五十年達到四十億。據估計，現在每不到四十年全球人口將增加一倍。洛杉磯是個人口一千萬的城市。全球每個月要多出一個洛杉磯市的人口。各國不得不重視衍生出來的房舍需求，以及實施家庭計畫等問題。

　　南方國家的人口增加速度最為驚人。二次大戰結束之後，這些國家拜醫療水準進步之賜死亡率大幅減低。然而，他們的出生率仍舊相當地高。若干北方國家的人口增長率已經是零。相對地，許多南方國家維持兩到三個百分點的年均人口成長率。其中以非洲國家情形最為嚴重。在未來二十年當中，南方國家將「貢獻」90%以上的新增人口。

　　這使得開發中國家的人口結構逐漸年輕化。在若干地區，十五歲以下孩童占人口比重超過 45%。除了生育力強之外，年輕人不斷從農村湧向城市尋求就業機會及較佳生活條件。在這種情況下，一顆「人口炸彈」已經蓄勢待發。目前，全球有半數人口集中在都會地區。據估計，二十一世紀初葉開發中國家將擁有五十個人口五百萬以上的大城市。其中二十個城市的人口超過千萬。墨西哥市、聖保羅及東京可望成為全球最大都市。他們的人口可能超過加拿大。

　　除了造成過度擁擠現象之外，人口快速增長往往減緩經濟成長步調。一九四〇到八〇年間，墨西哥取得 6% 年均經濟成長率。儘管如此，近年來墨西哥約有五分之一的勞動力透過合法或非法管道前往美國尋求就業機會。一九七〇年，墨西哥人口成長率高達 3.2%。一九九五年，這項數字降為 1.8%。這意味該國每年必須創造一百萬個就業機會，才有可能杜絕非法偷渡絡繹不絕的現象。

　　儘管人口快速成長帶來許多問題，但是各國政府對於問題本質和解決之道缺乏共識。北方國家勸告南方國家減緩人口成長腳步。南方國家則認為只要有更多財富可供分配，人口成長不是問題。歐洲國家經驗顯示，隨著國民所得提高，人口成長率相對下降，因為有錢的父母不需要較多子女奉養。當然，這是個「雞生蛋，蛋生雞」的問題。在減緩人口成長效果有限的情況下，要想取得經濟發展並非易事。

　　有些人認為我們誇大人口問題的嚴重性。「無疆界醫師組織」（Medicins Sans Frontieres）指出：

　　「除了少數特例，人口密度高的國家生產多於消費。相對地，許多人口稀少的國家面臨生產不足與營養不良問題。」

　　如同糧食問題，人口問題傳來的並非全是壞消息。目前全球有三十多個國家人口增長率為零。其中包括多數歐洲國家及日本。一九七〇年，全球人口成長率是 2%。一九九七年，這項數字降到 1.6%。這得歸功於婦女識字率及就業機會提升。她們不再被視為生孩子的機器。

　　某些國家的宗教傳統傾向歧視女性，或是反對節育政策。然而，即使在這些國家，愈來愈多政府採行鼓勵小家庭的社會政策。例如，伊朗從房屋津貼、醫療照顧及保險方面著手，限制每個家庭只能有三名子女。於是，一九六〇年代開發中國家只有 10% 夫婦接受結紮手術。目前，這項數字提

高到 50%。在這方面，東亞地區是成功典範。以中國大陸為例，70%夫婦接受結紮手術。與此同時，政府維持一胎化政策。一位學者指出，「當事國政府必須在這一代的生育權與下一代的生存權間進行權衡」。在這方面，泰國與孟加拉相繼祭出猛藥。拉丁美洲各國也大力推行節育政策。非洲可說是個異數。儘管戰爭與瘟疫頻頻肆虐，非洲人口在過去三十年增加一倍，同時可望在未來三十年增加兩倍。

前文指出，醫療水準提高使得南方國家的死亡率普遍下跌。天花幾乎絕跡。瘧疾與霍亂肆虐情形得到改善。嬰幼兒不致因為腹瀉脫水而喪命。然而，相關國家的醫療設施原本不敷使用。人口成長使得問題更加嚴重。

國際社會在公共衛生政策方面面臨的困境依舊存在。其中愛滋病的防治工作可說是典型案例。

「一九九二年，在阿姆斯特丹召開的第八屆愛滋病防治會議透露令人不安的訊息。這次會議原本預定於波士頓召開。然而，若干協辦單位，特別是世界衛生組織主張易地主辦。他們試圖藉由這項舉動抗議美國拒絕愛滋病帶原者入境和移民的政策。根據世衛組織估計，西元兩千年以前，全球愛滋病患者將達到三至四千萬人。」

由此可見，儘管醫療水準提高是普遍現象，但是愛滋病等議題持續給國際社會帶來嚴峻考驗。

資金與技術移轉

國家發展經濟需要資金配合。如此，他們才能投資建立能夠增加就業機會的工業、提高糧食生產，以及提供人民教育與醫療照顧。問題是，整體而言南方國家是缺乏資金的國家，他們人民的儲蓄能力薄弱。因此，銀行與政府拿不出錢來進行設資。

目前，許多開發中國家積欠外國銀行與政府巨額債務。儘管當事人已

經採取若干補救措施，債務金額仍舊節節攀升。一九九五年，開發中國家總計欠下兩兆美元。有人指出，「開發中國家每年用於清償債務的款項超過軍費開支。在他們的預算書當中，還債金額四倍於醫療照顧，兩倍於教育經費。多數第三世界國家因為收入趕不上負債速度，沒有可能在短期內還清債務。常見的情形是，他們斷斷續續支付到期利息，而非清償本金。簡言之，第三世界積欠債務大約等於他們年收入的半數。」與此同時，前一章提及的「援助疲乏症候群」使得問題更加嚴重。已開發國家愈來愈不願意提供援助。因此，許多受援國無法維持衛生醫療體系的正常運作。

造成開發中國家（包含新興工業國家）積欠鉅額債務的因素不止一端。其中包括管理不當、國際市場利率偏高、國際經濟景氣惡化，以及一九八○年代以來值得商榷的銀行貸款政策等等。當時債務危機已經有一發不可收拾的跡象。若干債臺高築的國家無法按時向西方商業銀行償還本息。國際金融體系因而陷於崩潰邊緣。一位美國財政部官員指出，問題肇始於一九八二年。「某一天，墨西哥財政部長跑來找我們說他已經一文不名。」透過國際社會的協調與努力，債務國得以取得展延與免除等喘口氣的機會。到了一九九○年，債務危機出現緩和趨勢。[1]

前文提及，多數開發中國家認為現存的國際經濟秩序有利於北方國家而不利於南方國家。他們指出，「全球最貧困的人們只能借到 2‰ 商業銀行提供資金、1.3%的投資，以及 1%的貿易額。」從國際貿易來看，儘管開發中國家努力分散出口項目，但是成效不彰。直到一九九○年，全球仍然有六十四個南方國家過分依靠生產一項初級產品或民生必需品過活。一旦國際市場的供需情形出現風吹草動，他們便可能受到嚴重打擊。例如，海地等國家的工資水準僅足以勉強餬口。他們往往成為鞋類與成衣廉價的代

1　譯按：這種情形到了一九九七年間再度出現變化。是時，東南亞地區發生嚴重金融風暴。全球
　　金融體系隨之動盪不安。

工工廠。

　　儘管如此，若干開發中國家成功擺脫前述依賴情形，逐步朝已開發國家之林邁進。不過，許多老問題依然揮之不去。例如，他們缺乏某些類型的技術工人。再者，與外國企業打交道的社會菁英生活遠較一般受雇者及失業人士優渥。

　　在許多南方國家眼中，跨國企業不僅是重要的資金來源，同時提供他們所需的先進科技。如同北方國家，他們認定高科技是未來經濟命脈所繫。此外，他們知道自己在這方面落居人後。研究發展（research and develop-ment）經費多寡是造成差距的重要原因。截至目前，相關工作集中在北方國家進行。南方國家基本上依靠購買專利，以及跨國企業的投資設廠取得高科技。然而，前文提及的人才外流情形往往使得先進技術難以在南方國家生根茁壯。

　　雖然南方國家在資訊科技方面已經取得大幅進展，但是他們與北方國家間的差距仍舊令人備感困擾。許多國家都知道，要在全球經濟當中取得一席之地，資訊科技的發展至為關鍵。在全球各地電話通訊及網際網路的普及情形方面，北方國家占盡優勢。只有少數南方國家能夠分庭抗禮。目前，非洲中部與亞洲極邊之地完全無法和「資訊高速公路」連線。稍早，越南希望仿傚鄰國新加坡與馬來西亞吸引外資。然而，他平均每一百五十人才有一具電話。這點讓外資裹足不前。

　　「資訊差距」使得南方國家缺乏現代化蒐集與傳播新聞的能力。大多數民眾必須依靠總部遠在千里之外的CNN與路透社提供新聞來源。前者總部位於亞特蘭大。後者總部位於倫敦。因此，許多時候南方國家人民對於他們的報導重點感到陌生。再者，北方國家壟斷衛星科技。這意味南方國家必須依賴他們取得關於本國資源，氣候及可耕地分布等重要資訊。

　　上述問題不約而同指向同個方向，就是國際社會應該採取哪些策略縮小南北國家間的貧富差距。一九七〇年代以來，相關國家提出建立新國際

經濟秩序（NIEO）及其他類似主張。準此，我們試圖討論國際社會處理相關問題的過程，以及建立哪些機制。

經濟發展的政治運作

在經濟發展的政治運作過程當中，我們可以找出若干參與成員。其中包括國家與政府、各國國內的利益團體，以及官方與民間國際組織。一九七〇年代，南方國家提出建立新國際經濟秩序的主張。相關要求包括給予開發中國家有利的貿易條件、免除債務、增加多邊援助，以及加強南方國家在全球經濟組織的發言與決策權。在一九八一年的坎康（Cancun）發展高峰會及其他類似場合，南方國家不斷鼓吹新國際經濟秩序概念，但卻因為北方國家的反對收效甚微。無論如何，若干議題持續受到討論，並且成為本章接下來的探討重點。

參與南北辯論的主要有兩個國家集團。一個是代表南方國家的七七集團（Group of 77）。目前，這個集團的成員已經超過一百個。由於人多嘴雜，加上南方國家彼此間存在不小差距，因此有些時候他很難維持一致的談判立場。不過，在要求建立新國際經濟秩序方面，七七集團是相當團結。另外一個集團是代表北方國家的經合組織。他的成員包括北美與西歐的已開發國家，以及日本。其中以七國高峰會（G-7）做為核心。二次戰後，美國基於推動西歐國家重建，以及已開發民主國家間的合作發起這個組織。雖然經合組織的會員國間也有若干歧見，但卻對於若干基本原則存在高度共識。例如，他們主張開發中國家不應過分期待透過南北談判改變現有國際經濟秩序。質言之，南方國家應該自立自強，推動有利於企業自由競爭的內部改革。

當然，兩大集團內部各自存在若干次級團體。在南方國家方面，石油輸出國家組織及國際貨幣基金中的「二四集團」可以做為代表。在北方國家方面，歐盟與針對外債問題成立的巴黎俱樂部（Club of Paris）扮演重要

角色。蘇聯集團瓦解之後，一九九○年代俄國及許多東歐國家陸續加入談判行列。他們試圖藉此取得外資、外援、貿易機會，以及經合組織會員國資格。

針對上述不同類型國家的需要，若干官方國際組織試圖分攤若干協調工作。與此同時，他們的秘書處也會盡力爭取組織自身利益，包括較多預算與較大權力。除了世界銀行與國際貨幣基金，許多官方國際組織紛紛在聯合國架構下參與經濟發展過程。其中較具代表性的包括國際糧農組織（FAO）、世衛組織、聯合國教科文組織（UNESCO），以及國際勞工組織（ILO）。再者，地區性國際組織經常扮演重要角色。最後，在非國家成員當中，民間銀行與跨國企業也能夠影響南北國家間的關係發展。

此外，北方國家指責若干聯合國專門機構不僅缺乏效率，同時具有反西方的成見。於是，他們著手削減相關組織的預算。與此同時，美國曾經以拒繳會費做為抵制手段，從而促使秘書處改變政策方向。相對地，南方國家反對緊縮這類組織的人事。他們批評國際貨幣基金及若干地區性發展銀行是意識形態掛帥，偏好採取有利於工業國家的政策。不少拉丁美洲國家有過類似抱怨。

多年來，南方國家主張建立擁有廣泛權力的國際發展組織。他的理事會應該由開發中國家控制的聯合國大會選出。理事會有權決定短期與長期放款、擴張貿易機會，以及協助國際社會解決經濟發展問題。其次，國際發展組織應該包括國際中央銀行、發展基金以及全球性糧食組織。世貿組織的若干架構脫胎於上述理念。然而，北方國家持續控制他的決策機制。

有些人將南北衝突與勞資關係相提並論。多數南方國家仍然遵守現行規範，但都要求進行改革。他們很少採取「罷工」這類激烈抗爭手段。例如，相關國家持續承認債權債務關係，同時遵守智慧財產權的規定。儘管如此，南方國家有時也會挑戰既存的經濟秩序，如沒入跨國企業資產。近年來，傳統國際經濟秩序瀕臨瓦解。然而，南方與北方國家持續透過雙邊

與多邊談判加以挽救。在這方面，國際貨幣基金等組織做出許多努力。

糧食問題：政治運作及處理機制

前文提及，全球糧食問題出在分配不均。飽得飽死，餓得餓死。少數北方國家非但消費不成比例的糧食，同時控制分配管道。相對地，一九八○年代中期撒哈拉以南的非洲國家有四分之一糧食需要依賴進口。然而，他們穀物交易數量不及全球的 10%。南方國家曾經指出，美國牲口消耗的穀物超過開發中國家人民。

一九七四年，由聯合國負責籌備的世界糧食會議（World Food Conference）於羅馬召開。會中達成若干決議，並且於次年向聯合國大會提出並獲得採納。當時國際糧價高漲，準備數量則減少到危險邊緣。世界糧食會議提出的建議包括：1.增加農業發展基金。2.建立全球預警系統。各國可望循此交換氣象，收成及其他資訊。此外，國際社會得以預測何時發生糧食欠收現象，從而研擬對策。3.協調世界各國貯存一定數量的糧食，因應不時發生的短缺問題。4.每年提供一千萬噸的糧食援助。5.成立更多國際組織，如世界糧食理事會（World Food Council），協助解決糧食問題。

稍後，世界糧食會議的某些決議得到落實。首先，聯合國成立全球資訊及預警系統（Global Information and Early Warning System，GIEWS）。他負責追蹤農地與氣候的變化。雖然缺乏調度全球儲糧的專責機構，但是相關單位定期公布國際糧食的儲備情形，俾便會員國未雨綢繆。一九七五年，世界糧食理事會得到成立。除了三十六個會員國代表（通常是農業部長）之外，他設有秘書處，監督並協調取得安全儲糧。一九七七年，世界銀行與聯合國發展計畫共同提供資金，成立國際農業發展基金（International Fund for Agricultural Development，IFAD）。他的宗旨是協助開發中貧苦農民改良農業生產。

一九八○年代，世界各國提供農業協助及剩餘糧食的態度漸趨積極。

以美國為例，當時他根據第四百八十號公法法案推動「以糧食促進和平」計畫。準此，北方國家每年援外的農產品價值超過十億美元。然而，一九九〇年代北方國家陸續削減補貼農業的預算。這意味他們能夠援外的農產品數量隨之減少。此外，許多人質疑這種做法是否明智，會不會難以為繼？基於這項考慮，若干人道援助的規模縮水。在南亞與非洲，北方國家開始透過 CARE 等官方國際組織賑濟災民，避免物資被貪腐的政府中飽私囊。

　　與此同時，聯合國轄下的國際農業研究諮詢團隊（CGIAR）對於農業發展提供不小助力。他指出國際社會或將在二十一世紀面臨迫切的糧食短缺問題。有鑑於此，一九九五年他與世界銀行共同在瑞士召開專家會議，研討新式農業科技。此外，他在若干南方國家設立研究中心。例如，他在菲律賓設立稻米研究中心，在敘利亞設立乾旱地區研究中心。相關單位提出許多新的構想，如在同個地區規劃稻田和魚塭。

　　上述單位與糧農組織，以及世界糧食計畫維持密切的合作關係。其中世界糧食計畫是聯合國在一九六〇年代成立的組織，宗旨是提供各國緊急糧食援助。例如，一九八一年初他每個月緊急援助烏干達一千五百噸糧食。世界糧食理事會會在年會當中廣泛討論國際糧食問題。相對地，糧農組織負起促進農業生產的責任。他的人手充裕，因此能夠和聯合國兒童基金會等組織共同處理技術援助、營養，以及其他和糧食有關的問題。

　　儘管上述組織的努力令人印象深刻，但是成效仍舊和預定目標有段差距。世界糧食理事會無法提供計畫與計畫間足夠的協調。再者，許多北方國家批評糧農組織浪費，以及沒有認真評估計畫的成效。截至目前，沒有任何機制負責儲存糧食，進而將他們送往需要地區。整體而言，糧食援助的成效是利弊參半。的確，他能夠緩和災情，同時透過以工代賑方式促進受援國長期發展。不過，他也可能打擊受援國的農產品市場，對當地農民造成傷害。有鑑於此，糧農組織試圖撮合開發中國家與鄰國進行農產品交易，同時解決糧食過剩與短缺的問題。然而，除非南方國家提升購買力，

並且達成自給自足的目標，否則營養不良的問題仍將難以獲得改善。

北方國家要求南方國家從事農業改革。他們尤其希望南方國家終止糧食價格方面的補貼政策。這類政策有助於降低食品價格，減輕城市居民負擔。不過，他們也可能擾亂農產品市場，降低農民提高產量與進行必要投資的意願。此外，政府的財力將逐漸流失。最終糧食價格不免因為通貨膨脹而再度上漲。儘管如此，南方國家仍然不願意承擔糧食價格飆漲的風險。一九九六年，約旦因此出現城市居民暴動的場面。更何況，當事國必須面對政權遭到推翻的危險。

相對地，南方國家要求參與管理糧農組織與世界銀行贊助的種籽銀行。這些銀行儲存許多珍貴的農作物種籽。問題是，相關品種幾乎全部出自北方國家實驗室的手筆。他們希望保有專利權。隨著基因改造工程技術成熟，並且具備商業價值，所謂「基因帝國主義」之爭恐將愈演愈烈。

在此同時，許多民間團體被捲入國際糧食問題當中。其中包括國內農業團體、跨國穀物運銷公司，以及食品加工業者等等。例如，有人指責雀巢公司在第三世界推銷嬰兒奶粉，反而造成許多嬰兒營養不良。原因是母親停止哺育母乳，甚至基於價格考量將奶粉稀釋後給寶寶吃。因此，一九八二年世衛組織通過自願性準則，試圖約束相關企業在南方國家的銷售行為。[2]

再者，大型期貨公司與盤商也會對全球糧食問題產生廣泛影響。一方面，他們足以左右市場及價格走向。另一方面，他們控制大宗糧食。如同北方國家的農業與貿易部長，上述業者試圖主導國際間糧食的貿易條件。多年來，許多具有悠久歷史的歐美業者持續在這個貿易體系當中呼風喚雨。從生產地、食品加工廠到零售貨架，他們的影響力無所不在。未來如果南方國家能夠加強糧食的自給自足，這些業者手中的籌碼將相對減少。

2　譯按：例如，他禁止奶粉公司標榜產品的「營養價值足以和母乳相比」。

有人指出，南方國家要想自給自足，必須先在營養與公共衛生方面採行完整的配套措施。例如，光是給營養不良的病童補充點滴不足以挽救性命。病癒後，當事人需要得到適當的糧食、衛生環境及醫療照顧。質言之，相關國家必須採取現代化的公共保健政策。此外，他們應該因地制宜，以最妥善的方式生產及分配糧食。一九九六年，聯合國在羅馬舉行世界糧食高峰會。會中就上述議題進行討論。儘管如此，許多開發中國家能否得到足夠糧食仍在未定之天。

人口問題：政治運作及處理機制

一九七四年，聯合國在布加勒斯特召開世界人口會議（World Population Conference）。南方國家一致認為，雖然他們的出生率較高，但是將限制人口成長的主要責任加諸他們身上並不公平。在他們眼中，北方國家這項要求是種變相的種族主義。雖然南方國家人口眾多，但是消耗的資源未必多過已開發國家。質言之，北方國家對於地球資源造成的壓力未必小於南方國家。

十年之後，聯合國在墨西哥市召開國際人口會議。與會的有一百四十九個國家。會中南方國家代表公開贊成採取限制人口成長的措施。原因是他們發現人口急速成長會嚴重妨礙經濟發展。諷刺的是，北方國家重新檢討先前限制人口成長的主張。一九八五年，為了因應國內反墮胎團體的壓力，雷根政府減少提供聯合國人口節育基金會（UNFPA）的經費。他指出這個基金會在中國大陸等地過分提倡墮胎及其他強制節育措施。

一九九四年，聯合國在開羅召開國際人口及發展會議。與會代表達成兩點脆弱共識。首先，人口政策應該納入廣義的經濟與社會發展計畫。其次，相關政策應該設法取得各國政府、國際機構、民間國際組織，以及地方草根團體的配合。儘管如此，衝突仍然難以避免。若干西方國家主張維護婦女妊娠的自主權。這項政策立場得到女權團體，國際家庭計畫促進協會，以及其他民間國際組織的背書。相對地，教廷與許多回教國家主張維

護傳統的價值及生活方式。最終一百七十個與會國家代表同意擱置爭議。他們通過行動綱領，強調當事國的人口政策應該和其他發展層面（如保健政策）取得協調。在這方面，聯合國人口節育基金會及日本等國同意提供南方國家援助，促使後者檢討現行人口政策並改弦更張。稍後，因此從事改革的國家為數眾多。其中包括埃及、孟加拉與菲律賓等國。例如，他們紛紛透過衛生署等單位照顧孕婦健康。

與此同時，若干民間國際組織在這方面投注心力。例如，他們給予省級與地方政府諮詢服務。儘管如此，聯合國轄下專門機構的角色仍然最為吃重。他們相互支援，從而建立關於嬰幼兒夭折率及妊娠死亡的資料庫。此外，他們致力改善基礎教育，特別是強調兩性平權的概念。再者，愛滋病防治成為一九九〇年代的重點工作。相關單位著手提倡「安全性行為」，以及加強捐血的篩檢。

復次，國際社會愈來愈重視都市化（urbanization）衍生的問題。一九九六年，聯合國在伊斯坦堡召開人類居住行為會議。這項會議發展成所謂「城市高峰會」。透過會議進行，市長及地方政府代表得以和全國性領袖及官方國際組織對話。他們試圖讓電腦分析各個城市提供的數據，從而找出污水處理等問題的最佳解決途徑。

在過去，難民（refugee）遷徙問題經常受到忽視。全球性的難民問題可以溯至一次大戰，近年來有惡化趨勢。大批難民因為無法忍受戰爭、饑荒以及政治迫害而離鄉背井。據估計，一九九〇年代中期全球約有兩千萬國際難民，以及兩千到兩千五百萬在本國國內顛沛流離的難民。

難民經常替接受他們的國家增加負擔。因此，聯合國難民總署（UN-HCR）一方面替難民爭取較佳的生活條件，另一方面則試圖緩和他們本國的天災人禍及政治迫害，好讓難民回到家園。困難在於難民問題具有高度爭議性。相關國家大都否認有這類問題存在。有些國家則認為聯合國及紅十字會援助難民的行動是在幫倒忙。他們往往造成難民營和當事國政府間

衝突不斷。在這方面，巴勒斯坦及伊拉克北部的庫德族人是常被提到的案例。再者，美國等國家因為受到預算緊縮及失業率攀升影響，愈來愈不願意接受難民移入。他們試圖將問題丟給聯合國的負責單位。許多時候，當事國發現很難區分政治及經濟難民。後者申請移入其他國家，基本上著眼於改善生活水準。一九九○到九五年間，聯合國難民總署的經費增加一倍，達到十二億美元。然而，這仍舊難以應付快速增加的業務需求。

此外，包括國際組織在內的許多國際社會成員致力改善各國人民健康情形。在民間國際組織方面，無疆界醫師具有代表性。在官方國際組織方面，聯合國兒童基金會的聲名遠播。在醫療衛生方面，世衛組織扮演主要角色。近年來，他的工作重點愈來愈切合開發中國家需要。由於愛滋病與伊波拉病毒等致命傳染病是各國共同面臨的問題，因此世衛組織比其他國際組織少見南北衝突情形。也因此，他在根絕天花等工作上成就斐然。

不過，即使是醫療衛生問題也難免觸及政治爭議。世衛組織不時因此遇到挫折。例如，許多國家雖然發現霍亂這類傳染病例，卻不願意通報。原因是他們害怕被列為疫區，減少觀光以及港口碼頭收入。其次，世衛組織認定某些藥品具有危險性，或是過分昂貴。然而，他們卻在跨國企業強力促銷下打入開發中國家藥品市場。類似情形也抵消全球反菸害的努力。在查緝毒品方面，世衛組織必須面對毒梟，以及需錢孔急的政府阻撓。為了消滅病媒蚊，世衛組織擬定抽乾沼澤地與推廣殺蟲劑等計畫，但卻遭到環保團體反對。

無論如何，從形成國際建制的角度來看，醫療衛生仍舊是發展程度最高的領域之一。相關成就包括擬具公約及其他具體規範，以及提升全球醫療水準。在這方面，世衛組織年會（World Health Assembly，WHA）扮演關鍵角色。[3]每個會員國在年會當中都有一票的表決權利。目前，會員國間

----

3 譯按：由於世衛組織沒有觀察員，因此我國目前申請成為觀察員的對象是世衛組織年會。此外，假設無法化解中國大陸阻撓，先前陳水扁「兩年內加入世界組織」的承諾可望跳票。

締結多項衛生公約。例如，他規範會員國的航空器與船舶不得從事某些行為，以免導致疫病流行。再者，透過世衛組織年會的努力，會員國同意接受通報傳染病例的標準程序。與此同時，會員國人民在當地藥局購買的許多成藥因此得到國際認證。

　　整體而言，國際社會在處理人口問題的時候非常尊重各國主權。醫療衛生的情形也不例外。如同國際糧農組織與聯合國兒童基金會，世衛組織並非超國家組織。他的角色在於協調，以及促進會員國間的合作。一九七〇年代末期，聯合國水資源會議將一九八〇年代定為「水資源淨化及飲用水安全年」。與會國期望在一九九〇年以前達成全人類得到安全飲用水供應的目標。不過，這項期望仍有部分未能落實。原因在於會員國政府有權決定如何執行會議的建議採行事項。

　　就某種角度而言，世界人口問題已經趨於穩定。長期來看，婦女的收入水準、教育程度及就業機會將持續增加。加上其他進步，出生率可望進一步降低。例如，隨著醫療水準提高，人類平均壽命將再增加。有些人認為，全球人口到了二十一世紀末期可望維持在一百一十億的水準。這項數字算不算多要看當時有多少資源可供利用，以及開發資源需要付出多大代價而定。假設出生率加速減低（如在二〇一五年以前達成「兩個恰恰好」目標），或許全球人口會在達到九十億後趨於穩定。不過，因為各國對於「適當人口數」以及如何控制人口成長的看法不同，所以要想達成上述目標並非易事。

資本與技術移轉：政治運作及處理機制

　　一九七〇年代，新國際經濟秩序的辯論正式步上國際舞臺。自此，開發中國家的要求集中在資金與技術移轉。除了各國政府之外，跨國企業、全球性官方國際組織，以及民間銀行也都參與這場辯論。南方國家主張修改國際貿易、援助、投資，以及金融事務的相關規範。此外，他們希望得到債務減免，以及分享資訊與科技。例如，根據聯合國大會制定的「第三

個十年」（一九八一到九〇）發展策略，第三世界國家國內生產淨額每年應該增加 7%，貿易額每年應該增加 8%。此外，已開發國家應該將國民生產毛額的 0.7%援助第三世界國家經濟發展計畫。儘管得到若干進展，上述理想大抵落空。因此，一九九五年哥本哈根高峰會再度宣示達成目標的決心。

在新國際經濟秩序的辯論當中，南方國家針對國際貿易條件提出下述重點要求：1.提高初級產品交易價格，並且以調節庫存的方式穩定價格。2.成立平準基金，對抗人工合成品的競爭。3.北方國家應該針對南方國家產品降低關稅與非關稅壁壘。相反地，南方國家毋須給予北方國家相同待遇。4.北方國家在制定本國經濟政策的時候，應該逐步淘汰那些南方國家能以更低成本生產的產業。

上述要求招來北方國家批評。當南方國家憑藉「廉價勞力」打開外銷市場，北方國家若干傳統產業的生存受到威脅。其中包括紡織、鞋類及鋼鐵工業。雖然許多北方國家願意淘汰這類勞力密集產業，但是多數國家相對要求南方國家逐步開放國內市場。開放對象包括金融、運輸及其他類型的服務業。此外，許多北方國家領袖仍然醉心於自由貿易理想。他們指出，提高與穩定初級產品價格的構想違反市場供需法則。果真如此，北方國家消費者的權益將受到影響。也因此，直到一九九〇年代，南方國家這方面的要求大抵落空。

對於開發中國家而言，世貿組織成立帶來新的希望。然而，儘管他們占該組織會員國數目的五分之四，主導權仍舊落入北方國家手中。與此同時，世貿組織可望進一步削弱聯合國貿易與發展會議的重要性。目前，後者是第三世界偏好的貿易論壇。一九九六年，他在南非召開第九次大會。會中美國及若干北方國家代表質疑國際社會是否還需要這類「演辯社」。這次會議重申聯合國促進貿易自由化的主張，從而配合經濟全球化趨勢。是時，若干觀察家指出許多北方國家違反自由貿易原則，針對開發中國家

採取「新保護主義」政策。

在貿易機制方面，許多人不斷將重點放在南方國家的區域整合上頭。他們認為如此才能建立比較強大的貿易共同體。一家報紙指出，「雖然世界經濟正朝全球化的方向發展，但是貿易規範卻有區域化的趨勢」。地區性的貿易集團逐漸成了氣候。其中包括南美洲的南錐共同市場（Mercosur）與東北亞的亞太經合會（APEC）。一九九〇年代中期，超過一百個類似組織知會世貿組織他們的存在。其中像北美自由貿易協定正式訂出具備拘束力的規範。相對地，亞太經合會只是訂出大概的合作方向。再者，以一九九六年為例，八十個區域組織當中只有六個遵守世貿組織「不給予區域夥伴額外優惠」的基本規範。

在外資方面，南方國家希望爭取跨國企業前往投資。與此同時，他們希望加強控制跨國企業在他們境內的活動。相關法令包括限制跨國企業將利潤送回總公司、禁止跨國企業干預內政、要求跨國企業遵守當地法律並誠實繳納稅負，以及鼓勵本國人民持有跨國企業股份並參與經營。因此，一九七四年聯合國大會在南方國家敦促下通過國家經濟權利與義務憲章（Charter of Economic Rights and Duties of States）：

> 「在這方面，每個國家應該享有並自由行使完整主權。質言之，當事國可以擁有、使用及處分他的國家財富、自然資源與經濟活動。其中包括沒入外國人財產，或將相關財產國有化。」

一九八〇與九〇年代之後，相關國家立場逐漸軟化。隨著債務危機加深，開發中國家爭先恐後爭取跨國企業投資。對於他們而言，外資不再是資本主義的侵略行為，而是高利貸的替代品。與此同時，世界銀行出資十億美元，成立多邊投資保障局（Multilateral Investment Guarantee Agency）。他的宗旨是恢復跨國企業前往開發中國家投資的意願。

　　在外援方面，南方國家提出若干優先的建議事項：1.已開發國家應該盡力達成聯合國設定的援外目標。2.北方國家應該給予各類紓困基金更多的財力支援，以便有效因應不時發生的天災人禍。3.對於無力償還債務的南方國家，北方國家應該將債務一筆勾銷，或是重新擬定具體可行的償債計畫。4.北方國家應該提供更多的低利貸款，並且減少附帶條件。南方國家尤其感到苦惱的是像世界銀行、國際貨幣基金及其他債主要求他們積極開源節流。相關手段包括提高稅賦及削減社福開支等等。值得注意的是，愈來愈多南方國家逐漸適應上述紓困條件。此外，他們希望在國際貨幣基金的決策過程當中取得較大發言權，從而得到更多的特別提款權（亦即可以動支更多的外匯準備金）。

　　在北方國家方面，許多人士指出勾銷債務或延後償債的做法只會損害當事國的債信。因此，「世界銀行與國際貨幣基金偏好採取結構調整方案。相關手段包括修正債務國的利率、貨幣匯率、工資水平，以及貿易政策等等。重點在於協助債務國賺進現金。截至目前，這類方案是利弊互見。某些國家的困境不減反增。對於那些接近赤貧的國家而言，要求政府減少給予人民糧食和醫療照顧尤其困難。也因此，傳統的借貸行為得以延續」。目前，國際社會基本上依照個案情況處理當事國的債務問題。參與者包括世界銀行、國際貨幣基金、地區性開發銀行、民間銀行團，以及債權國和債務國政府。當危機發生的時候，上述成員可以採取斷然措施。在這方面，一九八二年墨西哥接近破產是個典型案例。不過，「救急不救窮」原則同樣適用於國際社會。

　　今天，國際援助機構試圖結合政府與民間力量，並且依照市場法則解決南方國家的貧窮問題。他們希望縮小貧富差距，給予窮人養家活口能力，從而對於社會發展做出貢獻。例如，世界銀行貸款對象著重在有助於整體經濟成長的計畫。這類計畫咸信可以增加當事國人力資本，同時替弱勢者建構社會安全網（如增加短期公共就業機會）。在這方面，相關機構曾經

嘗試給予開發中國家農村婦女一百美元以下的小額創業貸款，並且得到良好成效。

小結

　　雖然我們無法預測新國際經濟秩序何時來臨，但是世人已經注意到南方國家的需求。因此，國際社會採取許多方法，試圖解決他們面臨的貧窮與發展問題。參與者則涵括政府與民間人士，以及全球性和地區性國際組織。

　　不過，在經濟發展方面，有個部分我們較少觸及。那就是如何管理能源與其他無法再生資源的運用，以及自然生態的保育。一九七〇年代，許多北方國家人士針對資源枯竭及環境污染問題提出警告。他們開始有「成長極限」的警覺，並且努力找出節約方法。問題是，南方國家認為他們必須運用傳統模式持續發展經濟，從而享受如同北方國家人民的富裕生活。因此，在許多國家，砍伐林木破壞水土保持的努力。只有當經濟情況惡化的時候，南方國家才被迫採取資源回收及保育政策。

　　從北方國家身上，南方國家學到若干發展典範，但也複製不少問題。他們因應問題的方式有些頗具建設性，有些也頗具破壞性。影響所及，債權機構在審核修築道路及水壩等發展計畫的時候會將環境評估納入考量。稍早提及「永續發展」的概念。一九八七年，布朗特蘭委員會報告（Brundtland Commission Report）指出貧窮與生態環境惡化間的關聯性。他提及北方國家的富裕生活方式及過度消費對於全球生態造成很大負擔。然而，南方國家人口過剩與枯竭地力的耕作方式殺傷力不亞於北方國家。因此，結論是南方國家在發展經濟的同時應該避免造成生態浩劫，進而達成永續發展的目標。根據這項報告，一九九二年聯合國在巴西召開環境與發展會議。是時，科學界咸信巴西境內的熱帶雨林是全世界不可或缺的資產。然而，他卻逐漸受到現代文明破壞。在第十五章當中，我們將討論這次會議

的重點,以及開發中國家如何試圖藉此重啟新國際經濟秩序的辯論。他們希望迫使富國在新的架構下加速提供發展援助。一位聯合國官員指出,「開發中國家認為技術轉移與財務援助是執行符合環評發展計畫的前提」。

　　準此,以下我們將討論現代工業文明對於地球海洋、空氣及土地的負載能力造成何種負擔。面對相關威脅,國際社會又提出哪些對策?

第十五章
自然資源保育

九七〇年十二月十七日，聯合國大會以一百零八票贊成，無人反對，以及十四票棄權的多數通過第二七四九號決議：

> 「海床、海洋底層、底土以及他們蘊涵的資源不屬於任何國家管轄範圍。他們是人類共同資產。任何國家不得主張或行使主權權利，亦不得以任何方式侵占。」

「人類共同資產」（common heritage of mankind）這個字眼有著很深含義。他的適用範圍涵蓋占地球表面 70%的海洋。此外，他包括所有地球生物賴以生存的生態系統，如礦物、能源、氧氣、動植物，以及其他自然資源。從外太空看地球，全人類確實是依賴他們的共同資產共存共榮。

不過，當我們兩腳踏在地球表面的時候情況就完全改觀。「地球號太空船」（Spaceship Earth）概念成為虛幻想像。人們你爭我奪，競相控制自然資源，甚至連外太空也不放過。我們可以借用「公有財」（collective goods）與「私有物」的概念看待這項問題。所謂公有財是指那些不會因為使用而減少供應的資源，如公園和新鮮的空氣。公有財是不可分的。任何人不得據為己有，或是不讓別人一起享用。相反地，私有物（private goods）可以分割，同時可以由個人持有。

從海洋法的相關辯論當中，我們可以發現公有財與私有物的差別。幾個世紀以來，「海洋自由」（freedom of the seas）是傳統的國際法規範。質言之，海洋是人類的公有財，任何國家不得將他據為己有，或是納入自己管轄範圍之內。十七世紀國際法學者格勞秀斯指出，「海洋和空氣一樣

是無法占有的，因此不屬於任何國家。」聯合國大會於一九七〇年通過的決議不過再一次地肯定這項基本原則。

不過，這項共識掩蓋若干國與國間的歧見。這些歧見在聯合國海洋法會議（UN Conference on the Law of the Sea）進行過程中逐漸顯現出來。一九七〇年代，該會的與會者幾乎涵括所有國家。有些國家對於「人類共同資產」的概念提出挑戰。他們提出「專屬經濟區」與「專屬漁業區」等建議，試圖將海洋當做私有物處理。相關辯論延續到一九九〇年代。

類似爭執出現在太空、外太空，以及南極方面。此外，即使在國家主權管轄範圍之內，當事國仍應避免從事破壞鄰國環境生態的行為。本章將討論全球生態保育問題。除了陸地蘊藏的資源以外，大氣層、海洋及外太空也將是討論重點。在這方面，國際社會做出許多努力。其中包括海洋法會議，以及一九九二年在里約熱內盧舉行的環境與發展會議（俗稱地球高峰會）。在討論一系列問題之後，與會國承認「我們只有一個地球」。

問題本質與嚴重性

世界上的資源可以分成消耗性與再生性兩類。前者包括鋅銅鎳等原料，以及石油天然氣等能源。他們的供給量固定，也就是會有用完時候。再生性資源包括空氣與水。他們會受到污染，但是基本上無虞枯竭。整體而言，現代工業文明具備以下特質。其中包括高科技應用、能源密集的生產方式，以及大量消費。這對上述兩種資源都造成愈來愈大的負擔。

目前，全球資源究竟受到多大威脅？學者間缺乏共識。一九七〇年代初期，許多人抱持悲觀看法。他們認為資源枯竭與環境污染的情形日趨嚴重。人口出生率及消費水準的成長將遇到瓶頸。一九七二年，羅馬俱樂部發表名為「成長極限」的研究報告。他指出如果人類文明要想延續，或須在二十世紀結束前控制並減低經濟成長幅度。同年，聯合國人類居住環境會議提出警告。即使世界不因為污染問題而大傷元氣，也很快就要沒有燃

料及礦產可用。目前看來，成長極限的預言似乎已經落空。代之而起的是
永續發展的概念。人們相信，只要採取適當的環保政策，已開發及開發中
國家仍然能夠持續追求經濟成長。儘管如此，我們仍然應該注意保護生態
環境及妥善運用資源的問題。

大氣層

　　工業革命以來，空氣污染情形日益嚴重。二次大戰結束之後，倫敦與
洛杉磯相繼出現「奪魂迷霧」。東京居民則被迫戴上防毒面具。近年來，
許多工業國家因為採行環保措施，所以稍稍改善當地的空氣品質。儘管如
此，空氣污染仍然是北方國家必須面對的嚴肅課題。就多數開發中國家而
言，相關問題漸趨惡化。例如，印度孟買的居民每天因此等於抽十支香煙。
墨西哥市的居民更等於抽上兩包之多。污濁的空氣造成植物枯萎、氣候改
變，並且對於人畜性命造成威脅。在酸雨及溫室氣體現象相繼出現之後，
大氣層污染成為國際問題。他們不僅威脅鄰近地區，同時對於全球生態造
成影響。

　　在羅馬與威尼斯，許多重要的文化遺產受到酸雨（acid rain）侵蝕。以
瑞典和挪威為例，他們是酸雨的「進口國」。德國及其他鄰國則是製造酸
雨的主要來源。許多森林與湖泊因而奄奄一息。同樣地，多年來加拿大抱
怨美國東北部與中西部工廠製造的酸雨對於該國林地造成嚴重破壞。與此
同時，中國大陸持續依賴煤礦供應所需能源。在當地，煤礦提供四分之三
的能源。隨著他加快工業化腳步，日本及其他鄰國備感威脅。

　　另一方面，二氧化碳與其他氣體的累積造成溫室效應（greenhouse ef-
fect）。地球表面無法散熱。氣溫也隨之上升。全球暖化究竟是種長期或短
期現象？學者間缺乏一致看法。可以確定的是，二十世紀期間全球各地氣
溫平均升高攝氏零點三到零點六度。同個時期，排放進入大氣層的二氧化
碳數量穩定增加。一八八〇年以來，平均氣溫排名前十的年份全都發生在
一九八〇年之後。根據電腦估算，二十一世紀地球氣溫可望升高攝氏兩度。

如此，南北極地區的冰帽將逐漸融化。海平面則將升高五十公分。許多沿海地區會被海水淹沒。其他地區則有可能出現異常乾旱的情形。在溫室氣體當中，氟氯碳化合物（CFCs）被視為造成臭氧層變薄，甚至破洞的元兇。人們因此失去阻隔紫外線的屏障，從而增加罹患皮膚癌的風險。

土地

　　目前，陸地蘊藏的資源同樣受到氣候改變及其他因素威脅。沙漠地帶快速向外延伸。地球表面的可耕地每年平均減少六百萬英畝。近年來，撒哈拉沙漠面積增加二十五萬平方英里。除了氣候改變之外，濫墾濫伐是造成這種現象的主要原因。目前，沙漠占陸地面積的三分之一，並且可能侵蝕另外的20%。此外，每年剝蝕的表土重達兩百六十億噸。

　　二十世紀期間，25%到40%的熱帶雨林消失。與此同時，林地面積的減少速度也很驚人，平均每年相當於一個紐約州。例如，一九五○年以來馬達加斯加島損失半數林地。如果持續目前的破壞速度，該國林地到了二○一五年將所剩無幾。在這方面，巴西也是世人關注焦點。一九八○年代，他著手開發該國的西北部，預計鋪設長達一千英里，穿越亞馬遜森林的高速公路。結果巴西在八年當中損失兩萬平方英里的林地。焚燒熱帶雨林會釋放二氧化碳，從而加速全球暖化。再者，熱帶雨林孕育地球半數的動植物種。破壞熱帶雨林使得許多物種瀕臨絕跡。某些植物可能具有重要的醫療或其他用途。雖然政府與民間開始採取造林等補救措施，林地減少的現象同樣出現在溫帶地區。

　　此外，土地與附著於土地的動植物受到有毒物質危害。其中包括重金屬（如汞），核能廢料，以及殺蟲劑。一九六二年，卡森（Rachel Carson）《寂靜的春天》書中提醒世人注意殺蟲劑對於鳥類及動物繁殖能力的傷害。其次，他指出污染問題的嚴重性，以及都市化與工業化會破壞動物的棲息地。目前，工業國家製造出全球90%的有毒廢棄物。所幸北方國家的環保意識逐漸抬頭。與此同時，南方國家也開始重視相關問題。若干拉丁美洲

及非洲國家拒絕輸入化學與核能廢料。不過，某些債臺高築的國家被迫成為相關廢棄物的掩埋場。

水資源

　　雖然地球表面到處是水，但是飲用水已經出現短缺現象。99% 的水資源封存在南北極地區的冰帽當中，無法供應人畜飲用。剩下來的 1% 半數蘊藏在一英哩深的地底下。因此，河流與湖泊仍然是飲用水的主要來源。然而，他們因為受到污染，水質日益惡化。例如，「藍色多瑙河」已經變成「棕色多瑙河」。目前，全球有超過十億人口無法取得清潔的飲用水。

　　人類對於水資源的需求平均每二十年增加一倍。因此，潔淨水源逐漸成為「世界上最稀少的資源，從而比石油更加珍貴」。目前，全球約有八十個國家面臨缺水問題。他們大多位於非洲及中東地區。一位世界銀行官員指出，「二十一世紀的戰爭將是水資源爭奪戰」。國家間因此發生衝突的可能性不容低估。原因是 40%人口依賴兩百一十四個流域取得飲用及灌溉水源。這些河流至少流經兩個國家。其中有十二條至少流經五個國家。上游國家「取水分流」的舉動可能引起爭端。不過，涵養水源考量也可能促成上游與下游國家間的合作。

　　陸地上的污染源相繼注入湖泊及河流，最終流向大海。他們包括工業廢棄物、化學肥料、核能廢料、殺蟲劑以及家庭污水。這些都可能對於生態環境造成重大危害。海洋提供人類許多彼此不相容的服務。例如，他是地球氧氣的主要來源。此外，深海蘊藏的資源逐漸具備商業開採價值。再者，他提供人類交通運輸與傾倒廢棄物的便利，以及食物來源。上述利益是有可能無法兼得。

能源

　　陸地與海洋都蘊藏豐富能源。問題是他們能否滿足未來人類需要。假設開發中國家的能源消耗量達到北方國家水準，問題就會變得嚴重。如何

確保化石燃料供應無缺將是項嚴峻考驗。

　　一九九〇年代初期，南方國家人口占全球四分之三。然而，他們耗用的能源只占全球四分之一。據估計，經濟發達國家耗用能源占全球比例將在二〇一〇年降到 50% 以下。這是工業革命以來的頭一遭。同年，開發中國家排放二氧化碳的數量將等於一九七〇年世界各國總和。一九九六年，耗用能源排名前十五的仍然多數是北方國家。不過，中國大陸、印度與巴西等開發中大國也已名列其中。美國人口只占全球 6%，每年卻占耗用 30% 的能源。根據專家預測，「先前工業化國家幾乎壟斷能源的消耗。然而，今後大抵是開發中國家需要增加使用能源」。

　　一九九〇年代初期，全球能源問題稍稍得到改善。每人平均耗用的能源略為減少。由於北方國家採取若干節約措施，加上經濟成長趨緩（前蘇聯地區情形尤其明顯），能源消耗的速度暫時放慢下來。不過，一旦中國大陸進入「發動機年代」，情況或將澈底改觀。此外，價格上漲明顯對於能源消耗產生遏阻作用。一九七〇年代石油價格暴漲。一九九〇年，他再度出現一波較為溫和的漲勢。世界各國被迫採取進一步的節約措施。工業革命以來，能源消耗與價格和經濟成長率的起伏息息相關。不過，晚近的節約成效顯示，我們未必需要依靠增加耗用能源來帶動經濟成長。一九七三到八五年間，經合組織會員國的人均能源耗用量減少 5%。然而，當事國的國民所得仍舊大幅成長。一九九〇年代，美國耗用能源數量略為減少，但是他的經濟持續成長。

　　陽光是地球能源的重要來源。太陽能非但具有免費及無污染的優點，同時取之不盡，用之不竭。問題是，目前開採太陽能的科技仍然不具備經濟效益。一九九〇年代，全球使用太陽能的數量成長 50%。不過，人類對於他的依賴程度仍然很低。以風力發電為例，他占全球耗用能源的比例不到千分之一。此外，一度被寄以厚望的核能也開始退燒。原因是許多核能電廠相繼發生公安意外。在這方面，一九八六年烏克蘭車諾比電廠爆炸事

件最具代表性。無論如何，法國與日本等國持續高度依賴核能發電。在可見將來，石油、煤礦及天然氣仍將是已開發國家能源的主要來源。開發中國家則可望向他們看齊。

在化石燃料（fossil fuel）方面，煤礦是世界上分布最廣、蘊藏量最豐富的能源。其中以北美洲與俄國境內蘊藏量最大。然而，近年來中國大陸煤礦產量領先全球，約占總產量的四分之一。問題是，煤礦的廣泛使用造成嚴重污染問題，酸雨的雨量因而增加。

石油的分布情形遠比煤礦來得集中。就目前已知的儲存量而言，中東地區約占全球的 70%。其中沙烏地阿拉伯、科威特、伊朗及伊拉克四個國家占當地石油儲存量的半數以上。前蘇聯境內也蘊藏豐富石油。因此，西方外交官與石油公司主管競相和哈薩克及亞塞拜然等國建立良好關係。晚近，中國大陸沿海發現新的油田。天然氣產地同樣集中在油田附近。前蘇聯與中東地區儲存量占全球三分之二。

影響石油與天然氣市場價格的主要因素是政治經濟的不確定性，而非供應層面問題。依照目前生產水準，已知的儲存量足敷六十年開採所需。然而，考量到經濟效益問題，人類不至於用罄「最後一滴」石油。在這之前，他可望被價格較為低廉的新能源取代。無論如何，短期內產油地區（特別是中東）的政治動亂仍然可能引發供應短缺的預期心理。因此，一九九○到九一年波灣戰爭期間，全球能源價格應聲上漲。

煤礦、石油與核能會造成環境污染。石油及天然氣的供應情形又不確定。因此，許多國家試圖分散能源的來源，並且致力開發再生性能源。相關嘗試的成敗關係到人類未來。「高緯度國家適合開發風力。多山的國家可以發展水力發電。熱帶國家能夠終年利用有機能源。沙漠地帶國家則是擁有豐富的太陽能供應。」能源多樣化使得相關國家能夠減少對於核能的依賴。這對缺乏替代能源，以及安全核廢料儲存場的國家而言格外重要。

礦物 ▶▶▶▶

　　整體而言，礦物的分布情形要比化石燃料平均。儘管如此，很少有國家能夠在每種礦物方面自給自足。質言之，他們需要進口某些礦物（表15-1列出主要礦產的分布概況）。從這當中，我們可以看出日本與西歐國家格外缺乏某些重要的礦產。因此，他們90%需求量得從國外進口。雖然美國擁有豐富的礦物資源，但是消耗量龐大使得他往往必須仰賴進口。

表 15-1　世界各主要礦產分布情形

礦物	國家	占全球藏量百分比	礦物	國家	占全球藏量百分比
鋁			鎳		
	澳洲	24.3		古巴	38.3
	幾內亞	24.3		俄國	14.0
	巴西	12.2		加拿大	13.2
	牙買加	8.7		新喀里多尼亞	9.6
	印度	4.3		印尼	6.8
鉻				南非	5.3
	南非	83.8		澳洲	4.7
	哈薩克	8.6	錫		
	津巴布韋	3.8		中國大陸	22.9
鈷				巴西	17.1
	薩伊	50.0		馬來西亞	17.1
	古巴	25.0		泰國	13.4
	尚比亞	9.0		印尼	10.7
	新喀里多尼亞	5.8	鎢		
銅				中國大陸	45.7
	智利	28.4		加拿大	12.4
	美國	14.5		俄國	11.9
	波蘭	6.5		美國	6.7

	俄國	6.5		玻利維亞	2.5
鉛			**鋅**		
	澳洲	27.9		加拿大	15.0
	美國	11.8		澳洲	12.1
	中國大陸	10.3		美國	11.4
	加拿大	5.9		秘魯	5.0
錳				墨西哥	4.3
	南非	54.4		中國大陸	3.6
	烏克蘭	19.9	**鐵**		
	加彭	6.6		俄國	42.7
	中國大陸	5.9		澳洲	10.7
鉬				美國	10.7
	美國	49.1		加拿大	8.0
	智利	20.0		巴西	7.3
	中國大陸	9.1			
	加拿大	8.2			
	俄國	4.4			

　　如果我們想要知道是否會發生供應短缺的危機，就必須考慮以下因素。其中包括重要性的起落、生產國是否傾向與能夠壟斷供應來源、取得替代品的可能性及價格、跨國企業操控市場與製造短缺假象的能力、開採成本增加對於價格的影響，以及儲存量與需求間的關係等等。例如，由於鉛具有鉛中毒的環保顧慮，因此國際社會致力減少他在塗料、電池及汽油添加劑方面的使用數量。

　　在主要的商業礦產方面，鐵的替代品種類很少。不過，他的蘊藏量豐富且分布很廣。鋁礬土的的情況大致相同。一九八〇年代，巴西成為新興的鋁礬土生產大國。於是，鋁的價格開始滑落。雖然包括生產國與消費國

在內的國際鋁礬土協會試圖穩定價格，但是成效不彰。錳礦一度集中蘊藏在前蘇聯境內。然而，二次戰後各地陸續出現新的礦源。一九七〇年代，用於鍛造不銹鋼的鎳價格上漲一倍。因此，包括海床在內的各個地區陸續出現新的礦源。相對地，鉻與白金的分布情形比較集中。與此同時，某些國家前此飽受政治動亂之苦。其中包括前蘇聯、南非、津巴布韋及阿爾巴尼亞。

一九七〇年代以來，北方國家經濟成長速度趨緩。此外，他們加強節約與資源回收的努力。加上新的礦源相繼出現，「礦源枯竭」的悲觀預測逐漸淡化。各主要金屬礦產不太可能在短期內消耗殆盡。不過，我們仍然難以完全掌握相關變數。其中包括新一代礦物資源的價格，可能造成供應短缺的政治發展，以及其他替代方案等等。

資源管理的政治運作

如果國際社會能夠對地球資源做更有效的管理，人類將俱蒙其利。然而，各國仍舊因此發生嚴重衝突。除了國家之外，非政府成員也插上一腳。其中包括國內的利益團體、跨國企業，以及官方與民間國際組織。

一九七二年，聯合國在斯德哥爾摩召開人類環境保育會議。二十年之後，他在里約熱內盧舉行環境保育與發展會議（又稱里約會議或地球高峰會）。兩相比較，我們不難看出國際社會對於相關問題抱持態度的沿革。促成斯德哥爾摩會議召開的因素包括「成長極限」報告，以及其他生態浩劫即將來臨的預測。他是人類史上頭一個針對環保議題舉行的全球性會議。當時與會的國家共計一百一十四個。其中工業化民主國家率先主張將環保議題列入議程。相對地，蘇聯集團藉口東德沒有受到邀請而決定杯葛。此外，他刻意貶抑環保議題的重要性。許多與會的第三世界國家並不熱中。他們抱怨經濟發展的重要性被環保議題比了下去。除了各國政府之外，與會者包括兩百五十個民間國際組織。這項會議主要成就之一是創立一個新

的官方國際組織，聯合國環保計畫局（UN Environmental Program，UNEP）來負責處理環保議題。為了爭取開發中國家支持，該組織總部設在肯亞首都奈洛比。這也是頭一次有聯合國機構的總部設在第三世界國家境內。

回顧起來，斯德哥爾摩會議大幅提高世界各國的環保意識。一九七二年當時，只有少數國家針對環保議題設立專責的政府機構。例如，美國是在一九七〇年設立環保局。二十年之後，幾乎所有國家都設立相關單位。一九九二年「地球高峰會」召開前夕，各國間達成九百多項環保協定。聯合國環保計畫局發起的地球高峰會堪稱人類史上最大規模的國際會議。一百七十八個國家派出代表團。其他與會人員包括數百個官方國際組織官員，來自一千四百個民間國際組織的兩萬五千位代表，以及九千名記者（相對地，前往斯德哥爾摩會議採訪的記者只有一千五百名）。

雖然開發中國家的環保意識在斯德哥爾摩會後有所提高，但是他們仍舊替參與地球高峰會設定前提。與會國必須承諾同時討論及處理經濟發展與環保問題。上一章提到，會中北方國家呼籲儘快處理熱帶雨林受到破壞及其他環保議題。相對地，南方國家要求國際社會提供更多援助與技術轉移、減免債務，並且關注他們面臨的經濟問題。例如，會中巴西領袖支持畜牧業者開發熱帶雨林。他們反對外國環保團體援引「人類共同資產」原則進行干預，除非當事人願意拿經濟利益做為交換。再者，巴西及其他開發中國家異口同聲譴責美國等工業國家的偽善與自私心態。他們指出北方國家開發境內的林地，因而造成溫室效應等環保問題。

在里約會議當中，來自北方與南方國家的民間環保組織強烈要求各國政府採取更積極的作為。相關組織的總部70%設在工業國家。然而，若干開發中國家也很積極參與。其中包括印度、菲律賓及肯亞等等。其次，與會的民間組織不全是環保團體。許多企業遊說團體反對政府採取激進的環保措施。

綜上所述，全球環保議題背後的政治運作愈趨複雜。接下來，我們將探討地球高峰會及其他國際會議的成果。相關主題包括海洋、太空、外太空以及陸地資源的管理。

海洋：政治運作與機制

「海洋自由」是項年代久遠的概念。早在古羅馬時代，人們便認為任何人可以自由地利用海洋。十五、十六世紀，少數國家主張擁有面積遼闊的海洋。例如，西班牙曾經主張太平洋的主權。然而，國際法學者格勞秀斯不以為然，並且在著作當中鼓吹海洋自由（mare liberum）。英國與荷蘭等海權及貿易國家同樣不遺餘力地提倡這項原則。

海洋自由指的是，沿岸國可以在領海（territorial sea）範圍內行使主權。例如，當事國有權基於安全需要管制船舶航行及其他活動。除此之外，他不得對於海洋的其他部分，也就是公海（high seas）提出相同主張。一般而言，沿岸國的領海以三海里為限。然而，也有些國家主張十二海里領海。無論如何，即使在本國領海，其他國家船舶享有無害通行（right of innocent passage）權利。

海洋「風平浪靜」的局面維持幾個世紀。基於各種原因，這種自由放任的情形到了二十世紀中期逐漸受到挑戰。首先，陸地資源的開採開始出現枯竭跡象。各國競相向海床探勘石油、天然氣及其他礦物資源。其次，隨著科技進步，人類赫然發現再不採取若干管制措施，海洋資源可能被一掃而空。因此，除了三海里領海之外，沿岸國對於公海的關切程度大幅提高。

諷刺的是，率先對於海洋提出分外主張的是向來支持海洋自由原則的美國。由於深海探勘是美國的獨門絕活，因此一九四五年杜魯門政府宣布將對沿岸深度兩百公尺以內大陸棚資源（如石油）主張排他性權利。這項行動引發國際社會的爭相仿傚。許多國家宣布擁有十二海里領海。若干拉丁美洲國家因為沒有大陸棚，甚至主張兩百海里領海。此外，若干國家主

張擁有兩百海里的專屬漁業區。

　　上述主張引發難以計數的爭端。包括美國在內的主要海權國家發現，如果所有國家都主張兩百海里專屬海域，並且適用於印尼等群島海域，公海自由原則勢必受到巨大傷害。他們遠洋艦隊、漁船及科學研究船的活動也將束手縛腳。相對地，缺乏海洋活動能力的沿岸國傾向採取「圈地」政策。如此，其他國家將無法任意進入他們沿海海域。相關國家進而要求聯合國制止科技先進國家繼續在公海底床開採資源並據為己有。內陸國家則要求在海洋資源的開採方面分一杯羹。

　　參與這場論戰的涵括不同層級團體。有些是國內團體，如美國的漁業團體。不過，他們對於何種政策最符合美國國家利益沒有一致見解。例如，東岸漁民多半從事近海漁業。受到蘇聯龐大船隊的競爭，他們主張採行兩百海里專屬漁業區。相反地，西岸鮪釣漁船經常來到秘魯與厄瓜多等國的外海從事撈捕作業。因此，他們支持十二海里領海的規範。此外，政府機構提出的主張經常發生衝突。國防部希望戰艦能夠在公海上自由通行，所以主張各國領海不應超過三海里。不過，他同時表示只要位於國際海路要衝的國家不妨礙戰艦的無害通行，也願意接受十二海里領海的主張。相反地，內政部希望嚴格控管沿海資源的開採，同時避免可能的污染。因此，他主張對於兩百海里範圍以內的海域行使若干管轄權。類似爭執同樣發生在其他國家身上。

　　一九五〇與六〇年代，聯合國費了很大力氣協調各國歧見，但卻成效不彰。一九五八年，聯合國於日內瓦召開第一屆海洋法會議，八十六個與會國締結四項公約。相關公約一方面將習慣法條文化，另一方面則訂出新的規範（如沿岸國對於深度兩百公尺以內的大陸棚擁有哪些權利）。不過，如同一九六〇年召開的第二屆會議，這次會議未能就幾個關鍵性問題，特別是領海寬度上達成協議。隨著第三世界國家相繼加入聯合國，各國間的歧見益發難以得到解決。他們主張運用海洋資源（特別是深海底床資源）

進行財富重分配。一九六七年,馬爾他駐聯合國大使帕多(Arvid Pardo)提議世界各國在符合全人類利益的情況下開發海洋(深海底床)資源。這和「人類共同資產」的概念殊無二致。

不過,一九七三年前後許多國家片面擴大領海範圍,或是提出其他主張。因此,一九五八年還占海洋面積 65% 的「人類共同資產」銳減到 35%。幾乎所有蘊藏豐富石油天然氣或大量魚類資源的海域都被各國據為己有。

在這種情況下,一九七三年聯合國於委內瑞拉首都加拉卡斯召開第三屆海洋法會議。參加這次會議的有一百四十九個國家,以及許多民間團體代表。他的目標是就海洋法問題達成全面性協議。相關議題包括領海、專屬經濟區和專屬漁業區、大陸棚、深海底床、海洋污染以及技術轉移等等。一位學者指出,「第三屆聯合國海洋法會議是格勞秀斯以來最大的國際法工程」。會議儘可能撮合出席代表達成共識,否則便採取三分之二多數決。出乎各國意料之外,這次會足足開了八年之久。

一九七○年代末期,第三屆海洋法會議終於就下列問題達成共識。與此同時,三十個左右內陸國家表達接受立場。相關共識包括十二海里領海、國際海峽的無害通行、兩百海里專屬漁業區與經濟區,以及成立國際海床資源管理委員會(International Seabed Authority)等等。一九八○年,海洋法公約的草約宣告完成。

不過,新上任的雷根政府拒絕簽署,使得草簽時程向後展延。他的主要理由是反對成立海床資源管理委員會。在這方面,與會國有兩派不同意見。技術先進的西方國家希望這個委員會的權力限於發給業者採礦許可。他們認為採取開放原則能夠得到最大經濟效益,同時造福全人類。相反地,開發中國家希望賦予委員會更大權力。例如,他有權管理海床資源的探勘、開採及販售,並且決定如何分配收益。此外,無論是否投注資本及技術,所有國家都能分享利潤。是時,依賴出口礦物賺取外匯的國家尚有另外一

層顧慮。其中包括 Z 字開頭的薩伊，尚比亞與津巴布韋。他們擔心開採海洋資源（如錳礦）會造成產量增加與價格下跌。最終，與會國達成妥協。然而，美國持續要求修正部分規定，增加民間業者的預期利潤。其次，美國要求加重西方國家在國際海床資源管理委員會當中擁有的表決權。再者，美國有權否決任何相關公約的修正案。

　　一九八二年四月，海洋法公約（Law of the Sea Treaty）付諸表決。結果以一百三十票贊成、四票反對、十七票棄權通過。目前，一百六十多個國家簽署這項條約，並且交付本國權責機關批准。一九九四年，隨著第六十個締約國（蓋亞那）完成批准程序，海洋法公約正式生效。截至一九九七年，仍有少數主要工業國家並未批准這項條約。例如，日本等國傾向支持，但還在等待美國批准該約。在這方面，聯合國成立預備委員會。他的工作是一方面執行第三屆海洋法會議決議，另一方面解決剩下來的問題。基於爭取美國及其他國家支持的考量，該委員會於一九九五年通過一項修正協定。其中關於深海底床的規範較前接近美國立場。因此，柯林頓政府決定批准海洋法公約，並且交付參院批准。

　　由於美國可望從這項公約得到許多利益，因此最終應該會予以批准。根據評估，擴張領海及專屬經濟區的新規範對美國有利。美國海岸線長度在世界各國當中數一數二，批准該約可望取得三百萬平方英里海域的管轄權。這將是美國在領土取得方面最大一筆進帳。與此同時，美國可望得到其他利益。首先，美國業者在深海底床採礦，成果將得到法律保障。此外，締約國間可以透過雙方同意的機制和平解決爭端。再者，他們將得到穩定且可以預測的海洋法架構。沒有美國及其他主要國家的全心參與，要想落實海洋法公約規範並非易事。儘管如此，其中多數條文已經得到廣泛接受，因而具備習慣法效力。

　　相較於國際海床資源管理委員會，國際航海組織（International Maritime Organization，IMO）的爭議性較低。該組織成立於一九五八年，負責

管理船舶航行及污染問題。此外,他是聯合國體系下的專門機構,擁有一百三十多個會員國。就國際合作而言,促進船舶航行安全、效率,以及航運業公平競爭是該組織自始的工作重點。一九六七年,一艘油輪在英國外海沉沒,造成大片油污。因此,國際航海組織決定加強處理漏油造成的污染問題。

與此同時,國際航海組織制定若干規範。著眼點包括減少船舶碰撞事件、強化船舶打造的安全標準,以及防治污染。不過,他是個諮詢組織,對於問題只擁有建議權。即使如此,該組織仍然成功地促使各國批准多項公約,並且採取一致作為。相關議題包括船舶與岸上通訊、船員起碼資格,以及運送危險物品的標準作業程序。傳統上,擁有龐大船隊的國家主導國際航海組織的運作。不過,近年來他稍事改革,允許更多國家參與。

一九七三年,防止船舶污染公約限制船舶將廢油及其他污染物排入海中,以免破壞海洋生態。前一年,國際社會就限制傾倒廢棄物簽署一項公約。該約禁止國家將海洋當成垃圾場,任意傾倒石化廢料,以及核能與有毒廢棄物。雖然上述公約對於海洋生態的保育具有積極意義,問題是許多國家並未簽署,因此違反事例時有所聞。也因此,地中海及東亞地區紛紛出現地區性組織,協助沿岸國維護海洋生態。

前文提及,第三屆海洋法會議針對沿岸國專屬漁業區做出規範。此外,國際社會試圖透過美洲鮪釣委員會等地區性國際組織處理過度捕撈魚類資源的問題。一九八〇年代初期,綠色和平基金會開始監控蘇聯及日本漁船的捕鯨作業,並且向國際捕鯨委員會提出警告。一九八二年,相關國家同意中止商業性的捕鯨行為。然而,日本、挪威與冰島持續假借科學研究名義獵捕鯨魚。此外,他們試圖逃避或取消商業捕鯨的禁令。無論如何,這項協議大幅減少全球的捕鯨數量。與此同時,其他國際組織刻正努力保護海豹等野生動物。

太空及外太空：政治運作與機制

　　國際間因為太空及外太空資源引起的爭執大抵同於海洋。問題不外乎哪些資源屬於共同資產，哪些允許國家獨占？此外，自從飛機問世之後，領海與領空的問題開始糾纏不清。原因是一個國家的領空（national air space）包括領土與領海上空。當事國對於領空擁有完整的管轄權，甚至可以拒絕其他國家的航空器通過。因此，領海範圍擴大同時加重各國海空軍的負擔。

　　不過，各國無意仿傚海洋法公約先例簽署一項大氣層法公約。除非得到當事國同意，其他國家無權利用該國領空。與此同時，國際民航組織就飛航安全制定統一標準，但是他無權指揮空中交通。

　　儘管如此，國際間仍然因為人為的氣候改變與空氣污染等問題發生衝突。一九七二年，聯合國在斯德哥爾摩召開人類生活環境保育會議。這次會議通過一項基本原則，即各國「應切實保證發生在本國境內的活動不得破壞其他國家的環境生態。如果有任何活動可能影響他國氣候，應該立即通知該國並進行磋商」。一九八六年，蘇聯發生車諾堡核能電廠爆炸事件。然而，他並未立刻，且毫無隱瞞地通知相關國家。多數國家因此認為蘇聯違反所謂斯德哥爾摩原則。

　　目前，諸如酸雨等空氣污染問題屬於地區性而非全球性問題。[1]一九七九年，東西歐三十多個國家簽署遠距與跨國界空氣污染防治公約。他們承諾減少歐洲地區的空氣污染。一九八五年，前項公約締約國再度簽署一項議定書，承諾在未來十年當中減少排放30%的含硫廢氣。在嗣後一年當中，有十個締約國達成，甚至超越這項目標。一九八八年，相關國家再度針對氧化氮的處理問題簽署議定書。一位學者指出，晚近歐洲國家是靠「抓鬼外交」促進合作，共同對抗酸雨問題。質言之，誰拒絕簽署相關協定就是

1　不過，晚近京都議定書等國際協定傾向將他視為全球性問題處理。

心裡有鬼，必須面對來自國內外的壓力。北美洲的情形也很類似。長年來，加拿大抱怨境內酸雨半數是「美國製造」。他多次向美國交涉卻不得要領。因此，一九八二年加國環保部長表示酸雨是「美加關係當中最重要，也最惱人的議題」。受到加國政府抗議及國內環保團體壓力，一九九〇年華府通過立法，限制二氧化硫及其他污染源的排放。

　　某些空氣污染問題是全球性的。其中包括臭氧層的破壞及溫室效應。前文提及，聯合國環境計畫局是全球最主要的環保機構。他的主要貢獻在於蒐集情報，以及監督環境污染情況。在這方面，他與國際氣象組織間存在密切的合作關係。

　　一九八七年，聯合國環境計畫局在蒙特婁召開會議，討論臭氧層受到破壞的情形。稍早，國際社會於一九八五年簽署維也納「臭氧層保育」公約。三十四個締約國承諾共同減少氟氯碳化合物及其他有害氣體的排放數量。然而，他們並未設定任何目標。兩年之後，二十四個國家締結蒙特婁議定書（Montreal Protocol）。其中包括美國、加拿大、蘇聯，以及歐體會員國。他們承諾在二十世紀結束以前減少半數氟氯碳化合物的產量。稍後，締約國得知臭氧層受到破壞的情形日趨嚴重。此外，產業界已經研發成功氟氯碳化合物的替代用品。因此，他們同意在一九九九年以前全面停用氟氯碳化合物。由於相關警訊愈來愈強烈，相關國家同意將停用日期提前到一九九六年。一九九七年，全球有一百四十多個國家簽署蒙特婁議定書。中國大陸等開發中國家也同意加入簽署行列。不過，他們設定兩項前提。首先，他們必須取得氟氯碳化合物的替代用品做為冷媒用途。其次，國際社會必須給他們十年緩衝期限。除了各國政府之外，綠色和平組織及杜邦公司（先前他是氟氯碳化合物全球最大製造商）等民間團體也做出許多努力。

　　目前，氟氯碳化合物持續殘留在大氣層中。他們是否對人類構成威脅見仁見智。無論如何，蒙特婁議定書是項得來不易的成就。聯合國環境保育計畫主持人認為他「開創一個新的時代。各國領袖藉由環保工作展現政

治家氣度」。代表美國出席協商的大使則指出，「他或將開啟令人鼓舞的外交典範。主權國家共同承擔保護地球生態，以及後代安全的責任」。

　　不過，國際社會的合作氣氛在對抗溫室效應方面遜色不少。地球高峰會中，德國與日本願意承諾減少 25%的二氧化碳排放數量。若干國家同意由聯合國徵收排放二氧化碳所須繳納的稅賦。問題是，他們受到美國及沙烏地阿拉伯等國的頑強抵抗。美國是全球排放溫室氣體最多的國家（見表15-2）。沙國則是石油蘊藏量最豐富的國家。他們反對簽署草擬中的氣候條約，因為這項條約要求締約國大量減少使用化石燃料。因此，里約熱內盧會議最終只簽署一項語氣溫和的氣候變遷公約（Framework Convention of Climatic Change）。締約國包括美國在內共計一百五十多個。該約敦促締約國排放溫室氣體不要超過一九九〇年標準。然而，條約當中並未納入具有拘束力的條文。美國要求在採取更大動作之前，先由科學界確認相關問題的嚴重程度。一九九五年，一份研究報告再度證實溫室效應的危害，但是國際社會反應冷淡。

表 15-2　世界各國排放溫室氣體數量排名，以及占全球總額的比例

排名	國家	百分比
1	美國	18.4
2	俄國	13.5
3	中國大陸	8.4
4	日本	5.6
5	巴西	3.8
6	德國	3.6
7	印度	3.5
8	英國	2.4
9	墨西哥	2.0

10	義大利	1.8
11	法國	1.7
12	加拿大	1.7
13	印尼	1.6
14	波蘭	1.4
15	泰國	1.4
16	哥倫比亞	1.4
17	澳洲	1.1
18	南非	1.1
19	緬甸	1.1
20	西班牙	1.1
20	奈及利亞	1.1

　　基於若干因素，國際社會處理溫室效應的難度高於氟氯碳化合物。首先，各國受到溫室效應危害的程度差別頗大。其次，國家應否減少二氧化碳等氣體的排放數量，科學界尚未得出定論。此外，不同於氟氯碳化合物，人類尚未找出化石燃料合乎經濟效益的替代品。質言之，當事國經濟形態將出現較大程度的變化，並且做出較多犧牲。再者，關鍵國家的反對態度最為堅定。在這方面，美國厥功甚偉。

　　截至目前，大氣層的許多部分，如公海上空仍然屬於無主地（terra nullius）。月球、天體，以及外太空同樣不歸任何國家擁有。科技先進的北方國家雖然同意任何國家不得對於外太空主張主權，但是他們認為所謂無主地是指各國可以依照先來後到原則自由使用與開發外太空資源。開發中國家則認為外太空是人類共同資產，應該納入國際社會管轄。因此，與其說他是無主地，不如說是共有地（terra communis）比較恰當。

　　一九七〇年代，蘇聯與阿根廷談判月球條約。當時，彼此間便已出現前述的意見差距。蘇聯拒絕接受人類共同資產的概念。他堅持任何有辦法

的國家都能加以利用。相反地，阿根廷認為蘇聯太空船在月球表面採集岩石標本，形同占有。如同深海底床，外太空是人類共同資產，開採得來的資源應該交由全人類共同分享。

此外，目前全球約有二十個國家具備發射衛星能力。除此之外，若干跨國企業與民間業者也擁有打造、發射及租用衛星的能力。在這方面，國際電訊衛星聯盟及國際電訊同盟等官方國際組織發揮管制功能。

雖然太空與外太空緊鄰相接，但是適用的國際法規則有很大差異。一九六七年簽署的外太空條約禁止各國主張對於外太空的主權。儘管如此，若干國家試圖限制人造衛星飛越領土上空。例如，運轉軌道在赤道正上方兩萬三千英里的衛星較其他衛星享有某些優勢。因此，理應有人願意出個好價錢取得這個位置。一九八六年，赤道國家共同發表波哥大宣言（Bogota Declaration）。他們主張擁有領土上空與外太空的主權。在此裝置衛星軌道的國家應該向地面國家繳納租金。然而，國際社會拒絕接受這項主張。

時至今日，地球軌道上的衛星數目日漸增加，用途也愈來愈多。其中包括觀察農作物生長情形，連接越洋通訊，以及偵測軍事設施。因此，各國同意有進行某種程度協調與規範的必要。在各次定期集會當中，國際電訊同盟轄下的世界無線電會議試圖公平分配頻道。一九八二年，相關國家召開單一空域會議。會中試圖擬定規範，要求科技先進國家與開發中國家分享若干利用遠距衛星取得的資料，如開發中國家的氣候與農業狀況。發射衛星進入外太空的國家必須向聯合國註冊。如果衛星墜返地球，他必須賠償造成的損害。此外，各國締結一項太空人救援協定。

目前，負責草擬太空法的主要是聯合國和平使用外太空委員會（COPUOS）。他曾經草擬聯合國月球條約，並於一九七九年開放各國批准。然而，美國不願意批准這項條約。聯合國月球條約重申一九六七年外太空條約的基本原則，禁止基於營利目的開發月球資源。這對民間業者造成打擊。不過，各國政府可以自由從事月球採險活動，並且採集岩石與礦物。當事

國在月球設立的太空站不得妨礙其他國家月球探險活動，同時不得據此提出永久占有主張。締約國表示將建立國際機制，「規範月球自然資源的開採活動」。雖然「分享人類共同資產」並非易事，但是相關國家願意一試。

陸地資源：政治運作與機制

　　一九七〇與八〇年代，國際社會在這方面的重點工作是穩定石油及大宗物資價格。一方面，某些國家希望彼此協調，藉由控制供給面提高價格。另一方面，進口國希望以較低價格自由取得所需資源。介於兩者之間的是些跨國企業。他們控制鋅、銅、錫等礦產的開採過程及行銷通路。再者，當事國成立若干國際組織，協調進出口國家以及跨國企業的利益（如鈾元素組織）。復次，出口國會成立卡特爾組織，與業界和進口國協商出公定價格（如石油輸出國家組織）。

　　不過，前述努力往往遇到變數。例如，某些生產國或輸出國不願意加入相關組織。此外，替代品出現也會破壞供應國間的團結，以及各項措施的有效程度。舉例來說，近年來錫礦對於製造業的重要性逐漸下降。因此，國際錫礦委員會（ITC）的地位一落千丈。雪上加霜的是，許多產錫的開發中國家債臺高築。同樣地，產錫的前蘇聯共和國迫切需要現金挹注。他們無視國際錫礦委員會決議，自行和買家達成協議。在這種情況下，國際錫礦委員會無法藉由控制供給面提高價格。石油輸出國家組織也遇到類似困難。當原油供應來源豐富的時候，國際市場價格便應聲下跌。哪些會員國應該減產？他們的看法通常莫衷一是。

　　與此同時，環保團體主張在永續發展的基礎上做好資源管理。例如，有人提議簽署相關的國際環保協定。假設出口國未將環境污染成本計入售價，進口國得加徵關稅。然後，他將加徵的關稅交還出口國，促使彼等改採符合環保標準的生產方式。

　　目前，國際社會針對陸地資源建立許多環保機制。重點包括設定有毒廢棄物處理的國際標準、維護熱帶雨林，以及保育生態多樣性。一九八九

年，相關國家在瑞士的巴塞爾召開會議。與會者包括一百一十六國政府領袖，以及許多來自化工產業與環保團體的代表。會中簽署一項條約，限制有毒廢棄物的出口。他特別禁止將非洲及若干開發中國家視為這類廢棄物的掩埋場。地球高峰會則是採納雨林保育行動計畫，以及生態多樣化條約。他試圖根據永續發展原則管理熱帶雨林，同時減少物種滅絕的情事。然而，批評者認為前述努力不僅粉飾太平，同時是向商業利益屈服。

陸地資源的管理似乎刻正處於過渡階段。無論再生（如木材）或非再生性資源（如石油），未來供應情形除了取決於國際政治經濟發展之外，生態環境因素也很關鍵。以石油為例，生產國及石油公司可以決定鑽探、提煉，以及出售多少石油。他們的決策基礎是能夠得到多少經濟報酬與政治資源。因此，當二十一世紀來臨，全球資源供應情形須視跨國企業及各國政府能否將原料價格維持在一定水準，使得資源仍然具有開採價值。再者，生產國與消費國政府因為經常與跨國企業發生利益衝突，可能自組公司投入競爭。

最後，文化或將成為資源供需過程中的變數。例如，許多開發中國家信仰回教或其他傳統宗教。他們對於自然資源的重視以及開採限度的認知不同於西方國家主流價值。在這方面，捕鯨行為引起的爭議是典型案例。

小結

現代文明同時具有光明與黑暗的一面。其中包括婦女解放與核子試爆各項里程碑。在以色列及若干中東國家，當地居民大規模利用太陽能取得熱水與電力。此外，他們建立灌溉系統，將荒漠化為良田。再者，相關國家汲取死海海水，從中淬煉所需礦產。由此可見，許多國家在適應環境方面做出努力，並且鼓舞其他國家跟進。

除了自立自強之外，國家間的協調與合作仍然有其必要。卡特政府卸任前夕，一個研究委員會向他提出「公元兩千年全球情勢報告」。其中大

多是悲觀的預測。儘管許多學者認為他言過其實，但是都能同意這份報告
的結論：

　　「解決問題的唯一辦法極其繁複，並且需要耗費很長的時間。任何
　國家沒有能力及義務獨力促成必須達成的改變。因此，世界各國必須盡
　一切力量從事史無前例的合作。」

　　一九九二年，包括一百零二位諾貝爾獎得主的一千六百位科學家簽署
「正告世人的警訊」。他們指出，「國際社會或須在十年到數十年間找出
排除威脅的辦法。要想照顧自己和地球，人類必須取得新的道德觀。如此，
政府與個人再怎麼不甘願也得做出必要改變」。

　　國際社會能否在資源方面從事進一步的合作不得而知。有些國家將持
續主張個人使用的權力。相對地，有些國家會加強鼓吹人類共同資產的概
念。然而，假設資源的消耗有增無減，環境污染日益嚴重，即使資源的供
應無虞，國際經濟的成長幅度仍有可能大幅減緩。果真如此，因為資源分
配引發的爭議將更加白熱化。例如，工會成員將爭取更多的就業機會，以
及更高的工資。印度、巴基斯坦、中國大陸及巴西將爭先恐後地湧進工業
化的道路。觀光客則將爭奪最後一處沒有受到污染的沙灘。孩童將試圖存
活下去。他們能否辦到這點刻正考驗父母親的眼界與智慧。

第五部分

總　結

今天，世人無不憂心忡忡。原因在於他們不知何去何
從，甚至隱約感到大難臨頭。

——李斯卡

在第五部分當中，作者將對二十一世紀初的國際情勢進行歸納性的討論。我們有理由悲觀，但也有理由樂觀。本書一開頭便指出，國際關係有他變與不變的地方。一位學者表示：「坦白說，我們現在所知道的，修昔提底斯早在西元前五世紀便已瞭然於胸。」不過，另一位學者指出核子時代國際關係和過去的基本差異：「過去，國家要求人民效死。今天，弄不好國家與人民將同歸於盡。」

　　本書最後一章（第十六章）將討論幾種不同的國際秩序，做為讀者回顧與前瞻的基礎。

第十六章
邁向二十一世紀

前述各章討論不少重要的國際問題。然而，仍有數以百計的次要問題是本書無法兼顧。這些問題可能對於全人類生活造成重大影響。以電線插頭為例，相關國家基於統一規格多次舉行會議。不過，政治手段至今無法解決如此細微的技術性問題。可見「共同體」的口號儘管動聽，對於解決問題機制的需求儘管迫切，國際社會要落實理想仍有很長的路要走。

展望未來，人類將透過怎樣的政治組織處理大大小小的國際問題？第二章指出，自古以來人類持續探尋這項問題。從亞歷山大帝國到中世紀歐洲的封建采邑，相關實驗不曾停過。今天，國際社會的處境弔詭。一方面，他存在強大的整合力量。另一方面，分裂種籽快速傳播。因此，我們很難斷言最終將是何種局面。也因此，學界針對後冷戰時期的國際秩序有過精彩辯論。有些學者認為唯一能夠確定的是，二次大戰結束以來的兩極體系業已畫下句點。國際社會將回復先前的多極體系。有些學者則認為，肇始於西發里亞條約的民族國家體系刻正面臨另一次重大改變。「後國際政治」時代即將到來。

若干學者指出，三百五十年前民族國家成為國際體系的主要成員。目前，國際體系面臨另一次重大轉型。國族主義的迷思逐漸勢微。生態保育成為人類共同關注的焦點。久而久之，一個貨真價實的普世文明即將出現。

對於前述觀點，許多學者認為「地球號太空船」的概念荒誕不經。即使如此，若干現實主義學者承認民族國家體系刻正承受巨大的變革壓力。核子武器及其他天災人禍對於人類生存構成日益嚴重的威脅。有鑑於此，現實主義之父莫根索在他死前說道：

「如同第一次工業革命將封建制度打得粉碎，現代科技革命使得民族國家概念有過時之虞。民族國家不再能夠發揮文明政府應該具備的功能。其中包括維護與促進人民的生存和自由，從而增進幸福。」

人類傾向將自身所處時代想像成歷史的十字路口。後代子孫禍福繫於我們今天採取的行動。無論如何，這一代的人或許更有理由這麼做。核子武器出現使得人類首度面臨「絕種」可能。面對各種威脅，國際政治秩序確實有澈底改造的必要。至於人類是否願意做出改變是另一回事。我們要問，除了民族國家之外，誰能負得起如此重責大任？

展望未來

要了解未來世界是何種面貌，我們不妨先討論若干不同的國際秩序。這當中包含兩項基本問題：1.什麼樣的國際秩序是可能的。2.什麼樣的國際體系是可欲的。我們可以憑藉經驗回答第一項問題。至於第二項問題就得靠價值判斷解決。

就經驗性問題而言，今天要求一般人從民族國家以外的角度看待國際政治，好比要求古人相信地球是圓的那樣困難。然而，民族國家是人創造的。他原本並不存在，也未必會跟著我們一輩子。可以肯定的是，二〇三〇年的世界地圖不會和今天分毫不差。先前本書指出若干趨勢。我們或許可以據此描繪二〇五〇年當時國際關係的面貌。

在規範性的探討方面，由於每個人的標準不同，答案也見仁見智。例如，若干學者認為，良好的國際秩序必須具備四項條件：其中包括促進國際和平、提升人類的自由與尊嚴、實現經濟平等，以及維持生態平衡。不過，也有些學者主張，良好的國際秩序應該能夠尊重多元文化、促進國際合作與提高經濟效率。上述價值與目標可能發生衝突。我們應該如何取捨？

當然，每個人都樂見世界朝自己希望的方向發展。然而，在討論可能

性及可欲性的時候，人們往往會犯下過猶不及的毛病。有些人因為過分悲觀而接受現狀。有些人則是因為過分樂觀而對未來充滿幻想。前者無法敞開心胸，思考新的可能。後者的想法難免不切實際。世事多變，部分原因出自我們的主觀期望。在有限範圍當中，人類可以創造未來。質言之，他們能夠延續或改變現狀。

接下來，我們將探討幾種不同的國際秩序，以及發生機率。與此同時，我們試圖回答相關改變是否意味對於現狀的改善。

幾種不同的國際秩序

當前以民族國家為主的國際體系

未來的國際體系可能與目前沒有兩樣。儘管官方國際組織與其他國際社會成員使得國際政治愈趨複雜，然而主權國家間的競爭仍舊是體系重心。這是個複雜的體系。除了成員眾多，需要處理的議題數目也不斷增加。傳統的軍事安全問題持續引發關注。不過，經濟及其他議題的重要性也不容忽視。互賴現象增加建立協調機制的誘因。無論如何，國際社會仍然缺乏強有力的管理。

今天，世界改變的腳步愈來愈快。未來的國際體系似乎不可能維持現在模樣。儘管如此，除非出現核子戰爭這類浩劫，當前體系或將延續到二十一世紀。質言之，雖然科技的日新月異威脅到國家主權，但民族國家仍舊是國際體系的主要成員。不過，這個體系可能發生枝節性的變化。例如，國際互賴程度持續升高。全球性與地區性國際組織的權力或將隨之增加。與此同時，相反的情形也有可能發生。各國政府可能致力減少本國對於其他國家的依賴，重新形塑以國家做為中心的體系。他可能發展成為兩極，多極，或是大國協商的的體系。如果擁有核子武器的國家數目增加，國際社會可能出現「單元否決」（unit veto）體系。

我們很難斷言以民族國家為主的體系會朝哪個方面發展。就目前情況

而言，國家間的互賴程度可能降低，卻不可能完全消失。大國協商體系出現的機率不高，原因是愈來愈多國家能夠擺脫大國主宰。此外，美國、俄國與中國之間仍然存在歧見。雖然他們不時進行合作，要想維持一個「大同盟」的運作並非易事。基於類似原因，「單元否決」體系即使出現也難以久存。

「單元否決」體系的情況好比十九世紀的美國西部。人人都得配戴槍枝，才能避開弱肉強食的厄運。這項體系可以保存國族主義與文化多元性。然而，人類生存或將受到威脅。稍早莫根索等人曾經思考如何調整目前的體系，以免人類文明毀於一旦。例如，諾斯（Robert North）質疑「在強調競爭的民族國家體系當中，人類的安全福祉能否持續得到確保？」因此，若干學者期待大國協商的出現，希望藉此維持秩序及減少衝突。一九九〇年，伊拉克與科威特發生衝突。之後，隨著聯合國安理會常任理事國間的合作日趨順暢，大國協商體系雛型逐漸浮現。不過，如同約翰森（Robert Johansen）指出，「這項體系將是層級服從且不平等的。也因此，大國剝削小國的情形在所難免。再者，他可能沒有興趣處理貧窮、政治迫害與生態污染各項問題。」無論如何，如果我們試圖同時追求和平及其他價值，維持現有的民族國家體系似乎是唯一選擇。剩下來的問題是如何加強國際社會成員間的溝通與妥協，進而建立可長可久的機制。

區域整合

除了民族國家體系之外，區域整合（regionalism）是種可能。目前，全球約有一百八十個民族國家。未來他們可能透過區域整合，合併成五到六個國家。質言之，歐洲聯邦及非洲聯邦可能相繼出現。前文提及，一九五〇年代歐洲共同體誕生當時帶來若干樂觀的期待。許多人認為，他不僅是歐洲聯邦出現的前奏，同時將成為其他地區仿效的對象。不過，這種樂觀的情緒迅速消失。近年來，歐盟本身整合也都出現若干停滯不前的跡象。無論如何，區域整合仍舊是當前國際關係當中十分重要的現象。區域性國際

組織增加的速度比全球性國際組織快得多。各國基於經濟及安全等因素的考量未嘗沒有合併可能。目前，世界各地區域整合的程度並不相同。即使區域整合能夠大功告成，也將是權力分散體系的基礎。各國仍將堅持保有主權。

這樣的體系是否好過於維持現狀？成員減少有助於達成協議。許多國際問題可能變得比較容易處理。地區性問題尤其容易得到解決。若干學者試圖拿區域整合做為建立世界政府的踏腳石，至不濟也可以各自成為「和平之島」。證據顯示，雖然區域整合與理想之間仍然存在很大差距，但是已經有助於抑制國際衝突的發生及蔓延。

不過，也有些學者認為區域整合只是民族國家的放大。新的國際社會成員同樣具備衝突傾向。尤其可慮的是，他們擁有的武力遠比民族國家強大。一旦發生衝突，世界各地都將被捲入戰火當中。目前，民族國家要維持人民的效忠已非易事。在這方面，區域主義肯定會遇到更多困難。此外，區域主義能否促進經濟正義及個人自由也是未知數。儘管區域整合還不成氣候，愈來愈多人擔心區域之間會因為貿易各項議題發生衝突。

世界政府

世界政府（world government）可以有幾種不同形態。其中最具野心的是，民族國家將主權完完整整交到世界政府手中。另外一個同樣偉大的構想是建立如同美國的世界聯邦（federation）。第三種可能是成立邦聯（confederation）。在這種情況下，民族國家仍然可以保有大部分的主權。最後，各國可能同意普遍設立諸如國際海床資源管理委員會這類國際機制。

多年來，若干學者替世界政府的理想架構添加血肉。他們分別就行政、立法及司法部門勾勒出一幅藍圖。在這方面，克拉克（Grenville Clark）及宋恩（Louis Sohn）所寫的「從國際法治邁向世界和平」頗具代表性。他們主張建立常備性質的世界警察。只有這支部隊才能合法使用武力。有人指出，改變聯合國大會表決模式或許可以做為世界政府的起跑點。他們建議

採取主權以外標準（如人口數目）計算各國的表決權力。此外，沒有國家能夠擁有否決權。再者，大會決議應該具有拘束力，而非「僅供參考」。

目前，國際經濟日趨「全球化」。網際網路的普及速度一日千里。儘管如此，要在短期內實現世界政府理想可說是痴人說夢。除非火星人入侵，否則世界政府出現的可能性微乎其微。近年來，國際社會持續運用七國高峰會等成員資格受限的論壇輔助世貿組織這類全球性國際組織。

即使世界政府變得可能，他是否必然成為解決國際問題的萬靈丹？顯而易見，建立強大的中央政府有助於解決環保等各項問題。例如，巴西不再能夠以較低的空氣污染標準吸引跨國企業到當地投資。此外，這項體系或許能夠促進財富的平均分配。問題是他能否促進自由與民主？誰來決定政治制度的性質？他的「首都」要設在哪個城市？今天，即使在美國這類民主國家，許多人民抱怨自己遠離決策核心。我們不難想像一旦世界政府成立，類似抱怨將大量增加。與此同時，我們無法保證世界政府不會受到威權統治，因而侵犯基本人權。

根據傳統智慧，世界政府的最大優點在於維持和平。然而，如同各國不時發生內戰，世界政府未必有消弭大規模衝突的能耐。若干學者指出，共同體的範圍愈大，愈可能陷入混亂及分裂。因此，與其將重點放在建立單一政府，不如鼓勵國際社會成員具備共同的價值及利益。

小國寡民

不論區域整合或世界政府，他們都會提高國際社會權力集中的程度。相對地，小國寡民（polis）會使得權力分散（decentralization）。據估計，全世界有一千五百個種族。他們都可能建立自己的國家。雖然出現這種現象的機率不高，但是一九九〇年代若干事件的發展仍舊值得深究。加拿大與盧安達相繼發生種族衝突情事。蘇聯及南斯拉夫更因此宣告瓦解。

國族認同未必是小國寡民的唯一利基。人民需求也扮演吃重角色。如同其他國家，若干美國人民也曾興起「另覓桃花源」的念頭。戴維斯（Jackson Davis）指出：

> 「在過去幾年當中，美國地方政府預算增加的速度要比聯邦政府來
> 得快。這種權力分散的情形不只出現在美國和其他工業國家，同時是個
> 普世現象。如果任其繼續發展，國際社會或將形成由地方政府合組的邦
> 聯。這可以抑制各國官僚體系的過度膨脹。」

在美國，州權運動始終非常興旺。與此同時，義大利北部地區對於該
國政府的稅收及其他政策表達諸多不滿。其中關鍵在於義國政府試圖將北
部工業地帶的財富平均分配給貧窮的南部地區。因此，他們要求取得更大
程度的自治。若干學者指出，地區間的異同不僅存在於國家內部，同時可
能涉及兩個以上國家。在這方面，羅森諾表示：

> 「目前，一些都會區與『自然』經濟區相繼浮現。問題是，這並非
> 出自民族國家的安排。質言之，他們是其他國際社會成員活動的產物。
> 一九八八年，若干歐洲城市簽署合作協定，並且獲致成效。其中包括法
> 國的里昂、義大利的米蘭、德國的斯圖加，以及西班牙的巴塞隆納。一
> 位分析家指出，『城邦』復興刻正悄悄改變歐洲的政治與經濟面貌。各
> 國政府的影響力隨之降低。二十一世紀的歐洲地圖也將重畫。上述四個
> 都會區一方面吸引大量投資，另一方面要求取得更大程度的自治。新的
> 『漢撒同盟』（Hanseatic League）可能因此出現。截至西元兩千年，全
> 球有十九個人口超過兩千萬的都會區。多數人的認同對象是城市，而非
> 國家。」

儘管如此，小國寡民體系出現的機率與世界政府不相上下。謝爾（Jon-
athan Schell）在《地球命運》書中指出，果真核子大戰爆發，戰後世界可

能是由許多公社組成。倘非如此,小國寡民仍然屬於烏托邦的範疇。做為一種理想,我們要問小國寡民是否在某些方面優於目前的國際體系。若干學者認為權力分散是項正面發展。例如,新左派試圖在工廠及其他地方推廣民主。此外,強調「成長極限」的學者希望藉此經營小而美的生活。他們認為世界太大,也太複雜。回到古希臘城邦時代似乎是一項可欲的選擇。

權力分散似乎有助於增進個人自由,民主價值,以及經濟正義。然而,要想解決生態保育等全球性問題,建立某種中央管理機制仍屬必須。此外,我們必須注意傳統的安全問題。假設美俄兩國從地圖上消失,紐約與莫斯科都會區處理核武問題的能力可能不見高明。由此可見,權力分散是可能且可欲的,只是必須有所節制。

其他可能的國際秩序

前述體系都是以領土做為人類組織的基礎。即使在世界政府當中,人們也可以拿較小的領土單位(如國家和地區)做為認同對象。除了領土基礎,未來的國際秩序可能出現其他發展。第十三章提及,自由的國際主義者及世界體系理論學派指出,世界或將依循領土以外的原則進行重組。各國經濟菁英競相追求企業利益。國家利益則被拋在一旁。相關學者可能低估國族主義的力量。然而,假設跨國企業版圖持續擴大,未嘗沒有和國家疆界一搏的本錢。質言之,人們可能忽略自身是國家的公民,卻更在意是跨國企業的經理人或受雇者。例如,通用汽車聖路易廠的工人會和巴西廠同仇敵愾,共同面對來自福特汽車聖路易廠的競爭。

柯布林(Stephen Kobrin)指出,類似的策略結盟(strategic alliance)其實不乏先例。一九九〇年代,美國波音及歐洲的空中巴士曾經討論過合併的可能性。與此同時,愈來愈多的經濟活動存在於網路空間,而非地理空間。有些學者甚至提出「地理終結」的論點。

未來,民間組織網絡的運作方式或將決定國際社會的面貌。除了跨國企業與恐怖組織,愈來愈多團體能夠避開民族國家的干預而高來高去。例

如，女權運動間的互動日趨密切。隨著電腦網路的發展一日千里，天涯若比鄰的理想可望得到實現。

經濟的全球化有助於國際社會整合。然而，導致分歧的因素也所在多有。若干學者預言，國際體系或將回到西發里亞條約以前的情況，也就是所謂「新封建時代」（new feudalism）。晚近，一家報社做出如下報導：

> 「在蒙特婁，瑪索蕾白天任職於電力公司，負責擬定全球能源策略。到了晚上，她思考如何實現魁北克的獨立。瑪索蕾表示將尋求魁北克在國際市場的定位。在這方面，加拿大其他各省仍然是魁北克重要的貿易夥伴。這種『立足當地，放眼天下』的現象同樣出現在比利時等國家。」

與此同時，其他可能的國際秩序同樣是利弊互見。例如，未來體系或將以跨國企業做為重心。在這當中，國家間的衝突或許能夠得到緩和。然而，階級間的衝突卻可能更為激烈。此外，利潤掛帥或許可以加速經濟成長及提高經濟效率。不過，人們難免擔心這會犧牲經濟正義與生態保育。由於擁有權力的機制數目增加並相互重疊，誰該負起責任變得曖昧不明。果真如此，要想維持相關機制的民主運作有其困難。也因此，晚近「全球治理」（global governance）成為國際關係當中的重要課題。他主要是探討國家內部及跨國家成員應該與民族國家間進行怎樣的互動，才能提升人類存在的價值。

邁向二十一世紀

毫無疑問，太空時代的科技使得日常生活發生巨大變化。他固然提高人類的生活品質，但是也意外帶來若干新的問題。新問題發生，老問題卻不必然得到圓滿解決。麥拉瑪拉指出，二十一世紀人類必須面對兩大問題。他們分別是「核子戰爭威脅」即「人口成長率超過經濟成長率」。因此，

建立新的國際制度已經是刻不容緩。

在這種情況下，我們不禁要問哪種國際秩序最有能力解決這些問題。顯而易見，前述幾種國際秩序各自有他們的缺點。凡是涉及人際關係的事情原本沒有任何方案既能完全切合理想，又 100% 可行。因此，儘管當前國際體系有許多不盡人意的地方，仍然不失為最好的國際秩序。在這方面，我們抱持審慎樂觀的態度。從歷史角度來看，人性與政治制度是有進步的。例如，奴隸近乎絕跡。戰爭頻率也略見緩和。儘管如此，某些看來不太可能的禍事仍不時發生。

本書一開始提到，決策者、學者及普通人是從不同角度看待國際關係。決策者與普通人或將持續關注眼前問題。如此，替人類未來描繪藍圖的工作仍然需要學者投入。再者，我們或許不應過分在意未來子孫能替我們做些什麼。重要的是，我們必須替子孫未來負起責任。要做到這點，決策者與普通人必須先了解國際關係的運作邏輯。

隨著二十一世紀的來臨，人類將步入新的時代。在這個時候，我們應該冷靜思考人類面對的種種問題並找出改善之道。畢竟，未來掌握在我們自己手中。

政 治 行 政 類 書 目

編號	書　名	出版年月	作　者	定價
▶政治學通論				
1PJ9	政治學(上)	93/	陳義彥 主編	650
1P11	政治學	90/11	呂亞力 著	330
1PG5	政治學——政府與政治	91/01	張明貴 著	700
1P12	政治學概論	87/10	王逸舟 譯	420
1PD1	政治學概論	93/03	冉伯恭 著、蔡文輝 主編	390
1P14	政治學概要	84/10	曹興仁 著	220
1PF9	政治學的知識脈絡	90/03	石之瑜 著	410
1P16	政治社會學——政治學的要素	86/08	黃一鳴 譯　M.Maurice Duverger 著	480
1PC8	政治心理學	88/08	石之瑜 著	350
1PG8	政治文化導論	91/12	王樂理 著、歐陽晟 校訂	420
1PI1	軍事政治學——文武關係理論	92/02	洪陸訓 著	550
1PJ4	中共菁英政治的演變：制度化與權力移轉 1978-2004	94/	寇健文 著	400
1P90	公民文化	85/03	張明澍 譯、盧瑞卿 校訂	400
1P02	中國政治文化史論(1919-1949)	85/03	魏　萼、謝幼田 著	350
▶研究方法				
1P97	政治學方法論	87/12	J.B Manheim,C.R Rich 著、冷則剛、任文姍 譯	600
1PF4	政治理論與方法論	90/06	劉嶽雲 著、蔡文輝 主編	460
1PD4	政治學的範圍與方法	89/04	謝復生、盛杏湲 主編	510
1P20	政治研究方法與統計——SPSS for Windows 的實例	86/09	許禎元 著	550
▶工具書				
1P63	政治學辭典	93/06	朱浤源、林嘉誠 編著	440
1P40	公共政策辭典	93/03	吳　定 編著	660
1P00	民政議事工作辭典	80/06	吳堯峰 編撰	450
▶政治思想與理論				
1P01	國父思想	92/08	吳寄萍 著	550
1P10	西漢政治思想論集		賀凌虛 著	500
1P15	東漢政治思想論集	91/09	賀凌虛 著	650
1P06	近代中國政治思潮	85/09	謝廬奎 編著	590
1PJ6	現代政治思想史	93/	Tudor Jones 著、張明貴 譯	
1PA2	當代政治思想史	88/07	劉遐齡 著	480
1P05	西洋政治思想史	85/11	胡祖慶 譯	440
1PD2	西洋政治哲學史	89/02	凌渝郎 著、蔡文輝 主編	350

編號	書　名	出版年月	作　者	定價
1P59	西洋政治思想導論	87/06	侍建宇 譯	350
1PD3	西洋政治思想史——古典世界篇	93/04	陳思賢 著	280
1PJ3	西洋政治思想史——中世紀篇	93/07	陳思賢 著	280
1PA5	西洋政治思想史——近代英國篇	87/08	陳思賢 著	220
1PP0	西洋人權史	2005	劉文彬 著	
1PH7	比較中西政治思想	92/07	張明貴 著	590
1PI5	費邊社會主義思想	92/07	張明貴 著	550
1PI9	打開政治哲學的門窗	93/	張明貴 譯、Andrew Levine 著	430
1PK7	霸權興衰史——1500 至 2000 年的經濟變遷與軍事衝突	93/10	張春柏、陸乃聖 主譯	570
1P48	第三波——20 世紀末的民主化浪潮	92/08	劉軍寧 譯、葉明德 校訂、Samuel P.V Huntington 著	460
1P57	分析馬克思	88/10	姜新立 編著	500
1PI0	民主理論	92/04	張明貴 著	430
1P70	當代意識型態	89/06	Andrew Vincent 著、羅慎平 譯	570
1PC1	新馬十大思想家評介	88/02	胡祖慶 譯	150
1PL1	比較中西政治思想		張翰書 著	
	▶政治制度			
1PB6	明代政治制度	88/04	張治安 著	400
1PA0	明代監察制度研究	90/01	張治安 著	550
1PI4	近代中國政治體制論集	93/01	賀凌虛 著	370
1P35	憲政分權理論及其制度	86/10	朱 諶 著	550
1PC6	憲政改革的理論與實踐	87/11	楊世雄 著	300
1PG3	分立政府	90/09	David R.Mayhew 著、吳重禮、陳慧玫 譯	370
1PI8	國家發展指標研究	93/01	張芳全 著	300
	▶政黨與選舉			
1P89	政黨與選舉概論	92/09	吳文程 著	260
1P58	比較選舉制度	92/03	王業立 著	330
1PI7	解析單一選區兩票制	92/09	蔡學儀 著	280
1PJ1	解析公民投票	93/03	曹金增 著	780
	▶比較政府與政治			
1PA7	比較政府	91/02	張世賢、陳恒鈞 著	480
1P04	比較政府論	84/11	黃松榮、鄒忠科 著	440
1PG1	比較政府與政治	93/06	Rod Hague 等 著、侍建宇 譯	740
1PG6	比較政府與政治——憲政民族與改革	93/10	胡祖慶 著	280
1P93	美國政府與政治	88/03	Alan Grant 著、劉世忠 編譯	380
1P92	東南亞政府與政治	89/05	顧長永 著	460
1P99	德國政府與政治	88/06	Kurt Sontheimer 著、張安藍 譯	420
1PF8	英國政府與政治	90/05	黃琛瑜 著	280

編號	書名	出版年月	作者	定價
1P91	法國政府與政治	92/04	張台麟 著	550
1P94	東協國家之政經發展	85/05	宋鎮照 著	650
1PH0	俄國政府與政治	91/10	劉向文 著	670
1PJ0	日本轉型——90年之後政治經濟體制的轉變	93/02	蔡增家 著	410
▶台灣研究				
1PH9	當代臺灣憲政文化省思	91/11	石之瑜、李念祖 著	380
1PI2	台灣問題的視點	91/12	郭汀洲 著	230
▶中國大陸研究				
1P49	中國大陸研究	91/10	李英明 著	330
1P66	中國大陸研究	82/04	黃天中、潘錫堂 主編	600
1PA8	中國大陸政府與政治	93/	謝慶奎、楊鳳春、燕繼榮	620
1P07	當代中共政治分析	93/06	趙建民 著	440
1P85	中國大陸稅收制度	85/01	郭建中 著	400
1P71	大陸政經巨變與中國前途	82/03	鄭竹園 著	320
1P72	中國的民主	82/12	黎安友 著、姜敬寬 譯	320
1P75	中國大陸政治經濟原理	83/12	石之瑜 著	250
1P76	新中國	87/01	鄭 功 主編、李 谷 譯	300
1P79	轉變中的中國政經社會	83/01	鄭竹園 主編	230
1P80	中國大陸的國家與社會	85/04	石之瑜 著	280
1P95	兩岸關係——兩岸共識與兩岸歧見	93/09	邵宗海 著	660
1PB4	爭辯中的兩岸關係理論	93/03	包宗和、吳玉山等 合著	415
1P74	規範兩岸關係	83/12	李念祖、石之瑜 著	320
1P77	中國意識與台灣意識	84/07	黃國昌 著	260
1P81	大陸經改與兩岸經貿關係	93/03	高 長 著	415
1P83	整合理論與兩岸關係之研究	84/08	吳新興 著	560
1P82	美國介入國共和談之角色	84/03	邵宗海 著	400
1PJ4	中共菁英政治的演變：制度化與權力轉移	93/09	寇健文 著	400
1PJ5	當代中國政治關係	93/	楊宏山、歐陽晟 著	520
▶區域研究				
1P98	南北韓政經發展與東北亞安全	87/03	李 明 著	420
1PP5	投身亞太新合縱的韓國	82/	潘世偉 著	200
1PA6	台灣兩岸與東南亞	82/07	宋鎮照 著	550
1PF3	浴火重生的東南亞國家	89/10	劉富本 著	520
1PQ0	站在新的起跑線上的東南亞	82/07	田中青 著	180
1PP9	崛起的中亞	82/07	邢廣程 著	220
1PP6	世界熱點——中東	82/07	朱威烈 著	180
1PD8	蛻變中的太平洋群島國家	89/03	劉富本 著	360
1PP1	冷戰後的美國	82/07	丁幸豪、潘 銳 著	200

編號	書　名	出版年月	作　者	定價
1PG4	拉丁美洲研究	90/11	向　駿 主編、王秀琦等 合著	460
1PP7	走向新歐洲	82/07	李敏燾 著	150
1PQ1	歐洲共同體透視	82/12	陶在樸 著	280
1PI3	歐洲聯盟的組織與運作	92/04	黃偉峰 主編	680
1P45	歐洲區域組織新論	83/10	翁明賢等 著	380
1PA9	歐洲聯盟——跨世紀政治工程	88/03	黃琛瑜 著	220
1PB8	歐洲聯盟概論	88/09	郭秋慶 著	475
1PD5	邁向一個新的歐洲社會	88/12	林信華 著	450
1PD6	歐洲安全暨合作組織	89/04	吳萬寶 著	280
1PF0	後冷戰時期的東歐	90/07	胡祖慶 著	180
1PP8	漂浮不定的東歐	82/07	楊　燁、王志連 著	200
1PG2	西歐聯盟——一個軍事組織的變遷	90/07	吳萬寶 著	280
1PP2	一個歐亞大國的沉浮	82/07	馮紹雷 著	250
1PP3	德國——久分重合的歐洲大國	82/07	范　軍 著	250
1P51	「德國問題」與歐洲強權戰略安	83/01	吳東野 著	310
1P52	蘇維埃帝國的消亡	83/06	尹慶耀 著	463
1PD9	俄羅斯轉型 1992～1999——一個政治經濟學的分析	91/06	吳玉山 著	500
1PQ2	種族衝突中南非的政經變局	83/04	王鳳生、顧長永 著	250
	▶國際關係			
1P29	國際關係	92/11	劉富本 著	495
1PF1	國際關係——權力與制度	92/09	周世雄 著	500
1PA1	國際關係	92/10	Pearson 著、胡祖慶 譯	495
1PH6	當代國際關係理論	92/03	倪世雄 著、包宗和 校訂	740
1P47	國際政治析論	87/06	王逸舟 著	430
1P62	國際政治與外交政策	93/08	林碧炤 著	550
1P46	國際體系與區域安全協商	83/12	周世雄 著	390
1P60	中立國家之新角色	85/07	鄒忠科 著	300
1P68	國際政治經濟學	90/10	楊鈞池、賴碧姬等 譯	425
	▶外交			
1P65	中華民國外交關係之演變 (1950-1972)	82/04	高　朗 著	350
1P69	中華民國外交關係之演變 (1972-1992)	83/04	高　朗 著	400
1P73	中國的自許與美國的期待	90/03	蘇嘉宏 著	415
1P86	近代中國對外關係新論	84/12	石之瑜 著	280
1PB0	戰後美國對華政策背景之分析	88/02	馮啟人 著	300
1PG0	冷戰後美國的中東政策	90/06	周　煦 著	400
1PG7	美國對華政策之轉折——尼克森時期之決策過程與背景	91/08	包宗和 著	250
1PH1	臺灣與歐盟	91/03	王萬里 著	300

編號	書　名	出版年月	作　者	定價
1PH2	歐盟外交政策與對外關係	93/09	陳　勁 著	480
1PK8	柯林頓政府對中共的外交戰略	94/	王高成 著	

▶公共行政

編號	書　名	出版年月	作　者	定價
1P19	行政學	85/10	姜占魁 著	480
1PB1	行政學的範圍與方法	92/09	吳瓊恩 著	525
1P25	公共行政學：理論與社會實踐	92/03	江明修 著	385
1PC5	公共行政中的典範問題	87/06	顏良恭 著	350
1PC7	新公共管理——政府再造的理論與	91/06	詹中原 主編、李宗勳等 著	670
1PD7	公共行政精義	91/05	H.George Frederickson 著、江明修 主譯	320
1PH8	公共行政	92/01	Robert B.Denhardt 著、黃朝盟、許立一等 譯	650
1PB7	公共行政——設計與問題解決	90/03	Jon S.Jun 著、黃曙曜 譯	605
1PC2	人事行政學——論現行考銓制度	92/11	蔡良文 著	820
1P37	各國人事制度	82/05	李華民 著	550
1P38	各國人事制度		李廣訓 著	275
1P32	現行考銓制度	91/02	李華民 著、李惠明 校訂	840
1PC0	官僚經驗	86/02	史美強 譯	440
1P30	人群關係新論	80/09	姜占魁 著	180
1P31	人群關係與管理	82/05	陳庚金 著	200
1P09	衝突管理	92/09	汪明生、朱斌妤等 著	405
1P18	行政中立與政治發展	87/09	蔡良文 著	450
1P28	管理學新論		張金鑑 著	385
1PB2	組織分析(2)	84/02	江岷欽 著	380
1PB5	組織意象	92/04	戴文年 譯	495

▶公共政策

編號	書　名	出版年月	作　者	定價
1PJ2	公共政策導論	93/08	魏　鏞 著	360
1P17	公共政策	90/03	林水波、張世賢 著	550
1PL2	公共政策分析	94/	張世賢 著	600
1P08	政策分析	87/08	張明貴 著	420
1PG9	民意與公共政策——理論探討與實證研究	92/03	余致力 著	340
1P21	權力遊戲規則——國會與公共政策	83/03	詹中原 主編	500
1PC4	政策科學之理論與實際——美國與台灣經驗	87/03	丘昌泰 著	408
1P56	海洋政策——理論與實務研究	86/09	胡念祖 著	450
1PI6	超越馬基維里——政策分析時代的來臨	93/01	Radin, Beryl A. 著、張明貴 譯	370

▶地方政府與政治

編號	書　名	出版年月	作　者	定價
1P44	地方政府與自治	93/03	薄慶玖 編著	550
1PC9	地方政府論叢	88/06	薄慶玖教授 榮退論文集	550

編號	書　　名	出版年月	作　　者	定價
▶警察行政				
1PF5	警察行政	90/03	王寬弘、朱金池等 合著	600
1PF6	警察學總論	90/03	王寬弘、朱金池等 合著	600
1PH4	警察行政與刑事司法的經濟分析	91/08	李湧清、徐 昀 合著	350
1PF2	警察業務分析	93/03	章光明 著	620
1PH3	各國社區警政比較	91/08	中央警察大學教授 合著	400
1PH5	各國警察臨檢制度比較	91/08	中央警察大學教授 合著	540

※價格如有調整以書上版權頁定價為準